한국의 초월영성상담가

초월영성상담학회 특별위원회 편 | 박선영 · 김미례 · 신차선 · 박성현 공저

KB071499

Transpersonal and
Spiritual Counselors in Korea

학지사

추 / 천 / 사 /

    내면의 깊은 경험을 통해 삶을 확장하는 사람의 얼굴은 언제나 빛과 어둠을 향해 열려 있다. 이 책에는 삶의 여정에서 초월적이며 영성적인 경험을 온 몸으로 구체화하고 그 경험을 자신만의 독특한 방식으로 피워 내, 초월영성상담가로 살아가는 여덟 분의 독특하며 진지한 삶의 여정과 통찰이 담겨 있다.

    나는 이 책을 단박에 읽어 내려가기 아까워 애써 느긋하게, 한분 한분의 영적 여행과 그 길에서 만난 사람들에 관한 이야기 속에 머물러 보았다. 여덟 분의 소중한 이야기 속에 머무름은 나로 하여금 전 세계 명상처에서 그 분들을 만나는 것 같은 깊은 침묵을 경험하게 해 주었다. 따사로운 햇살 아래 생각이 일어나고 잦아드는 그 틈새로 불어오는 달콤한 봄바람 같은 고요함. 세상의 화려하고 역동적인 리듬에도 흔들리지 않는 침묵 같은 고요함. 그 고요함에 빠져들었다가 다시 하얀 바탕의 검은 활자로 돌아오기를 거듭하느라 책장은 쉽게 넘어가지 않았다. 날카로운 인터뷰 질문에도 바람처럼, 때로 물결처럼 유연하고 깊은 그분들의 대답에 절로 고개가 끄덕여졌고, 이는 나를 다시 돌아보는 계기를 만들어 주었다.

    남과 다른 사고는 삶의 역경을 뒤집어 만든 노력의 산물이라 할 수 있을 것이다. 한국의 초월영성상담가들은 초월영성의 개념과 실제를 자기 삶의 이야기로 녹여 내어 내 가슴에 자연스럽게 스며들 수 있게 해 주었고, 그로 인해 초월영성상담에 대해 가지고 있던 내 생각을 좀 더 쉽고 정교하게 정리할 수 있게 해 주었다.

    이 책은 사회적 요구를 온몸으로 받아 성공을 향해 달려 왔지만 여전히 막

막함과 허전함을 느끼는 사람들, 그리고 일반상담에 한계를 느낀 상담자들이 자기 자신의 존재와 가치를 깨달을 수 있게 도와주고, 자신이 만나는 내담자를 넘어 이 사회와 온 우주를 품을 수 있는 초월적이며 영적인 존재임을 선물해 줄 씨앗이 될 것이다.

초월영성상담학회 학회장
박선영

머 / 리 / 말 /

초월과 영성, 알 수 없는 이유로 사람을 매혹시키는 말들이다. 객관과 과학을 유일한 진리 추구의 수단으로 생각하는 이들에게는 신기루처럼 느껴지는 말이겠지만, 의미를 잃어버린 세계와 자기에 환멸을 느껴 본 사람이라면 이 말들은 해방과 구원으로 이끄는 신비로운 주문이 된다.

초월은 자아를 넘어서는 어떤 상태나 과정을 지칭하는 말이다. 20세기 중반 등장한 자아초월심리학(transpersonal psychology)은 전통 심리학에서 최적의 발달 수준으로 가정했던 응집력 있고 적응적인 자아 너머의 인간 발달 단계를 탐색하기 시작했다. 자아초월심리학의 선구자들로서 융은 전체 정신의 회복을 위한 개성화를, 아사지올리는 상위 무의식의 계발을 위한 영적 정신 통합을 자아초월의 길로 묘사했다. 매슬로는 자기실현의 욕구 너머 자기초월의 욕구와 비일상적인 절정체험의 의미를 탐구했으며, 윌버는 합리적인 자아의식 너머의 비이원적인 의식의 단계를 인간 발달의 종착지로 보았다.

영성은 신비주의 전통에서 인간 존재의 핵심을 표현하는 말이다. 영성은 다양한 신비주의 전통의 맥락에서 신성, 불성, 본성, 도, 아트만, 참나 등으로 표현된다. 영성은 자아의 뿌리이자 근원이다. 발달의 어느 단계에서 자아는 자신의 근원과의 연결을 상실하고 자신을 분리된 개별적인 실체로 인식한다. 신비주의 전통에서 자아는 자신의 본래 면목인 영성을 자각하기 전까지 소외와 소멸의 고통에서 벗어날 수 없다.

발달의 과정에서 근원과 분리되고 삶의 개별적인 역사를 통해 조건화된 자아는 좋든 싫든 자신이 동일시한 생각과 감정의 감옥에 스스로를 가두는 가련한 운명에 놓이게 된다. 자아는 타자와 세계를 경험하는 제한된 투시경이다. 자아라는 경계 밖에 존재하는 타자는 사르트르의 표현대로 지옥이며, 세계는 윌버가 말한 대로 경계를 멈출 수 없는 전쟁터이다. 이러한 이유로 인간 실존의 고통에서 해방을 원하는 자는 자아라는 경계 너머로 나아가야 한다.

초월영성상담은 심리학과 신비주의의 지혜를 통합하여 인간을 전인적(holistic)인 관점에서 이해하려 한다. 전인적인 관점에서 인간은 물질이며, 유기체이며, 사회적 동물이며, 사유하는 정신이며, 초월적인 실재와 신을 추구하고 동경할 뿐 아니라 영성과 분리된 적이 없는 영적 존재 그 자체이다. 전통적인 상담을 대표하는 행동주의, 정신분석, 인간중심상담은 각각 인간의 외적인 행동, 무의식, 현상적 경험을 강조하고 그에 따른 병리와 상담 이론을 발전시켜 왔다. 이에 비해 초월영성상담은 그 이름이 보여 주고 있듯이 자아의 초월과 영성의 자각을 인간 고통의 치유를 위한 핵심으로 보는 상담 접근이라고 할 수 있다.

2002년, 깨어 있는 선배 상담자들의 주도하에 초월영성상담학회가 창립되었다. 초월영성상담학회는 전통적인 상담모델을 존중하고, 현대 과학적 심리학의 성과를 적극 수용하면서도, 인간의 숭고한 존재 의미를 탐구하고 이를 실현할 상담 기술과 상담자 양성을 핵심 목표로 하는 학문 공동체이다. 학회 창립 이래 초월영성상담의 학문 정체성과 핵심 접근방법을 정립하고, 초월영성상담자를 양성하기 위한 다양한 시도가 있어 왔다. 『한국의 초월영성상담가』는 이러한 시도의 연장선상에서 초월영성상담자는 누구이며, 초월영성상담은 무엇인가라는 두 가지 문제에 대한 답을 새로운 각도에서 찾아보려했다.

2021년 초 학회는 『한국의 초월영성상담가』 집필을 위해 특별위원회를 구성했다. 특별위원회는 엄밀한 선정 기준을 세우고 눈덩이표집을 통해 추천된 여덟 분을 인터뷰 대상자로 최종 선정했다. '초월영성상담자는 누구인가?'를 묻는 인터뷰 질문에는 어린 시절의 성장 과정, 상담에의 입문과 훈련, 초월영성과의 만남, 초월영성적인 수행과 상담의 통합 등 연구에 참여한 여덟 분이 초월영성상담자로 성장하기까지의 주요한 삶의 과정과 경험을 묻는 질문들이 포함되었다. '초월영성상담은 무엇인가?'에 대한 답을 구하기 위해서는 초월과 영성의 의미, 초월영성상담의 목표와 방법, 초월영성상담자의 훈련, 초월영성상담의 전망을 질문했다.

2021년 4월부터 7월 말까지 진행된 인터뷰는 충청북도 영동을 시작으로 제주, 지리산, 창원, 광주, 서울, 부천, 안성을 오가며 진행되었다. 연구를 보조하는 4명의 대학원생과 함께 인터뷰 계획을 세우고, 인터뷰를 마친 후 녹음 자료를 풀어 쓰고, 풀어 쓴 자료를 가독성 있게 윤문하고, 출판을 위해 전체 자료를 재구성하는 작업이 숨 가쁘게 이어졌다.

돌이켜 보면 여덟 분과의 만남을 위한 여행은 영적 순례의 길을 따라 걷는 것처럼 기쁘고 충만한 경험이었다. 여덟 분의 상담가는 최선의 호의와 정성으로 연구자들을 맞아 주었으며, 자신 삶의 내밀한 경험들을 진솔하게 나누어 주었다. 이야기 속에서 각자의 삶의 여정 곳곳에 아로새겨진 추억과 그리움, 상처와 영광, 호기심과 모험, 깨우침과 변용의 순간들이 영화처럼 펼쳐졌다. 여덟 분의 상담가가 보여 준 초월과 영성은 서로 다른 빛깔과 향기를 가졌지만, 자신의 상처와 고통을 담금질하여 빚어낸 것이라는 점에서는 다를 바가 없었다. 여덟 분 모두 내면의 희미한 빛을 따라가는 어둡고 불확실한 여정을 마다하지 않았고, 자신의 존재와 소명을 발견하고 실현하는 길을 여전히 걸어가고 있다.

『한국의 초월영성상담가』는 청년기에 접어든 초월영성상담학회 20년의 역사를 결산해 보는 시도이자 앞으로 펼쳐질 초월영성상담의 미래를 조망해 보는 기획이기도 하다. 여덟 분의 상담가는 한결같이 우리 시대, 우리 사회의 의식이 초월과 영성을 지향하는 방향으로 흘러가고 있다고 진단한다. 초월영성상담이 감당해야 할 사회적 책임을 무겁게 느끼고 미래를 위해 무엇을 준비하고 훈련해야 하는가를 다시금 숙고해야 할 때이다. 이 책에 담긴 여덟 분의 혜안 속에서 초월영성상담이 나아갈 앞으로의 방향에 대한 단초를 발견할 수 있을 것이다. 저만큼 앞서 가는 분들이 남긴 발자국을 따라 새로운 길이 만들어졌다. 초월과 영성의 길을 뒤따르려고 마음먹은 사람들은 이분들이 남긴 발자취를 이정표 삼아 용기 있게 발걸음을 내디딜 것이다.

이 책은 많은 분의 노고와 땀방울로 맺은 결실이다. 이 책에 대한 아이디어를 전적으로 신뢰하고 후원해 준 초월영성상담학회 임원진들께 깊은 감사를 드린다. 연구의 전 과정을 함께했던 이현지, 주금재, 김유진, 이지현 원생의 수고와 헌신에 고마움을 전한다. 주제의 독자층이 제한된 현실에도 불구하고 기꺼이 책 출간을 맡아 주신 학지사의 김진환 사장님과 졸고를 아름다운 책으로 만들어 주신 편집부 이영봉 님에게도 심심한 감사와 경의를 표한다.

2022. 7.
저자를 대표하여
박성현

차 / 례 /

김경민
핵심감정 너머의 나는 누구인가   16

김명권

그림자를 만나야 진정한 영성이 꽃핀다   58

김중호

기독교 영성상담자는 왜 명상하는가   112

박태수

자신과 타인에게 이로운 것을 성실하게 수행하라 164

박희석

인생의 무대에서 주인공으로 연기하라　　　204

이정기

실존에서 영성을 만나라   284

이정은
세계는 리듬이다 324

김경민   핵심감정 너머의 나는 누구인가

1985년	한국정신치료학회에서 이동식 선생님을 만남. 핵심감정 공부를 본격적으로 시작하며 동양 고전 강독, 소울의 아동기 감정 양식과 정신 역동을 공부함
1987년	한국심리상담연구소 김인자 선생님을 만남
1988년	결혼
1989년	윤호균 선생님을 만나 집단상담을 공부함
1989년	서강대학교 전임 카운슬러로 5년간 재직
1990년	한국인성개발연구원 이상훈 선생님과 집단상담을 경험함
1991년	상담전문가 1급 자격취득. 유동수 선생님을 만남
1994년	경남 마산에 동서심리상담연구소 개소
1995년	김병채 선생님을 만남
1996년	한울 김준원 스승님을 만나 한울을 공부함
1997년	창원대학교 초월영성공부 박사과정 입학
1997년	유동수 선생님을 만나 감수성 훈련을 공부함
1998년	인도 오쇼 아쉬람과 라마나 아쉬람을 순례함. 라마나 아쉬람에서 명상 5일째 참나체험을 한 이후 참나탐구 공부를 20년 이상 수행 중
2000년	역삼동 서울연구소로 이전
2006년	자궁체험 모형과 핵심감정 체크리스트 개발
2007년	충북 영동 참나명상마을로 이전
2008년	참나상담대학원 개원
2010년	참나상담학회 초대 회장 역임
현재	참나상담대학원 교수와 동서심리상담연구소장으로 재직

저서

대물림되는 핵심감정(동서심리상담연구소, 2004), 그대는 신의 선물(동서심리상담연구소, 2008), 불안의 미학(동서심리상담연구소, 2014), 참나상담(동서심리상담연구소, 2019), 한 명의 내담자, 네 명의 상담자(공저, 학지사, 2019)

인터뷰

1. 성장과정

☆ 수사반장이 되고 싶었던 소년, 사람의 마음이 알고 싶다

질문자 선생님, 이렇게 인터뷰 허락해 주서서 감사드립니다. 크게는 두 가지 주제로 질문을 드릴 텐데요. 하나는 선생님의 삶의 여정 속에서 초월영성상담자로 자리매김하실 때까지 어떤 중요한 사건이나 만남이 있었는지를 첫 번째로 질문 드리고 싶습니다. 두 번째 질문은 선생님께서 생각하시는 초월영성상담이라는 것이 무엇인가? 초월영성상담자가 보통의 상담자와는 무엇이 다르고 어떤 훈련을 받아야 되는가? 전통적인 상담과 초월영성상담의 차이점이 무엇인가? 이렇게 두 가지 주제로 질문을 드리려고 합니다.

우선, 선생님께서 상담자가 되기로 결정하고 상담자로서의 삶을 살아가는 데 중요한 영향을 미친 사건, 관계, 사회적ㆍ문화적 맥락은 무엇입니까? 선생님께서 상담 공부를 본격적으로 시작한 이후에도 중요한 과정이 있었겠지만, 그전에 선생님의 삶에서 상담을 공부할 마음을 먹게 된 특별한 경험이 무엇이었는가에 대해 듣고 싶습니다.

김경민 내가 심리학 공부를 시작하려고 한 계기가 우리 엄마가 병이 났단 말이죠. 어떤 병이 났느냐면 절에서 도를 닦다가 갑자기 이상해졌단 말이에요. 어떻게 이상해졌냐면 조상이 어떻다 그리고 헛것이 보인다고 하고. 그러면서 세상을 보는 시각이 완전히 다르더라구요. 내가 그걸 보면서, 왜 우리 엄마는 이렇게 세상을 보느냐, 마음이 무엇이냐, 어떻게 하다가 갑자기 마음이 바뀌느냐 생각하게 되었죠.

질문자 선생님 몇 살 때 그런 일이 있었습니까?

김경민 대학교 재수할 때. 어릴 때부터 〈수사반장〉의 최불암을 보면서 수사반장이 되는 게 꿈이었어요. 법대 가서 수사반장 하고 형사 한다, 이렇게 생각했고. 그래서 이제 법대 가서 어떻게 하면 정의를 바로 세울 수 있는가에 관심 가졌는데, 재수할 때 우리 엄마가 태백산에 있는 천태종 구인사를 열심히 다녔는데 어느 날 문득 갑자기 귀신이 붙었다고 하는 거예요. 그러면서 현실을 파악하지 못하고 병원에 가니까 급성 망상형 정신분열증이라고 진단이 나고 병원에 입원하게 됐죠.

그런 엄마를 보면서 사람의 마음이 어떤지를 내가 한번 알아봐야 되겠다 마음먹게 됐죠. 그래서 보니까 정신과하고 심리학과가 있다는 걸 알게 됐죠. 심리학과를 알아보니까 영남대학교 심리학과가 굉장히 활발하게 활동한다고 하더라구요. 그래서 이제 영대 심리학과를 가게 됐어요.

2. 상담자의 길

♤ 도를 먼저 닦은 상담자

김경민 마음이 뭐냐 이거죠. 어떻게 해서 마음이 갑자기, 사람이 저렇게 되는가. 그래서 형사를 하려고 하다가 이제 심리가 뭔지, 그쪽으로 방향을 틀게 됐죠. 심리학과를 가니까 1학년 때는 세부 전공이 안

정해진 상태인데, 내가 장현갑 선생님을 찾아가서 물어봤죠. "선생님, 내가 상담을 제대로 한번 공부해 보려고 하는데 어떻게 해야 됩니까?" 그러니까 선생님이 도를 닦아야 된다고 하더라구요.

질문자 정말 의외의 답이 나온 거네요.

김경민 그렇죠, 도를 닦아야 된다. 그런데 도는 나한테 정말 익숙한 거였어요.

질문자 어머니 영향이셨을까요? 도에 익숙하셨던 게?

김경민 그렇죠. 그전까지 맨날 절에 다니고 그랬어요. 엄마가 염불 외우고 그러니까 나도 그걸 듣고 그러니까 익숙했죠. 또 한편으로는 내가 형사가 되려고 했으니까 어릴 때부터 운동을 꾸준히 했어요. 남한테 지면 안 되니까. 그래서 태권도도 하고 단전호흡도 하고. 또 무협지를 보니까 내공을 쌓아야 된다고 하는데, 내공이 뭔가에 대해서 굉장히 연구를 많이 했죠. 중·고등학교 때부터는 호흡을 통해서 내공을 쌓는다는 걸 알게 됐죠. 그런데 장현갑 선생님이 도를 닦아야 된다고 하니까 '그건 내가 좀 하는 건데' 싶었죠. 내가 잘할 수 있겠다. 그래서 학부 때부터 불교, 노장사상 책들을 공부하기 시작했습니다.

질문자 그때는 가르쳐 주시는 분이 있었습니까?

김경민 책을 통해서 공부했죠. 그때 오쇼 라즈니쉬[1]도 책을 통해서 하나하나 공부해 나갔죠. 그러니까 친구들이 내가 사는 곳을 금용암이라고 불렀어요. 나를 금용암 암주라고 하면서.

질문자 금용암이 뭡니까?

김경민 내가 김씨잖아요. 김이 용을 품고 있는 암자다, 그래서 금용암. 그때부터 하숙집 자취방이 금용암이고, 나는 금용암 암주라고. 턱 앉아서 명상도 하고, 폼 잡고 그랬죠. (웃음)

질문자 상담심리학이라든가 임상심리학 공부를 먼저 하신 게 아니라 도부터 시작을 하신 거네요?

김경민 그런데 참 좋은 선생님들을 만난 게, 2학년 때 윤진 선생님이라고 있었어요. 미국 세인트루이스 대학에서 성격심리학으로 박사를 졸업하셨는데. 그 선생님이 프로이트 원서를 공부할 사람을 모집하더라구요. 난 그게 너무 좋았어요. 학부 2학년 때부터 원서를 가지고 프로이트가 뭔지 공부를 했죠. 1학년 때는 도를 닦으려고 했고, 2학년 때는 윤진 선생님이 와서 프로이트 원서로 공부하고 있는데 또 3학년 되니까 융 공부를 했던 홍성화 선생님이 왔어요. 홍성화 선생님은 이동식 선생님의 제자인데. 그 선생님이 오고 나서 또 독일에서 조직심리학을 공부한 박재호 선생님이 오더라구요. 제대로 정신분석을 공부하려면 독일에 가서 프로이트를 공부해야 된다 그래서 대구에 있는 독일 어학원도 다녔어요. 그러고 있는데 영남대학교에 대학원이 신설된 거예요.

♠ 그때 거기가 아니라 지금 여기를 살라

김경민 학부 때부터 이동식 선생님 제자이고 융 심리학을 공부했던 홍성화 선생님한테 상담을 받았는데, 그분이 나한테 아버지에 대한 전이[2]가 너무 강하다고 다른 선생님한테 상담을 받아 보라고 했어요. 그래서 대학원 때는 정신과 의사인 정창용 선생님한테 상담을 받았지요. 대학원을 영남대 심리학과에 진학해서 다녔는데, 우리 때는 경북 의대랑 영남 의대 정신과가 학점이 연결이 돼 있어서 거기서도 수업을 들었어요.

그때 아동기 감정 양식 그리고 정신과 수업을 듣게 됐죠. 그러다 이동식 선생님을 경북 의대 케이스 콘퍼런스에서 만났는데, 이동식 선생님이 하는 코멘트랑 피드백을 들으면서 '아, 공부가 여

기 있다.' 딴 데 있는 게 아니고 독일을 갈 필요도 없고 여기 있구
나 하는 걸 느낀 거죠. 그때 느낀 게 뭐냐면 의대 주임 교수라고 하
면 대부분 권위가 대단하거든요. 그런데 이동식 선생님은 거침없
이 그 선생들이 하는 말에 대해서 바로 문제를 제기하고 핵심으로
들어가는 거예요. 그런 얘기를 들으면서 '야, 공부가 이거다' 하고,

김경민 **핵심감정 너머의 나는 누구인가**

그때 내가 이제 깨달은 거죠. 권위가 아니고 모든 걸 다 내려놓고 이야기하는구나. 그러면서 이제 내가 독일로 가려던 꿈을 접은 거예요. 아, 이동식 선생님한테 공부하면 되겠구나.

질문자 정신과 의사가 환자를 만날 때 왜 그런 방식으로 대화를 하고 치료를 했느냐, 이런 걸 바로바로 지적을 하신다는 말씀이시죠?

김경민 의대 주임 교수 같으면 다른 사람들은 다 예의를 차리고 존중을 하고 그러는데. 이동식 선생님은 그런 거 없이, 다이렉트로 바로 왜 그런 이야기를 하고 어떤 마음에서 그런 이야기를 했느냐 그렇게 말하는 거죠.

질문자 이동식 선생님이 주로 무슨 이야기를 하셨습니까?

김경민 현실을 그냥 바로 이야기하는 거죠. 예를 들어서, 정신과 교수가 '이때 내가 이래 이래 이야기했다'라고 하면, 이동식 선생님이 '왜 그 이야기를 했나' '그게 내담자한테, 환자한테 어떤 도움이 되느냐' 이렇게 바로 즉각적으로 질문을 하고 '그거는 아니다' 이렇게. 어떻게 보면 그 한마디가 굉장히 다이렉트하게 인사이트한 그런 질문이었다는 거죠.

질문자 겉으로 표현한 말 이면에 있는, 의사의 동기나 의도, 그 밑마음을 바로 보게끔 한 거네요?

김경민 그렇죠, 바로 보게끔.

질문자 이동식 선생님이 직지인심3)이라고 하신 그런 장면을 옆에서 실제로 보시면서.

김경민 보면서, 아~ 이동식 선생님한테 공부를 해야 되겠다.

질문자 정말 마음을 아는 분이다, 이렇게?

김경민 그렇죠. 바로 그것을 이야기한다 그거죠. 설명을 하려고 하니까 참 어렵네요. (웃음) 직지인심으로 그냥 바로 딱 이야기하는데, 그래 이거다. 이것을 공부하면 되겠다. 이거는 어디 가도 못 배우는 거다. 그래서 그때 당시만 하더라도 독일어 학원도 막 다니면서 독일에 가려고 했는데. 이동식 선생님이 가차 없이 하는 걸 보면서, 공부는 이분한테 해도 되겠구나. 그게 도정신치료[4]예요. 그때는 뭐 도정신치료인지 잘 몰랐죠.

질문자 그런데 선생님, 선생님 삶에서 굉장히 중요한 사건이 고3 재수 무렵에 어머님이 겪으신, 일종의 무병 혹은 빙의라고 해야 하나요?

김경민 무병이나 빙의보다는 그때는 아마 아들에 대한 어떤 좌절, 그리고 갱년기도 있었고. 이런 여러 가지 상황에서 종교적인 힘으로 버텨 보려고 하다가 스승이 없어서 무너졌던 거 같아요.

질문자 그 부분을 선생님이 이해하고 해결하고 싶었고 그것이 심리학 공부를 하게 되신 계기가 되었는데, 그 이후에도 그게 계속해서 선생님이 공부하는 데 큰 동기가 되었던 건가요?

김경민 그렇죠. 마음이 뭔가, 어떻게 해서 사람이 갑자기 미치나. 그게 내 공부의 가장 밑바닥에서 자리 잡고 있는 거였죠. 어떤 마음이 사람을 이렇게 만드는가. 그걸 계속 잡고 갔죠.

그래서 이동식 선생님한테 공부를 올인했죠. 거기에서 교육 분석도 받고, 첫째, 셋째 수요일은 동양 고전 강독이 있었고 둘째, 넷째, 다섯째 수요일에는 서양 정신치료 강독이 있었어요. 금요일에는 집단상담 공부를 하고. 또 한 달에 한 번씩 토요일, 일요일에는 특별반 모임. 그리고 둘째 주에는 한국 정신치료학회.

질문자 빠짐없이 계속 공부를 하신 거예요?

김경민 올인했죠. 그래서 다른 선생님들은 나보고 이동식 선생님 새끼라는 말까지 했어요. 열심히 했죠. 나도 좋았고. 이게 내 공부의 길이라고 생각했고. 그러다가 1994년도에 연구소를 오픈해도 되겠다는 자신감이 생기더라구요. 그러면서 마산으로 내려왔죠.

질문자 그럼 그전에는 어디에 계셨습니까?

김경민 서강대에 전임카운슬러로 있었죠.

질문자 상담 인턴이라든가 훈련을 받는 과정은 이동식 선생님 쪽에서 계속 공부를 하신 건가요?

김경민 거기서도 했고 김인자 선생님의 한국심리상담연구소에서도 했고. 서울대 심리학과 원호택 선생님한테 슈퍼비전도 받았죠.

질문자 상담 전문가는 언제 취득을 하신 거예요?

김경민 서강대 있을 때. 91년도에 한국에서 35호입니다. 그때 윤호균 선생님을 슈퍼바이저로 해서 도움을 많이 받았죠.

질문자 네. 94년도 연구소 오픈 이야기를 계속해 보지요.

김경민 서강대에서 학교 센터에 있다 보니까 재미가 별로 없더라고요. 이제 필드에 나가야 되겠다. 다른 선생님들은 다들 서울에서 하라고 하더라고요. 서울은 상담 수요도 있고 그러니까. 그때만 하더라도 내가 서울에 인맥도 있었고 서울에서 일해 왔으니까. 그래도 나는 지방에 가서 해 보고 싶다는 마음에 우리 고향에서 한 거죠. 그래서 마산에서 오픈하게 된 거예요.

질문자 그렇군요. 이동식 선생님하고 대학원 시절부터 대략 10년 정도 공부를 계속하셨는데요. 어떤 면에서 보면 이동식 선생님도 초월영성적인 방식의 접근을 하신다고도 볼 수 있지 않습니까? 도정신치료에서 선생님이 제일 핵심적으로 배운 내용은 어떤 것이었고, 도정신치료를 배운 것이 선생님의 상담자로서의 삶에 어느 정도 영향을 미쳤을까요?

김경민 뭐, 거의 다라고 볼 수 있죠. 핵심감정이 가장 주를 이루고 다른 것들은 방편이지요. 거기에서 도가 뭔지 왜 상담을 해야 되는지 상담자의 자세나 태도가 어때야 하는가에 대해 끊임없는 공부를 했죠. 그러면서 '아, 핵심감정[5]이 이렇게 사람들을 지배하고 있구나' 하는 것을 깨달은 거예요.

핵심감정에 대한 분석도, 한 2년 동안 받고. 그걸 한 2년 받으니까 나는 별로 더 받을 게 없더라고요. 건방진지도 모르겠는데. 정말 다른 사람은 많이 받아야 된다고 하는데 나는 뭐 한 70회 받으니까 받을 게 없더라구요. (웃음)

질문자　선생님의 핵심감정과 관련된 주제는 뭐였습니까?

김경민　외로움. 외로움과 동시에 할아버지에 대한 두려움, 이런 게 있었죠. 권위자에 대한 두려움. 그래서 이동식 선생님에 대한 두려움만 없으면 되겠다 해 가지고, 거기에 초점 맞춰서 내가 어떻게 하면 이동식 선생님으로부터 독립해 나갈까에 집중을 했죠.

질문자　그 외로움은 선생님의 어린 시절 중에서 어떤 것과 관련된 건가요?

김경민　우리 엄마에 대한 외로움이죠. 아버지가 초등학교 교사였는데 나를 임신했을 때 아버지가 교사로서 좀 멀리 떨어져 있었거든요. 엄마의 외로움이 나한테 왔더라구요. 더 깊은 곳에는 공포가 또 밑바닥에 있더라고요. 엄마가 나를 임신했을 때 기절한 적이 있어요, 불을 떼다가 불이 확 덮치는 바람에. 내 밑바닥은 공포고 그래서 이제 엄마를 깨워야 내가 산다. 그러면 어떻게 깨울 것인가, 이게 내 핵심이고 달란트라. 그래서 어떻게 하면 깨울 것인가에 대한 작업을 많이 해요.

질문자　엄마를 깨운다는 게 어떤 의미인가요?

김경민　기절한 엄마를 깨워야 내가 산다 이거죠.

질문자　기절했다는 이야기를 어머니한테 들으신 거예요?

김경민　아니, 작업하다 보니까 그게 나왔어요.

질문자　그런 기억이나 느낌이 올라왔고.

김경민　예, 그런 느낌이. 그래서 임신했을 때 어땠냐고 직접 물어보니까, 엄마가 불을 떼다가 기절했대요.

질문자　정말로 큰일 날 뻔한 거네요?

김경민 그렇죠, 하마터면 죽는 거죠. 그런 상황에서 내가 살려면 어떡해야 하나. 엄마를 깨우는 거죠. 집단상담이라든지 여러 가지 프로그램을 할 때 보면 깨우는 작업에 내가 열정이 있는 거예요. 다른 사람들을 지금 이 순간에 어떻게 깨어 있게 할 것인가. 말에 깨어 있고 행동에 깨어 있고 생각에 깨어 있는. 깨어 있지 않으면 죽는 거라 내 무의식에는. 깨어 있게 해야 되는 거라. 그래서 우리 공부에서는 모든 것 하나하나에 깨어 있는 것을 계속 내가 작업하고 있는 거죠.

질문자 이동식 선생님의 가르침 중에서 핵심감정이 있고 도가 있는데, 도하고 핵심감정은 어떻게 관련되는 겁니까?

김경민 도하고 핵심감정에서 핵심감정은 가짜라. 도는 지금 여기고 가짜인 핵심감정은 그때 거기고. 근데 그때 거기 감정이 지금 여기에 살아 있다 이거죠. 지금 여기 살아 있는 것처럼 느껴지는 핵심감정은 가짜다 이거죠. 그것을 알아차리고 분리해 나가는 작업이 핵심감정 치료예요. 그런데 이게 너무 강렬하기 때문에 사람들이 분리가 잘 안 된다 이거죠.

질문자 그때 상담자는 어떤 역할을 해 주는 겁니까?

김경민 상담자는 그때 거기가 가짜고, 지금 여기는 그것이 아니라는 것을 분리시켜 줘야 하죠. 그런데 그렇게 하기 위해서는 그때 거기를 충분히 표현하고 녹이는 작업이 선행돼야 해요.

질문자 이동식 선생님은 도를 어떻게 가르치셨고 선생님은 그것을 어떻게 공부하신 겁니까?

김경민 나는 분석 받으면서 끊임없이 지금 여기 일어나는 게 사실이 아니다. 그거는 그때 거기 감정이고 지금 여기가 아니라고 끊임없이 훈습[6]하는 과정을 겪었고. 하다 보니까 그건 엄마 거고 아버지 거고. 그렇게 분리가 되더라구요.

그런데 우리 공부하는 선생들이 하는 얘기가 순간[김경민 선생님 별칭]은 태생부터 다르다 뭐 이런 이야기를 하더라구요. 자기들은 너무 힘든데 나는 너무 쉽게 떨어졌다 이거죠. 가만히 보니까는 우리 엄마와 할머니가 나에 대한 믿음이 굉장히 강했던 거예요. 그 믿음이 그렇게 분리하는 과정을 쉽게 하지 않았나 이런 생각이 들더라구요. 믿어 주니까. 그래서 치유의 가장 강력한 핵심은 믿음이다, 이런 생각이 듭니다.

질문자   그 믿음이 선생님한테는 어떤 영향을 준 건가요?

김경민   내 자신을 믿는 거죠. 보통 보면 자기에 대한 의심이 많아요. 나는 그럴 수 없고, 내가 뭐 그럴까, 나는 아니지, 사람들한테 이런 게 있는데 나는 어릴 때부터 그냥 그런 믿음이 있었던 것 같아요. 초등학교 4학년인가 5학년 때, 국어 책에 나오는 큰바위 얼굴 있잖아요. 그것도 보면서 '이게 나인가?' 그런 생각이 들었어요. (웃음) 믿음과 확신이 지금 나를 있게 하는 큰 힘이 되는 것 같더라구요. 엄마나 할머니가 믿어 준 거.

질문자   그 믿음이 선생님의 자기 정체감, 자기 신뢰의 바탕에 있었고, 이것이 도정신치료 분석을 받으면서 더 단단해졌지 않나 하는 생각이 듭니다. 지금 말씀을 들어 보니까 이동식 선생님의 도정신치료가 선생님이 상담자가 되는 데 있어서 굉장히 중요한 기반이 되는 공부가 된 거네요?

김경민   그렇죠. 명동에 있는 시민 선방도 일주일에 한 번씩 다녔고 경기도 미금에 있는 달마선원에서는 범어사 지유 스님과 한 달에 한 번씩 철야정진을 했었구요. 하여튼 명상, 선과 관련된 걸 찾아다니면서 끊임없이 공부한 거죠. 학부 때부터 국선도도 했고. 그러면서 이제 도가 뭔지, 어떻게 해야 나를 바로 세울 수 있을까 끊임없이 공부를 하면서 동양의 노장 사상과 불교와 심신명, 이런 것들을 공부해 왔고.

심리학에서는 상담심리학, 융 심리학, 로저스 이런 공부를 하고. 동시에 동양사상, 유교, 불교, 노장사상 이런 것들을 계속 공부하면서 틈만 있으면 명상하면서 탁 틀어 앉고 이랬다구요. 이런 것들이 보이지 않게 동양적인 것에 대한 수행자로서의 삶을 사는 것이었죠.

어떻게 보면 처음부터 초월영성상담을 해야겠다 해 가지고 온 게 아니고 도를 닦아야겠다고 마음먹고 중·고등학교부터 명상과 참선과 단전호흡, 기공, 선도 등등을 해 왔죠. 야~ 나는 옛날에는 그런 게 별거 아닌 줄 알았는데 공부하다 보니까 연결이 다 되는 거라. 재미있게도 그런 어떤 흐름 속에서 내가 살았다는 게 와, 정말 감사하더라구요.

질문자 그러면 94년도에 마산으로 내려 가시면서는 도정신치료 공부는 일단락을 하고 내려가신 건가요?

김경민 마산으로 내려갔지만 도정신치료와는 계속 연결하고 있었죠.

3. 초월영성상담자의 길

♨ 핵심감정이 녹고 참나가 드러나다

질문자 내려가시고 나서부터는 선생님께 어떤 삶이 펼쳐졌습니까?

김경민 94년도에 연구소를 오픈했는데 그때 뽑은 연구원이 김명권 선생님 제자예요. 그 연구원이 창원대학교 석사를 하는데, 무슨 공부를 하냐고 물어보니까 전부 다 요가 공부더라구요. 그걸 보면서 참 좋은 공부한다 이런 생각이 들었고 그때부터 내가 창원대학교

김병채 선생님의 공부에 관심을 가졌어요. 그러다가 김병채 선생님한테 연결이 돼서 가 보니까 파파지[7]하고 라마나 마하리쉬[8] 공부를 한다고 하더라구요.

그전까지만 하더라도 나는 박사과정에 대해서 별로 생각을 안 했거든요. 근데 좋은 공부 한다 생각이 드니까 가고 싶은 마음이 생겼어요. 그래서 김병채 선생님을 찾아가서 "선생님, 박사과정을 지원해 보려고 합니다" 하니까, 제자들이 너무 많대요, 본교 제자들이. 그래서 시험이라도 한번 쳐 볼랍니다 했는데 치열한 경쟁률을 뚫고 내가 됐어요, 박사 1호로. 한 명밖에 안 뽑았는데, 그 제자들을 다 제치고 내가 됐어요. 그때부터 초월영성상담을 본격적으로 할 수 있는 공부를 했습니다.

질문자 박사 진학이 선생님의 삶에서 또 다른 중요한 전환점이 됐군요?

김경민 그렇죠. 96년도부터 그 공부를 시작한 거죠. 97년도에 박사과정에 들어간 거고.

질문자 선생님께서 이때부터 내가 초월영상상담을 배웠다 이런 말씀을 하셨는데?

김경민 그건 그때까지는 몰랐죠, 뭐.

질문자 도정신치료를 하셨는데도 초월영성상담이라는 관념 없이 그냥 하신 건가요?

김경민 그때만 하더라도 그냥 상담 공부만 한 거고 초월이나 영성에 대해서는 별로 몰랐죠. 도 공부를 했지만, 그때 그 도가 초월영성상담인지 모르고 한 거죠.

질문자 어떤 차이가 있었을까요? 김병채 선생님 밑에서 공부하시면서 배웠던 초월영성상담하고 기존의 도정신치료에서의 공부하고 선생님한테 어떤 차이가 있으셨습니까?

김경민 그때 이제 알게 된 게 뭐냐면, 이동식 선생님은 정말 열심히 도 닦으라고 했는데, 참나상담 공부를 하다 보니까 '이미 그것이다', 그걸 딱 이야기하더라구요.

질문자 아, 도를 닦아서 뭐가 되는 것하고, 이미 그것이다 하는 것하고, 그게 굉장히.

김경민 전환점이 된 거죠. 그래서 라마나 마하리쉬 공부에 올인한 거죠.

질문자 네. 그 공부를 했던 과정을 더 설명해 주시면요?

김경민 1996년도부터 라마나 마하리쉬를 김병채 선생님하고 책을 읽으면
서 공부했는데, 김병채 선생님이 97년도에 파파지를 한번 만나러
가라고 하더라고요. 그때가 박사과정 들어갔을 때예요. 그때는 별
로 안 땡기더라구요. 우리 애들도 어리고, 인도에 들어갈 형편이
안 되고 이랬는데. 그런데 97년도 9월 달에 파파지가 사마디[9]에
들었다고 하더라구요. 그 소식을 한 달 뒤에 들었어요. 그러다가
98년도 1월에 인도에 있는 라마나 마하리쉬 아쉬람[10]으로 가게
됐죠. 거기 있는 메디테이션 홀에서 집중적으로 한 5일 동안 명상
을 하는데, 그때 뭔가 확 오더라고요. 내가 태어나서 지금 여기까
지의 삶 전체가 확 오면서 희열과 감동이 확~ 오더라고. 그때 깨
달음이 확~ 왔죠.

질문자 그 깨달음에 대해 좀 더 말씀해 주십시오.

김경민 아~ 그 느낌은 그냥 너무 감사, 감사, 감사합니다. 그렇게 한 세
달 동안 갔다구요.

질문자 그 희열이요?

김경민 그 희열이. 그런데 그전에 85년도에 우리 할머니가 돌아가셨어요.
우리 할머니가 나한테는 굉장히 정서적으로 중요한 사람이거든
요. 우리 할머니를 보내려고 하니까 너무 아파 오는 거예요. 내가
그때도 심리학 공부를 하고 있었거든요, 85년도니까. 이제 살(殺)
할머니를 해야 한다, 분리해야 한다. 그래서 할머니를 내가 보내
고 싶더라고. 절구통에 뼈를 찧는 거를 내가 하고 싶은 거예요. 근
데 우리 할머니 뼈를 내가 못 찧는 거야. 못 찧어. 우리 고종 사촌
형님이 그때 나보고 네 홉들이 소주 세 병을 주더라구요. 나도 모
르게 막 그냥 그 세 병을 다 마시고 내가 할머니 뼈를 찧었어요. 그
때만 하더라도 화장을 하고 남은 굵은 뼈들을 작게 부수는 작업을
가족들이 했어요. 근데 그때는 내가 하고 싶더라고요. 그냥 우리

할머니로부터 내가 자유롭고 싶어서.

질문자 할머니 이야기하고 라마나 마하리쉬 아쉬람에서 깨달은 거하고 어떤 관련이 있을까요?

김경민 그게 같은 거죠.

질문자 그게 같은 거라고요?

김경민 우리 할머니의 뼈를 찧고 난 다음에 뼈를 뿌리면서. 그 당시 내가 담배를 피웠거든요. 뼈를 다 뿌리고 조금 남은 뼈를 성냥갑에 집어넣었어요. 근데 그렇게 하고 오고 난 다음에 환희가 오더라고요. 그전까지는 분리가 안 되어 있었는데, 그때 분리가 되면서, 우리 할머니가 돌아가시고 난 다음에 거의 뭐 일 년 동안 공감이 너무 잘 되고, 세상이 너무 아름답고, 환하더라고. 그 심정과 라마나 마하리쉬 아쉬람에서 느꼈던, 그 전체적으로 다가왔던 심정이 하나로 연결되더라구요.

질문자 할머니 뼈를 찧고 뿌리고 나서 느끼셨던 그 희열감이라고 하는 게 뭘까요?

김경민 그 어떤 분리되는 느낌.

질문자 무엇으로부터의 분리인가요?

김경민 할머니하고의 정서적인 분리죠.

질문자 분리했던 정서의 내용이 뭡니까?

김경민 할머니에 대한 어떤 집착이라든지 이런 것들이 엄청났죠. 어떻게 보면 엄마가 있었지만 할머니하고 내가 더 같이 있었으니까. 엄마도 있었지만 오히려 할머니에 대한 집착이 더 있었죠. 정확하게는 모르겠지만, 거기에서 벗어나는 그 어떤 느낌, 그거죠.

질문자 마하리쉬 센터에서 느끼셨던 희열의 느낌, 그 안에서 알게 된 건 뭔가요?

김경민 거기서는 지금까지 내가 살아왔던 삶 전체가 하나의 파노라마같이 한순간에 쫙 펼쳐지면서 감사함이 떠올랐습니다. 지금까지 살아왔던 삶 하나하나가, 다 고맙고 감사한 거죠. 태어나서 지금까지의 삶 자체가, 전체가.

질문자 어머니가 그렇게 병이 나시고 고통스러운 일들도 있으셨을 텐데도?

김경민 그거는 아무것도 아니더라고요. 태어나서 지금까지 삶 전체가 그냥 감사함으로 충만하더라고요, 충만해.

질문자 그게 어떻게 가능했을까요? 그런 삶 전체에 대한 감사함이?

김경민 그건 모르죠. 그거는 막~ 그냥 한방에 오는 건데 그게 어떻게 논리적으로 설명할 수 있는 거는 아니고, 그때 그 느낌, 그 희열이 한국에 와서도 몇 달 동안 가더라고요. '야, 이게 깨달음인가보다' 싶었고 그런 경험을 하니까 이후 사는 데 별로 걸림이 없었죠.

질문자 말씀을 들어 보면 김병채 선생님을 만나면서 라마나 마하리쉬의 영성을 공부하셨는데 김병채 선생님이 영성과 상담을 어떻게 연결하셨고 그걸 어떤 식으로 가르쳐 주셨는지요?

김경민 김병채 선생님은 영성을 상담하고 연결을 안 했죠.

질문자 그러면 선생님 안에서 소화를 하셨을 텐데, 선생님은 어떻게 그것을 도정신치료와는 다른 차원에서 연결하셨을까요?

김경민 그렇죠. 핵심감정과 참나의 통합이죠.

질문자 여기서 참나라고 하는 건 아까 말씀하신, '이미 참나고 이미 그것이다'라는 깨달음인가요?

김경민 '이미 참나고, 이미 그것이다'라고 하는데도 불구하고 사람들은 끊임없이 자기는 핵심감정이다, 나는 그걸로 산다 이렇잖아요, 그죠? 핵심감정이 있다고 하더라도 그것을 알아차리고 보는 자가 있다고 하는 것을 깨닫는 게 참나 상담이에요.

질문자 그러면 지금 말씀하신, 선생님께서 새롭게 다른 차원에서 보게 된 상담과 그 이전에 도정신치료를 배웠을 때 선생님이 하셨던 상담은 많은 차이가 있습니까? 실제로 내담자를 대하실 때나 상담하실 때 접근하는 방식이 어떻게 달라지셨나요?

김경민 차이가 있죠. 이전에는 핵심감정에 대해서 굉장히 충실하게 반응했던 반면에, 이제는 핵심감정이 가짜고, 누가 그것을 느끼냐 이거죠. 항상 누가 그것을 느끼냐 이거죠. 이게 참나 공부에서 핵심이잖아요, 누가 그것을 느끼냐. 그걸 물으면 나다 이거죠. 그럼 그 나가 누구냐 이거죠, 바로 들어간다 이거죠. 그러니까 핵심감정을 느끼는 부분이 있지만, 그 핵심감정을 누가 느끼냐 이거죠. 그래서 그걸 탁 분리시키는 그런 작업을.

질문자 경험과 경험하는 자를 분리하는 작업이 핵심이 되는 거군요?

김경민 사람마다 핵심감정의 깊이나 경험이 다 다르잖아요. 그래서 핵심감정을 충분히 경험하고 확인한 다음에 어느 정도 여유가 있을 때 그것을 분리해서 '누가 핵심감정을 아느냐?'라는 질문을 하는 타이밍이 중요하죠. 거기에 따라서 치료 과정이 다를 수 있죠.

질문자 핵심감정을 녹이는 작업은 주로 어떤 방식으로 하시나요?

김경민 녹이는 작업은 자궁 체험을 통해서 합니다. 참나 상담에서 핵심감정을 녹이는 작업은 10단계가 있습니다. 그때 거기에서 일어났던 그 감정을 충분히 경험하고, 그 경험을 그림으로 표현해 보고, 편지도 써 보고 또 존재론적 공감 작업을 통해서 녹이는 작업을 하는 거죠.

질문자 도정신치료에서는 자궁 체험은 안 하지요?

김경민 없죠. 거기까지 안 가죠.

질문자 선생님께서 사진으로도 보여 주셨던 자궁 체험은 어떤 면에서 보면 더 깊은 자기, 태어나기 이전의 작업이라고 할 수 있는데 이러한 작업을 해야 한다고 생각하시게 된 계기가 있었습니까?

김경민 핵심감정 작업을 하다 보니까 사람들이 자궁에서의 느낌을 많이

〈참나명상마을의 자궁 체험 모형〉

보고하는 거예요. 집단상담에 열두 명 정도가 참여하면 거기서 여
덟, 아홉 명은 자궁 체험을 경험하는 거예요. 내담자들이 그렇게
생생하게 경험하고 보고하는 것을 내가 지나칠 수 없는 거죠. 그
런 경험들이 많이 쌓이다 보니까, 자궁에서의 느낌이 현재의 삶에
서 그대로 같이 살고 있다는 것이 점차 분명해지는 거죠. 이것을
어떻게 하면 사람들이 경험할 수 있겠나 그래서 워밍업 과정을 거
쳐서 내담자를 자궁으로 넣는 작업을 하게 됐죠. 그러면 자궁에서
느끼는 그 심정이 지금 현재 느끼는 심정이나 현재의 경험과 어떻
게 연결이 되는지 볼 수 있어요. 현재의 괴로움, 현재 증상, 현재의
갈등이 그때 거기와 연결되는 것을 보면서 확신과 믿음을 갖고 그
런 작업을 하고 있는 거예요.

질문자 핵심감정이 어느 정도 녹아지고 나야 비로소 '이미 그것이다'라는
말이 들어갈 수가 있다. 이렇게 보시는 거군요?

김경민 네네, 녹아지지 않으면 그때 거기가 너무 생생하기 때문에.

질문자 그런데 이런 선생님의 작업은 핵심감정에 대해 두 가지 접근을 하고 있다고 보입니다. 하나는 무의식에 대한 정신역동적인 관점이고 다른 하나는 초월의식적 관점이라고 부를 수 있을 텐데요.

김경민 네, 다른 두 가지를 융합해서 풀어내는 거죠.

질문자 그러니까 한 쪽만 다루는 것, 핵심감정만 공감하면서 다루는 것이나 또는 무의식을 다루지 않은 채 초월의식을 개발하는 것에 비해서, 이 두 가지 접근을 융합해서 다루는 것이 훨씬 더 효과적이라고 생각하신 거네요?

김경민 그렇죠. 수행과 과거의 길을 다루는 것이 동시에 같이 가야 더 빠를 수 있다, 이거죠. 그때 그 길을 안 다루고 지금 여기만 다뤘을 경우에는 붕괴되기가 쉽습니다.

질문자 자아초월 이론에서 보면 아사지올리[11]가 하위 무의식과 상위 무의식, 개인적 정신통합과 영적 정신통합을 이야기했던 부분이라든가, '그림자 문제를 다루지 않고서는 영성으로 나가기 어렵다' 이런 관점들이 있는데 선생님은 상담 과정의 체험을 통해서 이것을 확인을 하신 거네요?

김경민 그럼요. 아무리 참나라고 하더라도 그때 거기가 충분히 안 녹아지면 계속 거기 있는 거죠. '나는 참나가 아닌데' '왜 자꾸만 나보고 참나라고 하나' 이렇게 되죠.

질문자 핵심감정이 녹아내릴 수 있도록 재체험하고, 부드럽게 분리가 돼서 자기가 그것을 볼 수 있을 때, '나는 그것이다'라는 작업을 할 수 있는 계기를 마련해 준다고 이해를 하면 될까요?

김경민 아무리 '내가 그것이다' '내가 참나다'라고 하더라도 그때 거기에 머물러 있으면 안 된다는 것을 알게 된 거죠.

질문자 선생님의 핵심감정이 공포라는 얘기를 하시면서, 어떻게 깨울까에 대해서 알게 되셨다는 부분이 인상 깊었습니다. 특히 '그게 나한테 핵심이고 달란트다'라고 말씀하신 부분이 인상 깊었는데요.

내 핵심이라는 것까지는 이해할 수 있어도, 이걸 내 달란트라고 생각하고 풀어내는 과정이 있으셨을 것 같아요. 습득하는 과정이라고 해야 할까요?

김경민 그렇죠. 어떻게 보면 그게 나한테는 가장 아프고 가장 징한 거잖아요. 고통스러운 거고. 근데 그 고통스러운 것을 내가 온몸으로 오롯이 경험했기 때문에 내가 가장 잘 안다 이거죠. 내가 이것을 가장 잘 알고 가장 잘 경험했기 때문에 사람들한테 내가 해 줄 수 있는 부분도 있는 거다. 동전의 양면과 같이 아픔이면서 동시에 나의 달란트가 될 수 있죠. 왜 이 경험이 나한테 오느냐? 나에게 온다는 것은 내가 이것을 풀어낼 수 있는 힘이 있다 이거죠.

내 아픔이 한편으로는 나의 강점으로, 가장 힘든 게 나의 가장 큰 힘으로 작용할 수 있다. 그래서 나의 달란트는 나의 가장 힘든 부분이다. 이만큼 아파 봤나? 알지~ 이 아는 건 어떻게 해야 아는가. 이러면 아는 내가 있다 이거죠. 아픈 게 나의 달란트인 거죠. 그게 부모의 선물인 동시에 나의 달란트가 될 수 있다, 그런 의미예요. 알기 때문에, 그 고통을 알기 때문에 그것을 더욱더 내가 어떻게 할 수 있다 이거죠.

질문자 아까 핵심감정을 다루지 않고 참나만 다루는 것에 대한 약점을 말씀하셨는데요. 그러면 참나를 다루지 않고 핵심감정만 다루는 것의 약점이나 한계도 있을까요?

김경민 핵심감정만 다루면 그것에만 치우쳐 있을 수 있죠. 참나 상담은 '나는 이미 그것이다' 이것을 아는 겁니다. 참나를 다루면 핵심감정에 계속 휘둘리고 있는 내가 보인다 이거죠. '나는 참나'를 알고 가는 거하고, 핵심감정이 계속 나인 줄 알고 가는 거하고는 출발이 다르죠. '나는 부처다'하고 '나는 중생이다'하고의 차이. 어떤 게 빠르겠습니까?

질문자 　둘 다 하는 게 빠르지 않겠습니까? (웃음)

요새 수용을 강조하는 여러 치료를 보면 자기 안에 있는 트라우마나 고통을 회피하거나 싸우려고 하지 말고 체험하고 받아들이라고 하는 접근들이 많지 않습니까? 체험을 강조하는 치료에서는 고통스런 경험과 친해지라고 하지요. 그런데 경험을 수용하거나 친해지는 것과 지금 말씀하신 것처럼 그것을 바라보는 '진짜 나'라고 하는 실재를 아는 것하고는 좀 다른 차원 같아요.

김경민 　다른 차원이죠. 참나의 깨달음이 생기면 경험에 끄달리지 않고 더 높은 차원에서 자유로워집니다.

질문자 　결론적으로, 핵심감정을 녹이는 단계와 참나를 아는 단계, 이 두 과정 모두가 필요하다는 말씀이군요.

김경민 　그러니까 왜 이게 나한테 왔나, 이게 나한테 어떤 의미냐는 거죠. 왜 이 아픔이 나한테 왔나. 왜 하필이면 이 엄마 자궁에 갔고, 왜 내가 이 경험을 해야 되나. 이거는 어떻게 보면 필연이다 이거죠. 필연이면 이걸 통해서 내가 무슨 공부를 해야 되나 이거죠.

질문자 　참나 탐구만 했을 때는 자칫하면 이 경험의 의미를 이해하기도 전에 그거를 그냥 잘라 버리고 '이미 그것이다'로 가 버릴 수 있다?

김경민 　그렇죠, 고통의 의미를 잘라 버리고 이미 그것이라 하면 힘이 약하죠.

4. 초월영성상담 그리고 초월영성상담자

♤ 참나를 일깨우는 것이 초월영성상담이다

질문자 　선생님께서 생각하시는 초월영성상담이란 무엇입니까? 초월과 영성이 상담에서 갖는 의미는 무엇입니까?

김경민 어떻게 보면 초월하고 영성하고 나누는 그 자체가 조금은 모순될 수 있는데. 나는 초월이 영성이고, 영성이 초월이다 이렇게 보는 입장이에요. 초월과 영성의 개념은 방편으로 쓰는 차이라고 봐요. 초월이라고 하는 것은 심리학에서 말하는 에고, 퍼스널을 넘어가는 거죠. 결국에는 성격이 뭐냐의 문제인데 나의 성격은 내 마음이고 내 생각이고 내 몸인데 이것을 에고로 보는 거예요. 에고가 몸에 집착하고 마음에 집착하고 생각에 집착하는 거라면, 초월이라는 것은 내가 집착하고 있는 몸을 넘어가고 마음을 넘어가고 생각을 넘어가는 거죠.

질문자 에고를 넘어간다고 지금 말씀하셨는데 내가 나라고 생각하거나 그래서 집착하고 있었던 내 몸, 마음을 넘어간다는 말은, 그것이 내가 아니다라고 하는 것을 인식한다는 의미인가요?

김경민 네네. 예를 들어서, 내가 몸이 아프다 이러면 몸이 아프다는 것을 보는 자가 나다 이거죠. 몸이 아프다는 것을 동일시해서 그걸 나로 아는 게 아니고, 그걸 딱 마주해서 그게 어떤 집착이라는 것을 인식하고 그것을 보는 자가 나다.

질문자 에고 초월이다?

김경민 에고 초월이다 이거죠. 간단하게 이야기하면 그런 겁니다. 그런데 우리는 내가 몸이고 내가 마음이고 내가 생각이라고 하는 게 너무나 익숙하고 자연스럽게 붙어 있다 보니까, 그게 잘 안 되는 거죠. 초월영성상담에서는 나는 마음이 아니고 몸이 아니고 참나고 그것이다 하는 것을 끊임없이 이야기하는 거죠. 그것만 분명히 하면, 초월영성상담과 일반상담을 구별할 수 있다고 나는 생각해요.

질문자 초월하고 영성을 따로 떼어 내서 이야기할 수는 없다고 하셨는데요. 초월이라고 하는 것은 일종의 내가 동일시했던 어떤 것에서 벗어나는 것. 어떤 면에서는 좀 과정적인 것을 의미하는 것이라면 영성은 어떤 품성, 특성 이런 것처럼 느껴지는데 영성에 대해서는 어떻게 정의할 수 있을까요?

김경민 스피릿(spirit)을 기독교에서는 영성이라고 번역했죠. 영성이라고 해서 다른 것을 의미하는 게 아니고 인간을 하나님의 뜻이 담긴 어떤 프로그램으로 간주한다는 거죠.

질문자 그러니까 영성을 풀어서 말하면 신령스러운 성품인데요. 선생님께서 생각하시는 우리 존재 혹은 우리 인간의 신령스러운 성품이라고 하는 것은 어떤 거라고 보시는 겁니까?

김경민 그거는 우리 존재가 바로 하나님이고 절대자고 신이다 나는 이렇게 봅니다.

질문자 참나와 같은 겁니까? 참나, 신, 하나님.

김경민 네네, 같은 개념인데 그것을 각자의 종교적인 믿음과 가치에 따라서 다르게 쓸 뿐이죠.

질문자 에고를 초월하는 것 그리고 그런 초월을 통해서 '내가 어떤 신령스러운 전체다, 하나님이다, 내가 신이다'라는 것을 아는 것이 상담에서 어떤 의미를 갖는다고 생각하십니까?
초월이나 영성이라고 하는 관점, 믿음, 또는 이런 실재가 내담자를 고통에서 벗어나게 하는 데 어떤 도움이 되느냐에 대해서 질문드리고 싶습니다.

김경민 누가 그 생각을 하느냐, 누가 그 고통을 느낀다고 생각하느냐 이거죠. 누가 지금 불행하다고 생각하느냐 이거죠. 그렇게 해서 근본적으로 자기를 보게끔 하는 것입니다.

질문자 그 나는 누구냐?

김경민 그렇죠, 그 나는 누구냐 하는 거죠. 그러니까 더 이상 1인칭, 2인칭, 3인칭으로 나아가지 않게끔 하고 바로 뿌리를, 그 생각의 뿌리, 그 마음의 뿌리를 바로 보도록 해서 자기 본래 면목으로 가게 끔 하는 그런 작업을 하는 것입니다.

질문자 어떤 면에서 보면 몸과 마음의 작용으로 인해서 우리가 감정이나 생각 또는 통증 같은 것을 느끼게 되는데 그 작용이 일어나는 근본인 나는 누구냐를 묻는 거로군요?

김경민 결국은 내가 통증을 느끼고 내가 고통을 느끼고 내가 그 생각을 하는데 그럼 그 나는 누구냐 이거죠.

질문자 일반적인 상담에서는 그런 질문은 안 하거든요.

김경민 안 하죠. 그러니까 내가 하는 초월영성상담에서는 그걸 한다 이거죠. 누가 느끼느냐, 내가 느낀다. 그럼 그 나는 누구냐 이거죠.

질문자 그 나를 자각하게 되는 사람들은 자신의 고통에 대해서 어떤 반응들을 하던가요?

김경민 내담자가 힘들 때는 그 질문을 안 합니다. 힘들 때는 왜 그 고통을 느끼는가에 대해서 충분히 경험하고 표현하도록 하고 어느 정도 여유가 생겼을 때 그다음에 질문이 이제 그거죠. 단계가 있습니다. 그러니까 경험을 동일시하고 있는 나를 충분히 경험하게 하고 표현하게 하고 공감할 수 있게 하고 그다음에 그러면 누가 그걸 느끼나 이렇게 들어간다 이거죠.

질문자 그 질문을 했을 때 내담자들이 이해합니까?

김경민 네, 이해합니다.

질문자 아, 그래요?

김경민 최근에 모든 것을 다 버리고, 자식이고 부모고 마누라고 뭐고 다 그냥 죽고 싶다고 하는 내담자를 상담했어요. 상담을 마치면서 가장 도움을 받은 게 뭐냐고 물어보니까 화가 났을 때 화, 불안하면서 불안, 그것을 지켜볼 수 있는 힘이 생긴 거라고 하더라고요. 그 내담자는 절실했죠. 모든 것을 다 포기해야 될 그 순간에 이것을 견디고 살아 나갈 수 있는 방법이 뭐냐고 나에게 물었습니다. 그래서 그 감정이 일어날 때 그 감정을 그대로 알아차리고 그냥 그 감정을 지켜보는 작업을 해 보라고 했는데 그게 가장 힘이 됐다고 이야기했습니다.

질문자   그 바라보는 나를 경험하게 하신 거로군요. 방금 말씀에서는 내담자에게 고통과 탈동일시하게 하는 작용이 일어났던 것 같은데요. 내담자가 참나를 알아차리는 것이 이전에 선생님이 체험하셨던 환희나 삶에 대한 감사의 깨달음과도 관련성이 있을까요?

김경민   그렇게 하려면 좀 더 깊이 들어가야 되죠. 앞의 사례는 8회로 끝났고, 조금 더 들어가려면 그 사람이 어느 정도 깊이까지 나아가기를 원하느냐가 중요하죠. 내담자가 원하지 않는데 더 한다는 것은 상담목표와 관련된 문제죠. 그거를 수연응기제도(隨緣應機濟度)[12]라고 하는데 내담자가 원하는 만큼 해야 하죠.

질문자   참나에 대한 맛을 느끼는 정도로도 치유가 되지만, 내담자가 참나에 대한 진정한 탐구로까지 가게 하려면 어떻게 해야 합니까?

김경민   더 하겠다 했을 때는 그때부터는 다르게 접근을 해야 되겠죠. 이동식 선생님 책에도 나와 있는데 우리는 모두를 다 도인으로 만들 수는 없지요. 그 사람이 얼마나 원하고 바라느냐에 따라서, 그 내담자가 원하는 것만큼 우리가 같이 조율해야 합니다.
그렇지만 한편으로는 우리는 그 사람이 참나고, 그 사람이 불성이고, 그 사람이 영성이고, 그 사람이 그것이라는 것을 항상 마음으로 갖고 있으면서 가야 된다는 게 초월영성상담자의 태도라고 볼 수 있겠죠.

질문자   네. 벌써 다음 질문에 대한 답변을 해 주셨는데요. 초월영성상담과 전통적인 상담의 차이점은 무엇이라고 생각하시는지요?

김경민   어떻게 보면 분명하게 차이점이 있다 없다 이렇게 말하기에는 좀 곤란한 것 같아요. 인간중심상담이라든지 현존재 분석[13]이라든지, 요즘 인지치료도 보니까. 메타심리학,[14] 자비심리학 이런 것들을 보면 거의 지금 다 초월영성상담인 것 같아요.

질문자 다가가고 있다?

김경민 예, 다가가고 있는 거 같아요, 흐름이. 일반상담이 에고가 잘 기능할 수 있도록 하는 거라면, 초월영성상담은 에고를 넘어가는 상담, 마음과 생각을 보는 자를 깨닫게 하는 상담이라고 할 수 있겠죠.

질문자 초월영성상담에 에고의 기능을 도와주는 것이 포함될까요?

김경민 네, 그렇죠. 에고가 충족이 안 되면 영성으로 가기는 더 어렵잖아요.

질문자 조금 다른 질문을 드리면, 정신분석이나 인지치료 혹은 인간중심상담과 같이 상담 이론별로 상담관계를 보는 관점이 차이가 있지 않습니까? 인본주의 상담은 동등한 관계를 강조하고, 인지행동치료는 협동하고 협력하는 공동 연구자, 정신분석은 상담자가 해석자로서의 객관적인 위치를 갖는데요. 초월영성상담의 상담관계는 어떤 특성이 있을까요?

김경민 초월영성상담의 특징이라고 하면 만나는 사람을 환자다, 증상을 가지고 있는 사람이다 이렇게 본다기보다 오히려 그 사람은 하늘이다, 부처다, 아니면 참나다. 그것을 단지 자기가 망각할 따름이라고 보는 거죠. 지금 이 순간에 자기가 참나다, 붓다다 하는 것을 내담자가 망각하고 있다는 것을 끊임없이 일깨워 준다는 거죠. 망각하고 휩쓸려서 그 감정을 느끼고 그렇게 살더라도 당신은 참나다.

질문자 참나를 일깨우는 역할?

김경민 일깨우는 역할. 그러니까 자신의 참나를 끊임없이 망각한다 해도 당신은 그것이다, 이거죠. 왜? 망각하는 것을 알고 있기 때문에 그 아는 자를 보게끔 하는 겁니다.

질문자 초월영성상담자는 '네가 그것이다'라고 믿어 주는 사람이라 표현할 수 있을까요?

김경민　그렇죠, 믿어 주고 그리고 네가 항상 그것이다, 네가 그것을 망각할 뿐이지 지금 이 순간에도 너는 그것이라고 하는 게 초월영성상담의 핵심일 수 있죠.

질문자　다음 질문하고도 연결이 되는데요. 초월영성상담자를 일반상담자와 구분할 수 있는 특징은 무엇이라고 생각하십니까? 초월영성상담자가 되기 위해 필요한 훈련은 무엇이라고 생각하십니까?

김경민　일반상담자는 증상이나 갈등을 해결하기 위해서 그것에 대해서 끊임없이 이야기하고, 그건 초월영성상담도 마찬가지죠. 일단 그렇게 하면서 그 사람의 본성이 뭔지 그 사람의 본래 면목이 뭔지, 그 사람의 영성이 뭔지를 항상 리마인드시켜 준다, 리멤버하게 한다. 이게 좀 다를 수 있죠. 일반상담자는 증상 해결, 문제 해결에 초점을 둔다고 하면, 초월영성상담에서는 그 해결하려고 하는 게 결국 누구냐 이거죠. 누가 그걸 하나 이거죠. 누가 갈등을 느끼고 누가 그렇게 느끼냐 이거죠. 그러면서 자기한테 초점을 맞추고 자기를 보게끔 하는 그것이 다를 수 있다고 보죠.

질문자　우리의 참 본성인 참나를 일깨우는 역할을 하는 것이 초월영성상담자의 가장 큰 특징이라면 어떤 훈련을 해야 된다고 생각하십니까?

김경민　결국에는 상담자가 깨어 있어야 되죠. 매 순간순간 지금 여기에 있어야 되고 끊임없이 그 생각을 하는 사람이 누구인지, 누가 그렇게 느끼는지, 누가 그렇게 고통을 감지하는지 그것을 알아차리고 보는 자로 있는 수행이 필요한 거죠. 참나 탐구는 매우 단순합니다. 궁금해하면 누가 궁금해하나? 그럼 내가 궁금해한다. 그럼 그건? 나는 누구냐 이거죠. 이 공부를 해 가지고 나는 너무 단순해졌어요. 딱 질문 세 가지면 다 끝난다 이거죠. 이거보다도 단순한 게 없습니다.

질문자	방편이긴 하겠지만 또 다른 방법으로는 뭐가 있을까요?
김경민	방편들은 각자 다양하겠죠. 위파사나[15]라든지 화두선[16]이라든지. 각자 다양하지만 내가 볼 때는 누가 그 갈등을 하고 누가 아픔을 느끼고 누가 힘들어하나 이거를 탐구하는 게 핵심이죠.
질문자	우리의 그림자 문제를 다룬다는 면에서는 일반상담자하고 초월영성상담자하고 같지만, 그 차이점은?
김경민	더 나아가느냐 거기에서 멈추느냐 차이겠지요.
질문자	에고를 넘어선 참나 또는 참 본성, 그것을 상담자가 얼마나 자기 자신에 대해서 깨어 있느냐의 차이로군요.
김경민	믿음과 확신이 있느냐, 깨어 있느냐. 결국에 보니까 상담자가 참나와 본성에 대한 확신과 믿음이 없으면 그 말을 못하더라고요. 말을 해도 힘이 없지. 상담자가 본성과 참나와 불성에 대한 믿음과 확신을 갖고 그 이야기를 할 때라야 힘 있게 전달됩니다.
질문자	선생님 같은 경우는 참나 탐구, 마하리쉬 그리고 다양한 영적 수행들이 도움이 되었다고 보시는 거죠?
김경민	네네, 영적 수행이 없으면 머리로밖에 안 됩니다. 머리는 힘이 없어요. 결국 내가 경험해서 확신과 믿음이 있어야 그 말을 하는 데도 힘이 있죠. '아마 그럴 겁니다' 이렇게 말하는 거 하고, '그렇나? 어떻노!' 하고 턱 물어보는 거 하고 다르다 이거죠. 상담자가 얼마만큼 참나와 본성과 불성과 영성에 대한 확신과 믿음이 있느냐 없느냐 거기에 차이가 있습니다. 이게 초월영성상담에서 가장 중요한 거 같아요.

♨ 우리의 의식은 답을 알고 있다

질문자	초월영성상담이 한국사회 또는 현대사회에서 어떠한 기능이나 의

미를 갖는다고 보십니까?

김경민   이미 1970년대부터 대세는 초월영성상담으로 흘러가기 시작했어요. 2002년에 싱가포르에서 국제정신치료학회가 열렸는데 거기 가서 보니까 초월이 안 붙은 발표가 별로 없었어요.

질문자   왜 그런 변화가 일어났다고 생각하세요?

김경민   그러니까 제4심리학이 1970년대에 서양 심리학과 서양 철학의 한계를 느끼고 동양으로 왔단 말입니다. 동양으로 와서 공부한 결과가 이전에 아바타 프로그램[17]이 있었는데 이 프로그램이 우리 상담계를 한번 휩쓸었습니다. 그리고 요즘 MBSR[18]이나 인지행동치료의 ACT,[19] 메타인지, 자비심리학, 이 모든 것들이 다 동양 심리학을 가져다 만든 거예요. 어떤 식으로든 자기를 보는 공부입니다. 결국 알아차림과 보는 자 딱 이 두 가지입니다. 그렇죠? 알아차림과 보는 자. 알아차림이 안 되고 동일시되어서 끄달려 가는 것과 알아차리고 지켜보는 힘이 있는 것, 이 차이인데. 이걸 가지고 지금 서양에서는 엄청 상품화해서 들어오고 있습니다. 우리는 이미 3천 년 전부터 해 온 공부인데, 그게 안타깝죠.

질문자   우리 사회가 근대화되고 산업화되는 과정에서 또 과학이 이 세계를 지배하게 되면서 우리의 유구한 수행 전통이 무시되어 왔지 않습니까. 그런데 이게 서양으로 건너가서 돌아오는 식으로 현대에 다시 부활하고 있다는 말씀 같은데요.

현대인들 그리고 우리 한국사회의 사람들이 여러 가지 문제가 있고 많은 정신적인 혼란을 겪고 있는데, 선생님께서 특별히 강조하시는 보는 자 또는 참나를 인식하는 것이 현대를 살아가는 사람들에게 왜 필요한가요? 어떤 도움을 줄 수 있을까요?

김경민   어떻게 보면은 자기가 누구인지를 다 잃어버리고 사는 거예요. 자기를 잃어버릴 때 삶이 행복하지 않는 거예요. 어느 정도 물질적으로 충족이 되지만, 자기가 주체가 돼야 되는데 자기가 주체가 되지 않고 그냥 물질을 좇는다 이거죠. 좇아가는지를 알고 좇아가면 이제 다르겠지만 맹목적으로 좇아가는 거죠. 이 공부는 결국에는 내가 뭘 하는지를 알고 하자는 것이에요. 사람들이 무얼 하는지도 모르고 자기를 망각하고 있다 이거죠.

질문자 　우리 사회를 보면 한때는 물질, 가난, 경제적인 고통이 사람들에게 제일 컸다가 그게 어느 정도 충족이 되면서 정신적인 고통이라는 것이 새롭게 사회 문제가 되지 않았습니까? 선생님께서는 사람들의 고통의 근원이 나를 잃어버렸기 때문이라고 보시는 거네요?

김경민 　네네, 결국에는 자기가 누군지를 모르고 그냥 산다 이거죠. 알고 살면 훨씬 더 행복할 수 있어요. 내가 무엇을 하는지를 알고 사는 삶과 모르고 무의식적으로 사는 삶의 차이는 큽니다.

질문자 　네, 현재 우리 사회는 대중적으로도 심리학, 상담이나 심리치료가 많이 확산되고 있는데요. 대개 흐름은 자기의 아픈 상처를 공감하고, 관계 안에서 상처받지 않는 법이나 자존감을 유지하는 법 등등 자기의 정서나 존재감을 잘 유지하고 지켜내는 쪽에 초점을 맞추는 상담이나 책들이 베스트셀러가 되고 있는 것 같습니다.
선생님께서 지금까지 말씀하신 것들이 굉장히 중요하지만 초월영성상담의 사회적인 영향력이라고 하는 것이 크다고 할 수가 없지 않습니까. 초월영성적인 접근이 중요하다면 많은 사람들에게 영향력을 더 가질 필요가 있는 것인데 이런 상황에 대해서는 어떻게 보시는지요?

김경민 　가장 핵심적인 질문인데요. 모든 고통과 갈등은 내가 있음으로 해서 너가 있고, 너가 있음으로 해서 그들이 생기면서 벌어집니다. '나'가 없는 상태에 서 있으면 'all is one' 우리 모두가 하나입니다. 분별심이 없다 이거죠.

김경민 　핵심감정 너머의 나는 누구인가

초월영성상담은 '나'가 일어났을 때 이 '나'가 누구냐를 탐구해서 본래 면목으로 바로 돌아가는 공부예요. 현대사회에서의 거의 모든 갈등이 일어나는 이유는 이기심 때문이죠. 내가 있으니까 너도 있고 그들이 있다는 분별심이 모든 갈등과 고통을 만들어 냅니다. 그랬을 때 '나'가 누구냐 물으면서 본래 면목으로, 무아(無我)로 돌아갈 때 답이 있다는 겁니다.

질문자 자기중심성을 넘어서는 것. 이게 굉장히 고귀한 진리인데 선생님께서 보시기에 우리 사회에서도 많은 사람들에게 초월영성적인 이해나 접근이 점점 더 확산될 가능성이 있다고 보십니까?

김경민 확산될 수밖에 없습니다. 끊임없이 우리는 본성을 향해서, 영성을 향해서 가고 있고 그게 우리의 방향이기 때문이죠. 이기적으로 하면 할수록 아픔이 따르고 좌절이 따르고 힘듦이 따릅니다. 대상으로 가면 갈수록 바깥으로 향하면 향할수록 아픔과 좌절이 커질 수밖에 없습니다. 그런데 우리의 본성은 끊임없이 내면으로 내면으로 돌아가는 엄청나게 강한 힘이 있습니다. 나는 지금 모든 지구상에서 일어나고 있는 안 좋은 것들도 결국에는 우리가 본성을 지키고자 하는 그 힘 때문에 제자리로 돌아간다고 봅니다. 그 힘과 에너지가 결국에는 우리 지구를 지켜 가는 힘이라는 거죠. 그래서 이제 Oneness, 하나 됨의 세상 그리고 All is one, 모두가 하나라는 진실이 본성의 밑바닥에 흐르고 있습니다.

질문자 그런 어떤 의식의 흐름이 있다는 말씀인가요?

김경민 의식도 흐름이 있습니다. 엄청나게 강한 영성으로 향하는 흐름이 있는 겁니다.

질문자 현재는 자기존중, 더 나아가면 자기실현이지만.

김경민 자기실현을 넘어서는.

질문자 자기초월로 가는, 한 개인뿐만이 아닌 시대적인 흐름이 우리 인류

와 지구에서 일어나고 있다 이렇게 보시는 거로군요.

김경민 그럼요. 우리는 망각하고 있지 않습니다, 우리 본성이 무엇인지를. 우리 자체가 뭐다? 그것이다! 그것을 알고 있기 때문에 의식의 흐름이 그 방향으로 가고 있는 것 같아요.

질문자 All is one이라고 하셨는데 프로이트도 에로스 이야기를 하면서 '에로스는 쪼개진 것을 합치는 힘이다. 그리고 무엇 때문에 그러는지는 모르겠지만 이 세계와 사람들 간의 관계 속에서 쪼개진 것들이 점점 더 하나로 가는 그런 어떤 흐름이 있는 것 같다. 그런데 그 힘이 무엇인지는 자기는 모르겠다'고 말했지요.

김경민 그걸 동양에서는 도라고 합니다. 굳이 표현하면 도. 표현할 수 없으니까 That이라고, '그것'이라고 표현합니다. 그 뭔가는 알 수 없지만 그 힘이, 에너지가 방향이 있다 이거죠. 표현하는 순간 어떤 상을 갖게 되기 때문에 그거, 그거. 그래서 우리는 그 That을 거시기라고 합니다, 거시기. 다 알지만, 다 통하지만 굳이 말로 하지 않는 그거, 그거.

질문자 선생님. 이제 공식적인 질문은 마쳤습니다. 인터뷰를 하시고 난 소감을 마지막으로 말씀해 주십시오.

김경민 초월영성상담에서 가장 중요한 것은 지금 이 순간을 사는 것 이거 하나거든요. 과거 땡, 미래 땡 그리고 이 순간을 그냥 보는 자로 사는 거를 이야기하고 싶었는데 제대로 했나 모르겠네요.

질문자 아, 계속 말씀하셨는데요.

김경민 아, 계속했어요? 이것저것 이야기했지만 결국에는 지금 이 한순간, 이 한순간 보는 자로 있는 거, 이게 다.

질문자 그것이 또 우리가 고통에서 벗어날 수 있는 길이고.

김경민 끊임없이 우리는 과거가 나라고 잡고 있죠. 또 미래가 어떨 것이라고 잡고 있죠. 그것을 땡하고 피니쉬하고, 오로지 지금 이 순간

이곳으로. 요거 하나 요거를 끊임없이 이야기할 때 초월영성상담은 산다고 봐요. 과거도 아니고 미래도 아니고 지금 여기, 느낌과 감정도 아니고 그것을 보는 자로 사는 거.

질문자 저도 소감을 말씀드리면, 인터뷰가 참으로 만족스러웠고 대화를 통해 선생님의 삶을 통째로 가져간다는 느낌입니다. 선생님이 이야기하시는 거 보면 진리라고 하는 건 참 단순한 거구나. 그리고 선생님의 삶 또는 선생님이 보여 주시는 단순함 속에서 말로 표현할 수 없는 어떤 앎을 주시는구나 이런 거를 느낀 것 같고요. 많이 나눠 주셔서 고맙습니다.

김경민 나는 수행자로 정말 평생을 통해서 뭔가를 찾으려고 했는데, 우리 라마나 마하리쉬 할배를 만나게 돼서 정말 감사, 감사하고, 또 이게 일이 아니고 놀이고 놀 수 있어서 그게 참 행복합니다.

🗒 인상노트

서울에서 꼬박 세 시간 걸려 도착한 곳은 충북 영동이다. 도시를 벗어나 충북으로 들어서니 높은 건물들이 사라지고 둥근 곡선들로 이어진 산과 이제 막 푸르러지는 밭들이 나온다. 산이 이렇게 낮았던가? 높은 건물들에 둘러싸여 그 틈으로만 하늘을 보다 보니 새삼 저 멀리 있는 산들이 낮고 귀여워 보인다. 그 둥근 곡선들에서 느껴지는 경쾌함은 오늘 우리가 만난 김경민 선생님과 닮아 있다. 큰 키에 선명한 눈, 하얀 머리, 굵은 주름들을 이제 얼굴에 새기고 계신 선생님은 굽이굽이 작은 시골길을 지나 나지막한 산이 길을 막아선 끝 지점, 참나명상마을에서 우리를 맞아 주셨다. 기역 자로 지어진 공간은 기와를 얹고 황토로 벽과 바닥을 다져 처음부터 그곳에 있었던 장소처럼 숨 쉬고 있었다. 따뜻한 차를 나눠 주신 선생님의 개인 공간을 지나 개인 세션과 집단 세션을 위한 장소들을 둘러보았다. 숨어 있는 듯 곳곳에 나누어진 장소들과 오랜만에 보는 다락방이 호기심을 불러일으켰다. 문을 열자 자궁 체험을 위해 천장에 매달린 얇은 치마들이 바람에 흔들리며 묘한 분위기를 자아낸다. 우리가 한때 모두 머물렀던 곳 엄마의 자궁, 참나 상담에서 핵심감정을 만나, 녹이는 작업의 핵심이 되는 자궁 체험을 할 수 있는 곳이었다. 이제는 특별한 날에도 한복을 보는 것이 낯설지만, 공간에 매달려 있는 저 치마들이 낯설지 않다. 더 깊은 곳에 닿을 수 있을 것만 같은 기대감, 처음 있었던 온전한 곳에 대한 그리움, 그리고 알 수 없는 두려움이 공간을 메우고 있었다.

건물 주변으로 둘러싼 산 또한 수련을 위해 모두 이어져 있었다. 작은 호수가 있는 정자, 명상을 위해 지어진 게르, 그리고 산책로 곳곳에 놓인 명상 포인트는 참나를 만나기 위해 준비된 장소들로 모두 김경민 선생님의 손길을 느낄 수 있었다. 자연 속에 거칠게 놓여 있지만 그곳에 앉아 주변을 둘러보니 왜 여기인지 알 수 있었다. 그 공간 또한 이미 '그것'이다. 그리고 이미 '그것'인 선생님과 함께 앉아 선생님이 말씀해 주셨던 참나에 대해 생각해 본다.

식사를 위해 나온 영동 시내에서 스스럼없이 동네 사람들과 어울리는 선생님은 이곳 영동에 제대로 살고 있는 주민이었다. 출퇴근 때만 열리는 서울의 회색의 현관문이 아닌 열린 문으로 만난 이웃들과 더불어 일상을 나누고 계셨다. 놀이도 일처럼, 일도 놀이처럼, 선생님에게 마음을 아는 것의 시작은 어머니의 고통에 대한 의문이었지만, 오랜 시간 수련과 공부를 통해 참나를 만나며 늘 놀이처럼 여기고 계신 것 같았다. 그것이 오랜 시간 한 길을 걸어온 선생님만의 노하우가 아닐까. 즐기는 자를 누가 이길 수 있을까.

늦은 밤 진행된 인터뷰의 첫 질문에 선생님은 힘 있는 침묵으로 시작하셨다. 어떻게 핵심감정을 만나, 녹이고 자신의 달란트로 만들 수 있었는지 긴 시간들을 짧은 시간 안에 나누어 주셨다. 마음이 무엇인지 알고 싶어 시작한 공부는 많은 스승을 만나 더 깊어져 선생님만의 열매를 맺어 가는 과정이었음을 느낄 수 있었다. 이제는 자신만의 길을 만들어 내담자들을 만나 자신의 경험과 이론들을 매 순간 더욱 견고히 다져 가고 계신 것 같았다. 선생님의 지나온 시간들을 생생하게 같이 지나며 참나 상담에 대해 더 깊이 있게 이해할 수 있었다. 잊혀진 본성을 찾는 의식의 흐름에서 함께하며 일깨워 주는 이가 있다는 것, 먼저 걸어온 이가 있다는 것이 어두운 밤길을 걷고 있는 내담자들에게 큰 힘이 되리라 생각된다. 연구를 위한 인터뷰의 시작은 선생님의 삶이 어느새 우리에게 나누어지며 마무리되었다. 12시가 다 되어서야 인터뷰를 마치고, 조용하고 어두운 밤하늘 아래 마당의 젖은 잔디를 밟으며 수련하는 선생님을 보니 처음 만났을 때 느낀 그 경쾌함과 힘이 쉬이 얻어지는 것이 아님을 다시 한번 생각하게 된다. 돌아가는 길, 조용한 산속에 위치한 참나명상마을은 선생님처럼 경쾌하게 우리를 맞아 주었지만 언제나 그곳에 있을 것 같은 엄마의 자궁처럼 또 조용히 담담하게 우리를 보내 주었다.

미주

1) 오쇼 라즈니쉬(Osho Rajneesh): 인도의 신비가, 구루 및 철학자. 삶의 허구와 진리의 세계, 존재의 본질을 꿰뚫는 통찰력을 바탕으로 새로운 의식 혁명과 깨달음의 세계를 열어 보임. '다이내믹 명상법'을 개발하였으며 종교적 경전과 신비가 및 철학자들의 글을 재해석함.

2) 전이(transference): 프로이트가 고안한 개념으로 과거 상황에서 느꼈던 특정한 감정을 현재의 다른 대상에게서 다시 체험하는 것.

3) 직지인심(直指人心): 불교 선종의 4대 교리 중 하나. 사람의 마음을 곧바로 가리킨다는 의미로 생각하거나 분석하려 하지 말고 자기 마음을 곧바로 잡는 것.

4) 도정신치료: 동양철학과 서양 정신의학을 융합하여 이동식이 창시한 정신치료. 가슴에 거리끼고 집착되어 있는 것[애응지물(碍膺之物)]이 콤플렉스이며, 애응지물에서 벗어나는 것이 정신건강으로 가는 길임을 제시.

5) 핵심감정: 도정신치료의 주요 개념 중 하나로 일생에 걸쳐 매 순간 마음과 행동에, 일거수 일투족을 지배하고 있는 것으로, 핵심감정의 극복이 정신치료에서 가장 중요하다고 여겨짐. 대혜선사가 말한 애응지물, 마음에 거리끼는 것과 같은 의미.

6) 훈습(working through): 자신의 증상, 문제를 지각하고 통찰하기 위해 저항을 극복하고 이해하도록 반복적으로 체험하는 과정 및 절차.

7) 파파지: '사랑하는 아버지'라는 의미의 인도어.

8) 라마나 마하리쉬(Ramana Maharshi): 인도의 성자. 삶에는 의미와 목적이 있으며, 모든 존재에는 파괴할 수 없는 실재와 아름다움, 평화과 기쁨이 있다는 것을 보여주기 위한 가르침을 전함.

9) 사마디(Samādhi): 삼매(三昧)의 산스크리트어. 고요함, 적멸(寂滅), 적정(寂靜)의 상태 또는 정신 집중 상태.

10) 아쉬람: 수행자들의 수도원 역할을 하며 구루가 제자들을 가르치는 학교 역할을 하기도 하는 인도 전통의 영적 또는 종교적 암자 내지 수도원.

11) 아사지올리(Roberto Assagioli): 정신과 의사이자 인본주의 심리학과 자아초월 심리학의 선구자. 정신통합(psychosynthesis) 운동의 설립자.

12) 수연응기제도(隨緣應機濟度): 근기에 따라서 제도한다는 불교 용어. 심리치료에서는 상담자와 내담자의 관계를 바탕으로 내담자의 근기에 맞추어 치료를 제공한다는 의미.

13) 현존재 분석(Dasein analysis): 빈스방거(Ludwig Binswanger)에 의해 현상학적 접근에서 비롯된 정신분석에 대한 실존주의적 접근. 동기라는 개념을 사용하여 내담자의 내적 경험세계를 재구성하고자 함.

14) 메타심리학(metapsychology): '뛰어넘다'는 의미의 메타와 심리학의 합성어로 심리학에서 연구하는 의식의 현상을 초월하여 현상의 기초이자 그것을 규정하는 의식 자체의 특성과 법칙을 연구함.

15) 위파사나(Vipassanā): 관(觀)이라고 해석되는 불교 용어로 세간의 진실한 모습을 본다는 의미. 끊임없이 변화, 생성, 소멸하는 대상을 있는 그대로 관찰하는 수행법.

16) 화두선(話頭禪): 선종의 수행법 중 하나. 수행의 주제 중 하나를 집중하여 의심하고 풀어냄으로써 깨달음에 이르는 수행법.

17) 아바타 프로그램(Avatar Course): 해리 팔머(Harry Palmer)에 의해 개발된 의식 개발 훈련 프로그램.

18) MBSR(mindfulness based stress reduction): 만성 통증 환자를 대상으로 불교 명상법을 이용해 존 카밧진(Jon Kabat Zinn)이 개발한 스트레스 감소 프로그램.

19) ACT(acceptance and commitment therapy): 수용전념치료. 마음챙김과 적극적 참여에 기초하여 전통적 인지치료 전통에서 개발된 심리치료이론.

김명권

그림자를 만나야 진정한
영성이 꽃핀다

약력

1956년	경기도 인천에서 3남 1녀 중 셋째로 태어남
1972년	신일고등학교 입학. 기독교 학교 및 어머니의 영향으로 약 2년간 교회를 다녔으나 심한 회의감을 갖고 떠남
1975년	고려대학교 철학과 입학. 실존주의와 니체를 좋아함. 철학에서 삶의 의미를 발견하지 못하자 심하게 방황함. 이때 삶에 의미가 없다면 삶은 즐겨야 한다는 신념을 갖게 되고 이를 위한 수단으로 예술을 하기로 결심함
1977년	사병으로 육군에 입대했으나 폐결핵으로 14개월 만에 의병제대함. 군 결핵병원에서의 자유롭고 한가했던 시간이 삶에서 가장 행복했던 시기. 제대 후 음악을 전공하기로 결심함

1981년	국악 및 서양 성악 등에 손을 댔으나 결국 포기하고 다시 삶에서 무엇을 해야 할지 진로 고민을 함. 고민할 수 있는 시간을 벌기 위해 오래전부터 관심 가졌던 미학을 공부하고자 실험(지각)심리학 전공으로 고려대학교 일반대학원 심리학과에 입학했으나 문제의식과는 달리 실험심리학의 방법론이 적성에 맞지 않아 두 학기 만에 포기함
1982년	'사랑'과 관련된 일을 해야겠다는 자각이 오면서 임상심리학으로 전과함
1983년	서울대학교 병원 신경정신과에 3년 과정 임상심리학 연수원(레지던트)으로 들어감
1986년	경상대학교 심리학과에서 임상심리학 전공 교수로 임용
1986년	임상심리전문가 취득(한국임상심리학회, 21호)
1987년	2월 우연히 참석한 4박 5일간의 합숙 집단상담(리더 용타 스님)에서 삶의 대전환점을 맞이함. 이 직후 고양된 의식의 변성상태가 따라오며 처음으로 마음이 맑다는 체험을 하게 됨. 삶의 의미를 찾는 방황이 종결되었고 이때부터 집단상담에 심취함. 같은 해 여름 '야마기시즘'이라는 일본에서 도입된 연찬(토론) 프로그램에 참석하여 끝나는 날 갑작스런 의식의 변성과 함께 '모든 것이 나'임을 체험. 바로 다음날 청화 스님을 만난 후 심각하게 출가를 고민하기 시작하였으나 결국 포기함. 이때부터 깨달음과 명상에 몰두함
1991년	요가를 시작. 몸에 대한 다양한 각성과 의식의 변성이 일어나면서 요가심리학에 심취하게 됨. 이후 다양한 하타 요가 및 명상 수련을 실시하며 동시에 세속과 수행이라는 이분법으로 고민하기 시작함
1993년	부산대학교 교육학과 상담심리학 전공으로 박사과정 입학(1999년 졸업)
1999년	상담심리전문가 취득(한국상담심리학회, 138호)
2000년	광운대학교 교육대학원 교수로 임용
2001년	한국집단상담학회장 역임(2001~2003년)
2002년	서울불교대학원대학교 상담학과 자아초월상담학 전공 교수로 임용(2016년 퇴임)
2005년	한국상담학회(집단상담학회 및 초월영성상담학회) 수련감독자 자격 취득
2006년	한국영성심리상담센터 설립
2015년	트랜스퍼스널 브레스워크(트숨) 첫 체험. 심리치료의 신기원을 체험하고 비일상적 의식상태의 치료적 중요성을 깨달음
2016년	트숨 트레이너 과정 시작(2018년 수료, Green Certificate 취득─독일, 국제 의식탐구 및 심리치료 연구소)
2018년	한국인 중심의 국제 트숨 트레이너 과정 조직
2020년	유럽 자아초월심리학 협회(EUROTAS) 자격증(professional 급) 취득
2021년	한국트숨센터 설립
2021년	Stan. Grof에 의해 Grof-Legacy-Training 국제교사로 임명됨

저서 및 역서

1) 집단상담 및 심리치료 관련

집단상담 과정과 실제(공역, 시그마프레스, 2000), 집단상담 사례연구(공저, 학지사, 2002), 집단의 전개과정(공역, 시그마프레스, 2005), 상담전문가 11인의 만남과 치유(공저, 학지사, 2006), 잡았다 네가 술래야(공역, 모멘토, 2006), 인간중심상담 훈련(공역, 학지사, 2014), 집단상담의 이론과 실제(공역, 학지사, 2015), 한 명의 내담자, 네 명의 상담자(공저, 학지사, 2019), 트라우마와 몸(공역, 학지사, 2019)

2) 영성 및 자아초월심리학 관련

7가지 행복명상법(공역, 김영사, 2007), 깨달음의 심리학(공역, 학지사, 2008), 자아초월심리학과 정신의학(공역, 학지사, 2008), 의식수준을 넘어서(공역, 황금가지, 2009), 켄 윌버의 일기(공역, 학지사, 2010), 초월영성과 정신건강(학지사, 2013), 켄 윌버의 모든 것의 이론(공역, 학지사, 2015), 켄 윌버의 통합영성(공역, 학지사, 2018), 자아초월심리학 핸드북(공역, 학지사, 2020), 켄 윌버의 통합명상(공역, 김영사, 2020), 홀로트로픽 숨치료(공역, 학지사, 2021), 심혼탐구자의 길(공역, 학지사, 2022)

인터뷰

1. 성장과정

♤ 절대에 대한 회의가 철학으로 이끌다

질문자 선생님, 인터뷰에 응해 주셔서 감사드립니다. 우선 드릴 질문은 선 생님께서 어떻게 상담자의 길을 걷게 되셨는가입니다. 선생님께서 상담자가 되기로 결정하고 상담자로서의 삶을 살아가는 데 중요 한 영향을 미친 사건, 관계, 사회적·문화적 맥락은 무엇입니까?

김명권 나라는 자각, 내가 있다(I Am-ness)는 첫 느낌은 아마 기저귀를 했 던 시절이었던 것 같은데요. 기저귀를 차긴 찼는데 약간 걸었던 것 같아요. 인천에서 살던 집이었는데 광이라 그러죠, 헛간. 어두 운 헛간에 내가 있는 장면 하나가 늘 사진처럼 있어요. 왜 있는지 는 모르겠지만 그때 나라는 자각이 함께 있었던 거 같아요.

또 하나 기억나는 것은 아마 다섯 살 내외 됐을까. 그때 서울 올라 오기 전 인천에서 살던 집 위에 성당이 있었어요. 코스모스 잎을 하나씩 떼서 성당 2층에서 날렸는데 잎이 빙글빙글 돌잖아요. 그 걸 굉장히 재미있어했던 것 같아요. 그 이야기를 하는 거는 그 체 험이 아주 미니 피크(mini peak) 같은 거죠. 작은 절정 체험.[1] 그 러니까 기저귀 차고 어두운 광에 있는 장면과 그 코스모스 장면이 아마 나라는 인식을 하게 된 약간의 에피소드가 될지 모르겠네요. 어린 시절에는 굉장히 잘 놀았고 친구들이 다 집에 가고 나서 혼 자 '아무도 없네' '그럼 뭐 할 수 없이 집에 가야 되네' 이렇게 할 정

김명권 그림자를 만나야 진정한 영성이 꽃핀다

도로 되게 잘 놀고 잘 까불었어요. 안 믿어질지 모르지만 까불이라는 별명도 있었고. 초등학교 때 며칠 아파서 과외로 하는 공부 팀에 안 갔더니 거기 선생이 '니가 안 오니까 웃을 일이 없다' 그런 말을 할 정도로 말장난을 좋아했던 것 같아요. 공부도 그냥 대충 하고 그렇게 잘하지도 못했고.

그러다가 초등학교 3학년 때 아버지가 성적표를 보더니 나를 엄청 혼을 낸 거예요. 난 자라면서 맞은 적은 없는데 말로 엄청 혼나서 눈물을 막 질질 흘리면서 책상 앞에 앉아 있었던 기억이 남아 있어요. 그날부터 공부를 좀 했던 것 같아요. 효과가 있었죠. (웃음)

어린 시절이 재미있어야 되는데 내가 원래 기질은 굉장히 명랑하고 까불고 이런 사람인데 공부에 눌려서 부담을 받은 부분이 있었어요. 그나마 그림을 좀 그리고 중학교도 자진해서 미술부에 들어갔는데 담임선생님이 자꾸 하지 말라는 거예요. 네가 그림 그릴 때냐고. 미술부 선생님은 또 '너 그림을 해야지' 하시고. 그림 대회도 여러 번 나가고. 하여간 누가 시키지 않는데 그림을 좋아했어요.

그러다가 고등학교 2학년 때인데 그때는 아버지 영향으로 이과를 가서, 의대 아니면 공대라는 생각밖에 없었어요. 나는 미션스쿨인 신일고등학교를 다녔거든요. 독실한 크리스천이신 어머니의 영향으로 기독교를 알았지만 고등학교 때 처음 제대로 교회를 다녔고 학교도 미션스쿨이고 하니까 믿어 보려고 애를 썼었어요. 당시에는 스스로 소위 기독교적 신앙을 가진 줄 알았어요. 근데 아니었죠. 나 같은 사람은 신앙이 안 되는, 신앙하고 아주 거리가 먼 사람이죠.

그런데 그 무렵 가장 중요한 사건은 무슨 계기인지는 모르겠지만, 아마 철이 들려고 그랬던 거 같아요. 형 책꽂이에 니체의 책이 두 권 있는 거예요. 철학자 니체의 책, 제목이 『고독을 운명처럼』, 이거는 아마 니체가 직접 쓴 제목은 아닐 수도 있는데 어쨌든 우리 말 제목으로 그렇게 편집이 된 책이 하나 있었구요. 다른 하나는 『인간적인 너무나 인간적인』. 그 영향 때문인지 모르겠는데, 나는 '삶이 뭔지를 알아야 된다' 이거에 꽂힌 거예요. 내가 특히 제일 꽂힌 것이 뭔가 절대적인 게 있었으면 좋겠는데 교회는 시들시들해 지고 신이라는 게 만질 수가 없잖아요, 경험할 수가 없으니까. 그러니까 믿는 척만 했던 거죠. 믿는다고 자기 세뇌를 하려는 노력을 했죠. 보이지 않고 만져지지 않는 거를 믿는다는 건 나한테는 아주 어려운 얘기더라고요.

그래서 이과 반이었지만 고 2 2학기인가 3학년부터는 허락을 받아서 문과 반에 가서 수업을 듣기도 하고 그랬어요. 철학과를 지원하겠다고 하니까 아버지가 너무 반발이 세서 좀 누그러뜨려야 되겠다는 생각에 독문과를 가겠다고 말해서 살짝 누그러뜨려 놨는데, 결국 대학교 원서 쓰는 날은 부모님이 허락 안 해 주실 것 같아서 도장을 새로 파 가지고 내가 직접 철학과 지원서에 찍었어요.

질문자   고 2 때 굉장히 급격한 자기 인식, 철학에 대한 관심의 얘기를 하셨는데요. 아버님은 굉장히 엄격하던 것 같은데 심지어 부모님을 속이면서까지 철학과를 지원하셨다는 말씀이시죠. 고 2 때 그런 갑작스러운 자기 인식을 되돌아 보신다면 어떤 것들이 있었을까요? 그리고 절대적인 것을 추구하고 싶다고 하셨는데 사실 종교라는 것이 절대를 추구하는 것이 아닌가요?

김명권   절대에 대한 궁금증이 어디서 나왔는지 생각은 안 해 봤는데요. 그때 나한테 영향을 줬던 것들을 생각해 보면 교회에서는 하나님, 예수님, 유일신, 절대자를 얘기를 하는데 거기에 대한 회의에서 시작됐을 수도 있고요. 또 하나는 내가 원래 갖고 있는 나의 사유 방식일 수도 있어요. 사람마다 세상을 보는 가치관, 선악을 판단하는 자기 나름대로의 틀이나 형식이 있을 거 아니에요? 그 당시는 모든 걸 회의적으로 보는 시절이었어요. 과연 옳고 그름이 있는가. 아름다움과 추함이 있는가. 이런 식으로 막 뒤집어 보기 시작한 거죠. 그래서 철학과로 가서도 제일 관심이 많았던 건 윤리였구요. 윤리학을 배우니까 내 생각이랑 똑같더라구요. 철학에서 말하는 윤리는 어떤 절대적인 윤리를 얘기하지 않더라구요. 문화 인류학에 관심을 갖게 됐는데, 문화 인류학은 가치관이 문화마다 다 다르다는 걸 보여 주잖아요. 인류학의 이런 점이 굉장히 나의 그런 회의주의를 지지하는 증거가 됐었죠.

근데 어려웠던 점은 뭔가 의지를 하고 싶은 거예요. 절대를 갖고 싶었던 거죠. 왜냐면 모든 게 상대적이라면 사춘기가 나한테는 너무나 힘든 거예요. 어쨌든 한 1, 2년 열심히 믿는 척 했던 기독교에서 나오는 게 쉽지가 않더라구요. 어머니는 평생 너무나 독실한 분이셨거든요. 새벽 기도회를 한 번도 안 빠지실 정도로. 그에 비해서 나는 아버지 쪽 머리를 받아 온 거 같아요. 이성적으로 생각하고 감성적이기도 하지만 종교적이지는 않은 게. 아버지는 노래 잘하고 술 취하면 그림도 스케치하시고 그러셨어요. 근데 아버지한테 종교는 전혀 없었어요.

핵심은 절대에 대한 고민을 할 때 교회가 좀 뭔가 의심적은데 과연 신이 있나, 신이란 뭔가 이런 생각을 하게 된 것 같고요. 니체 책이 엄청난 영향을 줬어요. 대학 가면 니체만 파겠다는 마음으로 갔거든요. 어쨌든 절대적으로 믿을 어떤 기준이나 큰 존재가 없다면 나는 그냥 유한하고 상대적이고, 소위 덧없는 게 삶인데, 그게 난데 그러면 어떡하지, 뭘 하지, 뭘 믿고 한 걸음을 떼지? 이런 고민이 있었던 거예요.

질문자 그런 고민을 하실 때 니체의 어떤 부분이 선생님 마음을 움직였나요?

김명권   니체가 굉장히 회의적인 사람이잖아요. 모든 걸 시니컬하고 파격적으로 말을 하고 뒤집어 보는 사람이잖아요. 그냥 그 태도가 맞았던 거 같아요. 니체의 초인사상 이런 어려운 철학이 영향을 줬다기보다도 그 사람의 그런 태도가. 또 니체의 글이 논리적이라기보다도 굉장히 감성적인 게 강하잖아요. 그런 것이 소위 철학적으로 삶을 보게 하는 계기가 됐던 것 같아요. 특히 이제 안티 크라이스트 얘기를 엄청 하잖아요, 니체가. 그러니까 내가 믿는다는 게 과연 뭐냐. 소위 성장기에 한 번도 안 해 본 생각들을 이제 하게 된 거죠. 게다가 기독교 학교를 갔고 또 나이가 이제, 머리가 그런 걸 생각하게 될 때잖아요. 다른 애들 같으면 좀 슬쩍 지나갈 텐데 나는 철학과를 가야 된다. 지금은 심리학을 전공했지만 그때는 눈에도 안 들어왔어요. 그럴 정도로 철학과 간다는 의지가 너무 강하니까 아버지는 "넌 내 자식 아니야"라는 말을 했어요.

질문자   그런데 어떻게 심리학 전공은 전혀 생각지도 않고 굳은 반대 속에서도 철학과로 가시기로 하셨나요?

김명권   그때는 사람의 마음이 전혀 궁금하지 않았고 모든 게 내 마음에서 비롯된다는 것에 대해 전혀 인식이 없었죠. 그냥 머리로 사유를 한 거죠. 판단의 기준이 뭐지? 뭘 믿고 옳다 그르다 해야 되는 거야? 내가 왜 빨간 신호등에서는 횡단보도를 걸으면 안 되는 거지? 자꾸 뒤집어 보려고 했죠. 교회에서 기준을 많이 주잖아요. 그러면 내가 왜 지켜야 되지? 뭐 이런 거죠.

♤ 아름다움으로 버텨 낸 삶의 그림자

질문자   철학과에 가니까 삶이 뭔지에 대한 답이 있었나요?

김명권   당연히 없죠. 그래서 방황을 하기 시작해요. 내 삶의 그림자의 핵심이 여동생인데 두 살 차이 여동생에게 조현병[2]이 발병했어요. 그 일이 또한 내 깊은 방황의 원인이 됐죠.

질문자 그걸 언제 알게 되신 건가요?

김명권 내가 보기에는 전형적인 내인성(內因性)[3]이었던 것 같아요. 중학교 때부터 좀 이상했었어요. 자기 안에서 뭐가 막 진전이 되는데 잘 말하지 않고 있다가 병원에 입원하고 할 때가 동생이 고 1부터구요. 자식이 아들 셋에 딸 하나니까 굉장히 이쁨을 받았거든요. 내가 고등학교 2학년 때, 걔가 중학교 2학년인가 3학년 때쯤에, 둘이 교회를 같이 걸어서 가는데 슬금슬금 거리를 두는 거예요. 거리를 두는 느낌도 그냥 오빠 우리 좀 떨어져서 가자, 이런 것도 아니고 슬금슬금, 약간 편집증적이었다고 해야 될까. 그런 현상들이 있는 거예요. 그때는 그게 뭔지 몰랐죠. 나도 그런 지식이 없을 때니까. 동생이 조현병에 걸렸다는 게 나에게 최대의 슬픔이 된 거죠. 『상담전문가 11인의 만남과 치유』라는 책과 교육용 동영상을 보면 내가 펑펑 우는 장면이 있어요. 그거 찍은 때가 2002년도인데 내가 첫 집단 경험한 게 87년이니까 그로부터 15년 후인데 그때까지도 울었던 거예요. 여동생 얘기로 공개적으로 사람들 앞에서 우는 거는 집단에서 처음이죠. 그전에는 거의 비밀처럼 했고.

동생이 뭐 이러니까 정신이 없더라구요. 절대와 상대를 더 의심하게, 기독교를 의심하게 된 이유가 동생이에요. 신이 있다면 이거는 있을 수가 없다. 왜냐하면 여동생하고 내가 애착이 많이 돼 있었어요. 두 살 터울이라 둘이 같이 많이 놀았고. 여동생이랑 내가 심리적으로 가까운 줄 몰랐는데 걔가 그렇게 되고 나니까 헤어 나오질 못했어요. 정신이 없는 거예요. 종종 면회 가면 어느 날은 내 앞에서 면회실 세면대에다가 물 받아 놓고 코를 처박고 죽겠다고 하고. 동생이 병원 밥 싫다고 내 도시락 먹고. 그런 기억들. 탈출만 한 세 번 했어요. 어떻게 또 용케 탈출해서 택시 타고 집에 오고. 집안 분위기도 뭐 형편없죠. 어머니는 갈수록 교회에 더 의존하고 이상한 안수기도 하는 사람 자꾸 불러들이고. 아버지는 밖으로 돌고 나는 방황하고. 그게 스무 살 전후의 제일 어두운 삶이었던 것 같아요.

질문자   어두웠던 그 시절을 넘어갈 수 있게 해 주었던 것은 무엇이었습니까?

김명권   그 당시를 생각해 보면 심미안(審美眼)이 없었으면 아마 죽었을 거예요. 아름다움에 대한 감수성, 심미안이죠. 음악을 너무 좋아하고 클래식을 너무 좋아하고. 미학(美學)에 아주 관심이 많아서 도대체 아름다움이라는 게 뭔가. 시, 음악, 미학, 철학, 그런 책들을 많이 보고 대학원도 미학과 가려고 했다가 결국 심리학으로 시험을 봤죠. 심리학과 중에서도 실험심리학과로 간 이유가 실험미학(experimental aesthetics)을 하려고 간 거예요. 미라는 게 감각이잖아요. 보고 듣고 아름다움을 체험하잖아요. 어떤 자극에서 우리가 안정감, 장엄함, 소위 아름다움이라는 감각을 느끼는가에 대해 연구하려고 실험심리학과를 갔어요. 그런데 나는 예술적인 사람이지 과학자와는 거리가 멀어요. 실험심리학은 완전히 강박증인 거예요. 실험실을 만드는데 전자파를 막아야 되니까 벽의 두께는 얼마가 돼야 되고. 의대에 가서 쥐 잡고 쥐 등골 째고, 전극으로 스파이널 코드(척수)의 활동을 보고. 야, 이건 아니다. 맨날 통계해야 되고. 이건 진짜 내가 할 건 아니다. 문제의식은 좋은데 그거 하나 알아내자고 이 고생을 하냐. 나는 이거 미치겠다. 그래서 두 학기 하고 때려쳤죠.

그때 때려친 계기가 된 책이 있었어요. 선(禪) 시집이 하나 있었어요. 아직도 갖고 있는데 석지현 스님이라고 신춘문예까지 당선된 시인, 수필가이자, 라즈니쉬[4) 책을 홍신자 씨랑 우리나라에서 처음 번역한 분이에요. 선시(禪詩)라는 거는 중국, 한국, 일본의 깨달은 분들, 대부분 불교 스님이죠. 이분들의 오도송(悟道頌)[5)만 모아놓은 거예요. 지금도 그걸 보기가 난 두려워요 사실. 그거 보면 하여간 뭐가 막 무너지는 거 같아요. 이런 거죠, 시퍼런 하늘에 진흙소가 하늘을 찢고 나온다. 이런 표현이 정신을 번쩍 들게 하는 거예요. '너 지금 뭐 하고 있냐?' 하는 이런 자기 자각을 어마어마하게 불러일으키는 거예요. 전달이 되나 모르겠어요. 나의 본질, 나의 정신의 진수, 본성과 순간 확 접촉하게 해 주는 거예요. 그거 몇 번 읽다 보니까, 지금 하고 있는 게 진짜 뭐 미치겠더라구요. 또 다른 책이 서머셋 몸의 『달과 6펜스』라는 책 있잖아요. 그 책에서 지금 이 순간의 중요성을 쓰고 있더라고요. 물론 그 책의 지금 이 순간은 우리가 지금 얘기하는 그런 차원까지는 아닌데 어쨌든 현재를 만족스럽게 사는 삶에 대해서 얘기한 건 틀림없죠. 내용은 잘 기억은 안 나는데 굉장히 영향을 줬어요. 그래서 그 책들의 영향으로 당장 휴학 원서를 내고 한 달 동안 대학원에 안 나갔죠. 한 달 동안 빈둥빈둥하면서 또 뭘 하지 이렇게 된 거예요. 그렇게 또 방황을 하다가 영장이 나와서 군대에 끌려간 거죠. 아마 휴학을 했던 거 같아요.

질문자   철학에서 미학, 그러니까 아름다움에 대한. 그다음에 의식에 대한 관심으로 넘어가는 과정을 말씀해 주셨는데요.

김명권   의식에 대한 거는 아직이에요.

질문자   그럼 심리학에 대한 관심인가요?

김명권   아직도 그냥 사유의 대상이죠. 미의 기준을 찾고 싶었던 거죠. 계속 절대를 찾는 행보예요. 왜냐면 내가 그나마 절대를 느낀 게 몇 개가 있었는데 그중 하나가 아름다움이에요. 특히 자연을 볼 때의 느낌은 머리로나 지적으로는 그게 절대와 어떻게 연관되어 있는지 말할 수는 없지만 느낌으로는 절대에 가까운 거거든요. 또 하나가 엄마가 아이를 낳는다는 것. 이거는 좀 신기한데. 이건 지나치게 어려운 현상인데. 그리고 또 아이를 볼 때도 느낌이 있잖아요. 순수함에 빠져드는, 그 순수함에 대한. 어쨌든 그게 그나마 죽지 않게 해 준 거예요.

또 하나가 있다면 바흐(J. S. Bach)였어요. 바흐의 음악을 들으면 절대성을 느껴요. 역시 이것도 느낌이죠. 제일 직접적으로 위안을 받는 건 바흐의 음악이고. 특히 바흐의 음악 중에서 감성적이지 않고 사유적인 음악들이 많아요. 감성적인 음악이라고 하는 건 멜로디가 감정적으로 아름답고 감정적으로 흐뭇하게 하는 그런 감흥을 일으키는 음악들 많잖아요. 관현악 조곡이라든가 멜로디가 아름다운 게 엄청 많죠. 그런 거 말고 어떤 절대성을 구현하는 듯한 음악들이 있어요. 대표적인 게 바흐의 마지막 미완성 곡이죠. 〈푸가의 기법(Art of Fugue)〉이라는 음악이 있어요. 그거는 바흐가 악기를 지정하지 않고 쓴 거예요. 그래서 이런 걸 들을 때는 '내가 무상한 존재가 아니구나' 이런 느낌으로 위로를 받는 거죠. 바흐는 감성적으로나 지성적으로나 나한테 최고의 버팀목이 됐고요. 쇼팽은 마약이 있다면 달콤한 마약 같은 역할을 했어요. 쇼팽이 너무 아름답잖아요. 아름답지만 우울하잖아요. 쇼팽하고 바흐가 나의 20대를 버티게 해 준 최고의 것들이었죠. 그래서 음악을 전공하기로 결심을 하죠.

그러다가 휴학을 하고 군대를 가게 됐는데 원래는 몸이 약한 사람이 아니었던 것 같은데 늘 회의주의자로 살다 보니까 그런지 건강이 개판이 된 거예요. 군대에서 폐결핵이 걸려서 의병제대로 나왔어요.

질문자   군대를 언제 가시게 된 거죠?

김명권 그림자를 만나야 진정한 영성이 꽃핀다

김명권 77년도 10월에 갔어요. 뭐 가야지 어떻게 할 수가 없었죠. 끌려간 거죠. 군대에서 미치겠더라고요. 왜 땅을 파야 되는지, 왜 맞는지도 모르고 맞고. 경기도 부천에 포병으로 갔어요. 몇 미터 어느 방향으로 폭탄을 발사해야 하는지 수학을 해야 되죠. 컴퓨터가 없던 시절이라 방위나 기본 정보 알려 주면 손으로 계산을 해야 하는 거예요. 구타가 너무 심할 때예요. 그런 훈련은 밤에 맞아 가면서, 아유. 그러잖아도 회의주의자인데 그렇게 하니까 매일 죽고 싶은 거예요. 어떻게 죽을까 이게 약간의 판타지처럼 화장실에서 단검으로.

그러다가 병이 난 거예요. 결핵이 와서 마산에 있는 군인 결핵 환자만 모아 놓은 병원이 있어요. 아무것도 안 해도 되는 게 결핵 환자예요. 쉬어야 해요. 진짜 좋았죠. 그러니까 우리처럼 스스로 탐구하는 걸 좋아하는 사람은 자유가 소중한 거예요. 내 시간을 주면 알아서 뭔가 궁리를 해. 책을 찾아보고 뭐라도. 근데 누가 시키면 아주 뭐 미치겠거든. 그때 시간이 많이 남고 또 내가 노래도 좀 하니까. 밤 9시면 병실 돌아다니면서 찬송가 불러 주고. 하여간 그때 너무 행복하고 편했어요. 결핵 환자들이 있는 통합병원은 공기가 좋아요. 바닷가 옆에 소나무 숲이 있고. 옛날 러시아 공관이 있어요. 천장이 아주 높은 러시아 공관. 그런 좋은 데서 몇 달 있다 보니까 예술을 해야겠다. 피아노 곡을 너무 좋아하니까 피아니스트가 돼야겠다 해서 제대하고 피아노를 열심히 치는데, 실력이 안 늘어서 두 달 하고 포기를 했어요.

그다음에 돌아가신 병신춤의 대가 공옥진 여사님 있잖아요. 그 분 공연을 보고 내가 정말 참회를 했어요. 거의 뭐 울듯이. 우리 국악이 좋은지를 처음 안 거예요, 나이 스물일곱에. 내가 할 건 국악이구나 내 이따위 양악을 할 게 아니다. 그래서 가야금 하시는 황병주 씨를 어떻게 만났어요. 그분이 어디서 공연하고 내려가는데 내려가는 옆에 딱 붙어 갖고 물어봤죠. 내가 지금 가야금을 해야겠습니다. 그분이 하는 말이 하지 마, 늦었다. 늦어도 중학교 때 시작해야 된다. 내가 그래도 국악을 해야겠는데요, 그랬더니 국악 이론을 해라. 이론을 하려면 한문을 배우고 거문고를 해라. 그래서 한문 서당을 다니면서 거문고를 시작을 했죠. 그런데 재미가 없는 거야. 귀가 이미 서양 화성학에 물이 들어서 이게 의미는 있는데 재미가 없는 거예요. 이게 두 박자가 다 맞아야 되거든요. 재미도 있고 의미도 있어야 돼요. 나는 이거 하나만 갖고는 못하겠더라고요. 또 포기했죠.

근데 노래는 합창부를 계속했어서 그러면 성악을 해 보자. 그래서 성악은 거의 만 2년을 했는데. 왜 그만뒀냐면 내 마지막 레슨 선생님이 한양대 신영조 교수였어요. 대단한 테너였어요. 그래서 내가 그분한테 졸랐죠. 내가 이 길로 가도 될지 안 될지만 봐 달라. 나는 너무 중요하다. 하도 조르니까 한 번 오라는 거야. 갔죠. 그래서 소리 내 보라고 그래서 냈더니 레슨을 받으래. 니가 오페라는 안 되겠지만 가곡 같은 건 괜찮겠다. 내가 봐도 나는 오페라는 안 되거든요. 소리가 너무 곱고 드라마틱한 소리가 아니에요. 그래서 이분한테 슈베르트의 〈겨울 나그네〉 레슨을 받는데 너무 좋은 거예요. 그런데 그분한테 어느 날 전화가 온 거예요. 너 계속 가르치면 내가 감옥 간다고. 과외 공부 금지령이 내린 거죠, 전두환 때. 어쨌든 이런 과정이 사실은 내가 뿌리는 못 찾고 사명감을 갖지는 못하고 그냥 뭐 좋은 거, 음악 좋아하니까. 그래서 나는 20대 초에 삶의 명제를 어떻게 내렸냐면 삶은 그냥 즐기는 것이다, 의미는 없다. 나는 의미를 찾아왔지만, 절대 의미를 못 찾았으니까 어차피 살긴 살아야 되잖아요. 그래서 그냥 즐거움을 찾는 것이다 하고 정의를 내렸죠. 나한테 즐거움은 음악이다. 이렇게 된 거예요.

김명권 그림자를 만나야 진정한 영성이 꽃핀다

2. 상담자의 길

김명권   그 겨울에 누워서 이렇게 생각을 해 보니까 나한테 중요한 게 사랑이더라고요, 사랑. 제일 받고 싶은 게 사랑이고 하고 싶은 게 사랑이라는 게 떠오르면서 '사람과 관련된 일을 하면 어떨까' 하는 생각이 불현듯 떠오르면서 벌떡 일어났어요. 뭘 하지? 이거다. 임

상심리로 바꿔 보자.

돌이켜 보면 대학 때 이상심리, 생리심리 같은 심리학과 과목을 몇 개 들었어요. 김기석 선생님이 번역한 『성격 발달과 정신병리학』이라는 책이 있는데 정신역동적으로 성격 발달하고 병리를 풀어내는 책인데 너무 재밌었어요. 아, 사람의 마음이 이렇게 이해가 될 수 있다는 거에 너무 놀랐고 동시에 굉장히 두렵더라고요. 그래서 내가 좀 덮어 놨어요. 안다는 시원함과 동시에 내가 파헤쳐지는 게 두려웠던 것 같아요. 이게 특히 병리학 책이라 더 그랬던 것 같아요. 내가 병리적으로 비춰질 수 있는 가능성이랄까. 하여간 뭔가 좀 어둠침침한 거 같았고.

이제 다시 그리로 간 거죠. 그게 그래도 직접적으로 사람과 관련된 일인 것 같아서. 그리고 거기서 뭔가 도울 수 있는 것도 있지 않을까. 사랑 그리고 아마 그 밑에는 동생에 대한 마음이 계속 동시에 깔려 있다고 봐야 돼요. 동생은 떠날 수 없는 존재니까. 늘 한 집에 살았고. 그러다가 졸업하기 전에 서울대병원 임상심리 3년 레지던트 코스로 추천을 받았어요.

♪ 집단상담에서 가슴이 열리다

질문자　선생님의 삶에 일관되게 절대에 대한 추구가 있었는데 이게 임상심리학으로 전환된 거네요?

김명권　절대에 대한 문제는 그냥 포기하고 있었어요. 경상대 심리학과에 임상심리학 교수로 갔는데 역시 삶은 좀 쓸쓸했어요. 절대도 없고 쓸쓸했죠.

　　　　그러다가 서른두 살 겨울에 윤관현 선생님이 "어느 절에서 집단상담을 하는데 가 볼래?" 하길래, "그래, 그럽시다" 했어요. 그때는 집단상담이 뭔지 아무것도 몰랐거든요.

늦게 도착을 하니까 별명을 지으래요. 옆에는 별명이 돌이고 다른 옆에는 물이예요. 그럼 난 '나무'. 그 '나무'라는 별칭을 한 15년을 썼어요. 그렇게 우연히 갔는데 마음에 들더라고요. 집단이 시작됐는데 이건 세상 쉽더라고요. 그냥 지금 느낌만 얘기하면 되는데 이것보다 쉬운 게 어딨어요. 아무 말이나 하래요. 나는 또 임상심리 전문가니까 분석을 엄청 했던 것 같아요. 느낌 얘기를 했는지 모르겠는데 되게 따졌던 것 같아요. 뭔가 의심쩍으면 그냥 스톱하고 물어보고. 막 하여간 좀 밥맛이었을 거 같아요. 근데 난 재밌더라고요. 리더인 용타 스님이 그냥 다 받아 주니까. 이분은 공감의 화신이었죠. 오로지 공감하고 느낌 표현하고. 이거 두 개. 사실 이게 인간 중심의 핵심이죠.

그러다 일이 하나 생긴 거예요. 첫날인지 둘째 날인지 끝나고 어떤 여자 집단원이 나한테 오더니 "나무님 좀 누워 보세요." 그러는 거예요. 큰 마루에서 여러 명이 쉬고 있는데, "이 안에서 건강이 제일 안 좋은 사람이 나무님이네요" 하더라고요. 내가 지압을 좀 할 줄 알아서 해 주겠다. 내 건강이 아주 형편없을 때거든요. 약골이라는 게 어떻게 금방 낫는 게 아니잖아요. 소위 만성 피로 증후군. 지금의 나는 완전히 진짜 인간된 거죠. 지금은 아픈 데가 없어요. 그때는 6시면 녹초가 되어서 교수들하고 저녁에 술 한잔하면 아주 고통스러웠어요. 9시면 벽에 기대 있어야 돼요. 내가 12시 못 넘기는 건 다 알아요.

그래서 지압을 받는데 이 사람이 나보다 네 살 많은 여자인데 집단 안에서 내가 제일 성격적으로 문제가 심한 사람으로 찍은 사람이었어요. 내가 그때 떠올린 단어는 강박이에요. 사람이 참 강박적이다, 참 답답하네. 근데 그 사람이 나한테 와서 지압을 하는 거죠. 진짜 받으면서도 되게 아픈 거예요. 자기는 살살 했다는데 아파. 거의 한 시간을 한 거 같아요. 눈물까지 줄줄 흘리면서 받으면서도, 아니 이 환자가 왜 나한테 이렇게 좋은 짓을 하는 거지, 이건 뭔가. 그런데 다음 날 집단을 하는데 갑자기 그게 나한테 확 다가오는 거예요. 아, 내가 잘못 살았구나. 세상을 잘못 봤구나. 아니 저렇게 좋은 일을 하는 사람이었는데, 나는 기껏 환자라고 이름 붙이고 이렇게 세상을 부정적으로 볼 수가 있나. 원래 회의적인 사람이 임상심리까지 하니까 병적으로 사람을 보게 됐죠. 또 3년 트레이닝이 그러니까.

근데 그 통찰이 너무 큰 나머지 울기 시작을 하는 거예요. 아마 이틀째일 것 같은데 내가 거의 대성통곡을 하고 있는 거예요. 우리 어머니가 기독교적으로 자주 썼던 말 중에 하나가 회개였어요. 인간이 죄가 있다고. 난 그때마다 철학과 학생이니까 나 지은 죄 없는데요, 이렇게 막 대들고. 내가 무슨 죄를 졌다고 나한테 원죄 그따위 소리를 하느냐.

그랬는데 집단에서 어마어마하게 울었어요. 한 20분을 펑펑 운 거예요. 나도 우는 내가 신기했어요. 이게 뭐지. 근데 가슴으로는 너무 잘못했고. 그다음 날은 집단 안에 흐르는 느낌이 사랑이 있는 거예요. 이거는 뭐지. 또 울기 시작하는 거예요 혼자. 근데 문제는 살살 우는 게 아니라 꺼이꺼이 우는 거예요. 막 시끄럽게 터져 나오는 거 있잖아요. 하여간 서너 번이 있었는데. 그렇게 어마어마하게 울고 몰입을 하고 잠을 안 자고. 나 같은 약골이 4시간만 자고 또 절에 먹을 게 너무 없더라고요. 정말 김치하고 간장밖에 없었던 것 같아요. 그렇게 4박 5일을 하니까 귀에서 이상한 소리가 나더라구요. 윙윙하는데 내가 깨달나. 그게 아니고 이명이 생기고 꿈에도 막 집단을 하고. 혼자 너무 몰입을 해서 이명이 생긴 거죠.

김명권 그림자를 만나야 진정한 영성이 꽃핀다

집단이 끝났지만 집에를 안 갔어요. 사람들은 다 떠났는데 나는 안 가고 두 밤을 더 잤어요. 틈만 나면 스님하고 얘기를 한 거죠. 그때 처음 듣는 얘기를 이분이 하는 거예요. 내가 알고 싶은 건, 이건 뭔데 사람을 이렇게 만드느냐. 도대체 사람을 이렇게 펑펑 울게 만들고. 이제 그 마음에 대한 얘기를 하는데 우리가 얘기하는 고통이라는 것은 우리의 본성, 우리의 본심에 비하면 티끌에 불과하다. 옥에 티라는 얘기를 하는 거예요. 아직 그 본성을 못 만나서 그렇지, 사실은 에고라고 하는 것은 티끌에 불과한 거다. 이걸 만나야 된다. 그래서 용타 스님이 동사섭[6]을 몇 년 하면서 깨달은 걸 적은 노트가 있어요. 보니까 주옥 같은 말들이 써 있는 거예요. 예를 들어, 보는 눈에 책임을 지고, 이건 투사를 얘기하는 거죠. 투사하지 말고 보여지는 모습에 책임져라. 내가 상대한테 나쁘게 기여한 게 뭐가 있는지 봐라, 이런 얘기잖아요. 참 천재적인 사람이에요.

그래서 4박 5일에다가 이틀을 더 잤으니까 6박 7일을 하고 완전히 탈진을 한 거예요. 몸이 아프거나 약하긴 했어도 완전히 기운이 다 나간 건 처음이었어요. 간신히 쓰러질 듯하면서 서울로 오는데 오는 과정부터가 이상한 거죠. 터미널까지 가는데 몸에 막 피가 묻은 누추한 행색의 사람이 버스에서 나한테 하소연 비슷한 걸 하는 거예요. 보통 그러면 이 아저씨 왜 이래, 이러면서 탁 칠 텐데 이게 가슴이 살아난 거죠. 하나도 더럽거나 이상하지 않고 그냥 그러시냐, 어. 그리고 고속버스를 올라탔는데 요즘은 안 하지만 옛날엔 탔다 하면 중국 무술 영화를 틀어 줬어요. 이소룡 영화 같은. 근데 싸우는 걸 못 보겠는 거예요. 머리로 못 보게 하는 게 아니라 그냥 잔인한 걸 못 보겠어요. 정육점을 옆을 지났는데 고기 매달린 걸 못 보겠는 거예요. 내 의식이 달라지는 걸 알아차린 거죠. 왜 이렇게 조용하지, 고요하지. 의식이 고요하다는 걸 처음 체험한 거예요. 소위 의식의 변성이 와 버렸어요, 변성의식.[7] 책을 못 보겠고 글이 안 보이고, 안 읽혔어요. 책을 보고 싶지도 않고 그냥 그 고요함 속에만 있고 싶은 거예요. 너무 조용해. 3월에 개학하면 어떻게 학생들을 가르치나 걱정이 됐어요. 불행인지 다행인지 며칠 안 가더라구요. 그래서 생각이 물질 작용이라는 걸 알겠더라고요. 신학기가 돼서 화요일, 목요일 저녁이면 실험실에다가 장판 깔고, 자 지금부터 집단상담을 한다. 내가 잊지 않으려고 학생들한테 벽에다가 크게 공감 그리고 자기표현 써 놓고. 그때는 공감의 화신이었어요. 해석은 그냥 제로. 무슨 얘기를 해도 다 듣고. 그걸 한 3년 했나 봐요.

용타 스님 사는 데하고 진주 경상대가 그렇게 멀지 않았어요. 허구한 날 그분을 찾아다닌 거죠. 드디어 내 스승을 만났고 선생님도 너무 좋아했고. 학생들도 엄청 보내고. 이 서른두세 살이 나한테는 굉장히 중요한데 첫 집단을 하고 삶의 의미에 대한 질문이 사라졌어요. 더 이상 궁금하지 않고 삶에 대한 태도가 소극적인 데서 적극적인 데로 바뀌어 버렸어요 그냥. 내가 몸 바칠 게 생긴 거예요. 이건 집단이다. 재미있고 의미 있는. 그러니까 내 삶의 완전한 터닝포인트는 서른두 살 때의 그 집단이에요. 의미 문제, 그러니까 답을 얻은 게 아니라 문제가 사라진 거예요. 지금도 의미는 궁금하지 않아요. 그냥 뭐 나는 할 일이 있다. 할 일이 있으니까 의미가 필요가 없더라고요. 해야 할 일이 있으니까, 적극적으로 추구할 게 있으니까. 그전에는 좀 수동적이고 소극적으로 했던 거죠. 할 일이 없으니까 아름다움이 뭘까 이런 식으로. 노래나 하지 뭐 이랬죠. 승부욕은 좀 있어서 열심히 하긴 했지만 '안 해도 뭐' 이런 식이었죠.

김명권 그림자를 만나야 진정한 영성이 꽃핀다

그런데 서른두 살 그해에 용타 스님이 좋은 프로그램이 있다고 추천을 하는 거예요. 이게 야마기시즘[8]이에요. 경기도 발안에서 했던 프로그램인데 일본의 야마기시라는 분이 전후의 폐허가 된 일본을 정신적으로 부응시키겠다고 해서 나온 분인데. 프로그램이 좀 독특해요. 집단상담이라기보다도, 상당히 지적인 게 많아요. 정의란 무엇인가, 나란 무엇인가 이런 거를 막 질문을 하죠. 그 유명한 질문이 거기서 나온 거예요. 왜 화가 나느냐. 밤새 똑같은 질문을 하는 거예요. 짜증 나잖아요. 심리학 교수니까 나름 설명을 곧잘 한다고 생각을 했는데. 근데 왜 화가 나냐고 계속 물어봐요. 그것도 5일 동안을 그러더라구요. 낮에는 화장실 청소시키고. 그 이름이 연찬회예요.

나는 철학과를 나오고 해서 그런지 어렵지도 않고 답을 정해 놓고 끌어간다는 느낌이 있어서 마지막 5일째에 소감을 나눌 때 좀 비판을 하려고 그랬어요. 다 만들어 놓고 너희들이 거기로 끌고 가더라. 거기에 일본인 도우미들이 몇 명 있었어요. 근데 비판하려고 하는데 갑자기 일본 사람들이 고마운 거예요. 비판하려는 순간에 고마움이 떠오르는 거예요. 이 사람들이 아무 보수도 안 받고 저렇게 5일 동안 헌신하는 게 저게 뭐지. 고맙다. 고맙다는 마음이 떠오르면서 순식간에 의식에 변성이 와 버린 거예요. 정말 이건 뭐 겨를이 없이 변성이 어떻게 왔냐면 딱 요맘때예요. 7월이었던 것 같은데. 바깥에 나무가 푸르게 보이고 하늘도 보이고 창문으로 나무가 흔들리고 그랬는데 다 나인 거예요. 나무가 나고. '어, 왜 나무가 나지?' 그래서 벽을 봤죠. 벽이 나고. 그래서 문고리를 봤죠. '문고리도 나네. 이게 뭐지. 이게 뭐지' 하면서 '다 나네' 감정적으로는 사랑으로 너무 꽉 차서 울기 시작한 거죠. 정말 환희의 눈물이죠. 기뻐 가지고. 뭐가 이유가 있어서 기쁜 게 아니라 그냥 이렇게 가슴이 터진 거예요. 그러니까 아나하타 차크라[9]가 열린 건데. 깊이 감사하면서 이게 열리더라고요. 그 후 몇 년 있다가 비슷한 체험을 또 해요. 그때는 '무슨 일이 있어서 신이 나를 이토록 사랑하나'라는 생각이 듦과 동시에 또 열려 버린 거예요. 그 후로 한두 번 더 아나하타 차크라가 열렸어요. 두 번째 열릴 때는 하나님이 나를 사랑하는구나. 그때 하나님은 종교적 배경 없이 그냥 입에서 나오는 하나님이죠. '신이 나를 이토록 사랑하시다니' 그런 느낌이 확 밀려오면서. 아나하타 차크라가 얼마나 강렬하게 진동을 하는지 몇 만 볼트에 감전된 느낌이 들었어요. 이게 정확히 몸통만 그냥 지글지글 하는 거예요. 딴 데는 그냥 평소 감각인데. 그래서 비판은커녕 갑자기 그런 체험을 하고 그 사람들과 인사를 하면서도 철철 울면서, 이걸 추천해 준 스님이 보고 싶어졌죠.

♬ 상담의 길과 구도의 길

김명권   용타 스님의 은사 스님이 청화 스님이잖아요. 청화 스님하고 한 20명의 수자들이 3년 묵언 정진을 하고 있을 때예요. 용타 스님이 '청화 스님을 한번 뵐 때가 되지 않았냐'고 해서 6개월 동안 말로만 듣다가 뵙기로 했죠. 특별히 봐야 된다는 생각은 없었어요. 왜냐면 용타 스님 소화하기도 벅찰 때니까. 그래서 세 명이 같이 들어가서 스님을 뵀어요.

그때가 전두환 시대인데 청화 스님이 이데올로기의 상대성, 그런 정치적인 얘기를 법문과 연관시켜서 말씀을 하시는데 말은 그냥 그렇고, 이분에게서 무슨 느낌을 내가 계속 받는 거예요. 여름인데 뭔가 계속 나를 흔드는 거죠. 아마 전날의 그 기운에다가 내가 민감하고 굉장히 순수한 상태라고 해야 하나. 이분이 워낙에 고승이잖아요. 이분의 에너지의 영향을 엄청 그대로 입었던 거죠. 나도 모르게 펑펑 울기 시작한 거죠. 옆에 아는 두 사람이 있었지만 아랑곳하지 않고. 그 순간 아, 나 저렇게 돼야겠다, 이렇게 꽂힌 거죠. 나 저 고승이 돼야겠다. 아니, 고승이 존재하네. 깨달은 자가 존재하네. 그럼 내가 저걸 해야지 뭘 하고 있어. 스님한테 이 고통이 대체 뭐냐. 당신은 절대적인 세계라든지, 엄청난 얘기를 하시는데 이 고통은 존재하는 게 아니냐 울면서 막 질문을 한 거예요. 그랬더니 그분이 몽환포영(夢幻泡影)입니다, 그래요. 꿈이고, 환상이고, 거품이고, 그림자다. 포말이고, 그림자다. 아, 씨 모르겠어. 그다음부터 난 떠나야 된다, 출가해야 된다. 하얀 스포츠 가방에 옷가지도 몇 개 싼 것 같아요. 가야 되는데, 떠날 때 말없이 가야 되는데 이게 모질지가 않아 가지고. 며칠 밥도 못 먹고 하다가 주 저앉았는데 그때부터 길에서 스님을 봐도 울고 청화 스님이 법문하러 산에서 내려오면 하염없이 울고. 이분이 또 염불선(念佛禪)[10]으로 유명한 분이잖아요. 아주 대단한 분이죠. 45년을 꼿꼿이 앉아만 있었던 걸로, 장좌불와(長坐不臥)라고 그러죠. 눕지 않고 앉아서 45년을. 얼굴만 봐도 대단한 분이셨죠. 화두선[11]을 안 하고 염불선을 해서 우리나라 불교계에서 인정을 덜 받았죠. 그런데 일본의 신자가 엄청 많았어요. 특히 저 밑에 지방에서는. 그래서 서울불교대학원대학교에 들어와서 학생들 데리고 이분이 서울 도봉사에 오셨을 때 다 같이 법문을 들으러 간 적이 있어요.

그때부터 명상하고, 출가가 아니라도 수행자가 돼야 하는구나. 근데 이게 어렵네. 왠지 세상을 등져야 될 것 같은 거예요. 모델이 스님이다 보니까 읽는 책들이 하나같이 속세를 등진 사람 아니겠어요. 그 무렵이에요. 이호준 씨가 번역한 『라마나 마하리쉬』[12] 책이 처음 나왔어요. 그 뒤로 마하리쉬 책들이 엄청 나왔어요. 간화선[13]도 한다고 하고. 하지만 본격적인 수행자가 아닌 것에 대한 갈등 때문에 늘 속은 시끄러웠어요.

서른다섯 살 때 아내가 박사를 끝내고 진주로 왔는데 건강이 좀 안 좋아졌다고 요가를 하겠다고 그랬어요. 혼자 가는 게 재미가 없어서 같이 다니자고 해서 동무할 겸 같이 다녔는데 요가에 완전 빠져버렸어요. 하타 요가죠. 겨울에 새벽에도 계속 다니고 그러다가 인도에서 문진희 선생님이 왔는데, 자각이라는 개념을 얘기를 하는 거예요. 어웨어니스(awareness)를. 이 개념이 처음으로 확연하게 내 몸에 꽂히는 계기가 됐죠. 요가 아사나도 그냥 하는 게 아니라 자각하면서 해야 된다. 자각을 하면서 하니까 차원이 확 달라진 거예요. 그전에는 스트레칭이었어요. 요가에 너무너무 깊이 빠져서 전공을 요가로 바꿀까 갈등을 많이 했어요. 문진희 선생님이랑 수련을 많이 했어요. 인도 교수들을 초빙해서 요가, 호흡, 명상, 요가생리학, 요가철학 공부를 하고 인도에 가서 인도 국립대 요가학과도 방문 가고 그랬죠. 그때가 임상심리학회, 상담심리학회에 내가 요가 전파를 많이 했을 때예요. 요가 워크숍을 열고 시범 보이고 몸도 엄청나게 유연하니까 남들 안 되는 동작도 다 했죠. 그러다가 라다 소아미[14]도 입문하고.

그때가 나름 수련 기간인데 다른 의미로 제일 괴로웠어요. 삶의 의미 그런 게 궁금한 게 아니라 몸은 세상에 있는데 늘 마음은 저 산에 가 있는 거예요. 나는 전문적으로 수행을 해야 되는데 학교에 가면 이런저런 일들에 부딪히고. 그러면서도 교수들 몇 명하고 명상팀 만들어서 명상도 하고 여기저기 찾아도 다니고 그랬죠. 근데 그런 수행이 어렵다는 걸 알았죠. 이런 전문적인 수행은 내가 할 게 아닌가 보다. 그러면서 내 머릿속에 있던 수행, 깨달음, 명상이라는 거에 대한 인식을 점차 바꾸게 됐어요. 첫째는 내 마음대로 안 되더라구요. 내가 스님이 못 돼서 서울불교대학원대학교에 간 거거든요. 그 한을 불교와 상담을 가르치면서 좀 풀자. 이전 학교는 재미가 없었거든요. 월급만 많이 줬지. 야, 이거 정말 못 해 먹겠다. 교육대학원에서 나이 든 학생들이 저녁에 졸면서 수업 듣는데 강의를 하려니까 흥도 안 나고.

질문자 이 무렵의 선생님은 초월영성상담자로서 진입을 한 과정인가요? 아니면 영성적인 추구와 일반적인 심리상담자로서의 과정이 평행선을 달리면서 가는 기간이었나요? 이 둘이 융합되기 전의 그런 기간이었는지 궁금합니다. 어느 시점에서 이 둘이 융합되면서 초월영상상담자로서의 정체성을 가지셨을 때가 있을 텐데 이 시점을 언제라고 생각하시는지요?

김명권 이게 답이 어렵더라고요. 흑맥주가 자신을 보고 흑맥주라고 생각하지는 않잖아요. 자신은 그냥 자신이지. 많은 기준들을 놓고, 이름을 붙이면서 얘는 흑맥주라고 하자, 이렇게 된 거잖아요. 그것처럼 나는 그냥 불교가 좋고 명상이 좋고 어쩌다 보니까 변성의식 체험이 일어나고, 요가를 하다 보면 정묘적 체험[15]이 일어나고. 그걸 추구하면서 한편으로는 상담을 하는데 이 둘은 너무나도 연결이 돼 있는 것 같고, 둘 다 너무 필요하고. 그렇게 가고 있는 거죠. 그러다 보니까 컨바인드(combined) 학문이라고 하죠. 그렇게 하다 보니 내가 하고 있는 게 트랜스퍼스널 사이코테라피(자아초월 심리치료)라고 하더라 이렇게 된 거죠. 그냥 내가 있었고, 그 뒤에 개념들이 있는데 그 개념에 맞춰서 나를 치밀하게 정립해 본 적은 없어요.

그래도 질문이 나왔으니까 생각을 해 보면, 결론부터 얘기하면 상담에서 영성적인 마인드가 내 안에서 발동할 때는 그런 게 필요한 내담자를 만났을 때예요. 물론 나라는 사람은 늘 기본적으로 그런 배경이 들어가 있겠지만 그거를 내담자의 의식, 상태를 변화시키면서 상담을 해야겠다, 아니면 나만 알고 있는 일상 의식 너머를 좀 보게 하는 게 도움이 되겠다, 아니면 『7가지 행복 명상법』에 나와 있듯이 영적인 존재로부터 답을 듣게 하고 싶다, 그럴 때 이런 걸 구사하는 거죠. 아니면 빅터 프랭클[16]식으로 말하면 궁극적 의미라고 해야 하나. '모든 것이 절망일 때 그럼에도 불구하고 당신 안에서 의미를 불러일으킬 수 있다면 무엇이겠느냐. 내가 삶에서 무엇을 추구하고 찾으려고 하는 게 아니라, 신이 있다면 너에게 무엇을 하기를 원할까?' 이렇게 질문하는 거죠 거꾸로. 이런 접근을 하는 정도예요, 나는.

어떻게 보면 결론적인 내용인데요. 내가 이런 정도로 영성적인 접근을 하는 이유는 모든 사람에게 그림자의 중요성이 너무 크다고 생각하기 때문이에요. 다행히 켄 윌버[17]가 『통합영성』6장에서 그 얘기를 해요. '의식의 스펙트럼' '무경계' 다 그 얘기잖아요. 심지어 'ILP(통합적 삶의 수련)'을 내가 경험해 봐도 그림자에서 자유로운 사람은 없어요. 그림자에서 자유로운 사람은 이미 자유로워진 사람밖에 없어요. 그러니까 그림자 작업을 간과하면서 영적인 추구를 하는 건 그 몇 배의 대가를 받아요. 나는 그렇게 봐요.

그래서 나는 초월영성을 그렇게 중요하게 생각 안 해요. 내가 인터뷰하면서 곤혹스러운 게 영성이 뭐냐, 초월이 뭐냐 옛날엔 진짜 그게 있는 줄 알았어요. 지금은 그게 있다고 가정하는 게 참 위험한 일 같아요. 무슨 말이냐면 있다고 하면 그걸 추구하게 되거든요. 추구하게 된다는 것은 현재를 부족 상태로 봐야 하는 거예요. 내가 현재를 부족 상태로 놓고 한 20여 년을 산 것 같아요. 소위 수행자라는 건 뭘 추구하는 거잖아요. 스피리츄얼 시커(spiritual seeker). 이게 참 고통스러웠던 시간이에요. 특히 나보다 나은 사람을 모델로, 예를 들어 청화 스님 얼굴을 보고, 또 라즈니쉬 책을 보고, 부처님의 삶을 보고. 이게 지옥이었어요. 나는 난데 나보다 잘난 놈들 흉내를 내다가 가랑이 찢어지는 줄 알았다고요. 나는 늘 결핍이에요. 물론 명상하고 나면 그 순간의 상태는 좋죠. 그런데 늘 목표가 너무 높은 데 있는 거예요 지랄같이. 그래서 어느 날부터 포기했어요. 힘들어서 포기한 거예요, 안 되니까. 아우 나 못 하겠어. 나 힘들어서 못 하겠어. 그렇다고 내가 모질게 악독한 스타일이 아니거든요. 인도 라다 소아미도 혼자 가고 거기서 산다고 몇 천 만원씩 내고, 별짓 다 했다고요. 그런데 이제 포기하기 시작했는데 이상한 걸 발견한 거예요. 편한 거예요. 내가 아무 문제가 없다는 걸 발견한 거예요. 그럼 뭐지. 그거 내려놨더니 왜 이렇게 가볍지? 아무 문제가 없네?

물론 어떤 갈망들은 있죠. 아직도 동생에게 조현병이 있고, 엄마가 지금은 돌아가셨지만 옛날에 형들 다 이민 가니까 너무 힘든 거예요. 번역해야 하는데 문병을 가야 되고. 아버지 돌아가시고 엄마 모시겠다고 부천으로 이사했는데 3일 만에 우리 어머니가 이 집 느낌이 이상하다고 교회 안 다니는 너랑 못 살겠다고. 이야, 이게 피보다 하나님이 강해요. 죽겠네 하여간 등등.

그런데 아무 문제가 없는 거예요. 그거 보고 와, 뭘 추구한다는 게 이렇구나. 물론 의식의 9단계, 10단계처럼 원인 단계(causal stage),[18] 비이원 단계(non-dual stage)[19]가 있는 걸 절대적으로 인정을 하죠. 나도 그런 체험이 있으니까요. 그런데 이 현재를 충분히 누리지 못하고 인정하지 못하고 뭐가 되려고 하는 것에 비중이 더 실리는 순간 나한테는 그게 짐이고 고통이고 결핍이더라구요. 그래서 난 남은 생까지 이렇게는 못 살겠다. 물론 그래서 내려놓은 게 아니라 깨달아진 거예요. 야, 이게 아무 문제가 없구나.

의식의 단계(stage)와 의식의 상태(state)[20]가 있잖아요. 이 개념이 너무 중요한데 나는 단계를 추구한 거예요. 그러니까 부처님이니 뭐니 이런 사람들이 최고의 스테이지잖아요. 거의 마지막 8단계, 9단계. 내 느낌에 나는 6단계에서 7단계 왔다 갔다 하는 사람이거든요. 소위 초월적 단계는 부처님, 부처님까지는 안 되더라도 청화 스님, 뭐 너무 높다. 단계는 한 순간에 되는 게 아니고 되고 싶다고 되는 게 아닌 거예요. 그게 될 정도의 사람들은 정말 상근기(上根機)예요. 그게 되면 스님들 중에 깨달은 분들이 수두룩해야 되는데 그렇지가 않거든요. 그래서 나는 켄 윌버야말로 길잡이라고 생각해요. 내가 절대와 상대를 구분하는 기준을 켄 윌버를 통해서 본 거죠. 다행히 켄 윌버를 만났어요. 켄 윌버는 좋은 멘토잖아요. 좋은 멘토를 만나는 게 진짜 중요해요. 이런 가르침을 옛날에 나한테 누군가 알려 줬더라면 '명권아 너무 힘쓰지 마라, 인마. 너를 잘 알아야 된다. 정말 너의 바람, 성향, 욕구를 봐야지' 그러니까 이게 영적 우회(spiritual bypassing)[21]를 하려고 했던 거예요. 저는 그렇게 봐요. 그러니까 뭔가 큰 놈이 되고 싶잖아요, 큰 깨달음. 이게 자기를 잘 모르는 거예요. 모르니까 목표를 너무 높이 잡은 거죠. 요즘은 나를 풀어 줘요. 그게 더 좋아요. 내 평생에 이렇게 못 살았거든요. 쪼이는 스타일의 삶을 내가 갖고 있어요. 중학교 때도 책을 눈꺼풀이 닫힐 때까지 보고 그랬거든요. 피아노 의자에 뚜껑이 있잖아요. 거기다 책을 끼워 넣어요. 책을 의자에 끼워 놓고 책을 계속 보는거죠. 그럼 긴장이 풀리겠어요? 뭐든지 이렇게 녹초가 될 때까지 밀어붙이는 습성이 있는 거예요. 몸도 개판이 되고 삶의 즐거움이 별로 없어요. 기껏해야 클래식 듣고, 내 머릿속에 논다는 게 없었어요. 휴식이라는 게 없는 거예요, 지랄같이. 아, 우리 시대는 또 그랬어요. 새벽종이 울린다 그 시대거든

김명권 그림자를 만나야 진정한 영성이 꽃핀다

요. 쉬면 개으름뱅이였어요. 그런데 그렇게 살면 인생이 억울하잖아요. 인생이 대체 뭔데?

요즘 그로프(Stanislav Grof)[22] 공부를 하니까 인간을 보는 조망이 무지하게 넓어졌잖아요. BPM(기본 주산기 매트릭스),[23] COEX(응축 경험 체계)[24]라는 개념이 들어오거든요. COEX가 집단 무의식, 태내의식, 심지어 전생, 지금의 어떤 행동 패턴이 정신역동에서 얘기하는 이 생애에서 형성된 게 아니니까. 그거를 옛날부터 의심을 해왔거든요. 근데 그로프 만나니까 내 그림자뿐 아니라 내가 누군지 엄청난 이해가 생겼죠.

질문자   선생님, 마지막으로 한 가지를 여쭤 보고 넘어가야 될 것 같은데요. 선생님의 과정을 보면 임상심리 전문가로 훈련을 받으셨고, 그다음에 용타 스님의 동사섭에 참여하시면서 굉장히 큰 변화, 상담자로서의 전환을 하는 계기가 되었던 것처럼 이해가 됩니다.

김명권   임상심리는 수련 3년 하고 나서는 안 했죠. 검사나 환자를 거의 보지 않았죠. 동사섭 이후에 집단상담을 곧바로 하게 됐고. 집단상담하면서 임상 활동은 갈수록 줄어들고 상담심리학회, 그다음에 상담학회까지 창립 멤버가 됐어요.

질문자   그 후에 계속해서 다양한 수행에 대해 깊은 관심을 갖고 해 오신 수련 과정을 들었는데요. 전통적인 상담자로 활동을 하시다가 어떤 계기를 통해 초월영성상담자로 변모하는 전환의 시점이 있지 않을까 예상했는데, 선생님 같은 경우 용타 스님을 만나고 상담자로서 시작 때부터 그 과정이 동시에 이루어졌다고 보면 될까요?

김명권   네, 그렇죠. 아주 상담자 초기, 3년 수련 끝났을 때가 서른한 살이고. 바로 교수가 되고 첫 방학에 그런 일 있으면서, 변성의식 체험이 되고 청화 스님을 만나서. 임상심리 전문가 수련이 끝나자마자 만난 인연이 곧바로 수행에 그냥 몰입하게 됐죠. 이후 한 20년 이상을 그것만이 내가 해야 될 것으로 각인이 됐죠. 그러니까 서울 불교대학원대학교에도 가고.

질문자   선생님 안에서 초월영성상담자로 전환되었던 그런 구분된 시점이 있었을까 하는 궁금증이 있었습니다. 제가 기억나는 게 예전에 마산에서 초월영성학회를 했을 때, 선생님이 집단상담을 하시면서 '나는 집단을 선이라고 본다' '나는 집단상담이 선의 수행 과정하고 별 다를 게 없다고 본다'라는 이야기를 하셨던 기억이 나요. 그래서 상담과 수행의 두 측면이 선생님 안에서는 이미 이렇게 통합된 것으로 받아들여지고 있구나 하는 느낌이 처음부터 좀 들었습니다.

김명권   그 집단이 기억이 나거든요. 그때 초월영성상담 실습이 있었는데 난 그냥 T-그룹[25]을 하겠다고 했던 이유가, 지금 여기를 빼놓고 다른 것은 없고 모든 사람이 지금 여기서 시작해서 자신의 더 깊은 내면으로 들어가서 각자 다른 자기 의식의 세계를 만나야 되니까 그렇게 했던 거죠. 지금 여기를 다뤄야 되니까.

내가 경계하는 게, 많은 수련이 대체로 의식의 상태 변화를 꾀하는 거잖아요. 물론 상태 변화가 장기화되면서 단계의 변화까지 영향을 주겠지만 단계 변화라는 건 수련만으로 될 수 있다고 절대 생각을 안 하거든요. 그거는 삶을 통째로 '잘 사는 것'과 관련이 있어요. 예컨대, 카르마만큼 무거운 게 없는 것 같아요. 카르마라는 건 현재 나한테 연결돼 있는 끈들을 의미해요. 제일 큰 게 관계죠, 관계. 가족, 지인, 내가 몸담고 있는 직장, 각자의 처한 환경. 카르마에 따라서 잘 산다는 것을 객관적으로 표준화할 수는 없겠지만 그래도 굳이 잘 산다는 것을 개념화해 보자면 자기의 욕구나 바람을 정확히 인식하고 그것을 삶 속에서 구현해 내는 것. 그리고 그림자에 휘둘리지 않고, 즉 신경증에서 해방되고 스스로 만족할 수 있는 삶이라고 생각해요. 통달(mastery)하지 못하고 통합을 이루지 못하면 내 안에 어둠이나 그림자로 남을 것이고, 그것이 해결이 안 된다면 늘 내 발목을 잡는 역할을 하니까 삶을 잘 사는 것이 중요한 거예요. 삶은 엉망이면서 뭐 어디 수련하러 다니고, 세상에 그런 비극은 없는 거예요. 드물게 역사적으로 처자식 버리고 깨달은 자도 있을 수 있어요. 그거는 그 사람의 카르마 안에서 일어난 특수한 사건이에요.

일반론으로 얘기하면 삶을 잘 사는 게 의식의 단계를 올리는 데 기여한다고 믿거든요. 궁극적으로는 단계를 올려야죠. 상태에 대해서 아무리 해 봐야 그건 그냥 상태라고요. 의식상태를 정묘, 원인, 비이원으로 올리는 그런 걸 하는 건 좋은데, 사는 게 이상하면서 수련하는 사람을 보면 저건 뭐냐 싶은 거예요. 그래서 초월영성이라고 이렇게 드러내 놓고, 이름 붙이고 하는 게 나는 사실 조금 부담스러워요. 로저스가 말한 거랑 똑같아요. '나는 사이비 같은 전문가를 너무 많이 알고 있고, 일반인 중에 훌륭한 상담자를 나는 많이 안다'. 그런 것처럼 이렇게 어쩔 수 없이 이름은 붙이지만 참 부담스럽다는 거예요.

3. 초월영성상담자의 길

♤ 트숨을 통한 의식 확장의 경험

질문자 선생님이 말씀하시고 싶은 영성이 어떤 것인가에 대해서 좀 더 감을 잡을 것 같습니다. 저희가 이해하기에 선생님의 상담자로서의 삶에서 큰 전환 중 한 가지가 그로프와의 만남이거든요.

김명권   첫 번째 변환은 서른두 살 때의 첫 집단상담이고 두 번째는 그로프의 트숨[26])이 맞아요. 트숨은 아마 서울불교대학원대학교 총장 할 때일 거예요. 그때 유니언 신학대 현경 선생님을 초빙했는데, 현경 선생님이 트숨 트레이너 과정을 한다고 하면서 트숨 체험을 얘기하는데 너무 신기하고 신비롭더라고요. 그로프의 프로그램은 자아초월심리학에서 제일 유명한 심리치료 프로그램인데 국내에는 없어서 우리가 체험을 못하고 있는 거잖아요. 그렇게 얘기 듣고 나니까 나한테 어떤 의무처럼 여겨졌어요. 이건 내가 필히 경험을 해 봐야 된다. 사실은 책임감보다도 너무 호기심이 갔어요.

몇 달 후에 아내랑 같이 현경 선생님이 지도받았던 잉고(Ingo) 선생님이 하는 프로그램에 참여했어요. 일주일짜리 프로그램이 독일에 있더라고요. 힐데가르트 순례를 보름인가 하고, 정말 어렵게 독일 산속을 찾아가서 프로그램에 참여했는데, 첫 체험이 눈 가리고 빨리 숨 쉬라고 하는 거예요. 느낌상 5분도 안 돼 갖고 내가 은하수에 떠 있는 체험을 하고 깜짝 놀란 거예요. 이게 뭐냐. 명상을 깊이 해도 의식의 상태 변화가 이렇게까지 이런 느낌은 안 받는데 거의 원인적(casual) 상태였던 것 같아요. 은하계에 굉장히 오래 떠 있었던 것 같아요 느낌으로는. 그런 체험을 하니까 아주 새로운, 내가 추구해 볼 만한 게 생긴 거예요. 이게 도대체 뭔지 알아봐야겠다. 왜냐하면 이게 내 의식 진화에 도움이 될 수도 있으니까. 진짜로 이렇게 빠르게 의식의 높은 차원에 도달하게 하는 방법이라면 이건 당연히 도입해야 한다 생각하고요. 다음에 한국에 와서 했더니, 나는 저리 가라 정도인 거예요 다른 사람들 체험이. 특히 중년의 한국 여성들. 게다가 자아초월심리학을 전공하는 사람들이 다 보니까 체험들이 너무 화려해서 깜짝깜짝 놀라는 거죠. 요즘은 안 놀라는데, 한 3년은 매번 놀랐죠. 내가 리드하면서도 대체 어디

김명권   그림자를 만나야 진정한 영성이 꽃핀다

에 와 있지, 신비 체험을 이렇게 간접적으로 많이 보니까. 이 경이로움을 내가 어쩌다 이토록 체험하나. 내가 살면서 진짜 좋아하는 체험이 감동과 경이인데 완전히 경이의 종합 선물 세트인거죠.

그런데 내 개인적으로는 첫 체험만 그렇게 놀랍더니 그다음부터는 체험이 없는 거예요. 계속 잠만 자는 거예요. 외국에서 하니까 시차도 힘들고 몸도 좀 약하니까 계속 잠만 자는데 아내는 오랫동안 허무감이 있었는데 그게 사라지고 있는 거예요. 그게 평생 했던 수행의 매너리즘이랄까요. 좀 막힌 상태에서 더 벗어나고 있지 못했어요. 아내도 체험이 많은 사람인데 주로 불교 조사선[27] 체험을 했어요. 그런데 트슘은 소위 영적 체험이 너무 깊은 거예요. 책에도 썼지만 내가 여태껏 수행 쪽에서 했던 체험들은 의식의 어떤 상태적인 체험 중심이었다면 이거는 뭘 많이 보여 주는 것 같아요. 비전들을 엄청나게 보여 주고, 아내도 주로 정묘적·원인적 체험이었는데 훨씬 더 구체적이고 메시지가 강한 체험들을 많이 해요. 아내가 원래 가톨릭이었단 말이에요. 트슘 경험에서 십자가가 용광로에 엄청나게 많이 들어가서 녹더니 하늘의 별로 변신을 하는 거죠. 마치 종교가 용광로에서 용해되면서 영성으로 피어난다고 할까요. 또 아내가 대지의 여신이 돼서 지구에 누워 있는데 자기 위로 온갖 동식물들이 막 자라나고 자기를 먹고, 좋은 의미에서.

한 일 년 반 지나고부터 내가 또 체험이 일어나기 시작하는데 나는 첫 체험만 좋았지 그다음부터는 다 지옥 같은 체험이에요. 소위 철저하게 에고가 깨어지고 고통받는. 너무 고통이 심해서 죽을 수 있다면 제발 죽여 달라는 소리가 입에서 나오는 체험들을 하게 돼요. 서렌더(surrender)[28]라는 개념을 평생 이해를 못했거든요. 항복, 순복. 트슘을 하고 나서 '아, 이게 서렌더구나. 죽여 주시옵

소서' 이거. 에고를 아무리 해결하려고 해도 에고가 남더라고요. 아무리 내가 나를 포기하려고 해도 에고라고 할 수 있는, 어떤 이기적인 게 남는 거예요. 뭘 해도 살아남으려는 반대급부가 존재하는 거예요. 그 반대급부로 해석되는 게 존재하는 거예요. 너를 버려, 왜 버려 그러면, 너 좋으라고 그러지. 이런 거죠. 버려도 버려도 뭐라고 그래요, 에고는. 그게 미치겠는 거죠.

그런 체험이라든가 실제 물리적으로 전쟁에서 죽는 것도 여러 번 있고 목이 잘리는 순간 그런 것도 있는데. 오히려 그거는 고통스럽지 않은데 이상하게 어느 나라에 가면 그 나라의 문화를 체험하는 것 같아요. 나는 유럽에서 트슘을 하면 유럽의 보스니아 내전, 98년도인가 25만 명이 학살됐잖아요. 어마어마한 그 체험이 나한테 일어나는데, 체험 속에서 내가 금발 머리의 여자가 됐는데 고문을 받고 있어요. 보스니아 내전을 얼핏 들은 적은 있어도 내용은 전혀 모르거든요. 집에 와서 찾아보니까 25만 명이 죽은 거예요, 현대에 유럽에서. 말이 돼요? 나치 수용소에서 벽을 긁으면서 죽고 있는 거. 그 외에도 많아요. 가장 최근에는 할복자살하는 비전에 시달린 거예요. 너무 고통스럽죠. 아파서 미치고 토하고 난리를 하는데 다행히 하고 나면은 몸이 건강해져 있어요. 그걸 하고 나면 죽음을 보는 조망이 다르죠. 예순부터 죽음이 두려웠는데 훨씬 덜 두렵더라고요.

트슘 하다 보면 많이 죽거든요. 또 내가 출산을 진짜 많이 해 봤거든요. 뱃가죽 근육이 생길 정도로 애를 낳았으니까요. 출산을 하고 또 그 아기가 되기도 하고. 그러니까 점차 내 머리 안에 삶과 죽음이 그냥 하나의 거대한 흐름 속에서 생의 한 일부분으로 들어오는 거예요. 죽으면 어딘가에 또 존재하겠지. 그토록 삶이 무상하고 유한하다는 것이 피할 수 없는 것인지 모르지만, 유구히 흐르는 생명의 역사 속에 그냥 나는 한 부분을 살고 있는 것 같아요.
집단 무의식, 초월의식, 특히 태내 무의식, 원형적인 주제들, 전
생. 하여간 초월심리학에서 얘기하는 모든 게 다 그 안에 있더라
구요. 사람들의 체험을 목격하면서 인간에 대한 조망이 확 달라
지죠. 옛날에는 책에서 보던 것을 다 간접 체험하거나 또 내가 직
접 체험하고 내 의식 안에 이토록 정말 천당과 지옥이 다 있다는
것을 보게 되니까요. 왜 나한테 그런 게 일어나는지는 잘 모르겠
어요. 문헌을 찾다 보니까 트랜스 제너레이셔널 사이코테라피
(trans-generational psychotherapy) 이런 분야도 있더라고요. 초(超)
세대적 심리치료라고 해야 되나. 트숨에서 자주 얘기하는데 할아
버지, 할머니 때에 나치 만행과 같은 체험이 있으면 손주들이 고
통을 받더라고요. 특히 트숨에서는 많이들 그걸 간접 체험을 해
요. 자기 안의 나치 에너지들을 유럽인들한테 많이 보거든요. 젊
은 사람들은 그것 때문에 되게 괴로워해요. 자기 안에 굉장히 잔
악무도한 어떤 파괴성, 공격성을 느끼면서 젊은이들이 괴로워하
는 걸 실제로 내가 목격하기도 하고. 일반 정신분석 이론에서는
인간의 제노사이드(genocide) 같은 인류 학살이라든가 어마무시
한 파괴성은 설명이 잘 안 됐거든요. 정신병리적인 것 중에서도
기괴한 것들 있잖아요. 기괴한 성도착 같은 건 설명이 잘 안 됐거
든요. 그런데 그게 그로프의 주산기 이론, 태어난다는 게 어마어
마한 죽음의 사선을 정말 넘어야 되는 일이잖아요. 특히 3단계에
서 어려움을 겪을 때 자기 스스로 숨을 쉬어야 하고 까딱하다가
산모와 태아가 죽을 수도 있고요. 그런 과정의 일부로서 우리가
설명하기 어려운 정신병리들이 일어난다고 하는 게 상당히 설득
력이 있는 거예요.

질문자 선생님께서 강조하신 지금–여기는 선생님이 생각하시는 영성에

굉장히 핵심적인 부분이라고 생각이 드는데요. 선생님이 트슘 작업을 경험하고, 지도하시면서 트슘 작업이 지금-여기 혹은 요가나 명상 수행, 선 수행 등의 작업들하고는 어떻게 통합을 하셨는지 궁금합니다.

김명권 지금-여기가 심리치료에서 중요하다는 거는 따로 설명드릴 필요가 없을 것 같고요. 내가 총체적으로 살아온 삶의 결정체가 지금 이 순간에 드러나는 홀로그램(hologram) 같은 거니까 중요시할 수밖에 없고 우리가 실제적으로 체험할 수 있는 건 지금 여기밖에 없잖아요. 시간의 개념이 그렇잖아요. 과거, 미래라는 건 그냥 개념일 뿐이죠. 아까도 얼핏 얘기했지만 너무 미래 지향적으로 뭘 추구하는 한, 현재를 간과할 수 있으니까 또 중요하고요.

트슘에서 집단 무의식이라든가 초월의식 체험은 우리가 그런 작업을 꾸준히 해야만 훨씬 더 만족스러운 현재를 살기 때문에 필요한 거죠. 나한테 굳이 영성이 뭐냐고 묻는다면 분명히 단계가 있어서 서서히 도달해야 될, 아니면 더 높은 단계에 더 많은 자유와 평안이 있으니까 거기로 가야 되지만 어떤 순간에도 놓치지 말아야 될 것은 스테이트, 상태라는 거죠. 스테이트라는 것은 현재 내 삶과 너무나 밀접하니까. 내 삶을 그림자에 메이지 않고 그림자를 해결해 가면서 잘 살아낼 때 지금-여기도 살고 단계에서도 좀 더 상승된 진화로 가겠죠.

질문자 그런 면에서 트슘이 우리의 그림자를 다룰 수 있게 하는 걸까요?

김명권 그렇죠. 트슘에서는 의식 스펙트럼의 모든 체험들이 다 왔다 갔다 하죠. 특히 제일 밑에 있는 단계들을 많이 체험하잖아요. 제일 밑 단계가 미분화된 태아와 모체가 하나된 0단계잖아요. 그 단계부터 해서 완전히 다 체험하게 하는 게 트슘이죠. 트슘 견지에서 의식의 스펙트럼 단계를 보면, 생각이 또 조금 달라지죠. 윌버는 그로프 이론을 어렵게 반박하지만 체험적으로는 그로프를 굳이 부인할 수 없는 것 같아요.

실제 신체적 치유와 심리적 변화, 특히 트라우마 치료가 얼마나 어려워요. 그런데 트숨은 트라우마 치료에서 엄청난 성과들을 보이고 특히 영적 성장 측면에서도 말도 못하게 많이들 변하고요. 특히 창조성에서 엄청나게 다르죠. 예술혼들이 살아나서 주체를 못하는 사람들을 많이 봤어요. 외국도 그렇고 국내에서도 생전 그림을 안 그리던 사람들이 일주일에 몇 장씩 거의 자동적으로 프랙탈(fractal)[29]과 같은 그림을 그려 내는데, 물리학이나 자연에서 꽃, 이파리가 피어나는 거 보면 홀론, 홀라키를 이루잖아요. 프랙탈이 완전히 홀라키를 형상한 거나 다름이 없는데. 그런 그림들을 막 그려 내거든요. 그런 사람들이 여럿 있죠. 이거는 완전히 신천지인 거죠. 일반적인 심리치료가 나한테는 2차원의 세계였어요. 근데 이거는 거의 3차원, 4차원을 달리니까 비교가 안 돼요.

이걸 여기서 말해야 할지 모르겠는데, 억지로 심리치료계에 트숨을 도입해야 될 책임감이 점점 떨어지고 있어요. 처음에는 어떻게 트숨을 심리치료계에 알려야 될까를 참 많이 고민했거든요. 트숨의 외국 선생님들은 주류에서 떨어져 나오면서 나보다 더 심한 과도기를 겪었어요. 다들 인정받는 임상심리학자들이었어요. 한 분은 미국, 한 분은 독일. 그로프는 뭐 말할 것도 없고요. 그로프는 정말 국제적인 현상금을 걸어 놓듯이 욕을 먹고 다녔으니까요, 이상한 사람으로. 그런데 차원이 너무 달라서 그냥 인연따라 살까보다 생각해요. 그냥 오는 사람이 있으면 같이 하고, 억지로 가서 알릴 필요가 없다. 왜냐면 억지로 가서 알렸는데 괜히 이상한 소리 하기도 하고 그러니까. 그럴 수 있으니까.

4. 초월영성상담 그리고 초월영성상담자

질문자 선생님께서 생각하시는 초월영성상담이란 무엇입니까? 초월과
영성이 상담에서 갖는 의미는 무엇입니까?

김명권 초월과 영성이 상담에서 갖는 의미, 아직 답을 못해 놓고 있어요.
저는 일반 상담에서 초월이나 영성을 개입시킬 부분이 적다고 봐
요. 내담자가 그와 관련된 것을 갖고 오면 내가 응해서 다루지만.
그런 점에서 상담자가 초월이나 영성의 준비가 되어 있어야 된다
고 생각할 수 있죠. 이 부분을 모르면 그런 문제를 갖고 온 사람을
잘못 다루거나 못 다루죠. 못 다루고 다른 상담자에게 보내면 괜
찮은데 잘못 다루는 건 과거에 정신분석가들이 했던 실수죠. 이상

김명권 그림자를 만나야 진정한 영성이 꽃핀다

행동으로 취급하는 거죠. 명상을 긴장성 분열증으로 본다든가. 로 망 롤랑의 명상 체험을 프로이트가 자궁으로의 퇴행으로 본다든 가. 융은 원시적 체험을 너무 격상시키기도 하고요.

제 경우에는 초월과 영성을 상담에 개입시키는 걸 굉장히 한정을 짓는 타입이에요. 왜냐면 사람들로 하여금 영적 우회를 시킬 수가 있거든요. 예를 들어서, 완전히 심리적인 문제를 갖고 온 사람을 '기도하면 된다, 하나님 믿으면 된다' 아니면 '부처님에게 기도 열 심히 하고, 절하면 된다' 이게 도움이 될 수도 있지만 그림자 문제 가 지독한 사람한테는 완전히 본말이 전도되고, 본질을 왜곡시키 는 결과가 되죠. 전/초오류,[30] 영적 우회 등등을 낳기 때문에 굉장 히 조심스럽게 접근을 해요. 성직자들은 현대 심리학과 심리치료 를 잘 모르니까 신경증이나 인간관계에 투사하는 문제를 신앙의 힘이나 종교적 수련의 힘으로 극복하게 만든단 말이에요. 그게 저 는 오류라고 보는 거죠. 많은 경우 현실에 눈을 감아 버리고, 즉 우 회해서 '야, 이쪽에 더 나은 길이 있나 보다' 하는데 사실은 현실의 문제는 문제 그대로 썩고 있는 거죠.

이런 경우는 있죠. 영적인 의식 발달이 어느 정도 보이는데 그걸 아직 못 발견하고 있는 사람한테는 기회를 줄 수는 있죠. 그것도 기회를 주는 정도여야지 저는 아주 적극적으로 나서지는 않아요. 왜냐하면 아까도 얘기했지만 그림자 해결을 너무 중요시하기 때 문에. 그래서 평가가 제일 중요한 것 같아요. 종교에서 신경증적 인 신도들을 오도하는 것처럼 초월영성상담자도 상담할 때 영적 인 방향으로 너무 내담자를 유도하는 오류를 범하면 안 돼요. 그 림자를 간과하거나 그 중요성을 약화시키고, 영성의 지혜를 너무 높게 보는 것에 대해 저는 완전 반대해요. 초월영성상담자가 특히 주의해야 된다고 봐요.

질문자   초월과 영성은 떼려야 뗄 수 없는 개념이긴 하지만, 선생님의 입
        장에서 영성이라고 하는 것은 도대체 어떤 것이고 또 초월이라고
        하는 것은 어떤 것이라고 생각하시는지를 말씀해 주신다면요?

김명권   좁은 의미의 초월은 윌버의 의식 발달 단계의 7단계 이상의 체험
        을 말합니다. 즉, 트랜스퍼스널(transpersonal) 체험이라고 봐요.
        넓은 의미의 초월은 '현재에 깨어 있음'을 말해요. 보는 자로 남아
        있을 수 있다면 그것을 모두 초월적인 체험으로 정의하고 싶습니
        다. 우리는 엄격하게 현재에만 존재할 수 있기 때문이고, 현재에
        깨어 있는 의식이 앞에서 언급한 7단계보다 덜 초월적이라고 말
        할 수 있는 근거도 없다고 보기 때문이에요. 지금-여기에 깨어 있
        는 의식을 간과하거나 무시하고, 7단계 이상을 추구하는 것만 초
        월이라고 정의한다면 또 한 번 현재를 상실하는 우상숭배를 낳을
        뿐이에요.

        켄 윌버 책의 문구 중에 좋아하는 문구가 하나 있어요. "Already,
        Always." 이미, 항상. 그러니까 윌버도 단계에 대한 수많은 이야
        기를 했지만 초월적 상태는 이미 여기에 항존하고 현존해 있고 조
        금 손을 뻗으면 지복의 상태를 체험할 수 있다고 했죠. 이 개념을
        소개하면서 제 입장을 지지하고 싶네요. 윌버의 최근 책을 보면
        타임리스(timeless)라는 표현을 많이 써요. 시간이 끊긴, 그러니까
        어떻게 보면 그건 영원한 것, 시간을 넘어선 것이죠.

질문자   초월 혹은 영성이라고 하는 개념 안에는 우리의 일상 의식을 넘어
        선다는 의미가 포함돼 있잖아요. 일상 의식을 넘어서는 소위 변성
        의식이라고 하는 의식상태가 상담에 어떤 함의를 줄 수 있을까요?
        트숨 같은 경우도 일종의 변성의식을 추구하는 작업이잖아요.

김명권   일상 의식을 넘어서는 거는 누구라도 체험할 수가 있잖아요. 의식
        의 상태를 변화시키는 훈련을 하면 많은 사람이 할 수 있는 거죠.

윌버도 얘기하지만 어떤 의식 단계에서라도 할 수 있죠.

그로프는 변성이라는 표현보다 비일상적 의식상태(nonordinary state of consciousness)를 쓰죠. 비일상적 의식상태에서는 의식의 온갖 층을 다 접할 수가 있으니까요. 접한다고 하는 의미는 현재 그 사람한테 필요한 것을 개인 유기체가 갖고 있는 지성, 치유적 지성(healing intelligence)이 그 개인에게 필요한 것부터 건드린다는 가정이 깔려 있죠. 영적 체험이 필요한 사람한테는 그걸 주고요. 이게 어떻게 보면 너무 말하기 쉬운 표현이잖아요. 그 사람에게 필요한 걸 자기가 알려 준다는 게 참 대책이 없는 말일 수도 있는데 어쨌든 그냥 믿고 따라가는 거죠. 그런 의미에서 나는 내담자 안에 있는 치유력이랄까, 스스로 자기를 인도하는 힘을 더 믿는다는 의미에서는 로저스도 연상이 되고요.

트숨에서 재밌는 건 많은 사람이 신체 변화를 엄청나게 겪어요. 불면증에 시달리는 사람들이 다음 날 가서 잘 잤다라든가, 생리통이 대번에 끊겼다던가. 생각지도 않던 부위의 통증이 일어나서 병원에 갔더니 종양이나 뭐 그런 위험한 상태였다든가. 비일상적 의식상태에서는 굉장히 민감하게 그런 걸 느끼는 거죠. 정신은 훨씬 복잡하게 나타나요. 영상으로 나타나고 이상한 기억이랄지 이상한 스토리로 나타나니까. 몸은 대체로 알 수 있는 자극으로 나타나니까 훨씬 더 빨리 자기 이상 신호를 발견하고 사전에 치유가 되죠. 그래서 일반 심리치료보다 비교가 안 될 정도로 급격한 변화를 갖지만 대신 조심해야 될 것도 훨씬 많죠.

질문자 영성의 개념을 정의한다면 어떻게 말할 수 있을까요?

김명권 영성에 대해서는 윌버의 통합심리학 서적에 나오는 다섯 가지 정의로 대신하고 싶어요. 여기서 제가 새삼스럽게 영성의 정의를 다시 내릴 필요는 없다고 봅니다.

질문자 아까 선생님이 용타 스님을 만났을 때 스님이 '에고라고 하는 것은 우리 본성 안에서는 티끌만 한 것이다'라는 얘기를 하셨잖아요. 본성을 본다, 그러니까 우리가 여기서 영성이라고 얘기하는 것을 불교적으로 표현한 것이 본성이라고 한다면, 이 본성이라고 하는 게 도대체 뭐고, 본성을 보는 것이 어떤 심리치료적인 함의를 갖는 것이냐? 이런 질문을 드릴 수 있을 것 같습니다.

김명권 그건 나한테 새로운 질문으로 다가오기는 하는데요. 본성을 보는 것과 치료를 연결시키는 건 굉장히 위험한 것이라고 경고를 하고 싶어요. 본성을 힐끗힐끗은 얼마든지 볼 수 있어요. 다시 의식 상태 이야기를 하자면, 상태는 단계가 아무리 낮아도 굉장히 높은 상태의 체험을 할 수 있으니까요. 『통합심리학』의 '윌버-콤스 격자'[31] 도식에도 나오듯이.

거기다가 자아를, 에고의 티끌을 갖다 붙이는 건 지금 보면 세상에 위험한 말씀인 거죠. 본성을 힐끗힐끗은 볼 수 있지만 힐끗 봤다고 자기 에고의 영향력에 대해서 과소평가하는 건, 거의 지뢰밭에 들어가는 거죠. 전혀 다른 얘기니까. 에고는 단계의 문제예요. 에고가 아주 약하거나 심한 경계선 성격장애처럼 굉장히 병적인 경우에는 의식의 진화가 낮은 단계에 있다고 봐야죠. 그런 사람일수록 더 현실을 피하고 싶잖아요. 대표적으로 경계선 성격이 명상을 좋아한다는 부작용에 대해 얘기를 하는 게 그 예인 것처럼요. 그래서 위험하다. 우리가 뭘 알 때 잘 알지 않고 말로만 하면 이건 정말 무지몽매이고 그 늪에서 허우적대기 딱 좋은 거예요. 그걸 제일 깔끔하게 해결해 주는 사람이 켄 윌버인데, 그로프도 그점에 대해서는 한없이 위험해요. 그로프는 굉장히 거칠고 또 신비 체험을 워낙 강조하는 분이기 때문에. 거기에 비해서 윌버는 그런 위험한 얘기를 안 하죠. 모든 걸 아주 섬세하게 진단을 해 놓잖아요. 윌버의 모든 책이 다 그 얘기라는 거죠.

질문자   섣불리 본성이나 영성을 추구하는 것의 위험성을 계속해서 강조하시네요.

김명권   정말 모르는 게 나아요. 추구해야 될 것보다도 조심해야 될 게 90%예요.

질문자   오히려 에고와 그림자 부분을 우리가 더 깊게 다뤄야 된다는 말씀이시죠.

김명권   '그대가 영성을 추구하고 싶은가?' 그러면 한마디로 '그대의 그림자를 다뤄라.' 난 한마디로 이렇게 말을 하고 싶어요. 자아초월 공부하러 오는 사람들이 제일 위험해요! 내가 이 전공 만들고 금방 느꼈어요. 가라앉히고 그라운딩시키면서.

질문자   니체가 '너 자신이 누구인지 알고 네 자신이 되어라'는 말을 평생 좌우명으로 삼았다고 하는데요. 어떤 면에서 보면 자기의 에고를 잘 아는 것, 그림자를 잘 다루는 것이 영성으로 가는 지름길이다 이런 말씀으로 이해하면 될까요?

김명권   아니 그런 것도 너무 비약이 심하고요. 영적으로 진화하기 위해서는 에고를 잘 다뤄 나가야 된다, 그림자 문제를 해결하면서 가지 않으면 안 된다 이렇게 말하고 싶지, 에고를 잘 다룬다고 영성으로 가는 건 아니니까요.

질문자   다음 질문으로 넘어가 보겠습니다. 선생님께서는 초월영성상담과 전통적인 상담의 차이점은 무엇이라고 생각하십니까? 초월영성상담자의 특징은 무엇이고 필요한 훈련은 무엇이라고 생각하시는지요?

김명권   저는 초월영성상담과 전통 상담의 차이를 첫 번째로는 상담자가 인간을 보는 조망 방식의 차이라고 생각해요. 인간을 바라보는 기본적인 방식, 태도. 이게 좀 지적인 건데. 소위 인간 의식의 발달 단계를 인정하는가, 알고 있는가 하는 거고요. 발달 단계는 심리학에서 너무나 당연한 거죠. 인지 발달, 정서 발달, 영성 발달 등등이 있으니까요. 그 부분은 윌버의 개념을 도입하지 않을 수 없는 것 같아요. 우리한테 20에서 40개까지의 발달 라인(line)이 있다고 그랬잖아요. 라인은 그 인간이 갖고 있는 정신적인 특성들이죠. 그 라인이 사람마다 다 다르기 때문에, 영적으로는 탁월한 높은 단계를 갖고 있지만 도덕이나 인간관계 같이 다른 라인에서는 형편없을 수도 있지요. 그런 경우는 수도 없이 많이 보죠. 사이비 교주라든가.

나는 특히 상태와 단계의 차이를 모르는 초월영성상담자가 꽤 있다고 믿거든요. 상태 체험만 가지고 그 사람을 높은 영성 수준으로 파악하는 건 곤란하죠. 윌버는 영성을 다섯 가지, 나아가서 일곱 가지로 정의할 수 있다고 얘기를 하잖아요. 단계를 인정하는 방식의 영성의 정의가 있고, 단계를 무시한 정의도 있고요. 의식의 상태만 갖고 영성을 얘기할 때는 단계가 필요 없죠. 누구나 절정 체험은 할 수 있으니까요, 어떤 단계에서도.

전통적인 상담자들이 초기 정신분석가들이 오류를 범했던 것처럼 자기가 알 수 없는 영적 상태를 정신병리적으로 해석하는 그런 오류가 일어날 수 있죠. 다행히 DSM-IV에서 영적 문제를 포함하고 있죠. 초월영성상담자라면 특히 영적 위기 같은 걸 잘 봐야죠. 그래서 초월영성상담자의 특징에 대해서 저는 일단 영적이라고 간주할 수 있는 현상을 볼 줄 아는 것이 가장 중요한 거라고 생각해요. 상담자가 영적인 상태를 인정하지 않거나 모르면 정신병리로 해석하는 실수를 한다는 거죠. 영적 현상에 대한 학문적인 근거를 갖추지 않고, 어설프게 알면 실수를 많이 저지를 수 있다는 것이고 또한 당연히 영적 경험에 대한 상당한 체험도 함께 있어야만

김명권 그림자를 만나야 진정한 영성이 꽃핀다

그런 현상을 제대로 이해할 수가 있겠죠.

초월영성상담자가 되기 위해 필요한 훈련은 인간의 발달 단계를 셋으로 나눈다면 전개인적 단계와 개인적 단계, 그리고 초개인적 단계에서, 앞에서도 강조했듯이 그림자가 많이 관여할 수 있는 단계를 마스터 하고, 잘 통합하도록 노력을 해야 된다고 봐요. 그림자의 극복은 평생에 걸친 거고, 제가 자기 삶을 잘 살아야 된다고 두루뭉술하게 표현을 했지만 자기의 삶이 안정이 되고 스스로 어느 정도는 자기 자신과 삶에 만족할 수 있는 삶을 살아야겠죠. 자기가 불행하면서 높은 경지를 이루어 봐야 그걸 믿을 수 있는 것도 아니고요.

질문자 초월영성상담자가 되기 위해서 어떤 훈련이 필요한지 예를 들어 주실 수 있으실까요?

김명권 훈련이 좁게는 상담과 심리치료가 되겠고요. 크게는 자기 자신에게 정직한 자기의 바람과 소망과 욕구, 소위 말하는 자기실현에 일단 성공할 수 있어야 되지 않을까요? 흔히 심리학에서 얘기하는 자기실현이라는 것은 통합된 삶이 뭐냐 하는, 되게 어려운 얘기 같아요. 정서적으로 안정되고 사회적으로 안정되고 도덕적이고 윤리적인 것만을 얘기하는 게 아니라고 봐요. 개인의 삶은 각양각색이고 고유하기 때문이에요. 사람마다 타고난 배경과 환경이 아주 독특할 수가 있잖아요. 특별히 불우하다든가 특별히 시대적인 운명을 희한하게 만났을 수가 얼마든지 있거든요. 이거는 단일하게 말할 수가 없어요. 너무나 불운하게 태어난 사람을 일반적인 사람의 삶의 잣대에 맞춰서 너무 형편없이 살았다고 비난할 수가 없거든요.

질문자 특히 자기실현의 과정이 일반상담자보다 초월영성상담자가 되는 데 더 필요한 이유나 의미가 있을까요? 그러니까 방금 말씀하셨던 자기의 소망, 감정, 욕구를 아는 것은 일반상담자가 되는 데도 필요한 훈련일 수도 있는데 특별히 초월영성상담자가 되는 데 중요한 이유가 있을까요?

김명권 더 중요하다고 말할 수 있는 게 초월 영역에 관심을 가지면 훨씬 더 많은 함정과 실수에 빠질 수 있기 때문이에요. 지옥이 대놓고 기다린다고 보면 돼요. 난 그렇게 얘기를 하고 싶어요. 더 좋은 상태와 열매를 얻을 수도 있지만 그만큼 지뢰밭을 걸어야만 되기 때문에 조심할 게 너무 많아요. 어지간하면 그냥 모른 채로 살라고 얘기하고 싶을 정도예요. 쉽게 얘기하면 스스로 만족하는 것만큼 중요한 게 어디 있겠나 싶어요. 물론 자신과 주변 사람들을 괴롭히면서 스스로 만족하는 그런 병리적인 것까지 포함하는 건 아니지만요.

♤ 영성에 대한 학문적 접근의 필요성

질문자 초월영성상담이 한국사회 또는 현대사회에서 어떠한 기능이나 의미를 갖는다고 보십니까?

김명권 저는 초월영성상담에서 다뤄야 할 내담자군은 아주 적다고 생각해요. 그렇지만 영적 위기가 정신병리적일 수도 있지만 초월적인 단계로 진입하는 상태일 수도 있다는 이 두 가지 모두를 관찰하고 평가할 수 있는 눈이 있어야 하는데 그런 눈을 가지려면 초월영성상담이나 초월영성심리학을 모르면 볼 줄 모르겠죠. 영적 위기에 대해 잘못된 평가를 하게 되면 결국 전통적인 방식대로 정신병리적으로 이런 사람들을 평가하고 거의 예외 없이 약물치료를 받는 수밖에 없죠. 그래서 더 영적인 또는 의식의 진화나 발달을 할 수 있는 기회를 완전히 상실하거나 더 퇴보하는 불운이나 불행을 맞이하겠죠.

그런데 영적 체험이나 영적 위기를 관찰하고 평가할 수 있는 능력을 갖는 것 자체가 매우 어려운 과정이에요. 본인이 먼저 초월영성적인 체험이 있어야 그런 현상을 제대로 이해할 수 있고, 더 나아가서 체험뿐만 아니라 학술적인 평가를 할 수 있는 공부, 예를 들면 자아초월심리학이나 심리평가를 공부했어야 가능하기 때문에 초월영성상담자가 아주 적은 수예요. 이런 필요를 갖는 내담자의 수가 적더라도 존재하는 한은 초월영성상담자는 필요할 수밖에 없다는 말씀을 드립니다. 다만, 모든 상담자가 이런 공부를 해야 한다고 일반화하고 싶지는 않아요.

한국사회에 대해서 얘기하면 특별히 영적인 기운이 강한 민족임에는 틀림이 없는 것 같아요. 외국인들도 하는 얘기인데 건국이념을 단군, 즉 깨달은 자로 삼는 나라는 없다고 그래요. 보통 어떤 권력이라든가 사회적으로 선한 이념 정도죠. 깨달은 자, 이런 것도 드물고 '인간을, 인류를 이롭게 한다' 이런 식으로 넓고 깊게까지는 생각 안 한다는 거죠. 특히 우리를 백의민족이라고 하는데 원래 바이칼 지역 쪽에서 옷 색깔로 계급이나 자기 역할을 구분했었는데 흰옷이 영적 의식을 치르는 계급이 입는 옷이래요. 샤먼들이 입는 옷 색깔이 흰색이래요.

흔히 얘기되는 거지만 우리나라처럼 다양한 종교를 인정하는 데가 없잖아요. 한 집안에 3대 종교 있는 집이 무지하게 많아요. 우리 어머님이 그렇게 골수 기독교이신데도 서울불교대학원대학교에 한 번 오셨어요. 김수환 추기경 때 제사를 인정했잖아요. 절하고 차례 지내고 하는 거. 우리나라 모든 종교에는 샤머니즘 색채가 거의 다 깔려 있잖아요. 불교는 말할 것도 없고. 절에 가면 삼신각이 따로 있잖아요. 기독교도 그렇죠. 부흥회 같은 건 굉장히 샤머니즘적이죠.

초월영성상담은 이런 현상에 대해서 누구보다도 세부적으로 잘 파악하고 있는 학문이잖아요. 영성이 뭔지 연구를 하고, 그것이 갖는 함정은 뭐고 그것의 실체는 뭐고를 객관적으로 보는 거니까요. 도그마적으로 보는 게 아니죠. 그런 의미에서 영적 현상에 대해 객관적인 진단을 하고 거기서 일어날 수 있는 폐해들, 특히 영적 단체에서 쫓겨나거나 이탈된 사람이 겪는 장애라든가. 그런 사람을 치유해 주고 이런 거에는 엄청난 기여를 할 수가 있죠. 또 사이비 교주나 사이비 집단의 진단이라든가. 또 그런 곳에 빠지는 사람의 특성이라든가 이런 거에 대한 진단을 누구보다도 잘할 수가 있죠.

영성과 관련된 문제에 대해서는 공부를 많이 하지 않으면 전공자들조차도 대충 알아서는 아주 위험할 수 있다고 봐요. 자기가 꽂혀 있는 데 매도되면 영성이라는 게 워낙 빠지게 되는 부분이 있잖아요. 사람을 취하게 할 수 있는 것이기 때문에 전체를 못 볼 수 있는, 함정을 못 볼 수 있는, 우를 범할 수도 있어서 아주 조심스럽게 접근해야 된다고 봅니다.

질문자 지금 말씀해 주신 건 한국사회에서의 의미인 것 같은데요. 현대사회에서의 필요성이나 의미도 있을까요?

김명권 서양의 뉴에이지 등등을 비롯해서 종교가 죽으면서 소위 영성이 상대적으로 비종교인들 사이에서 엄청나게 떴잖아요. 종교에서 영성으로 가는 흐름은 꽤 오래전부터 대세가 된 거 같아요. 그만큼 현대인들에게 영성을 잘 아는 사람들이 여러 면에서 필요한 거죠. 진단이나 치료에서도 그게 필요한데 이것을 현실적으로 구현하기는 또 매우 어려운 것 같아요. 특히 영적 위기에 들어간 사람을 구하려면 굉장히 집중적인 보호 관찰을 하면서 치료하지 않으면 안 되거든요. 다방면의 치료자들을 포함한 많은 인력을 가지고 개개인을 주거 상태에서 합숙하면서 도와줘야 되기 때문에. 미국에서도 이런 운동이 좀 있었는데 다들 경영난 때문에 문을 닫았다고 책에도 나와 있잖아요. 이게 보험도 안 될 테고 돈도 많이 들테니까. 정신건강 측면에서 국가나 기업들이 좀 관심 가지면 제일 좋겠더라고요.

그 어느 때보다도 동서양의 소통이 활발히 되고 있는 시대에 살고 있어서 그런지 서양에 나가 보면 인텔리들이 불교나 명상, 요가에 정말로 많은 관심을 갖거든요. 인텔리라고 부를 수 있는 사람들은 상대적으로 정신적인 구조가 비교적 탄탄하고 신경증에서 벗어나서 자기 통합이 되어 있는 경우가 많아요. 이런 층에게는 초월영성적인 측면이 포함되지 않는 치료나 접근, 예를 들면 실존적인 통합만으로는 일말의 부족함을 느낄 수 있다고 저는 보거든요. 그렇기 때문에 이런 사람들에게는 초월영성적인 접근이 필요하고 적절하겠지만, 신경증으로 힘들어 하고 있는 사람에게 초월영성적인 것을 소개하면 그야말로 회피 수단으로써 영적 우회를 하기 좋죠. 상담자가 그런 오류를 범하지 않는 것이 중요하다고 생각합니다.

질문자 선생님, 긴 시간 동안 인터뷰에 응해 주시느라 고생 많으셨습니다. 집단상담의 리더, 교수로서가 아닌 한 인간으로서 같이 인터뷰에 참여해 주신 것 같아서 선생님의 이야기가 더 인간적으로 느껴졌습니다. 놓아주라는 말씀에 마음이 편해지기도 하고 한편으로 숙제처럼 남기도 하네요.

김명권 나는 이제 65세잖아요. 65세에 '놓아라'와 여러분 나이에 '놓아라'는 조금 다르게 들어야 될 수도 있어요. 이런 것들이 모두 개별적인 것 같아요. 내가 하는 말들도 상황에 따라서 특수하다고 봐요.

멘토를 잘 만나는 게 제일 좋겠죠. 맞춤식으로요.

질문자 　그동안에 제가 알고 있고 느꼈던 선생님의 모습이 좀 더 선명해지는 경험이었습니다. 감사합니다.

김명권 　저도 감사합니다.

　　김명권 선생님과의 인터뷰는 안성의 자택에서 이루어졌다. 연구팀을 초대해 주신 덕분이다. 이전에 선생님이 진행하시는 집단상담과 트숨에 참여해 본 경험이 있어 센터에도 방문한 경험이 있다. 강남구에 있는 센터는 계단을 걸어 내려가 문을 열고 들어가면 커다란 홀이 펼쳐진다. 연한 사파이어 색상의 스피커가 큰 홀의 앞쪽에 자리 잡고 있고, 존재 본연의 깊은 근원과 만나는 치유의 작업이 이루어지는 공간은 묘하고 아늑한 느낌이 들게 하는 곳이다. 센터와 달리 자택은 생활하고 계신 사적인 공간이라 조심스럽고 긴장이 되는 한편, 더 깊게 선생님을 만날 수 있을 것이라는 기대에 설렘이 앞섰다.

　　인터뷰 당일, 서울에서 벗어나 한 시간쯤 달려 안성에 도착했다. 오르막을 오르자 선생님 댁이 조금씩 보이기 시작했다. 떨리는 마음으로 계단을 올라서자 푸르른 하늘과 산을 배경으로 그림 속 풍경처럼 노란 빛깔의 목조주택이 보인다. 앞마당에는 초록빛 잔디와 꽃들이 심어져 있었고 곳곳에 따스한 느낌의 조각들이 자리 잡고 있다. 연구팀의 도착 소식을 듣고 집 앞으로 마중 나온 선생님이 두 팔 벌려 우리를 환영해 주셨다. 점잖고 고상하면서도 푸근한 어르신의 공간에 초대받은 것 같은 느낌으로 선생님의 안내에 따라 집안 곳곳을 구경하고 있자 사모님께서 다과를 차려 주셔서 2층 전망이 좋은 방에 자리를 잡고 앉았다. 최근에 수리를 마쳤다는 그 공간에도 고풍스러운 스피커가 방의 주인처럼 있었다. 스피커를 통해 흘러나오는 선율을 들으며 창밖으로 푸른 하늘과 산세가 그려 내는 풍경을 바라보고 있으니 마치 여행을 온 듯, 꿈만 같은 느낌이었다. 선생님은 우리가 긴장을 내려놓고 이 순간에 녹아들 수 있도록 이끌어 주었

김명권 그림자를 만나야 진정한 영성이 꽃핀다

고 인터뷰를 시작하기 전부터 선생님과 함께 한참 웃음꽃을 피웠다.

어디서부터 어떤 말로 시작해야 할지 모르겠다고 하시면서도 선생님은 '내가 있다'는 자각을 하기 시작했던 첫 순간에 관한 이야기로부터 현재의 삶에 이르기까지의 모습을 진솔하고 허심탄회하게 나누어 주셨다. 그 덕분에 초월영성 상담자 이전에 한 인간이자 존재로서 그 누구보다 생생하고 열정적으로 살아오신 삶을 엿볼 수 있었다. 예술, 철학, 미학, 심리학, 명상, 요가 등 수행의 과정이 물 흐르듯 이어졌고, 변용의 체험들이 자연스럽게 삶 속에 녹아들어 시간이 가는 줄 모르고 선생님의 이야기에 빠져들었다. 어느새 처음 뵀던 순간부터 인상 깊었던 까맣고 큰 눈동자는 인터뷰가 깊어질수록 더욱 짙게 빛나고 있었다. 다섯 살 무렵 꽃잎이 빙글빙글 돌아가는 그 순간의 즐거움과 같은 작은 절정 체험으로부터, 이 세상의 아름다움에 대한 깊은 관심과 호기심, 가슴이 열리게 된 집단상담에서의 변성의식 경험, 트슘을 통한 변용을 거쳐, 지금 이 순간까지도 지금-여기의 중요성을 몸소 체험하고 경험하며 지금-여기에 현존하는 삶을 보여주고 계셨다. 학창 시절 삶이 무엇인지를 알아야겠다는 질문으로부터 시작하여 삶의 절대적 의미가 무엇인지를 찾아 나섰던 선생님의 삶은 매 순간 생생한 몰입으로 가득했다.

인터뷰를 하는 동안 거듭 강조하신 '잘 산다는 것'이 무엇인지에 대한 질문이 마음속에 선명하게 남는다. 내 삶의 그림자를 피하지 않고 마주하며, 잘 통합된 삶을 살아가고 싶다. 신기하게도 선생님을 알게 될수록 선생님이 인간적으로 느껴졌다. 아마도 더없이 인간 존재와 인간의 삶에 대해 고민하며 현존하는 삶을 살아오신 분이기 때문이 아닐까 싶다. 그 삶을 본받아 인생의 멘토로서 선생님에게 가르침을 받고 싶다는 생각이 든다.

미주

1) 절정 체험(peak experience): 절대적 행복이나 환희에 빠지는 변성의식 상태.

2) 조현병: 망상, 환청, 와해된 언어 등의 증상과 사회적 기능 장애를 일으키는 정신과 질환.

3) 내인성: 생체 내부에서 기원된 행동이나 물질로 인한 질환.

4) 오쇼 라즈니쉬(Osho Rajneesh): 인도의 신비가, 구루 및 철학자. 삶의 허구와 진리의 세계, 존재의 본질을 꿰뚫는 통찰력을 바탕으로 새로운 의식 혁명과 깨달음의 세계를 열어 보임. '다이내믹 명상법'을 개발하였으며 종교적 경전과 신비가 및 철학자들의 글을 재해석함.

5) 오도송(悟道頌): 선승이 자신의 깨달음을 운문체의 짧은 시구로 노래한 것.

6) 동사섭: 불교의 근본 가르침과 선불교를 바탕으로 용타 스님이 개발한 프로그램. 행복의 조건으로 삶의 오대원리를 이야기함.

7) 변성의식(altered state of consciousness): 일상적 기능양식의 의식상태와 상이하게 다른 비일상적인 의식상태.

8) 야마기시즘(yamagishism): 야마기시 미요조에 의해 제창된 신념으로 무소유, 공용, 일체의 실천을 통해 전인 행복을 실현할 수 있다고 믿음.

9) 아나하타 차크라(anāhata-cakra): 인도 신비적 신체론에서 척추를 따라 위치해 있는 차크라 중 가슴에 위치한 네 번째 차크라로 심령 에너지의 센터로 여겨짐.

10) 염불선(念佛禪): 불교의 수행법 중 하나로 부처의 모습과 공덕을 생각하면서 아미타불을 부르는 수행법.

11) 화두선(話頭禪): 선종의 수행법 중 하나. 수행의 주제 중 하나의 화두를 집중하여 의심하고 풀어냄으로써 깨달음에 이루는 수행법.

12) 라마나 마하리쉬(Ramana Maharshi): 인도의 성자. 삶에는 의미와 목적이 있으며, 모든 존재에는 파괴할 수 없는 실재와 아름다움, 평화과 기쁨이 있다는 것을 보여주기 위한 가르침을 전함.

13) 간화선(看話禪): 화두를 본다(看)는 의미로 화두선과 동일한 수행법을 의미함.

14) 라다 소아미(Radha Soami): 1861년 인도의 시브 다양 싱(Seth Shiv Dayal Singh Ji)에 의해 주장된 영적 전통으로 명상적 수행을 통해 신성한 내면의 소리와 영혼

의 결합을 목표로 함.

15) 정묘적 체험(subtle experience): 켄 윌버의 의식 구조 단계 이론에서 8번째 단계인 정묘 단계에서 체험하게 되는 경험.

16) 빅터 프랭클(Viktor Frankl): 로고테라피를 창시한 유대인 출신의 심리학자로, 아우슈비츠 수용소에서 살아남았으며 존재의 의미와 중요성을 강조함.

17) 켄 윌버(Ken Wilber): 대표적인 자아초월심리학의 대가이며 철학, 종교, 심리학, 과학, 인류학, 사회학 등의 모든 인간 지식과 경험의 통합을 제시하는 철학을 제창함.

18) 원인 단계(causal stage): 켄 윌버의 의식 구조 단계 이론에서 9번째 단계.

19) 비이원 단계(non-dual stage): 켄 윌버의 의식 구조 단계에서 자아초월 단계 중 가장 마지막 단계이며, 주체-객체, 내부-외부, 보는 자-보이는 대상 간의 이원적 분열이 근본적으로 해소됨.

20) 의식의 단계(stages)와 상태(states): 켄 윌버는 의식의 상태(state)는 일시적이지만 의식의 단계(stage)는 영속적이라고 봤다. 단계는 성장과 발달의 구체적인 이정표이며 어떤 단계에 도달하면 그 단계의 특성을 잃지 않게 된다. 개인은 어떤 의식 발달 단계에 있다고 하더라도 영적인 상태들 가운데 어떤 것이라도 체험할 수 있지만, 자신이 도달해 있는 의식의 단계에 따라서 경험한 것의 상태를 해석할 것이라고 하였다.

21) 영적 우회(spiritual bypassing): 개인적·심리적 문제를 회피하고 조급하게 초월하려는 시도로 영적 수행과 영적 가르침을 이용하는 것.

22) 그로프(Stanislav Grof): 자아초월심리학 연구의 주요 선구자 중 한 명으로 홀로트로픽 숨 치료(holotropic breathe work)를 개발하였으며 비일상적 의식 경험, 심층 체험 등에 대해 연구함.

23) BPM(basic perinatal matrices): 그로프가 주창한 주산기 기본 모형. 태아는 출산의 각 단계에서 고유의 강렬한 감정, 신체, 감각을 경험하며 이 체험은 태아의 무의식에 새겨지고 이후의 인생에서 결정적인 역할을 한다고 봄.

24) COEX(system of sondensed experience): 그로프가 주창한 응축 경험 체계 개념. 치료 과정에서 감정과 기억의 동시발생 구조를 이해하기 위한 개념으로, 증상의 원인으로 작용하는 충격적인 기억들이 출생 이후와 이전 및 초개인 영역의 여러 층에

포개져 있으며 이 기억들을 되살리고 조화시키는 것이 치유로 연결된다고 봄.

25) T-그룹(training group): 집단상담 방법 중 하나로 지금-여기의 생각, 느낌, 반응에 초점을 맞추어 새로운 자아상의 발견, 인간관계 개선, 개인성장을 목표로 함.

26) 트숨(transpersonal breath work): 그로프가 개발한 홀로트로픽 숨 작업을 김명권이 한국으로 도입하며 트숨(트랜스퍼스널 숨 치료)으로 번역함.

27) 조사선(祖師禪): 혜능, 마조도일의 선법을 말하며, 평상심이 곧 도이며 그 마음이 부처라고 봄. 따라서 도는 수행을 필요로 하지 않으며 다만 오염시키지만 않으면 된다고 봄.

28) 서렌더(surrender): 순복(順服), 내맡김, 내려놓음. 자신이 집착하고 있던 정체성, 에고를 내려놓고 큰 의식에서 작은 나를 순복함으로써 죽음에서 재탄생을 경험하기 위한 체험.

29) 프랙탈(fractal): 작은 구조가 전체 구조와 비슷한 형태로 끝없이 반복되는 도형 구조.

30) 전/초오류(pre/trans fallacy): 의식의 단계를 전개인-개인-초개인 단계로 구분할 때, 전개인적 단계와 초개인적 단계는 개인 단계의 눈으로 봤을 때 둘 다 이성적이지 않고 비언어적이라는 이유로 혼동하는 오류. 초개인적 단계를 전개인적 단계로 혼동하는 것을 환원주의, 전개인적 단계를 초개인적 단계로 혼동하는 것을 격상주의라고 함.

31) 윌버-콤스 격자(Wilber-Combs Lattice): 7개의 의식 단계와 4개의 의식 상태의 조합으로 28개의 영적·종교적 체험을 구분한 이론.

김중호

기독교 영성상담자는
왜 명상하는가

1987년	이종헌 박사가 개소한 성장상담연구소에 책임간사가 되어 개인상담, 집단상담, 감수성훈련과 인간관계교육 등의 훈련을 받고 조력자(Co-Leader)가 됨. 이때 정태기 박사, 이기춘 박사, 이장호 박사 등 여러 교수들을 만나 다양한 경험과 배움의 시간을 가졌으며 상담자로서의 모델링을 갖게 됨. 『이솝우화』에 나오는 '해님과 북풍의 시합' 이야기 속에서 나그네의 외투를 벗긴 것은 북풍이 아니라 해님이었다는 것이 상담자의 이미지로 형성됨
1989~1996년	영락교회의 상담분야 전도사와 상담전담목사로 재직. 개인상담과 집단상담, 기도 중심의 영성 수련, 결혼생활의 향상을 위한 부부성장교육, 전화상담을 위한 상담원 교육, 감수성훈련, 부모역할훈련, 게슈탈트 집단상담 등의 과정을 개설하여 직접 또는 외부 강사를 초청하여 진행함
1990년	6년 동안 서울 생명의 전화 교육위원으로 활동
1995년	한국목회상담학회 전문가 자격 획득
1997년	도미하여 매코믹 신학교(The McCormick Theological Seminary)에서 신학연구석사(MATS) 학위 취득
1988년	시카고대학병원에서 CPE 인턴십 수료
1999년	시카고 신학교(The Chicago Theological Seminary)에서 목회학박사(D.Min) 학위 취득, 클라렛 영성센타(Claret Center)에서 영성지도 인턴십 수료
1999년	4년간 시카고 한인 복음장로교회의 담임목사로 재직, 이때 과거의 경험을 바탕으로 상담과 치유의 개념을 목회에 접목해서 몇 종류의 프로그램을 만들어 진행함
2003년	귀국해서 크리스찬치유상담연구원의 교수로 임용. 치유상담대화기법, 인간관계와 자기성장, 집단상담의 이론과 실제, 내면아이의 치유, 집단투사 꿈작업 등을 강의했으며, 필수 과정인 영성 수련(1차-영성치유수련, 2차-한작업치유수련, 3차-명상기도수련)을 인도함. 그 기간 중 2008년부터 2년에 걸쳐서 미국 헤이든 연구소(The Haden Institute)에서 주관하는 꿈작업 지도자 과정을 수료한 후 치유상담협회의 감독이 되었고, 2012년에는 한국목회상담학회의 감독이 되었음
2014년	치유상담대학원장 역임
2018년	한국문화상담협회 전문이사 역임
현재	치유상담대학원의 부총장, 치유상담연구원 원장, 치유상담협회 회장 역임. 치유상담대학원에서 트라우마치유상담, 내면아이치유상담, 한국인의 심리와 한작업 등을 강의

저서

내면부모와 내면아이(학지사, 2017), 꿈의 이해와 꿈작업(미출판 자료집, 2018), 트라우마 치유상담(미출판 자료집, 2022)

대표 논문

Spiritual Discernment for Christian Mystical Experience: Contribution of Ken Wilber to Christionity, The Chicago Theological Seminary, Chicago, Illinois, USA.
영성치유수련의 이론적 토대: 외적구조와 내적구조(학술심포지엄, 치유상담대학원대학교 · 크리스찬치유상담연구원, 2015)
재구성적 감정 작업의 치유효과에 대한 뇌신경학적인 이해(치유상담대학원대학교 · 크리스찬치유상담연구원, 2015)

1. 성장과정

♤ 엄마를 찾아 아궁이로 들어간 어린아이

질문자 선생님께서 어떤 삶의 경험을 통해 초월영성적 접근을 하는 상담자로 자리매김하게 되셨는지 궁금합니다.

김중호 먼저, 제가 초월영성상담자로서의 정체성이 있는지에 대해 자문해 보게 됩니다. 초월영성상담자 이전에 '한 명의 상담자'라고 하니 마음이 한결 편안하네요. 저는 '치유 상담자'로서 오래 살아왔고, 치유상담대학원에서 상담을 가르치고 있습니다.

저는 8남매 중 막내로 태어나서 부모나 형제의 사랑을 받은 편인데도 부모에게서 떨어져 있었던 이미지가 내 마음에서 사라지지 않는 것을 보면 어린 시절 신체적으로나 정서적으로 부모로부터 방임 또는 방치된 시간이 있지 않았나 싶습니다. 제가 기억할 수 있는 가장 오래된 기억 중 하나는 다섯 살 무렵이었을 거예요. 경기도 안성에서 살았는데, 옛날 시골집이라 불을 때는 아궁이가 있었어요. 아궁이에 들어가서 놀던 기억이 생생한 과거 경험입니다. 그때만 해도 왜 아궁이에 들어가 놀기를 좋아했는지에 대해서 생각해 보지는 못했죠. 나중에 상담 공부를 하면서 삶의 여정을 분석하는 가운데 공통점을 발견했어요. 제가 아궁이에 들어가 놀던 때는 엄마가 집에 없을 때였어요. 엄마가 안 계실 때마다 아궁이에 들어가 놀았던 것이 선명하게 떠올라요. 그렇다면 도대체 아궁이와 엄마는 어떤 관계가 있었던 것일까? 이런 질문이 연달아 떠올랐고 탐색을 통해 아주 깊은 연관이 있다는 것을 알게 됐어요. 아궁이는 엄마가 없을 때의 슬픔, 엄마가 나를 떼어 놓고 떠난 것에 대한 미움과 분노, 엄마의 부재에 대한 불안과 두려움, 이런 감정을 스스로 달래고 위로하기 위해서 찾아 들어간 '엄마의 대리물'이었어요. 아궁이에 들어가 본 적이 없으시면 그 느낌을 잘 모르실 거예요. 아궁이에 들어가면 느낌이 참 포근하고 따듯해요. 상징적으로 표현한다면 마치 엄마의 뱃속에 들어가 있는 것 같아요. 엄마가 안 계실 때는 아궁이에 들어가 놀면서 불안한 마음을 위로받았던 거죠. 그런데 내가 아궁이에 들어가 놀기를 좋아했지만, 그 속에서 놀다가 펄쩍 뛰어나올 때가 있었어요. 바로 엄마가 돌아오실 때죠. 엄마가 대문을 열고 들어오는 것을 발견하면 펄쩍 뛰어나와서 엄마의 치맛자락을 붙잡았어요. 내가 더 좋아하는 건 아궁이가 아니고 '진짜 엄마'였으니까요. 그렇게 엄마에 대한 기억이 최초로 마음에 자리를 잡고 남아 있어요.

결혼한 후의 경험도 아궁이와 연결된다는 것을 발견했어요. 결혼 후에도 저는 가끔 아궁이에 들어가는 것과 같은 유사한 행동을 반복하고 있다는 걸 발견했어요. 아내와 사이가 좋고 마음이 편안할 때는 그런 일이 없는데, 아내와의 관계가 불편하거나 의견이 충돌하거나 불안하거나 속이 상하고 화가 나면 그 옛날 아궁이에 들어간 것처럼 아궁이와 비슷한 곳으로 들어가는 나를 발견했죠. 아내와 이야기를 하다가 마음이 상할 때 저는 소리를 지르거나 화를 내진 않아요. 그 대신 입을 다물어 버려요. 그래도 마음이 풀리지 않으면 서재로 들어가면서 문을 쾅 닫아요. 아내한테 '나 말 안 할 거야' 하는 느낌으로 시위하는 거죠. 그런데 그럴 때마다 이상한 걸 느꼈어요. 마음 한구석에서 문을 자꾸 쳐다보면서 아내가 혹시

문을 열고 들어와 주지 않을까 하며 아내가 들어오길 기다리는 저를 발견했어요. 지금은 생각만 해도 고마운 일인데, 그럴 때마다 아내가 종종 문을 열고 들어와 주었어요. 다과나 차를 가지고 책상 옆에 놓으면서 먹으라고 하죠. 하지만 조금 전에 화를 내고 들어왔으니 바로 먹을 수가 없잖아요. 나는 고개를 저으며 안 먹겠다고 하죠. 그런데도 아내는 밖으로 나가지 않고 한 번 더 권해요. 아내에게 힘이 없다면 이렇게 할 수 없겠죠. 그렇게 몇 번을 권하다가 나중에는 포크로 과일을 찍어서 주는데, 그러면 못 이기는 척 받아먹었어요. '당신을 봐서 먹는 거야' 이런 느낌으로요. 아내가 준 과일을 한 입 베어 물면 마음이 풀려요. 그리고 아내를 따라 방문을 열고 나오는 거예요.

질문자   사모님과 인터뷰를 해야겠는데요? (웃음)

김중호   사실 아내는 제가 상담자가 되는데 매우 큰 공헌을 한 사람이에요. 상담자로서의 길을 걸으면 어떻겠냐는 결정적인 얘기도 해 줬고, 저를 많이 발견해 줬어요.

참 이상하게도 문을 닫고 서재에 들어가 있을 때 그 순간 느끼는 것은, 다섯 살 때 엄마가 나를 떼어 놓고 외출한 것에 대해 화가 나면서도 엄마가 얼른 돌아오기만을 기다리던 마음과 심리적으로 동일한 상황이 내면에서 일어나고 있음을 알게 되었어요. 이것이 저에게는 적어도 상담과 치유가 무엇인지, 그리고 내가 왜 치유의 길을 걷게 됐는지, 그런 마음에 대한 개인적이며 가장 오래된 원형적 경험이지 않을까 싶습니다.

질문자   가장 원형적이고 핵심적인 첫 기억의 이야기로 선생님을 표현해 주셨네요.

김중호   부모님과의 관계에 대한 기억도 빼놓을 수 없는 기억입니다. 제가 어린 시절에는 부모님이 서로 사이가 좋으셨고 아마 행복하셨을 거예요. 그러니까 팔 남매를 낳으셨겠죠? 그런데 성장하면서 보니까 두 분의 관계가 그렇게 좋아 보이지 않았어요. 부모님이 많이 부딪히며 불편하고 갈등상태인 걸 봤죠. 저는 고등학교 때까지 시골에서 살면서 부모님과 한방을 썼어요. 방이 위아래로 길쭉했는데, 잠자리 구조가 재밌어요. 아버지는 아랫목에 잠자리를 피셨고 엄마는 윗목에 잠자리를 피셨어요. 그럼 제 자리는 가운데가 되는 거죠. 이상하다고 한 번도 생각해 본 적이 없었는데 어느 날 친구 집에 갔더니 친구가 부모님하고 떨어져서 혼자 자더라고요. 그것을 나중에 알게 된 거죠. 저의 추측이지만 부모님이 자꾸 갈등과 충돌이 있다 보니 저를 가운데 집어넣은 것 같아요. 그렇게 해서 두 번 싸울 거 한 번 싸우면서 제가 휴전선 역할을 하지 않았을까 싶어요. 그러다 보니 어머니와 아버지의 관계에 대한 기억을 떠올리면 마음 아픈 부분이 있어요.

이러한 영향인지 모르겠지만 상담과 치유 작업을 하면서 부부 관계에 특히 관심이 많았어요. 영락교회에서 상담 목사로 일할 때 부부 프로그램을 만들어서 부부 엔리치먼트(enrichment) 같은 부부성장 교육을 많이 했었죠. 과거의 그 경험 때문에 더 애정을 갖지 않았나 하는 생각도 드네요.

질문자   선생님은 상담자이자 목회자이기도 하시죠. 언제부터 교회를 가셨나요?

김중호   청소년기 중요한 경험들은 대부분 종교와 관련이 되어 있죠. 어머니는 불교였는데, 형이 저를 데리고 교회에 가서 어린 시절부터 교회를 다니는 사람이 되었어요. 처음 교회를 갔던 것은 초등학교 5학년 때였어요. 그전까지는 엄마를 따라 절에 갔었지만 제가 형을 참 좋아했거든요. 엄마는 제가 교회 가는 걸 못마땅하게 느끼셨어요. 그래서 교회에 가는 시간에 엄마가 문을 걸어 잠그면 몰래 담을 넘어서 나가기도 했는데, 끝까지 막으신 건 아니고 결국은 허락하셨죠.

청소년기 내내 열심히 교회를 다니면서 교회 생활에 깊게 참여했습니다. 학창 시절을 떠올려 보면 교회 생활에 많은 시간과 에너지를 투자했던 기억이 있어요. 학교만 다녀오면 교회를 갔죠. 학생회장을 하면서 교회 생활에 훨씬 더 깊이 참여하기도 했어요. 항상 물걸레를 빨아서 교회 마룻바닥을 닦았고 빗자루로 마당을 쓸었어요. 교회에서 행사가 있으면 제가 도맡아서 환경미화를 했고요. 크리스마스나 부활절 때마다 교회를 꾸미고, 교회 결혼식이 있으면 결혼식장도 꾸미고 그랬어요. 그런 것들이 너무나 재밌어서 자발적으로 했어요.

질문자 청소년기의 교회 생활은 어떤 의미가 있었다고 생각이 드세요?

김중호 부모와의 관계에서 채워지지 않았던 어떤 결핍이라고 할까요? 집에서 안전하다는 느낌이 없을 때가 있었어요. 부모님이 다투시니까요. 그런데 교회에서는 그런 게 없으니까 너무 마음이 평안한거예요. 기도할 때 내게 찾아온 평화가 있었죠. 아마도 가정과 현실에서 불편함을 느끼거나 결핍된 것을 교회 생활 속에서 채운다는 느낌을 받았던 것 같아요.

또 하나는 인정받는 느낌이 있었어요. 회장이 되고, 목사님이나 교회의 여러 어른들로부터 인정받으면서 부모로부터 인정받는 것보다 더 많이 인정받는 것 같았어요. 모범생이자 성실한 아이로서요. 그런 것들이 교회 생활에 신나고 재미있게 만들었던 또 하나의 현실적인 이유가 되지 않았나 그런 생각이 듭니다.

2. 목회자이자 상담자로서의 길

♤ 영성에 대한 목마름으로 만난 치유의 경험

질문자   대학 진학을 신학 대학으로 가신 건가요?

김중호   대학에서는 서양사를 전공했는데, 졸업하고 중학교 역사 선생님으로 있었어요. 그 기간이 짧았지만 영적으로 계속 목마름이 있었어요. 학생들과 재미있게 지내면서 함께하는 시간이 즐거웠지만, 그런 한편으로 계속 마음속에 갈급한 무언가가 있었어요. 이렇게 말하기에 너무 큰 표현 같기도 하지만, 초월에 대한 목마름이랄까요. 영성적인 접촉에 대한 목마름이었어요. 현실적으로 학생들을 만나고, 세상의 지식을 전달하는 것 그 이상의 무엇이 있지 않을까? 이에 대해 목마름. 어린 시절에 교회 생활을 했던 것에 대한 향수도 같이 느낀 거죠. 그 옛날의 교회 생활만큼 깊게 참여가 안 되니까 그런 것들을 다시 경험할 수 있는 환경을 추구했던 것 같아요. 그러면서 신학을 공부하게 됐는데, 그전에 중간 과정으로 중요한 경험이 있었어요.

두 가지가 기억나는데, 하나는 DTS(Discipleship Training School)[1]라는 예수님의 제자가 되는 훈련 학교를 다녔던 기억입니다. 그곳의 리더인 미국 선교사 로스 목사님은 한국에서 일생을 사시면서 오대원이라는 한국 이름도 갖고 계셨지요. 그 당시 미국 하와이에 본부가 있는 선교단체 와이엠(YWAM)과 연결하여 6개월간 합숙을 하면서 프로그램에 참여했는데 그곳에서의 경험이 제 인생을 바꾸는 중요한 계기가 됐다고 느껴요.

특히 상담과 관련해서 중요한 경험을 하나 했는데, 영적 세계에 깊이 들어가며 하나님에 대해 체험을 했어요. 매주 미국과 캐나다에서 훌륭한 강사들이 와서 강의를 했는데, 그중에서 잊을 수 없는 강의가 하나 있었죠. 내적 치유의 권위자인 잭 윈터라는 분이 '하나님의 사랑'이라는 주제로 강의를 했어요. 그분의 메시지는 '하나님의 사랑은 무한하고 큰 것이기 때문에 그 안에 들어오지 못할 게 없다, 모든 걸 다 포함한다'라는 거예요. 그게 저를 얼마나 편안하게 해 줬는지 몰라요.

세미나 강의가 끝나고 원하는 사람이 앞으로 나오면 그분이 기도를 해 주면서 넓은 가슴으로 꼭 안아 주셨어요. 그 품에 안기자마자 통곡이 나더라고요. 저도 그 품에 안겨서 엉엉 울었어요. 그 순간 제가 느낀 것은 어머니가 나를 떼어 놓고 서울에 갔고, 부모님의 관계가 불편한 가운데서 내가 참 힘들었는데, 이분의 품에서 그 어떤 것도 다 품어 주는 하나님의 넓은 품을 느낀 거예요. 그러니까 계속 눈물이 쏟아졌죠. 그것이 저에게 내적 치유와 상담에 관심을 갖게 하는 중요한 계기가 되었어요.

신학교를 가기 전 또 하나의 경험은 아내를 만난 거예요. 아내는 와이앰 선교 단체의 찬양 리더이자 저의 선배였어요. 그 무렵 저의 아버지는 돌아가신 상태였고, 어머니는 몸이 굉장히 불편하셔서 거의 코마 상태였어요. 제 나이가 서른 하나였고, 굉장히 내적으로 공허했죠. 제가 막내긴 했지만 다 크기도 했으니 형제들이 저를 돌봐 준다는 느낌은 못 받았어요. 큰형 집에 갔다가, 큰누나 집에 갔다가 혼자 돌아올 때면 굉장히 외로운 고독에 빠지더라고요. 그러던 때에 아내를 만난 거예요. 부모님이 떠난 빈자리를 채워 주는 느낌이었죠.

어머니가 돌아가시기 전이었는데, 아내를 만나게 해 주고 싶었어요. 어머니도 보고 싶어 하셨고요. 아내를 데리고 시골집으로 갔는데, 어머니가 이미 앞을 못 보는 상태였어요. 어머니가 아내를 불러서 가만히 얼굴을 만져 보시더니, "내 마음에 든다" 그러셨는데……. 그 순간이 참 기억에 남아요.

결혼 초기에 제가 학교 교사를 그만둔 상태여서 백수였어요. 제가 힘든 상태인데도 아내가 저를 선택해 준 것이 너무나 고마웠어요. 직장과 공부, 뭘 할까 많은 고민을 했어요. 서울 장로회 신학 대학원에 진학하고 3년을 공부하는 동안 아내가 고생을 많이 했어요. 아내가 성악을 전공하고 피아노를 부전공했는데, 레슨을 하면서 생활비를 보충했어요. 대학원 3학년 때 논문을 써야 하는데, 대학에서 역사를 전공했으니 역사 신학을 할까 고민하던 차에 아내가 저를 보더니 상담을 하면 어떻겠냐고 했죠. 아내도 선교단체에서 내적 치유와 관련된 작업들을 경험하면서 상담에 대한 인식이 있었어요. 그러면서 저에게 상담자의 성품과 자질이 많다고 느꼈다는 거예요. 이야기를 잘 들어 주고 잘 공감해 준다고요. 그리고 제 귀가 좀 번쩍 들려 있잖아요? 남의 얘기를 잘 듣는 신체 구조도 있는 것 같고. (웃음)

그런데 아내가 한 이야기에 제가 딱 꽂힌 거예요. 예수제자훈련학교(DTS)에서의 내적 치유 경험이 떠올랐고, 부모님이 떠나시고 고독했던 순간도 떠오르면서 "이거다!" 하는 생각이 들어서 상담 쪽 방향으로 논문을 쓰면서 상담심리학에 대한 공부를 시작했어요. 신학 대학원이었지만 마침 외국에서 들어오신 사미자 선생님이 신학과 심리학을 통합하는 관점에서 심리학자 특강이라는 강의를 개설했는데, 그때 처음으로 프로이트와 칼 융, 에릭 에릭슨, 롤로 메이[2] 등의 학자들을 만나게 되었죠. 이게 신학 공부보다 더 재미

있게 느껴졌어요.

질문자 지금까지 말씀으로는 영성 프로그램 안에서 받았던 치유의 경험
이 있으셨고, 또 한편으로는 사모님께서 선생님의 잠재력을 알아
보시고 추천을 한 계기를 통해서 상담에 대해서 본격적으로 공부
를 하시게 되는 거네요.

☆ 치유 상담자로서의 이미지와 태도를 정립하다

김중호 신학 대학원을 졸업하면 대부분 교회에서 전도사나 목사로서의
길을 가는데, 저는 상담심리학과 치유에 대한 관심으로 그 길을
바로 가지 않고 이종헌 박사님을 만났어요. 지금은 제주도에서 아
리랑 풀이라는 특별한 프로그램을 하시는 분이죠. 박사님이 하시
는 다양한 프로그램에 참여했었는데, 그분이 서울에 성장상담연
구소를 개소하고 저를 스태프로 초대하셨어요. 거기서 일을 시작
하면서 상담과 치유의 길을 본격적으로 걷게 되었죠.

치유상담대학원대학교을 세우신 정태기 총장님께서도 그 연구소
에 와서 강의를 해 주셨고, 감리교신학대학에서 목회상담을 가르
치시는 이기춘 선생님 그리고 서울대학교에서 상담심리를 가르치
시는 이장호 선생님도 강의와 프로그램을 인도해 주셨어요. 그분
들의 프로그램에 제가 코리더로 참여하면서 훈련을 많이 받았습
니다. 그것이 저에게 굉장히 중요한 훈련 과정이었고, 강렬한 경
험이기도 했습니다.

그 과정과 경험을 통해서 그분들은 제게 모델링이 되셨어요. 두
분의 서로 다른 모델링이 있었어요. 정태기 총장님의 모델링이 하
나이고, 이종헌 박사님의 모델링이 또 하나였어요. 이종헌 박사님
은 굉장히 강렬한 피드백과 직면을 강조하는 분이에요. 문제가 보

일 때 팍 치고 들어오시는데, 저에겐 굉장히 약한 부분이죠. 그런데 그런 접근이 아프면서도 방어할 수조차 없게 막 밀고 들어오니까 화가 나면서도 설득이 되는 거예요. 그것이 저한테는 큰 경험이었어요.

정태기 총장님은 그 반대예요. 상담자로서 본인이 눈물을 흘리시죠. 그러면 그냥 다 녹아 버려요. 집단상담을 인도하는데, 참가자의 아픈 이야기를 듣고 본인이 펑펑 우는 거예요. 그러면 집단원 모두 흐느껴 울곤 했어요, 공감의 눈물이었지요. 두 분의 모델링이 너무 대조적인데, 저는 정태기 총장님의 모델링이 저에게 더 맞는 것 같아서 그런 모습을 좀 더 가져 보려고 노력을 했죠. 물론 그 두 가지 모두 필요하지요. 미국의 훌륭한 목회상담자이신 하워드 클라인벨(Howard Clinbell)[3]은 인간의 성장은 두 가지 요인에 의해서 이루어진다고 말한 것을 기억해요. 하나는 케어(care)하며 따뜻하게 돌보는 것이며, 또 하나는 문제에 도전하고 직면(confrontation)하는 것이죠. 상담자에게는 이 두 가지의 조화된 요소가 필요하다고 했죠. 저는 두 분을 통해 하나씩 배운 것 같아요. 그런데 저는 사랑과 돌봄 쪽에 좀 더 비중을 두는데, 합리화하는 것일지 모르겠지만 이렇게 말씀을 드리고 싶네요. 해님과 바람의 싸움에 대한 이솝우화 기억하시죠? 지나가는 나그네의 외투를 벗기는데 북풍이 아무리 세차게 바람을 불어도 옷을 못 벗겼잖아요. 그런데 해님이 따뜻하게 햇빛을 비추니까 나그네가 스스로 다 벗었지요. 저는 그런 해님의 접근방식이 좋은 것 같아요. 그게 제가 지향하는 상담자의 어떤 이미지와 태도가 아닌가 싶습니다.

질문자   상담자로서 공부하면서 특히 더 관심을 두고 깊이 공부했던 접근법은 무엇이었나요?

김중호   크게 둘로 나뉘었다고 볼 수 있는데 하나는 기독교적인 전통에 따른 영성적인 부분이에요. 그때에 성장상담연구소에서 나와서 영락교회의 전도사와 부목사가 되었어요. 당시 담임은 임영수 목사님이었는데, 상담과 심리학에 대한 이해가 깊고 스위스 융 연구소에서 공부도 하신 분이었죠. 그분이 교회에서 상담을 전담하는 상담전담 목사 제도를 만드셨는데, 기회가 닿아서 제가 그 자리에 있게 된 거였죠. 저는 교우들을 심방하고 돌보는 것이 아니라, 상담실에 찾아오는 교우들과 만나서 상담을 진행했어요. 개인상담과 집단상담도 하고, 부부 프로그램도 만들었죠. 기독교적 영성에 배경을 둔 상담을 하면서 성경 공부도 했어요. 단순히 성경 공부가 아니라 '영성 수련'이라는 제목으로 일 년 동안을 진행했어요. 그러면서 영성이라는 것, 신비라는 것, 그리고 영성과 관련되어 얘기할 수밖에 없는 초월의 개념들을 많이 만나게 되고 접촉하게 되었어요. 제가 좋아했던 영성가들이 있어요. 앤소니 드 멜로,[4)] 헨리 나우웬,[5)] 토머스 머튼[6)] 등이에요.

그리고 또 하나는 외부의 전문가들을 찾아다니면서 상담과 심리치료를 공부했어요. 프로이트와 융 그리고 목회상담학자인 클라인벨의 책을 읽으며 공부했어요, 김정규 선생님이 인도하시는 게슈탈트 심리치료 집단상담을 여러 번 참석했습니다. 그 당시 인기 있었던 것이 인지행동치료였어요. 미국에서 앨버트 엘리스의 합리적 정서 요법(REBT)를 공부하고 오신 분에게 배웠는데, 굉장히 재미있더라고요. 푹 빠져 있었던 기억이 있습니다.

⚘ 은총의 우산 안에서 이루어진 통합

질문자 기독교 목회자와 상담자로서 훈련을 받으셨고, 교회 현장에서 상담을 하시면서 영성과 전통적 상담이 결합된 초월영성적인 접근을 자연스럽게 하신 것 같습니다. 상담 전담 목사로 근무하실 때 자신이 초월영성적인 상담자라는 그런 정체감이 있으셨나요?

김중호 초월영성보다는 목회상담이라는 것이 익숙했죠. 목회상담 또는 신앙상담의 개념인데, 돌이켜보면 목회상담도 초월영성이라고 하는 개념 속에 포함되는 것 같다는 생각을 해 보게 됩니다.

질문자 전통적인 상담 접근과 목회상담과 같은 영성적인 접근을 어떻게 접목하려고 하셨는지가 궁금합니다.

김중호 저에게도 고민이 컸어요. 신학과 심리학 사이에 괴리가 있을 수도 있고 갈등이 생길 수도 있으니까요. 프로이트는 종교적인 체험을 신경증적인 반응으로 보기도 했잖아요. 저에게는 이것을 어떻게 통합할지가 매우 큰 고민이었어요. 나름대로 정리하기까지 많은 시간과 고민이 필요했어요. 그러던 중 나름대로 정리하며 통합이라는 과정에 이를 수 있게 된 것은, 기독교 신학 중에 '은총론'이 계기가 되었어요.

하나님이 우리에게 주시는 은총에는 두 가지가 있다는 거예요. 하나는 일반 은총이고 또 하나는 특별 은총이라는 거죠. 특별 은총은 예수 그리스도를 만난 사람들, 그리스도인들에게 주시는 은총이고, 일반 은총은 종교와 관계없이 모든 사람에게 주시는 은총인데 대표적인 일반 은총이 공기, 물, 햇빛, 비, 자연 같은 것이지요. 이 일반 은총 속에 과학과 심리학이 들어가는 거예요. 결국, 하나님의 큰 은총의 우산에서 본다면 기독교적인 영성과 신학 그리고 심리학적인 접근들이 꼭 충돌될 이유가 없는 거예요. 은총이라는 큰 우산 안에서 통합될 수 있다고 보는 거죠. 그래서 저는 우리가 건강해지고 치유가 일어날 때, 심리학적인 치유든, 영성에 의한 치유든, 정신과에서의 치유든 무엇이든 은총의 우산 안에서 통합될 수 있다고 생각해요.

미국 시카고 세미나리(신학교)에서 공부할 때 신학과 심리학을 통합하는 강의에 많이 참여했어요. 이를 통해 신학과 심리학에 대한 거리감이 많이 좁혀질 수 있었어요. 우리 대학원에도 비슷한 고민을 하는 크리스천 학생들이 있으면 제 이야기를 해 주곤 합니다.

질문자 통합을 위한 큰 틀로서 은총론을 이야기해 주셨는데요. 목사님으로서 목회상담을 해야 된다는 부담감이 있지 않으셨을지 궁금하고, 또 목회상담과 선생님께서 통합하고자 했던 접근과의 갈등은 없었는지 궁금합니다.

김중호 목회상담과 전통적인 상담 접근을 통합하려고 할 때 당연히 갈등이 있었어요. 최근에는 제가 목회를 하지 않고 학교에서 가르치는 일을 계속하다 보니 목회상담의 관점보다 영성상담이라고 할까요? 영성적인 것과 심리학의 전통적 상담 사이의 통합에 관심을 갖게 되었죠. 교회 현장에서 일할 때는 목회상담자로서의 정체성을 갖고 목회상담과 심리상담을 통합하려고 시도했다면, 지금은 조금 더 초월영성적인 접근과 일반 심리학적 접근 사이의 거리를 어떻게 통합할 것인가에 대해 고민하죠.

3. 초월영성상담자의 길

♤ 신비의 세계에 문을 열고 개방하다

질문자 지금까지 저희가 인터뷰했던 선생님들은 주로 일반 상담 훈련을 받다가 어떤 계기를 통해 영성에 접하고 그런 것들을 통합하면서 초월영성의 길을 걷게 되었는데, 선생님 같은 경우는 영성과 상담을 자연스럽게 같이 해 오셨다는 생각이 들었어요.

그럼에도 불구하고 질문을 드린 요점은 보통 목회자분들이 상담을 한다하면 목회상담을 주로 하게 되는데, 선생님께서는 목회상담과는 결이 다른 영성적인 접근과 전통적인 상담을 결합하려는 시도를 하고 계신데 이것이 기존의 목회상담과 어떤 차이가 있는지 답변을 좀 더 듣고 싶습니다.

김중호   많이 고민하고 생각하고 있는 부분인데요. 목회상담이라고 하면 기독교적인 정신과 신학을 철저히 배경으로 삼고, 영혼을 구원하고 그 사람을 기독교화하면서 치유와 건강을 목표로 하는 것이라고 볼 수 있어요. 그런데 영성상담이라고 할 때는 기독교만을 얘기하는 건 아니잖아요. 영성은 더 큰 테두리를 가진 언어죠. 하지만 저는 여전히 기독교적인 영성의 배경을 가질 수밖에 없는 한계가 있다는 점을 말씀드립니다.

초기에는 제가 교회에서 목회를 하면서 목회상담적인 접근을 했지만, 거기에서 자유로워지면서 영성이라는 언어에 더 친숙해졌다고 볼 수 있어요. 목회상담과 영성상담의 차이로서 이야기하고 싶은 것은, 켄 윌버(Ken Wilber)[7]의 사상이에요. 윌버는 신비에 관심이 많았는데, 윌버에 따르면 신비는 이성을 초월하는 것이지만 이성을 배제하지 않고 포함하는 것이라고 했지요. 윌버가 말한 것처럼, 제가 생각하는 초월영성은 기존에 있던 일반 심리학을 넘어서는 어떤 세계를 추구하는 것이지만, 그것을 배제하지는 않는다는 것입니다. 프로이트나 융, 그 외 현대의 모든 심리학자들의 사상을 배제하는 것이 아니라 그것을 포함하는 것이지요. 그러나 동시에 거기에는 없는 그 이상의 다른 무엇을 추구하며 나아가는 거예요. 다른 무엇이란 신비의 세계에 문을 여는 것이지요. 그 신비가 기독교적인 신비일 때, 영성상담에는 내담자와 상담자의 '이자관계'가 아니라 그 둘의 관계에 하나님이 현존하시는 '삼자관계'가 성립됩니다. 이것이 저는 영성상담이라고 생각합니다.

질문자   우리가 공부하고 있는 전통적 상담 이론을 배제할 필요가 없고, 그것을 영성이라는 더 큰 맥락 안에 포함할 수 있다는 관점이시군요.

김중호   지금 학교에서 다루고 있는 과목 중에 트라우마 치유 상담이 있어요. 그 과목은 처음에는 정신분석적 접근, 다음에는 인지행동적인 접근, 최근에는 뇌신경과학적인 접근, 그 외에도 SE(Somatic Experiencing)[8]와 같은 소매틱 접근, 수용-전념치료(Acceptance and Commitment Therapy: ACT)[9] 등을 포함하고 마지막으로 기독교의 영적 접근을 다루고 있어요. 트라우마를 이해하고 치유하는 접근 과정에서 영성적인 접근을 얘기하고 싶은 마음이 있더라고요. 그래서 그 이야기를 마지막에 다뤄요. 저는 모든 종교를 포함해서 기독교 안에는 트라우마의 아픔과 상처를 다룰 만한 자원이 많다고 느껴요. 침묵, 기도, 명상, 찬양, 예배와 같은 것에 트라우마의 문제를 다룰 만한 자원이 있다고 생각합니다.

이 강의에서 제가 몇 가지를 강조하는데, 그 한 가지가 신비에 대한 것입니다. 일반 상담으로부터 영성상담 또는 종교가 포함된 상담을 구분할 때 저는 신비 체험에 대한 개방적인 태도가 있어야 된다고 느껴요. 영성이라고 할 때는 이성과 합리성으로 설명될 수 없는 다른 논리가 더 있어야 한다고 보는 거죠. 그것이 신비라는 언어로 표현될 수 있지 않을까 싶어요.

제가 신비에 관해 관심을 두게 된 계기가 있습니다. 영락교회에서 상담전담 목사로 있을 때의 일인데, 한 60대 중반의 어르신이 찾아와서 영락교회를 세우신 원로 한경직 목사님[10]을 만나게 해 달라고 했어요. 당시 원로 목사님은 은퇴하셨고 몸이 쇠약하셔서 만날 수 있는 상황이 아니라고 했지요. 그분은 자신이 산에서 기도를 할 때 한국 민족과 교회에 주시는 하나님의 음성을 들었는데 그것을 원로 목사님에게 직접 전해야 한다는 거예요. 제가 "지금은 만날 수 있는 상황이 아닙니다. 저에게 대신 말씀해 주면 전달하겠습니다" 그랬더니, 안 된다는 거예요. 이 사람의 말을 어디까지 신뢰할 것인가 고민이 되더라고요. 100% 신뢰하고 그분이 목사님을 만나게 하는 것은 문제가 될 수도 있고, 반면에 그렇게 중요한 하나님의 음성을 들었다고 하는데 그 말을 무시할 수가 없더라고요. 고민을 좀 하다가 지혜를 발휘해서 "2주 뒤에 다시 오십시오. 제가 한경직 목사님을 뵐 수 있는지 알아보지요" 하고 돌려보냈어요. 그런데 고맙게도 다시 오지 않았어요. 저는 그 경험을 잊을 수 없어요. 그분의 이야기가 건강한 것인가 건강하지 않은 것인가? 즉, 신비 체험에 대해서 식별하는 문제가 저에게 중요한 주제로 대두되었기 때문이죠.

제가 만나는 교인들 중에는 신비한 얘기를 하는 분들이 있어요. 기독교에서는 건강한 신비 체험이냐 건강하지 않은 신비 체험이냐에 대한 구별을 영성 식별이라고도 말하는데, 그것에 대한 고민이 생기기 시작한 거예요. 그러한 질문을 갖고 미국에서 공부하다가 만난 학자가 켄 윌버였어요. 켄 윌버에 대한 강의를 들으면서 제 나름대로 영성 식별을 하는 중요한 기준을 마련할 수 있게 되었어요. 켄 윌버는 초월영성적 입장을 대표하는 학자이자 신비 체험에 대해서 굉장히 개방적인 분이죠.

윌버는 인간 정신의 진화 과정을 3단계로 나눴는데, 이성 이전의 단계, 이성의 단계, 이성 이후의 단계로 나눴어요. 다른 말로 하면 전인간의 단계, 인간의 단계, 초인간의 단계 또는 마술적 단계, 이성의 단계, 신비의 단계라고도 했습니다. 윌버의 세계에서 보면 신비는 이성을 넘어서는 더 고차원적인 경험의 세계로서 그는 그 세계를 인정하고 있어요. 그런데 중요한 것은 신비와 마술은 다르다는 것이죠. 마술은 이성까지 진화하지 못한 상태에서 나타나는 건데, 원시 종족이나 갓 태어난 아기는 이성의 단계까지 발달하지 못한 마술적 세계를 갖고 있어요. 그 후 성장하면서 이성의 단계에 오를 수도 있고 그렇지 못할 수도 있지요. 그러나 이성의 단계가 인간 성장의 오메가 포인트는 아니에요. 인간은 이성의 단계를 넘어서 신비의 세계로 갈 수 있다는 거죠.

월버는 인간의 정신세계가 세 단계로 진화 발달할 때 나타나는 현상이 있다고 했어요. 즉, 진화된 단계는 이전 단계의 모습을 그대로 가져감과 동시에 이전 단계에 없는 새로운 것들이 나타나고 포함되는 현상이 발생된다는 거예요. 쉽게 말하자면 마술적 단계에서 이성적 단계로 발달했을 때에, 거기에는 마술적 단계의 모습을 그대로 가지고 갈 뿐만 아니라 마술적 단계에 없는 이성적인 요소들이 새롭게 형성된다는 것입니다. 그리고 신비적 단계에 올라가면 거기에는 이성적 단계의 특징이 그대로 있지만 또한 이성적 단계에는 없는 신비적인 요소가 새롭게 생기게 된다는 것입니다.

여기서 건강한 신비 체험이 무엇인지에 대한 힌트를 얻게 되었어요. 건강한 신비 체험이라는 것은 이성을 배제하는 것이 아닌 거죠. 이성을 포함하면서 이성을 뛰어넘는 것이지, 이성과 적대하는 것이 신비가 아니라는 거죠. 월버를 만나면서 고민이 좀 해결됐어요. 얼마만큼 이성적이고 합리적인 사고 속에서 그것을 뛰어넘는 얘기를 하는가? 이것이 중요하다는 것을 알게 된 거죠.

질문자 영성과 전통 상담의 결합에 있어서의 큰 그림을 켄 월버로부터 영감을 받으셨다는 것이군요.

김중호 초월과 영성은 굉장히 서로 잘 만나지는 지점이 있는 것 같아요. 그런 의미에서 초월영성상담의 특성과 정체성을 나타낼 수 있는 것이 무엇일지 생각해 보면, 조금 전에 말씀드렸던 것처럼 '초월영성상담은 신비와 신비의 세계에 대해 문을 열고 개방하는 것이다'라는 생각이 들어요.

질문자 영성과 전통적인 상담이 접목된 선생님만의 방식이 나타난 '김중호 류'의 상담 사례를 하나 소개해 주신다면요?

김중호 저는 신비적인 체험과 같은 특별한 체험을 했다는 내담자가 왔을 때 그 얘기를 수용적으로 받아들이고 개방적이어야 된다는 관점이 있어요. 신비 체험을 합리성을 가진 전통적 심리학의 기준으로 평가하면 안 된다는 것이죠. 사례를 들자면, 사랑하는 딸을 사고로 잃은 분을 만났어요. 엄청난 상실감에 괴로워했죠. 우울감에 빠지고, 때로는 과각성과 해리 상태를 경험할 정도로요. 이분은 교회 성가대원이었는데, 딸 생각 때문에 눈물이 나서 더는 노래를 못 부르는 거예요.

그러던 어느 날 교회 성가대에 서서 노래를 부르는데, 갑자기 환상을 보신 거예요. 딸이 나타나서 환한 얼굴로 "아빠, 나 잘 있어. 걱정하지 마. 아빠 잘 살면 돼" 그런 거죠. 눈물을 펑펑 쏟아 내고 그 후로 그분이 살아났어요. 우울감에서 벗어날 수 있었어요. 딸이 천국에 가서 잘 있다는 신념과 확신이 생기면서 치유와 회복이 된 거예요. 저는 그 얘기를 그대로 수용했어요. 평가하지 않는다는 거죠. 그것이 정신적인 문제나 트랜스 현상이다, 그렇게 보기 이전에 그분이 경험한 체험을 충분히 인정하고 공감하는 것, 저는 그런 것이 필요하다고 느낍니다.

질문자   합리적인 세계, 우리 눈에 보이는 세계를 넘어서는 경험들이나 체험이 실제 우리의 삶에 의미가 있다고 보시는 것이군요.

김중호   저는 의미가 있다고 봅니다. 제레미 테일러라는 선생님이 이런 말씀을 하셨어요. 이성, 합리성, 과학에 의해 만들어진 심리학이 인간의 오랜 역사와 전통 속에서 만들어지고 얻어진 지혜를 한순간에 없애 버릴 수는 없다고요. 그것은 내 안에 있는 것이죠. 할아버지로부터 아버지를 통해 내려온 무엇인가가 내 안에 있는 건데, 이것을 어떤 과학적 사고에 의해 한순간에 날려 버릴 수 없다는 거죠. 저는 그 말에 참 공감이 되더라고요.

질문자   선생님께서 사례도 이야기해 주셨는데, 흔히 환상으로 넘길 수도 있는 신비 체험을 다 포용할 수 있을 정도로 확장된 의식상태, 어떤 면에서는 영성적인 상담자의 의식상태나 의식의 수준과 관련된 말씀을 해 주신 것 같습니다. 목회상담에서 더 나아가 우리 인간 내면에 내재한, 인류 역사 속에서 조상들이 쌓아 왔던 어떤 확장된 의식 세계라는 측면에서 영성이 상담 안에 접목되어야 한다는 생각을 말씀해 주셨습니다.

♤ 침묵이 가진 치유와 변형의 힘

김중호　영성적 상담을 할 때 일반적인 상담과 차이를 둬서 생각했던 것이 하나 있는데, '침묵'이라는 부분을 빼놓고 생각할 수가 없더라고요. 제 경험상 명상도 그렇고 여러 종교에서도 침묵의 경험에 가치를 두고 있다고 생각합니다. 기독교도 마찬가지고요. 아주 오랜 영성가들은 침묵이 하나님께 나아가는 안전한 길이라고 생각했고, 침묵이 겉으로는 아무것도 안 하는 것 같아도 인간을 변화시키는 용광로와 같은 변형의 장소가 된다고 얘기해요. 그래서 저는 침묵이 기독교 상담 또는 영적 상담에 있어서 활용될 필요가 있다고 느낍니다.

그런데 전통적이고 일반적인 상담의 관점에서 보면 침묵은 치료적이지 않을 수 있어요. 왜냐하면 일반 상담에서는 침묵하는 것이 아니라 말을 해야 하니까요. 말하기 치료(talking care)와 자기 개방(self-disclosure)이 중요하잖아요. 자기를 개방해야 치유가 된다는 것이죠. 그런데 침묵은 자기 감싸 안기(self-enclosure)와 같은 거예요. 아픔이나 고통을 외부에 드러내거나 말하지 말고 자기 안에 가만히 안고 있으라는 것이죠. 그런 침묵이 치유에 도움이 된다는 거예요. 정말 그럴까? 영성 역사의 흐름에서 보면 침묵을 통해서 많은 사람들이 변화되고, 치유되고, 회복되었어요.

헨리 나우웬(Henri Nouwen)이라는 영성가의 글 중에 침묵에 관한 것이 있어요. 침묵이 갖고 있는 힘과 변형의 에너지를 이야기한 거예요. 침묵이 겉으로 보기에는 아무것도 안 하고 나약한 것처럼 보이지만, 엄청난 에너지를 잉태하고 있는 상태라는 것이죠. 나우웬에 따르면, 침묵은 외로움을 고독으로 바꿔 주는 용광로와 같다고 했어요. 영어의 론리니스(loneliness)를 외로움으로, 솔리튜드(solitude)를 고독으로 번역하는 것이 맞는지는 모르겠어요.

그 의미는 이런 거예요. 외로움은 속이 텅 비고 결핍되어서 무엇인가로 채우지 않으면 안 되는 상황으로서 혼자 있을 수 없는 상태입니다. 그래서 외로움에 있을 때에는 사람들을 찾아다니고 군중 속에 들어가 어울리려고 하며, TV를 켜거나 핸드폰을 들여다보거나 음식을 마구 먹거나 밖으로 돌아다니게 되지요. 그러나 그 결핍을 채울 수가 없습니다. 따라서 론리니스 상태에서는 다른 사람을 돌봐 주고 나눠 줄 수 있는 에너지가 없어요. 자기도 부족하니까요. 그게 론리니스죠.

근데 헨리 나우웬은 솔리튜드는 다르다고 봤어요. 솔리튜드는 혼자 있지만 충만한 상태예요. 내면에 에너지가 가득 찬 상태이기 때문에 외부에서 다른 것으로 채우려고 돌아다닐 필요가 없다는 거예요. 아무도, 아무것도 없이 혼자 있지만 충만한 상태, 곧 텅빈 충만의 상태인 것이지요. 저는 많은 영성가가 그 상태에 있었다고 느껴요. 외로웠던 것이 아니라 고독했던 거죠. 그래서 다른 사람을 돌볼 수 있었지요. 예수님은 외로웠던 것이 아니라 고독하셨다고 말할 수 있어요.

크리스천은 물론이고 많은 현대인이 외로움의 자리에 머물고 있어요. 결핍을 채우기 위해 분주하게 돌아다니고 폭식을 하거나 마약을 하기도 하는데, 그런다고 외로움에서 고독의 자리로 갈 수 없다는 거죠. 헨리 나우웬은 자기 경험을 통해서 외로움에서 고독의 자리로 가는 데 필요한 과정이 침묵이라고 제시하고 있어요. 그러니까 외로울 때 외로움을 없애기 위해 다른 무언가를 하지 말고 외로움을 안고 침묵으로 깊이 들어가라는 거예요. 침묵 속에서 외로움을 감싸 안고 있으면 외로움이 변화되어 고독이 된다는 것입니다.

질문자 선생님이 말씀하신 고독의 충만한 경지는 흔히 상담에서 표현하는 수용과 개방성 이런 것보다 더 깊은 의미가 담긴 어떤 수준이나 상태를 표현하시는 것 같네요.

♤ 하나님의 임재하심을 자각하는 상담

질문자 영성이나 신비를 상담에 통합하는 것에 대한 고민을 말씀해 주셨는데, 이 과정에서 선생님께서 영향을 받았던 문화적 분위기나 주요하게 공부했던 훈련들을 말씀해 주시면 좋겠습니다.

김중호 70~90년대를 젊은 시기로 살았잖아요. 그때는 세계적인 사회문화적 현상으로 '포스트 모더니즘'이 막 대두되는 시기였어요. 급격한 사회문화의 변화가 나타났죠. 그러한 변화 속에서 가치관의 혼란, 도덕성의 붕괴, 가족의 해체 등 엄청난 일들이 서구 사회에서 일어났고, 우리도 그 영향을 받았어요. 그 당시 제가 교회에서 목회상담을 하며 상담 목사로 일을 할 때였는데, 많은 사람들이 일상적이고 관습적인 삶의 지루함 속에 있는 것을 보게 되었어요. 그런 지루함에서 벗어나고자 하는 욕구가 있다는 것도 느꼈어요. 저는 그것을 종교가 채워 주지 못하고 있다고 느꼈구요. 그러다 보니 사람들이 마약이라든지 다른 중독으로 많이 빠지게 됐죠. 마약 찬

양론자 바바(Meher Baba)라는 사람은 "한 알의 마약 속에 하나님이 존재한다(God in a pill)"는 말을 했죠. 그 이야기를 들으니 '아~ 이게 아니다. 종교와 영성이 해야 할 일을 제대로 못하면 이런 일이 생기는구나!' 싶었어요. 이러한 사회문화적인 영향으로 인해 종교와 영성, 상담과 치유에 대한 관심을 더 갖게 되었습니다.

그리고 훈련에 대해 말씀드리면, 제 자신이 초월영성상담자라는 정체성보다 포괄적으로 '치유 상담자'라고 말하고 싶습니다. 그런 의미에서 언급한 것처럼 제자훈련(DTS)이 중요했다는 말씀을 드리고 싶고요. 특히 그 안에서의 내적 치유의 경험이 중요했던 것 같습니다. 즉, 다른 사람을 치유하려는 관점보다도 내가 치유받고 회복되는 경험이 필요하다는 것이죠. 자기치유의 경험이 없으면 치유가 나이브(naive)하고 가벼워요. 자기 경험이 있어야 치유의 길을 깊이 있게 걸어갈 수 있어요. 자기치유의 경험이 그 무엇보다 중요하다고 봅니다. 제가 우리 대학원 신입생들을 위한 특강 시간에 '상담자의 길'이라는 제목으로 강의를 한 적이 있는데, 그때 저는 그 길을 5단계로 제시했어요. 배움의 길, 치유의 길, 성장의 길, 훈련의 길, 사랑의 길입니다. 그런데 그 모든 길들이 자기치유와 연결됩니다.

그 외에 개인적인 훈련으로 침묵 수련과 같은 기독교의 영성 수련 항목들이 있거든요. 하나님의 현존이나 청빈이나 사랑과 자비에 대한 훈련들이 필요하다고 봅니다. 그 외에는 일반적인 심리학적 훈련과 큰 차이가 없다고 말할 수 있겠네요.

기독교적인 영성상담이 꼭 성경을 배경으로 하거나 크리스천만을 대상으로 하는 것은 아니라고 생각해요. 상담자에게 기독교적인 정신만 있으면 기독교라는 종교성을 가지지 않은 내담자라도 가능하다는 거예요. 상담자가 크리스천이고 내담자가 크리스천이

아니어도 충분히 기독교적인 상담이 가능하다고 생각해요. 상담은 텍스트(text)의 문제가 아니라 컨텍스트(context), 즉 개인의 상황이 중요하니까요. 더 나아가서 기독교 상담의 특성상, 상담자가 영성을 포함해서 하나님이 이 자리에 임재하심을 의식하고 있다면 내담자가 크리스천이 아니더라도 기독교 상담이 될 수 있다고 봅니다.

질문자 하나님이 임재하신다는 것의 의미가 무엇인가요?

김중호 요즘에 마인드풀니스(mindfullness), 즉 마음챙김 명상과 알아차림이라는 말을 많이 쓰잖아요. 저는 '영적 감수성'이라는 용어를 사용하기를 좋아합니다. 하나의 꽃을 볼 때 꽃의 아름다움과 향기를 맡으면서 즐거움을 느낄 수 있는데, 우리의 의식이 거기에 그치지 않고 그 꽃의 아름다움과 생명력은 어디에서 오는 것일까를 생각해 볼 수 있지요. 이때 우리는 이미 영적 감수성과 접촉된 상태로 볼 수 있어요. 그리고 그 아름다움과 생명력이 어떤 절대적인 초월자로부터 주어진다는 것을 알아차릴 수도 있습니다.

이런 능력을 제 나름대로 어웨어니스 코션트(awareness quotient: AQ), 즉 알아차림 지수라고 불러요. AQ가 높다면 지금 내가 존재하는 자리에 하나님이 현존하시는 것을 알아차릴 수 있고, 내가 누군가와 나누고 있는 대화 속에도 하나님이 함께하고 있음을 인식할 수도 있겠죠. 상담자가 하나님의 임재하심을 인식할 때와 그렇지 않을 때 상담자의 생각과 태도가 달라진다고 느껴요. 그러므로 이러한 인식이 있다면 기독교적인 영성상담이 된다고 생각해요.

질문자 상담자의 태도와 마음이 어떻게 다른가요?

김중호 하나님의 현존과 임재를 느낄 때, 사랑과 자비와 같은 측면이 훨씬 더 많이 생긴다고 느껴요. 분석하거나 평가하고 진단하기보다 사랑과 자비의 차원에서 수용과 용납하는 존중의 태도와 같은 것이죠. 존중이란 뭘까요? 존중의 가장 진화된 형태는 내담자가 어떤 이야기를 하더라도, 어떤 행동을 할지라도, 그것은 그가 처한 그의 상황에서 그가 할 수 있었던 최선의 행동이라는 것을 이해하는 것입니다. 이런 존중은 영성적 태도에 가까운 것이지요. 내담자의 행동에는 심리학적인 잣대로만 분석하고 평가할 수 없는 부분이 있다고 생각합니다. 사랑과 자비, 수용과 용납 그리고 존중의 태도가 필요해요.

예를 들어서, 엄마랑 싸운 아이가 가출했다면, 가출 그 자체는 옳지 않은 행동일 수 있지만, 그것은 그 아이가 그의 상황에서 취할 수 있는 최선의 행동이었다는 것을 인정해 주는 것이죠. 물론 일반 심리학에서도 같은 말을 할 수 있겠지만, 하나님의 임재하심을 인지함으로써 훨씬 더 자비와 수용과 이해의 눈으로 볼 수 있는 공간이 넓어진다고 할 수 있어요.

질문자 어떤 면에서 보면 하나님의 임재를 자각한다는 것 자체가 본질적인 신비 체험 같다는 말씀으로도 들립니다. 선생님 안에서도 신비 체험의 경험이 있다고 하셨던 것 같은데, 그 이야기를 좀 해 주실 수 있나요?

김중호 기본적으로 타 종교에서도 신비라는 용어를 쓰는 경우가 많을 텐데, '신비가(mystic)'가 된다는 것은 이성과 합리성으로 설명할 수 없는 현상이나 세계를 수용하게 된다는 것이죠. 특히 기독교에서는 '하나님이 말씀으로 우주와 세계를 창조하셨다'고 하는데, 이것은 이성과 합리성으로는 이해가 안 되는 부분이죠. 기독교인들은 '예수님이 성모 마리아에게 성령으로 잉태되셨다'고 그렇게 신앙 고백을 하지요. '예수님이 돌아가셨다가 사흘 만에 부활하셨다'는 것을 믿고 있습니다. 성경의 내용은 이성으로 용납되기 어려운 이야기들이 많은데 이를 고백하고 믿거든요. 내가 신비가가 되지 않으면 있을 수 없는 일이죠.

그래서 저는 특별한 환상을 보는 것도 신비라고 하지만, 우리의 일상 속에서 기독교인들은 신비가가 되고 신비의 경험을 하면서 살아가고 있다고 봐요. 그렇게 신비를 좀 더 일반화하고 싶은 거죠. 그래서 더욱더 상담 현장에서 신비가 나타날 수 있다고 보고요. 그러니까 신비와 신비 체험을 일상에서 동떨어진 것으로 보는 관점은 신비를 과학적이고 이성적인 세계 속에서 보는 것이고, 신비를 통합적인 관점에서 본다면 우리는 일상 속에서 신비를 만나고 경험하고 있다고 할 수 있어요.

질문자   어떤 면에서는 우리가 교육받고 훈련받고 문화 속에서 조형된 관점으로 이 세계를 이해하는 것이 아니라, 불교식으로는 있는 그대로의 실재, 기독교식으로는 하나님께서 창조하신 의미와 목적대로 현상을 바라보는 것으로 '신비'를 표현할 수 있을까요?

김중호   이는 '원형'이라는 언어와 맥을 같이할 수 있지 않을까 싶어요. 하나님이 창조하신 그대로의 모습, 그 원형적인 세계를 볼 수 있는 눈. 그런 의미에서 저는 현실 세계와 신비의 세계는 완전히 다른 세계가 아니라 하나의 연결된 세계라고 봐야 된다고 봐요.

꿈을 예로 들면, 꿈의 세계는 깨어 있는 낮 시간의 세계와 완전히 다른 세계가 아니라 같은 세계라는 것이죠. 꿈이 현실이고 현실이 꿈이 되는 거예요. 그런 차원에서 신화를 받아들일 수 있겠죠. 그래서 신비라는 개념을 특별한 사람만의 특별한 경험으로만 인식할 필요는 없다는 것입니다.

질문자   일상의 신비와 일상의 신성함. 말씀을 듣고 보니 불교에서의 이야기와 일맥상통하는 것 같습니다.

4. 초월영성상담 그리고 초월영성상담자

질문자 초월과 영성이라는 두 개념은 떼어 놓을 수 없는 것 같습니다. 선생님께서 초월과 영성을 어떻게 생각하시는지, 초월과 영성이 상담에 접목될 때 어떤 의미가 있다고 생각하시는지 궁금합니다.

김중호 초월이라는 것은 어떤 한계나 기준이나 능력을 넘어선 것이라고 보죠. 기준 안의 세계가 있고 기준 밖의 세계가 있다는 것을 전제할 때 초월이라는 용어가 생긴다고 봅니다. 초월은 기준 밖의 세계를 인정하고 그 세계를 인식하는 것에서부터 시작된다고 생각해요. 그렇다면 기준 안의 세계와 기준 밖의 세계를 어떻게 구분할까? 저는 기준 안의 세계는 의식과 현실, 즉 이성과 과학의 세계라고 생각합니다. 인간은 이성과 합리성, 과학에 의해서 만물의 영장이 되어 문명과 문화를 일으켰고, 과학과 기술의 놀라운 발전을 일으켰죠. 그런데 그 결과, 이성과 합리성이 세계의 모든 형상을 바라보고 평가하는 기준이 되어 버린 거예요.

그래서 기준 밖의 세계가 있다는 것을 인식하기 어렵게 만드는 한계가 생겨났죠. 이성을 통해 엄청난 업적을 이루었기 때문에 그밖의 다른 세계가 있다는 것을 생각하기 어렵게 되는 정신적 구조가 형성되었고, 결국 초월로 간다는 게 쉽지 않게 된 것이지요. 그런 의미에서 이성의 한계를 인정하고 인식하고 그 한계를 넘어가는 것이 초월이라는 생각이 들어요.

또한 초월이 두 개의 세계, 즉 의식의 세계 밖의 다른 세계를 인정하는 것이라고 할 때, 그 다른 세계란 '무의식의 세계'라고 봅니다. 심리학적이고 개인적인 차원에서 볼 때, 초월이란 의식의 세계뿐

만이 아니라 무의식의 세계에 대해서 개방적이 되는 것이겠죠. 그런 의미에서 무의식의 세계를 이미 알고 있고 그 세계를 탐색하는 상담자들은 초월이라는 용어를 사용하든 사용하지 아니하든 이미 초월이라는 개념을 가지고 있지 않을까 싶습니다.

프로이트가 무의식을 이야기하기 전까지 인류는 의식의 세계만이 인간 정신의 전부라고 생각했습니다. 그러나 프로이트 이후에 무의식의 세계가 있다는 것을 알게 되면서 의식의 세계 외에 그 기준 밖의 다른 세계가 있다는 것을 인정하게 되었습니다. 그런 의미에서 저는 초월이 의식의 세계를 넘어서 무의식의 세계에 충분히 개방적이 되며 문을 여는 것이라고 봅니다.

질문자 무의식이라고 하면 우리는 흔히 프로이트의 무의식을 생각하죠. 융의 집단적 무의식도 있지만요. 아까 선생님께서 말씀하신 하나님의 임재를 인식하는 것 또한 우리의 전통적인 기준 안의 세계에서는 볼 수 없는 세계이잖아요? 하나님의 임재라는 것 또한 무의식의 세계로 포함할 수 있을까요?

김중호 대답하기 쉽지 않지만 중요한 질문이네요. 꿈에 대한 공부를 하면서 꿈이 어디에서 오는 것인가? 꿈을 보내는 송신자는 누구인가? 이 질문에 대해 제가 이해하기로는 두 송신자가 있다고 보았어요. 하나는 무의식이 의식으로 보내는 거죠. 무의식이 꿈을 보내는 송신자가 되고, 의식이 꿈을 받는 수신자가 되죠. 꿈은 무의식이 의식으로 보내는 편지라는 것입니다.

또 하나는 꿈은 하나님이 인간에게 보내시는 하나님의 편지라는 입장이 있어요. 『탈무드』에는 이런 글이 있어요. "하나님은 매일 밤마다 꿈으로 우리들에게 사랑의 편지를 보내신다." 그래서 기독교의 꿈 학자들은 꿈을 보내는 송신자가 둘이라고 보는 거죠. 하나는 무의식이고 또 하나는 하나님이신 거죠. 따라서 이렇게 이해하기도 합니다. 하나님은 인간이 지닌 무의식이라는 통로를 사용해서 의식으로 꿈을 보내 주신다는 것입니다. 그런 측면에서 볼 때 저는 인간의 무의식은 의식보다 어떤 초월의 세계나 신적 존재를 만날 때에 훨씬 더 깊고 가까운 곳에 위치하고 있다고 생각합니다.

질문자   어떤 면에서는 '하나님' 하면 '높다'라는 식으로 은유를 하지 않습니까?

김중호   그렇죠. 융은 셀프의 개념을 하나님과 연결시켜 이야기했잖아요. 우리 안에 하나님이 있다고 본 거죠. 셀프를 집단 무의식에서 가장 중요한 정신적 구성물로 보았는데, 하늘에 계신 분이 아니라, 우리 내면에 있는, 여기 있는 하나님. 이게 매우 중요한 부분이라고 생각해요.

저는 피할 수 없는 너무나 습관적인 인간의 정신 현상 중 하나가 '투사'라고 생각하는데, 인간은 내 것을 다른 사람에게 자꾸 투사해서 보잖아요. 그런데 하나님이 내 안에 계시는데, 이것을 못 보고 투사해서 자꾸 저기 계시다고 합니다. 그러면 하나님은 멀리 계신 분이 되는 거죠. 여기 가까이 내 안에 계신 분이 아니고요.

♧ 존재의 생명력과 관계성을 꽃피우라

질문자   그러면 영성이라고 하는 것은 어떤 의미를 담고 있습니까?

김중호   제가 영락교회에서 교인들에게 영성 훈련을 하면서 강의도 하고, 영성과 관련된 책도 읽어 보고 했었는데, 기독교의 영성과 타 종교에서 말하는 영성에는 조금 차이가 있을 것 같아요. 그렇지만 공통점도 있다고 보는데, 제가 이해하고 있는 영성이란 인간의 어떤 행위를 유발하는 정신과 태도라고 봅니다. 그러니까 영성은 우리의 삶과 행위와 동떨어진 것이 아니라, 우리가 삶을 살아가고 어떤 행위를 하게 만드는 우리 안에 있는 정신적인 가치와 태도라는 측면이라고 보고 있어요. 물론 그것으로 영성을 다 이야기한 것은 아니고요.

또한 영성은 내가 누구인가에 대한 자기표현, 즉 정체성과 같은 거라고 생각합니다. '나는 이런 사람입니다'라고 말할 때 거기에 그 사람의 영성이 존재한다고 봐요. 예를 들어, '나는 그리스도인입니다'라고 말할 때는 기독교의 영성이 있고, 다른 입장이 얼마든지 또 있겠죠.

또 하나 중요한 것으로서 영성이라고 할 때 관계성을 보고 싶어요. 많은 영성학자가 이야기한 부분인데, 네 가지의 관계성을 강조하고 싶어요. 첫째, 그 관계성은 나와 내 속의 인격 혹은 진정한 나와의 관계성, 그것이 하나의 축으로 잘 연결되어 있는 상태라고 할 수 있어요. 융 심리학적으로 이야기하면 에고와 셀프가 하나의 축으로 연결되어 괴리감이 없는 상태겠죠. 둘째는 나와 이웃, 나와 다른 사람과의 관계가 얼마나 적절하고 건강한 상태에 있는가의 문제이고, 셋째는 자연과의 관계로서 자연과 어떻게 조화를 이루며 생태계를 보존할 수 있는가의 문제입니다. 그리고 마지막으로, 하나님과 얼마나 친밀하고 연합된 관계 속에 있는가 하는 문제입니다.

그런데 이 네 가지의 관계가 동떨어진 것이 아니라 서로 영향을 주고받는 상호관계 속에 있다고 할 수 있습니다. 예를 들어, 진정으로 자기와 화해하고 친밀한 관계를 갖고 있는 사람은 이웃과의 관계도 친밀할 것이고, 마찬가지로 하나님과의 관계가 친밀하게 형성된 사람은 이웃과의 관계도 긍정적일 수밖에 없다는 것입니다. 따라서 자신의 내적 상태와 현재의 삶이 어떠한가 하는 것은 하나님과의 관계를 볼 수 있는 지표가 되지 않을까 싶습니다. 그렇기 때문에 영성은 현실적인 삶과 행동으로부터 동떨어진 개념이 아니라 함께 가는 것으로 생각됩니다.

질문자 정신적인 태도나 가치라고 한다면 사람들마다 다양하지 않습니까? 예를 들어, 어떤 사람은 굉장히 물질적인 가치를 추구하기도

김중호 기독교 영성상담자는 왜 명상하는가

하고 그럴 텐데, 정신적인 태도나 가치 자체가 영성이라면 이런 것들하고는 어떻게 구분을 합니까?

김중호 저는 그것도 영성이라고 생각합니다. 그게 건강하냐 건강하지 않느냐 하는 것은 그다음으로 필요한 부분이고요. 마약을 하고 살아가는 사람도 그 나름대로 건강하지는 않지만 그 사람의 영성이라고 생각합니다. "나는 공산주의적 사상을 갖고 사는 사회주의자입니다"라고 말한다면 그분의 영성이 거기에 있다고 봅니다. 그것의 옳고 그름을 평가하는 것은 또 다른 차원이라고 보고요. 기독교 영성, 불교 영성, 타 종교의 영성이 있는 것처럼, 그 어떤 것도 그 사람이 갖고 있는 핵심적인 정신이고 가치라면 그 사람의 영성이라고 봐야 하지 않을까 싶어요.

질문자 우리 인간은 삶의 의미나 목적, 방향을 추구하는 존재잖아요. '우리 인간이 그런 존재라는 것 자체가 영성적인 존재'라고 볼 수 있겠네요. 그것이 옳고 그르냐는 추후의 문제고요. 그렇다면 '나는 누구인가?'라는 질문을 던지는 존재로서의 우리 인간 존재의 특별함을 영성이라고도 할 수 있을까요?

김중호 우리는 자신의 얼굴이 없이 존재할 수 없는 것처럼 영성이 없이 존재하는 사람은 없다고 생각합니다. 제 생각에는 영성이라는 것이 앞에서 말씀드린 것처럼, 모든 개인이 가지고 있는 독특한 생각과 가치를 나타내는 것이라는 개념이 하나 있고, 또한 영성은 건강한 개념으로서 우리의 삶에 반드시 필요한 요소라는 생각이 있습니다.

영성이 우리의 삶에 필요한 것이라면 그다음 중요한 질문은 우리가 어떤 영성을 추구하는가라고 생각합니다. 『아직도 가야 할 길』의 저자 스콧 펙(Scott Peck)[11]은 영성(sprituality)을 언급하면서 엔트로피(entropy)[12]라는 개념을 말하고 있어요. 스콧 펙의 정의에 따르면, 영성은 한 인간을 더 성숙하고 건강하게 발달하도록 만드는 힘과 에너지로서 그것은 자연의 제2법칙을 거스르는 힘이라고 했습니다. 자연의 제2법칙이란 자연 상태에서의 에너지는 높은 곳에서 낮은 곳으로 흐른다는 것이지요. 계속해서 낮은 곳으로 흐르고 흘러 맨 마지막에는 에너지가 사라져서 쇠퇴, 쇠락하게 된다는 겁니다. 그렇게 에너지가 높은 곳에서 낮은 곳으로 흐르는 법칙을 엔트로피라고 했어요. 결국 엔트로피는 시간이 가면 갈수록 늙어 가고 없어지고 소멸하고 쇠퇴하는 법칙이라는 것이죠.

이와 반대로 영성은 이 엔트로피의 세력에 저항하는 힘, 물고기가 흘러내리는 물을 거슬러 올라가는 것처럼, 영성은 쇠퇴의 흐름을 거슬러 올라가는 인간의 힘이라고 보았어요. 그리고 인간의 마음 속에는 그러한 영성의 힘과 엔트로피의 힘이 모두 있다고 보았죠. 우리에게 필요한 것은 영성의 힘을 유지하고 개발해서 엔트로피의 힘에 저항하고 거슬러 올라가는 것이겠지요. 이것이 치유의 힘이고 성장의 힘입니다. 스콧 펙은 인간에게 나타나는 게으름과 나태를 엔트로피의 세력이라고 했어요. 게으름과 나태 때문에 인간은 엔트로피의 흐름 속에 들어가게 된다는 것이죠. 지나야 할 단계를 거치지 않고 넘어가는 것, 필요한 과정을 생략해 버리는 것은 게으름으로서 매우 위험한 결과를 초래할 수 있는 엔트로피의 세력이라고 봤어요. 기독교의 원죄도 게으름에서 비롯되었다고 했어요. 이러한 엔트로피의 세력은 인간이 죽음에 이르는, 프로이트의 개념으로 말한다면, 죽음 본능과 같은 어떤 세력이라는 생각이 들었어요. 반대로 영성이란 생명의 힘인 거예요. 거슬러 올라가게 하는, 건강한 행동을 하게 하는 힘인 거죠.

스콧 펙의 책을 읽으면서 이런 메시지를 받았어요. 상담을 통해서 내담자는 앞으로 어떻게 생각하고 행동해야 할지, 삶을 어떻게 사는 것이 좋을지를 알게 되는데, 그런 앎으로 그치는 것이 아니라 앎을 행동으로 옮기는 게 필요하잖아요. 많은 경우 행동으로 옮기지 못하는 경우가 더 많은 것 같아요. 그런데 앎을 행동으로 옮기는 그 힘은 일반적인 심리치료 과정에서도 생길 수 있지만, 영성 상담에서 영성이 고양될 때 더욱 향상되는 것이 아닐까 생각됩니다. 영성은 앎을 행동으로 옮기지 못하게 하는 게으름, 곧 엔트로피의 세력에 저항할 수 있는 힘을 가지고 있기 때문입니다. 힘은 통찰과 지식에서 나오기도 하지만 영성에서 비롯된다는 것을 아는 것이 중요해요. 그런 의미에서 스콧 펙의 이야기가 많은 도움이 되었습니다.

질문자 정신적으로 힘든 상황에 있는 내담자라도 그 사람의 내면에는 영성이라는 생명력이 있고, 그 생명이 피어나도록 돕는 것이 상담이라는 말씀으로 이해가 됩니다. 또 관계성이라는 측면에서 영성을 설명해 주셨는데 우리의 존재라는 것이 고립되어 있기보다 관계성이라는 조건하에서 존재한다는 의미도 담고 있는 것 같네요.

김중호 언급한 것처럼, 저는 관계성이 영성에서 매우 중요한 부분이라고 생각합니다. 영성은 나 혼자 동떨어진 상태가 아니라, 다른 대상과의 관계와 연결성 속에 있는 개념이라는 것이죠. 따라서 영성의 개념에서 빼놓을 수 없는 개념이 공동체라고 느껴요. 기독교는 물론이고 많은 종교인들은 함께 생각을 공유하고 서로 도움을 주고받으면서 더불어 사는 공동체를 형성했어요. 그런 삶의 역사를 볼 수 있습니다.

또한 그들은 자연과 매우 친환경적인 삶을 살았어요. 자연과 우호적인 관계를 가진 것입니다. 그리고 기도하고 명상하면서 자신의 내면과 더 깊은 관계를 형성했어요. 그런 의미에서 저는 영성에서 이 관계적인 개념을 강조하고 싶어요.

질문자　초월영성상담과 전통적인 상담의 차이 또는 초월영성상담자를 일반상담자와 구분할 수 있는 특징은 무엇이라고 생각하십니까? 또 초월영성상담자가 되기 위해 필요한 훈련은 무엇이라고 생각하시는지요?

김중호　앞에서 말씀드렸습니다. 초월영성상담과 전통적인 상담의 차이점을 생각한다면, 신비 체험에 대해 얼마나 개방적인 태도를 갖고 있느냐 하는 것이 하나의 기준이 된다고 봅니다. 또한 침묵이라는 가치를 얼마나 치유적 자원으로 받아들일 수 있는가입니다. 침묵은 전통적이고 일반적인 상담에 있어서는 적절한 치유적 경험으로 보기가 어렵거든요. 초월영성상담에서는 침묵에 대해 가치를 많이 두고 있다고 보는데, 앞에서 언급한 것처럼, 헨리 나우웬은 침묵이 외로움을 고독으로 변화시킨다고 그랬었죠. 그뿐만이 아니라 우리는 침묵으로부터 고통을 대하는 우리의 태도를 부정과 회피에서 수용으로 바꿀 수 있는 힘을 얻을 수 있어요. 그래서 저는 초월영성상담을 추구하는 사람은 우선 자신에게 이렇게 말할 수 있어야 된다고 생각합니다. "마음이 아프고 불안할 때 그것을 없애기 위해서 다른 사람을 찾아다니지 마라. 그 아픔과 불안을 끌어안고 깊이 침묵 속으로 들어가서 충분히 아파하라. 그러면 아픔과 불안이 머물던 자리에 고요와 평안의 세계가 열릴 것이다."

그리고 또 하나 구분할 수 있는 기준을 추가한다면 기독교적인 영성일 수 있지만, 하나님의 현존과 임재를 인식한다는 것이죠. 초월영성상담의 특성은 기준 밖의 세계에 대한 개방의식입니다. 치유와 상담의 장소에는 내담자와 상담자 두 사람만이 아니라 하나님이 함께 현존해 계신다는 것을 잊지 않는 것이 중요합니다.

김중호 기독교 영성상담자는 왜 명상하는가

질문자   융의 누미노제[13]와도 비슷한 말씀인 것 같아요. 침묵이 단순히 말을 안 하는 것이 아니라는 것, 자신의 고통이나 외로움을 피하거나 보상적인 방식으로 채우려고 하지 말고 고통을 자각하고 껴안고 오히려 그 속에 들어가서 품어 내는 태도를 이야기하신 부분이 굉장히 마음에 와 닿습니다.

김중호   그렇게 하면 상담자로서 장사는 잘 안 되죠. (웃음) 그렇지만 상담을 받고 치유를 해 나갈 때 마지막에는 상담자의 도움 없이 내담자 스스로 설 수 있어야 하고, '내가 나를 치유하는' 자기 치유에 이르러야 한다고 생각해요. 그때 필요한 것이 침묵이 아닐까 싶습니다.

질문자   상담자가 침묵의 가치를 이해해야 하고, 내담자가 침묵을 활용하여 고통에 대한 태도를 바꿀 수 있도록 도와주는 것이 좋은 상담이다. 이 말씀에 굉장히 동의가 되고, 한편으로는 자기의 고통에 대한 명상적인 태도와도 굉장히 닮아 있는 것 같습니다.
초월영성상담자와 일반상담자의 차이에 초점을 맞춰서 초월영성상담자에게 필요한 훈련을 좀 더 말씀해 주신다면 어떤 것이 있을까요?

김중호   저는 초월영성상담자도 기본적으로 심리학에 대한 이해나 전통적인 상담에 대한 공부와 훈련을 해야 된다고 봅니다. 저는 초기에 이장호 박사님께서 하시는 감수성 훈련을 많이 받았는데, 감수성이란 자기 자신과 외부 대상의 상태와 변화를 알아차리고 정서적으로 반응하는 능력, 상대방의 이야기를 듣고 그 사람의 마음이나 감정상태가 어떤 것인지를 알아차릴 수 있는 능력, 더 나아가 그것을 언어적으로 표현할 수 있는 능력을 뜻해요. 그런 감수성을 향상시키기 위해서 집단에서 훈련을 계속 했죠. 초월영성상담자가 되더라도 그런 것을 포함해서 일반적으로 상담자가 되는 훈련을 다 받는 것이 필요하다고 봅니다.

거기에 추가적으로 초월영성상담자가 되려면 영성의 세계와 신비에 대한 개방적인 태도가 필요하기 때문에 영성 수련이나 하나님의 현존을 알아차리는 훈련이 필요하다고 생각합니다.

부활의 라오렌시오라는 영성가에 대해 유명한 이야기가 있어요. 라우렌시오가 18세일 때, 봄이 오기 전 아주 추운 겨울날이었어요. 밖에 나가서 뜰을 거닐다가 마른 나뭇가지 앞에 서서 나무를 바라봤어요. '이제 조금 있으면 날이 따뜻해지면서 나뭇잎이 나오고 꽃이 피고 열매가 달리겠구나.' 그런 생각을 했어요. 여기까지는 누구나 생각할 수 있는 것이겠지요. 그런데 그 순간 라우렌시오는 그 메마른 나뭇가지에 생명이 있다는 것을 알아차렸어요. 그리고 그 생명의 에너지는 하나님이 주신다는 것을 깨달은 겁니다. 영적인 눈이 확 뜨인 거죠. 그것은 엄청난 신비 체험이면서도 잊을 수 없는 평생의 경험이 됐어요. 그 경험을 통해 라우렌시오는 언제 어디에서나 하나님의 현존에 대한 인식을 갖게 됐어요. 그는 "하나님의 현존 의식이 강화되면 기도와 노동이 동일한 것이다"라는 말을 했어요. 노동하는 그 순간에도 기도가 된다는 것이죠. 이처럼 기준 안의 세계, 그 밖에 다른 세계가 있다는 것을 얼마만큼 알아차릴 수 있는가? 알아차릴 수 있는 감수성이 있는가? 그것이 중요하다고 봅니다.

질문자 그것을 위해서 불교에서는 명상이라는 구체적인 방법이 있는데, 기독교적인 영성에서는 어떤 훈련들을 합니까?

김중호 침묵 수련은 굉장히 오래된 기독교 영성 훈련 중 하나예요. 그 전통이 개신교에서는 잘 유지되지 못했지만, 초대 기독교에서는 굉장히 중요한 훈련이었어요. 사막의 교부들(Desert Father)[14]은 깊은 산속이나 사막에 들어가서 침묵하며 기도하는 삶을 살았던 사람이거든요. 그런 전통이 러시아 정교회 쪽으로 이어지고 있기도 하죠. 저는 침묵 기도 수련이 기독교 영성을 개발하는 중요한 수련이라고 봐요. 대학원에서도 2박 3일 동안 장소를 빌려서 침묵명상 기도 수련을 하기도 했어요.

질문자 관상기도와 같은 전통들이 남아 있지요? 관상기도나 퀘이쿼식[15]의 침묵기도 등 그런 훈련이겠군요. 현대적으로 변형을 해서 하는 건가요?

김중호 저는 거기에 명상적인 접근을 함께 해요. 기독교적인 전통에 더해서 호흡 명상, 걷기 명상, 바디 스캔, 감각 명상, 먹기 명상 등을 종합하면서 관상기도로 들어가죠. 그러면 그것들이 알아차림이라는 의미에서 잘 연결되더라고요. 호흡을 통해서 공기가 내 몸에 들어오는 아주 미묘한 감각을 알아차리는 것이 더 나아가 하나님이 이 공간에 현존하심을 알아차리는 것과 연결되는 거죠.

질문자 생각이 멈춘 그러한 의식상태가 되어야 하나님의 임재를 느낄 수 있겠군요.

김중호 네. 굉장히 중요한 부분이죠. 기독교 신학 전통에는 긍정신학과 부정신학이 있어요. 긍정신학은 계속해서 하나님에 대한 지식을 쌓아 가고 알아 가는 거예요. 그래서 성경을 읽고 설교를 듣고 공부를 하고 묵상을 하지요. 영성생활에는 이런 노력과 훈련이 필요합니다. 그런데 부정신학은 내가 알고 있는 모든 것을 비우고 버리고 없애는 거예요. 하나님에 대해서 이전까지 알고 있었던 모든 지식과 경험을 내려놓아야 한다는 것이지요. 그때 비로소 하나님의 실재를 경험할 수 있다고 보는 것입니다.

오래전에 위/디오니시우스[16]라는 신학자가 부정신학을 이야기했어요. 저는 영성 수련에서 부정의 신학을 많이 사용합니다. 지금까지 알고 있던 하나님을 내려놓는 것이 필요해요. 지금까지 알고 있던 신학 그리고 경험과 성경을 통해 알았던 모든 이해와 지식을 비워야 진정한 하나님을 만날 수 있어요. 우리가 믿는 하나님은 내 생각으로 '이럴 것이다' 하고 투사된 것이 많아요. 그런 것들을 모두 내려놓도록 하는 훈련을 하는 거죠.

질문자 방금 하신 말씀이 불교적인 방식과도 일맥상통하는 것 같습니다. 신기하네요. 오강남 선생님의 말씀 중에 "심층 종교 안에서 다 만난다"는 것이 생각납니다. 오강남 선생님은 그런 의식상태로 들어 갔을 때 우리에게 초월적 인식 능력이 생긴다고도 표현하셨어요. 그러면서 보지 못했던 것을 볼 수 있는 능력이 생긴다고요. 선생님의 말씀을 통해서도 그러한 과정 속에서 하나님의 임재를 느끼고 볼 수 있는 능력이 생긴다고 말할 수 있겠네요.

김중호 기도 수련을 할 때 처음에는 침묵 수련을 하다가 호흡과 명상으로 들어가고 나중에는 관상기도를 해요. 그중에 몸으로 드리는 기도(body prayer)라는 것이 있어요. 전통적으로 기도라고 하면 언어적인 기도를 떠올리겠지만, 우리의 몸이 하나님께 기도를 드리는 도구가 될 수 있다고 보는 거예요. 이런 몸 기도에 알아차림이 굉장히 중요한데, 눈을 감고 앉아서 손바닥을 위로 하고 손바닥이 하나님 앞에 드리는 나의 기도라고 생각할 때, 내 손바닥을 통해 하나님께 무엇을 말하고 있는지 알아차리는 거예요. 손을 모아서 하늘을 향해 천천히 펼치며 나의 몸을 의식하면서 그런 나의 동작이 지금 하나님께 어떤 말씀을 드리고 있는지 알아차리는 것입니다. 이것이 기도입니다. 저는 현대의 기독교 영성 수련 속에서 이런 부분들이 기독교를 새롭게 변화시켜 나가는 갱신의 과정이 될 수 있다고 봅니다.

질문자   수동적인 것이 아니라 직접적인 체험을 통해 자신의 영성을 수련하는 것이 중요하다는 말씀인 것 같습니다. 마지막 질문과도 연결되는 것 같은데요. 초월영성상담이 한국사회 또는 현대사회에서 어떠한 기능, 의미를 갖는다고 보십니까?

전통적 상담으로도 우리 한국사회의 여러 가지 문제들에 대한 해답을 줄 수도 있지만, 초월영성적인 접근이 현대를 살아가는 한국인들에게 어떤 의미가 있을까요? 그런 의미에서 드리는 질문입니다.

김중호   깊이 있고 중요한 질문인 것 같아요. 몇 가지의 문제를 생각해 볼 필요가 있겠네요. 하나는 한국사회를 포함하여 현대인들은 지나치게 물질적 가치가 팽배한 시대를 살아가고 있지요. 우리는 아파트, 자동차, 주식, 외모, 인기, 권력, 명예, 유행과 같은 것에 너무나도 많은 에너지와 가치를 두고 살아가요. 예외가 없을 만큼요. 문제는 그렇게 비중과 가치를 두는 만큼 행복하냐는 것이죠. 사실 그렇지 않지요. 저는 이런 세상 속에서 초월영성상담이 해야 할 사명이 있다고 느껴져요. 물질적 가치를 지나치게 추구하는 이 흐름 속에서 정신적인 가치를 말하고, 물질적인 세계 밖에 또 다른 세계가 있다는 것을 말해 줌으로써 우리의 의식을 환기시켜 줄 수 있는 역할을 해야 하지 않을까요? 그러면 조금은 행복이 더 찾아올 것 같아요.

주위의 집값은 다 오르는 데 나의 집값은 안 오를 때 상대적인 박탈감을 느끼고 화가 나죠. 프로이트의 심리학으로 본다면 그것은 당연한 인간의 본성이고 인정할 수밖에 없죠. 그렇지만 그것은 기준 안의 세계에서 일어나는 거예요. 기준 밖의 다른 세계도 있을 수 있는데 말이죠. 10억을 쾌척하며 기부하는 사람들의 마음은 어떨까요?

그런 의미에서 초월과 영성이라는 분야가 상담에서 필요하다고 봐요. 일반적인 심리치료는 개인의 본성과 욕구를 충실히 실현하는 것에 큰 의미를 두고 있어요. 상대적으로 자기 밖의 대상에 대한 이해와 배려의 태도가 약화되는 느낌이 들 때가 있지요. 상담과 치유 작업을 잘못 오해하면 상담을 받고 집에 가서 남편과 싸우고 오죠. 물론 아내가 남편의 통제와 억압에서 자기를 찾는 과정으로서 그런 갈등이 필요할 수도 있어요. 그렇지만 그것은 과정일 뿐이고, 결국 그 과정을 통해서 남편과 새로운 관계를 형성해야 하는 것이 최종 목표가 되어야 하죠. 거기까지 가는 데 저는 초월영성상담이 많은 도움이 된다고 생각합니다.

영성의 주요 개념으로 관계성에 대한 이야기를 했었죠. 실존주의 심리치료의 대가인 어빈 얄롬(Irvin Yalom)의 『집단 정신치료의 이론과 실제』라는 책을 보면, 이런 말이 나와요. "치료의 핵심에 이르면 치료는 인간과 인간—즉, 상담자와 내담자—사이에 발생하는 깊숙한 인간 체험이라는 것을 알게 된다." 상담의 핵심에 이르면 치유는 다른 게 아니라, 상담자와 내담자 사이에서 일어나는 깊은 만남의 체험이라는 거죠.

제가 상담 공부를 처음 시작할 때는 심리학과 기법을 배우러 다니는 데 급급했어요. 그러면서 여러 가지 훈련을 찾아다녔지요. 물론 심리학과 기법은 필요합니다. 그러나 상담을 하면서 점점 깨닫게 되었어요. 실제로 상담에서 한 인간이 변화되는 것은 상담자가 사용하는 기법보다 내담자가 상담자를 어떻게 경험하느냐 하는 것이 중요하다는 것을 알게 됐어요. 세상에서 경험하지 못했던 어떤 특별한 경험을 하느냐에 따라서 엄청난 변화가 일어나는 거예요. 그것은 한마디로 깊숙한 인간 경험입니다. 저는 얄롬의 그 말이 깊게 각인됐어요. 그러한 깊은 관계의 가치를 이해하는 상담을 하려면 초월영성적인 입장이 있어야 하지 않나 싶습니다. 영성은 관계의 문제를 굉장히 중요하게 보고 있기 때문이죠.

질문자   기준 안의 세계에서 발생하는 고통에 대한 좀 더 근원적인 치유는 기준 밖의 세계에 대한 이해와 그러한 관점이 있을 때 가능하다는 말씀 같습니다.

김중호   그러한 관점의 변화도 중요하다고 봅니다. 특히 애착 이론에서 보면 안정 애착을 형성한 사람은 관점의 변화가 가능한데, 불안정 애착을 형성한 사람들은 하나의 관점으로 계속 그 속에서만 보는 거죠. 저 사람이 나쁜 사람이면 끝까지 나쁜 사람이지 다른 시각에서 괜찮게 볼 수 없는 거죠. 그런데 건강해지고 치유가 되면 관점이 바뀌어서 다른 각도에서 사람을 볼 수 있게 되는 거예요. 그런 의미에서 지금 나의 문제를 기준 안의 세계에서뿐만이 아니라 기준 밖의 세계에서 볼 수 있도록 하는 관점의 변화까지 나아가도록 하는 것, 그것이 초월영성적 상담이 아닐까 싶습니다.

질문자   어떤 면에서는 우리 사회가 전반적으로 그러한 의식의 변화와 진화를 고민할 때가 되었다는 말씀으로도 들리고, 초월영성적 상담 접근이 그러한 사회적 의식의 흐름에서 상당한 의미와 가치가 있다고도 이해됩니다.

김중호   네. 가치뿐만이 아니라 사명까지도 있다고 생각합니다. 초월영성 상담학회를 만들었다면 그러한 사명도 우리가 어느 정도는 가질 필요가 있지 않나 싶습니다.

질문자   일반적인 심리학이 제공하는 관계 회복과 초월영성적 상담이 제공하는 관계 회복에 차이가 있다면 무엇일까요? 전통적인 상담이 제공하지 못하는 관계 회복을 초월영성적 상담이 제공할 수 있다면 그것은 어떤 것일까요?

김중호   일반적인 상담, 전통적인 상담에서도 관계 회복을 이야기하고 그
        것을 치유의 중요한 요소로 보고 있지요. 그러나 초월영성적 상담
        에서 관계 회복의 중요성은 일반 상담에서보다 더욱 비중 있게 다
        뤄지고 있다고 봅니다. 왜냐하면 영성은 관계성으로서 인간 정신
        의 핵심으로 보는 경향이 있기 때문입니다. 따라서 영성상담은 일
        반 상담보다 정신, 가치, 태도, 행동 등이 강조되는 측면이 있습니
        다. 사랑과 자비라는 가치, 수용과 용납과 용서라는 가치들은 일
        반 상담보다 초월영성상담에서 더욱 중요하게 여기는 가치가 아
        닐까 싶습니다.

질문자   상담자로서의 자기 치유의 경험이 굉장히 중요하다고 하셨는데,
        선생님께서 상담자가 되기 위해서 많은 수련과 훈련을 받아오셨
        으리라는 생각이 들어요. DTS에서의 선생님의 자기 치유 경험도
        인상 깊었습니다. 관상기도와 침묵 수련과 같은 수련을 이야기해
        주셨는데, 좀 더 말씀해 주실 부분이 있나요?

김중호   DTS 훈련에서 강사 분이 저를 안아 줬다는 이야기를 하면서 연상
        되었던 것이 하나 있는데, 영성이라는 것이 우리의 몸과 분리된
        것이 아니라는 거예요. 그분이 가슴으로 나를 안아 줄 때 그분의
        가슴과 나의 가슴, 즉 육체와 육체 간의 접촉이 이뤄졌는데, 그때
        육체만이 아니라 영혼과 영혼 간의 접촉이 이루어졌다고 봅니다.
        오늘날 심리치유에는 몸에 주의를 기울이고 몸을 다루는 접근이
        상당히 주목받고 있습니다. 특히 트라우마 치유에서는 신체적이
        고 소매틱한 접근을 많이 하는데요. 그것이 영성적인 접근과 분리
        된 것이 아니라 같이 갈 수 있다고 봅니다. 어떤 사람에게 손을 내
        밀어서 손을 잡았을 때 그것이 단지 신체적이고 소매틱한 경험뿐
        만이 아니라 영성적인 경험이 될 수 있다는 것이죠. 그분이 저를
        안았을 때의 느낌은 지금까지 살아 있거든요. 그런 의미에서 저

는 "가장 영적인 것은 가장 육적인 것이다, 그것이 다른 것이 아니다." 이렇게 말하고 싶네요.

질문자　우리의 몸과 마음은 영성의 도구이고 영혼의 전달은 실제적인 접촉을 통해서 이루어진다는 의미로 들립니다.

김중호　그래서 저는 접촉 치유, '터칭 테라피(touching therapy)'를 해 보고 싶어요. 접촉을 통해서 치유 작업을 하는 거죠. 몸과 몸의 접촉도 있지만 마음과 마음, 영과 영의 접촉까지 이루어질 수 있도록요. 부분적으로 시도해 보았는데 반응이 좋았어요.

우주 여행이라는 타이틀로 집단 작업을 했는데, 조명을 어둡게 하고 음악을 틀고 모두 우주 공간을 날고 있는 것처럼 상상하도록 가이드 하면서 넓은 공간을 눈을 감고 걷도록 해요. 외로움과 홀로됨을 느껴 보기도 하고, 그리움을 느끼기도 하면서~ 그러다가 누군가 와 닿으면 가볍게 접촉 부위를 맞대고 있도록 해요. 그리고 내 마음이 어떻게 바뀌는지를 알아차리도록 하죠. 머물 만큼 머물렀다가 헤어지도록 하지요. 헤어질 때 또다시 마음이 어떻게 바뀌고 어떤 느낌이 찾아드는지 알아차리도록 하고요. 자기 자신의 내면을 만나는 작업이죠. 실험적으로 구상해 보고 있는 중이에요.

질문자　긴 시간 동안 깊이 있는 말씀을 해 주셔서 감사드립니다. 선생님의 소감이 궁금하네요.

김중호　우선은 말할 수 있는 기회를 주셔서 좋았어요. 함께 이야기하는 시간을 제가 굉장히 즐기고 있었다는 것을 느꼈어요. 처음에는 무슨 이야기를 해야 할까 부담이 있었는데, 편안하게 이야기할 수 있도록 말문도 열어 주시고, 질문을 통해서 미처 생각하지 못한 것을 생각해 볼 수 있도록 해 주셨어요. 저에게도 유익한 시간이 됐어요. 앞으로 초월영성상담학회가 해야 할 일과 걸어 나가야 할 방향에 대해서도 깊이 있게 생각해 볼 수 있는 시간이었습니다.

감사합니다.

질문자   저도 중학교 1학년부터 대학교 1학년까지 교회를 열심히 다녔어요. 굉장히 복음주의적인 교회를 다녔기 때문에 나름대로 목사님에 대해 갖고 있는 일종의 상이 있었는데, 선생님을 만나 뵙고 내가 갖고 있는 상을 벗어난 분이라고 느꼈습니다. 오늘 정말로 내가 갖고 있던 고정된 상과 같은 목사님이 아니라 한 인간을 깊이 있게 만난 느낌이었습니다. 저도 그런 부분이 너무나 고마웠고, 선생님과 같은 목사님을 만났더라면 기독교를 안 버렸을 것 같다는 생각도 들었습니다. (웃음)

기독교적인 영성이 갖는 굉장한 힘이 있다고 느꼈고, 열려 있는 영성이라면 우리 사회가 초월영성적인 부분들에서 같이 힘을 합칠 수 있겠다는 생각이 들었습니다.

선생님이 초월영성상담자로서의 정체성은 없다고 여러 차례 말씀하셨지만, 선생님의 인간으로서의 삶, 전통적인 훈련과 영성적인 훈련 과정, 영성가로서의 모습들 모두 조화롭게 통합하고 있는 모습을 보여 주신 것 같습니다.

김중호   감사합니다. 이런 시간을 갖게 되어서 참 좋네요. 제가 전달하고자 하는 이야기들이 마음으로 접촉되신 느낌을 받으니 그것이 참 감사하고 기쁩니다.

김중호 선생님과의 인터뷰는 뜨거운 여름이 시작되는 7월 초, 선생님이 계시는 치유상담대학원에서 진행되었다. 선생님께서는 깔끔한 정장에 편한 운동화를 신고 우리를 자신의 공간으로 이끌어 주셨다. 하얗고 푸른빛이 도는 선생님의 머리카락에서 지나온 세월에 대한 깊이와 선생님만의 색깔을 가진 경험들이 쏟아질 것 같은 기대감을 안고 인터뷰가 시작되었다.

김중호 기독교 영성상담자는 왜 명상하는가

인터뷰 전에 사진을 찍으며 사담을 나누는 동안 손자와 가족에 대한 사랑을 고스란히 드러내시는 선생님에게 느껴지는 안정감이 이 공간을 금세 편안하게 만들었다. 지금의 안정감이 선생님에게 딱 맞아지기까지 어떠한 시간들을 보내셨을까? 시작은 어린 시절 그리웠던 엄마 품과 같은 아궁이에 대한 이야기였다. 삶의 여정을 분석하는 작업에서 드러난 아궁이와 같은 엄마의 대리물을 찾아온 과정은 선생님만의 것이 아닌 누구나 공감할 수 있는 정감 어린 체험으로 느껴졌다. 선생님 세대의 아궁이가 오늘날 세대들에게는 무엇으로 대체되었을까? 형태는 변해도 그것이 갖고 있는 근원적인 그리움은 같을 것이다. 그래서 우리는 세대를 넘어 이렇게 같은 것에 대해 이야기할 수 있는 것 같다.

책장에는 상담과 종교에 관한 오래된 책들이 빈틈없이 공간을 메우며 선생님의 일부를 설명해 주고 있었다. 선생님은 지속적으로 느껴지는 영혼의 목마름으로 목사의 길로 들어서게 되고, 종교인이 되어 수련을 받는 과정에서 치유에 관한 중요한 경험을 통해 상담자의 길을 걷게 되셨던 과정을 이야기해 주셨다. 종교인이자 상담자로서 자신만의 색깔을 만들어 오신 선생님의 삶의 역사에 깊이 몰입되는 시간이었다. 그 과정에서 사랑하는 배우자의 지지와 응원이 선생님에게 또 하나의 큰 힘이 되었던 것 같다. 누군가를 온전히 지지하는 사람과 그것을 받아들여 자신의 달란트로 수용해 온 두 분의 관계 또한 선생님이 말씀하신 영성의 관계성 중 하나가 아닐까 하는 생각이 들었다.

영성은 모두가 가지고 있는 핵심적인 삶의 방향이자 가치라는 말씀에 스스로가 가진 삶의 태도에 대해 생각해 보게 되었다. 나는 어떠한 영성으로 삶을 바라보고 관계를 맺고 있을까? 내 안의 영성이 건강하고 단단해 누군가에게 치유의 연결 고리가 되었으면 좋겠다는 바람이 들었다.

스스로의 정체성에 초월영성상담자라는 타이틀을 붙이는 걸 고민하듯 말씀하시는 선생님을 보며 초월영성상담자가 가지는 무게에 대해서도 생각해 보게 되었다. 초월영성상담자로서의 아쉬움을 말씀하셨지만 현장에서 경험하고 공부해 온 초월과 영성이 어떻게 상담에서 녹여 나올 수 있는지 진지하게 이야기해 주시는 모습을 보며, 초월영성상담자란 이런 고민 속에서 끊임없이 자신의 길을 나아가며 내담자를 만나는 사람이라는 생각이 들었다.

　짧은 시간 나누었던 깊이 있는 이야기들은 쇠퇴를 거슬러 올라가는 부지런한 영성처럼 선생님의 부드럽고 단단한 음성을 통해 우리들에게 생생하게 전달되었다. 선생님이 채우고 계신 이 공간의 온화함과 안정감은 선생님께서 경험하신 '다 품어 주는 하나님의 품'과 같이 우리들 각자의 다름을 모두 이해하고 다독여 주는 느낌으로 다가왔다. 선생님께서 앞으로 구상하고 계시는 접촉 테라피가 궁금해졌다. 아마도 내담자에게 몸과 마음을 통해 연결되는 치유를 나누고 싶은 선생님의 마음이 그 속에 담겨져 있어서일 것이다.

미 주

1) DTS(Discipleship Training School): 예수제자훈련학교.
2) 롤로 메이(Rollo May): 미국의 저명한 실존주의 상담사.
3) 하워드 클라인벨(Howard Clinebell): 미국목회상담협회의 설립자이자 세계적인 목회상담학 이론가.
4) 안소니 드 멜로(Anthony de Mello): 인도 뭄바이 관구의 예수회 신부로, 푸나에 있는 사다나 사목상담연구소 소장을 지냈음.
5) 헨리 나우웬(Henri J. M. Nouwen): 네덜란드 출신의 로마 가톨릭 사제이자 신학자이자 그리스도교 영성가. 심리학, 종교학, 정신의학을 통합하는 공부를 하였으며 심리학을 바탕으로 한 활발한 강연 활동을 펼쳤으며 다양한 저술을 남겼음.
6) 토머스 머튼(Thomas Merton): 현대의 대표적인 영적 스승으로 꼽히는 인물로 20세기 미국 로마 가톨릭교회의 수도자, 트라피스트회 신부, 작가, 평화 인권운동가로 활동하였음.

7) 켄 윌버(Ken Wilber): 대표적인 자아초월심리학의 대가이며 철학, 종교, 심리학, 과학, 인류학, 사회학 등의 모든 인간 지식과 경험의 통합을 제시하는 철학을 제창함.

8) SE(Somatic Experiencing): 신체감각 기반 트라우마 치료. 피터 레빈(Peter Levin)에 의해 개발된 만성 스트레스와 트라우마 증상을 해결하기 위한 정신생물학적이고 심신통합적인 접근으로 신체 기반의 심리상담.

9) 수용전념치료(ACT: Acceptance and Commitment Therapy): 마음챙김과 적극적 참여에 기초하여 전통적 인지치료 전통에서 개발된 심리치료 이론.

10) 한경직 목사(韓景職, 1902~2000): 대한예수교 장로회 목사로 장로교 통합교단의 정체성 형성에 크게 기여한 대표인물이며, 서북 기독교 세력이 남한으로 재편되는 과정에서의 핵심 역할을 담당함. 한국 개신교의 양적 성장에 크게 기여한 종교인.

11) 스콧 펙(M. Scott Peck): 심리학과 영성을 성공적으로 결합시킨 책인 『아직도 가야 할 길』의 저자로 작가이자 사상가, 정신과 의사이자 영적 안내자.

12) 엔트로피(entropy): 물질의 열적 상태를 나타내는 물리량의 하나로, 우주 내 시스템에 존재하는 유용한 에너지가 무용한 형태로 바뀌는 정도를 재는 척도. 엔트로피 법칙은 열역학 제2법칙이라고도 부름.

13) 누미노제(Numinose): 독일의 철학자 R. 오토가 그의 저서 『성스러운 것』에서 새로이 만든 철학용어로 라틴어 numen(神的存在)의 형용사 numinos로부터 종교적 경험에 있어서의 비합리적인 것을 나타내기 위해 사용한 용어로 순수하게 비합리적이며 성스러움을 이르는 말.

14) 사막의 교부들(Desert Father): 하나님을 바라보고 그리스도의 완전을 경험하기 위해 자발적 고난을 택하여 사막 등지로 떠나 기독교 신앙의 궁극적 목표를 경험하고 실천하고자 함. 사막 등지에서 은둔해 살며 기도와 묵상, 노동과 청빈을 추구함.

15) 퀘이커파(Quaker派): 17세기 중엽 당시의 기독교 의식화와 신학화에 반대하여 영국에서 일어난 개신교의 한 파.

16) 위/디오니시우스(Pseudo-Dionysius): 5~6세기 활동한 기독교 신학자이자 철학자. 대표 저작인 『신비신학』에서 긍정신학, 상징신학, 부정신학을 소개하였음.

박태수 — 자신과 타인에게 이로운 것을 성실하게 수행하라

1974년	중앙대학교 사범대학 교육학과 편입
1976~1977년	경북 풍기에서 방위병 복무 후 풍기고등학교 영어교사 재직
1977~1988년	중앙대학교 대학원 석사 · 박사과정. 한국교육개발원 연구원, 책임연구원 재직
1988년	4월 제주대학교 교육대학원 상담심리전공 교수 임용(2013년 2월 퇴임)
1988년	8월 불광사 비구니 스님 지도로 2박 3일 단식 수련
	10월 정찬 스님 지도로 3박 4일 집중명상 수련
1990년	1월 지리산 백장암에서 용타 스님 지도로 5박 6일 동사섭 마음프로그램 수련
1993년	8월 논산 삼동원에서 김정규 선생님 지도로 3박 4일 게슈탈트 연수. 82세의 연세에 집단 상담 지도차 오신 서울 영훈중학교 이상훈 교장을 만나고 나이에 관계없이 노령에도 상담활동을 할 수 있음을 확인함
1995년	서울에서 문진희 박사님 지도로 아바타 기본과정 8박 9일 수련. '있는 그대로' 사진 찍듯이 대상을 관찰하는 힘을 자각할 수 있었음
1995년	1월~2022년 3월 (사)한국상담학회 이사, 부회장, 회장, 고문 역임
1997년	문진희 박사님 안내로 인도 비하르 요가대학의 상카라난다지 부총장 그룹 초청 3박 4일 심포지움 참가. 부총장으로부터 순수한 수용태도를 경험함
1998~2000년	3차에 걸쳐 인도 비하르 요가대학 방문 요가명상 수련
2000년	2월 요가명상 지도자 자격 취득. 니란자난다지 총장으로부터 '의식 확대' 개념에 대해 확연하게 자각하게 됨
2001년	9월~2003년 8월 제주대학교 상담 · 봉사센터 소장
2002년	6월~2022년 3월 한국 초월 · 영성상담학회 이사, 회장, 고문 역임
2003년	8월~2012년 6월 명상센터 건물 완공. 의식이 쉴 때는 무의식이 작용하고 있음을 이 시기 동안 경험함
2012년	12월 제주국제명상센터 개원
2014년	'영성지도자를 위한 힐링인텐시브 프로그램'을 실시하여 국내 영성분야의 전문가들을 모시고 3년간 운영
2015년	붓따락키따 스님을 모시고 위파사나 집중 수련 시작
2017년	'명상지도사 1급, 2급 자격과정' 시작(한국직업능력개발원 1, 2급 자격증 인정)
2018년	안희영 박사를 모시고 'MBSR' 프로그램을, 이기춘 박사를 모시고 '역할극을 이용한 집단상담' 실시
2019~2020년	정미숙 박사를 모시고 '아유르베다 체질관리' 프로그램을, 인경 스님을 모시고 '수용전념치료(ACT)' 프로그램 실시
2019~2021년	안새미 숲길명상 축제 실시
2020년	박태수 박사를 모시고 '힐링의 섬 제주여행과 명상체험'을, 연주현 박사를 모시고 '심신건강을 위한 아유르베다 식이요법' 실시
2021년	황임란 박사를 모시고 'e-통합 영성 · 명상 · 상담 2021' 실시

저서 및 역서

인성교육(공저, 법문사, 1998), 개인상담의 실제(공저, 학지사, 2003), 상담전문가 전문가 11인의 만남과 치유(공저, 학지사, 2004), 교육학개론(공역, 아카데미프레스, 2007), 깨어 있는 삶을 위한 일곱 가지 가르침(역, 학지사, 2012), 자아초월심리학 핸드북(공역, 학지사, 2020), 알아차림의 파워(도서출판 명성, 2022)

대표 논문

인간의 의식과 의식확대 고찰(상담학연구, 2004)
명상을 통한 상담의 가능성 모색(상담학연구, 2008)
사성제에 기초한 불교상담의 실제(한국초월영성상담학회 연차대회 자료집, 2012)
영성상담—어떻게 이루어지나(한국초월영성상담학회 학술행사 자료집, 2014)
상담과정에서 명상의 기능(명상심리상담, 2017)
의식확대와 에고소멸, 선마을명상리트릿(한국초월영성상담학회 추계학술회, 2018)
이 시대의 영성상담, 어떻게 접근할 것인가?(한국초월영성상담학회 연차대회, 2020)

인터뷰

1. 성장과정

♧ 혼자 사는 것에 익숙했던 소년

질문자 　인터뷰에 응해 주서서 감사드립니다. 우선, 선생님 삶에서 중요한 전환점들이 있으셨을 텐데 자신의 삶을 돌아보셨을 때 상담자로서 자리매김할 때까지 의미 있게 연결된 삶의 사건들을 편안하고 자유롭게 말씀해 주시면 되겠습니다.

박태수 　제가 3대 독자인데, 아버지가 없이 혼자서 외롭게 자라서 기반이 없어요. 6·25 때 돌아가셨지요. 아버지는 지금으로 치면 남로당.[1] 그 당시에는 나쁜 말로 하면 빨갱이라고 그래요. 군에 갈 나이에 연좌제로 인해서 못 갈 뻔 했어요.

　피난 중에 할머니가 저를 데려오고 어머니는 내 여동생을 데려왔는데 데려오다가 여동생은 죽고 어머니는 나중에 5년 뒤에 이산가족 찾듯이 할머니가 찾으러 가서 데리고 오고 그래서 성장 시기에는 할머니, 어머니, 나. 셋이서 살았지요.

질문자 　아! 남북 분단의 비극이 선생님의 가족사 안에 새겨져 있군요. 당시에 많은 지식인들이 공산주의나 사회주의를 받아들였죠.

　바깥에서 느끼기에는 상상할 수 없을 만큼 아픈 가족사인데도 선생님의 지금 모습은 그런 흔적이 전혀 없는 게 명상 수행의 덕분이겠죠? 아픈 가족사를 생각해 보면 많이 외롭고 삶을 개척해 나가는 게 쉽지 않으셨을 텐데요.

박태수 　자신과 타인에게 이로운 것을 성실하게 수행하라

박태수 그래서 어려서부터 혼자서 뭘 하는 것에 저는 굉장히 익숙해져 있어요. 어릴 때부터 초등학교 다닐 때도 할머니는 이웃집에 가서 명주나 베나 이런 길쌈을 하거나, 이웃 밭에 김매러 나가거나 그러면 집에 오면 아무도 없잖아요. 그럼 제가 다 해요. 저는 여덟 살 때부터 끈으로 된 질빵, 경상도 사투리로. 요즘은 좋은 배낭이지만 새끼 끈으로 나무를 해서 묶어서 메고 집으로 왔어요. 그게 여덟 살 때부터이니 혼자서 사는 것에 아주 익숙해요. 그러나 혼자서 하는 것은 쉬운 일이 아닙니다. 그래도 그냥 그게 삶이려니 내가 살아온 게 그거니까. 자기가 살아온 대로 살잖아요.

제가 외롭게 자라왔기 때문에 아이들은 삼남매를 낳았어요. 그래서 걔들한테 아이는 적어도 둘은 낳으라 했는데 둘을 안 낳더라구요. (웃음) 큰애도 하나, 둘째도 하나, 셋째만 둘을 낳았는데 그래서 넷입니다. 요즘은 코로나 때문에 못하지만 저는 해마다 가족들과 함께 여행을 다닙니다. 그동안 다닌 곳이 경주, 부여, 부산, 그리고 중국, 싱가포르 이렇게 다녔어요. 그래서 같이 어울리는 가족의 울타리를 만들어 주고 싶었지요.

질문자 선생님께서 가족의 울타리를 자녀분들께 만들어 주고 가족 안에서 뿌리를 단단히 내릴 수 있도록 노력하신 거네요.

2. 상담자의 길

♧ 상담에 이끌리다

박태수 그렇죠. 자식들에게 그렇게 하려고 노력했습니다.

경북 안동이 제 고향이라고 할 수 있습니다. 영주에서 초등학교와

중학교를. 안동에서 고등학교와 교육대학을 나왔습니다. 안동교대를 나왔거든요. 교사를 6년 하다가 스물여덟 살에 중앙대학교 사범대학에 편입을 했습니다. 그러니까 대학 졸업이 서른 살이에요. 대학원은 서른 넘어서 석사, 박사 했지요.

제주대학에 오기 전 10년은 한국교육개발원 연구원이었죠. 연구원으로 있으면서 내가 이제 석사를 중앙대학교 교육심리 전공을 했는데 교육심리는 제가 교육학 중에서 제일 마음이 끌리는 전공분야였죠. 또 당시 현실적일 필요도 있었습니다. 제가 교육개발원에 있으니까 교육행정도 해야 되고 교육과정, 교육통계 등 여러 분야에서 일했습니다. 그때 교육심리와 관련된 연구 파트에서 통계를 공부해야 하고 요인을 분석해야 되는 그런 연구 부서에 간거죠. 대학원에서 지금은 돌아가셨지만 유기섭 선생님과 허형 선생님을 만나고, 그 과정에서 외부 교수로 서울대학교 이장호 선생

박태수 자신과 타인에게 이로운 것을 성실하게 수행하라

님을 만났는데 저한테 가장 인상 깊게 다가왔던 게 이장호 선생님 연구실에서 로저스를 직접 영상으로 보면서 특별한 실습을 한 것입니다. 그때부터 상담에 관심을 갖게 됐고 그렇게 석사과정을 마치고 그대로 중대에서 박사과정을 하는데 전부 다 교육심리 쪽으로 했습니다.

질문자 명상은 언제부터 접하게 되신 건가요?

박태수 박사할 때까지도 경험이 별로 없었죠.

질문자 아, 명상과는 굉장히 늦게 인연이 되신 거네요.

박태수 명상과 특별한 인연이랄 것은 없고, 있다면 제가 어릴 때부터 불교 신자이신 할머니를 따라서 스님들의 법문을 들은 게 전부입니다. (웃음)

☘ 마음 공부를 일깨운 안내자들

질문자 박사 마치시고 제주대학교에 교수로 오시게 된 거죠?

박태수 네, 그렇죠. 제가 늦게 공부를 시작했어요. 제 나이 마흔두 살이 되는 1988년도 제주대학에 왔습니다. 그전에는 교육학자였죠. 88년도에 제주에 와서 대학원에서 상담심리 강의를 시작했는데. 그때부터 마음 공부도 함께 했죠. 제주대학에 와 상담 전공 교수가 돼서 보니까 상담자가 되기 위해서는 상담 이론이라든가 기법에 대한 공부도 중요하지만 마음 공부를 통해서 바탕이 이루어지지 않으면 좀 어렵겠구나 하고 생각했죠.

알다시피 상담이란 상담자가 내담자를 만나서 내담자의 심리적 갈등을 도와서 스스로 해결하도록 하는 건데, 그러기 위해서는 인간의 마음에 대한 이해가 깊어야 되겠다고 생각했습니다. 상담 공부를 하면서 많은 상담 이론 서적을 보지만 특별히 마음과 관련해서 깊이 있게 다루는 책들은 별로 없었어요. 전부 다 이론이고 기법들이죠.

이때 우리나라에는 이미 마음 공부를 체계적이고 깊이 있게 하는 그런 프로그램이 있었어요. 하나는 용타 스님의 동사섭[2]이고 다른 하나는 문진희 선생님의 요가명상입니다. 제가 90년 1월 지리산 백장암이라고 아주 높은 산 중턱에 수련원이 있는데 그 수련원에서 동사섭 프로그램 5박 6일을 했어요. 지금도 기억나는 것은 마음 수련 프로그램의 전체 흐름이 '구나~ 겠지~ 감사'라고 하는 삶의 올바른 길을 안내하는 구조화된 것이었습니다. 그때는 깨닫지 못했는데 지금 명상 공부를 하다 보니까 동사섭은 이미 명상에서 대상을 바라보는 방법을 갖추고 있었습니다. 그 방법은 '있는 그대로' 보는 훈련이었습니다.

거기서 5박 6일을 하는데 그 안에서 독특한 경험을 합니다. 4일째 되던 매우 추운 날이었어요. 보통 새벽 4시에 일어나서 하는데, 아침에 일어나서 한두 바퀴 돌고, 체조하고 화장실을 막 가서, 이렇게 앉아서 볼일을 보려고 하는데, 누가 들어오는데 보니까 용타 스님이에요. 그 화장실에는 칸막이가 없었습니다. (웃음) 용변기 위 난간에 앉았는데 옆에 칸막이가 없으니까 용타 스님과 같이 앉아 있는 게 매우 불편했어요. 그러니까 용타 스님께서 "이게 산중 스님들의 화장실 문화입니다. 불편한 마음 갖지 마시고 편하게 보세요. 하하" 이러시면서 덧붙여 "이게 바로 화장실 동사섭입니다" 하시는 거예요.

화장실 동사섭. 서로 어려움이 있을 때 함께 나누는 것이 동사섭이잖아요. 용타 스님 말씀은 화장실에 앉아서 서로 마음을 나눈다는 거죠. 이제 볼일 다 보고 나와서 프로그램을 했는데 용타 스님이 일깨운, 알아차리는 마음이 그 순간 나의 불편했던 에고를 한

순간에 내려놓게 했던 경험이 되었던 것 같습니다. 그다음 두 번째로 요가명상은 강원도 원주에 있는 한국영성교육원에 계시는 문진희 선생님을 통해 만났어요.

질문자 언제입니까?

박태수 아마 95년도경일 겁니다. 문진희 선생님이 인도에서 박사 학위를 하고 와서 원주에 막 한국영성교육원을 세웠을 때죠. 문진희 선생님도 인도에서 돌아오신 지 얼마 되지 않은 때라 인도와 연결이 자주 있었어요. 그래서 문진희 선생님이 인도 북쪽 비하르 주에 있는 비하르 요가 스쿨 쌍카라난다지[3](구루를 '지'라는 호칭을 붙임) 부총장 일행을 초청했죠. 제가 제주대학 교수로 있으니까 그쪽에서 공부하는 대학원생들 7명과 부총장님을 모시고 3박 4일 심포지엄을 유치했습니다.

제가 그 행사를 주관하고 쌍카라난다지 부총장과 만나면서 놀라운 경험을 했습니다. 저는 사실 그 당시만 해도 요가에 대해서 깊이 있게 공부한 상태가 아니고 그냥 공부하고 싶어 하는 마음이 한창 있을 때니까 그분들이 자기 주제를 발표하고 토론하는 것을 도와 드리고 쌍카라난다지 부총장을 계속 안내하고 식사와 잠자리를 도와주는 것이 제 일이었어요. 사실 영어도 능숙하지 않은 상태여서 불안한 마음이었어요. 그런데 3박 4일 행사를 하고 난 뒤에 돌아보니 제가 영어를 잘해서 부총장을 모신 것 같고, 행사 지원도 알아서 잘 한 것처럼 생각이 들어 신기했습니다.

우리가 상담 공부하면서 칼 로저스의 무조건적 긍정적 수용이란 말이 있는데 내담자를 만날 때는 온전히 내담자를 있는 그대로 받아들여 수용해야 되고, 그러면 내담자가 자기 안에 있는 모든 것을 꺼내고 싶은 대로 다 꺼낼 수 있다는 것이지요. 이론적으로는 그래요. 그런데 내담자를 그렇게 대한다는 것이 보통 어려운 일이 아니에요. 가만히 생각해 보니까 쌍카라난다지 부총장이 제가 영어를 못해도 못한다는 말을 일체 안 하는 겁니다. 오로지 "Ok, Sure." 하여튼 모든 게 잘하는 거라고 받아들인 겁니다. 그러니 저는 잘한다는 그 칭찬에 그냥 잘하든 못하든 하고 싶은 대로 말을 다 하니까 불안한 마음 없이 편하게 말할 수 있었죠. 로저스가 말한 '무조건적 수용'이란 걸 경험했던 것이죠.

정신의학과 교수이자 도 정신치료를 공부하신 이동식[4] 박사님을 모신 적이 있습니다. 몇 차례 모시면서 그 분의 말씀 중 정말 귀에 꽂히는 말씀이 있었어요. 내담자를 만날 때 허심(虛心)[5]의 상태로 만나라는 것입니다. 이동식 박사님의 허심과 쌍카라란다지의 OK, 칼 로저스의 수용이 이어지면서 내 마음속에 상담자로서 내담자를 만날 때는 정말 내 것을 가지고 있으면 안 된다. 내 것을 내려놓고 만나야 온전히 만나지 내 것을 갖고 있으면 내담자가 말을 할 때마다 내 것으로 자꾸 판단하고 분별하게 되어 내담자를 있는 그대로 만날 수 없게 된다는 것을 알게 됐어요. 그러니까 내가 갖고 있는 걸 전부 내려놔야 한다는 겁니다.

질문자　이동식 박사님과의 인연은 어떻게 되시나요?

박태수　이동식 박사님은 한국정신치료학회에서 처음 만났고 그분을 제주에 초청하면서 좀 더 가까이서 만나게 되었어요. 그러다가 제가 한국상담학회 학회장을 할 때(2005년) 고려대학교에서 하는 통합사례 발표에 발표자로 초청을 했습니다. 이때 이동식 박사님 나이가 92세입니다. 그분이 연단에 올라가서 개인 사례 발표를 하는데 같은 정신과 의사인 부인이 부축을 하고 지팡이를 짚고 오셔서 스크린의 사례를 보여 주면서 발표를 하시는 겁니다. 그분의 강의를 듣는 많은 분들이 감동을 받았습니다. 그 뒤 몇 년 지나서 돌아가셨다는 얘기를 들었어요.

박태수　자신과 타인에게 이로운 것을 성실하게 수행하라

3. 초월영성상담자의 길

♠ 명상의 길에서 의식의 본질을 찾다

질문자   선생님께서 마음 공부의 필요성을 느끼고 공부하던 중 만나셨던 용타 스님, 쌍카라난다지 그리고 이동식 선생님과의 중요한 경험 들을 이야기해 주셨습니다. 마음 공부의 필요성을 절감하시고 공 부하시면서 자연스럽게 초월영성적인 상담에 대해 관심을 가지셨 겠군요?

박태수   한국상담학회가 2000년도에 설립이 될 당시에는 집단상담, 학교 상담, 가족상담, 진로상담 네 개의 학회가 있었는데 그것을 분과 학회로 해서 한국상담학회가 창립되었고. 저는 창원대학의 김병 채 교수와 더불어 스터디를 하다가 요가명상 쪽으로 방향을 잡고,

2002년도에 초월영성상담학회를 창립했습니다.

그때는 제가 공부를 한참 활발하게 하던 40대입니다. 문진희 선생님도 이때 만났지요. 문진희 선생님이 인도 편잡 대학에서 요가 박사 학위를 받고 돌아와서 원주에 영성교육원을 설립하면서 주력한 게 아바타[6]예요. 그 당시 문진희 선생님이 아바타를 하시면서 저한테 안내를 했습니다. 아바타의 기본 과정 8박 9일을 서울에서 하고, 이어서 아바타 마스터 과정 8박 9일을 미국 플로리다에서 하고, 프로페셔널 과정 6박 7일을 독일의 윈덴버그에서 했습니다. 이 과정에서 해리 팔머[7]를 만납니다. 해리 팔머는 교육학자이자 명상가로서 제가 보기에 21세기 우리 시대의 살아 있는 성자라고 할 수 있습니다. 『무경계』라는 책으로 만난 켄 윌버도 살아 있는 성자의 한 분입니다.

아바타에서도 깨어 있는 의식으로 바라보고 알아차리는 위파사나 방법을 취하고 있어요. 그러면서도 체험 프로그램을 위주로 훈련을 하고 있습니다. 하나의 예를 들면, '팔이 아프다'고 하면 우리는 마음이 팔에 가 있잖아요. 그러니까 이 팔이 계속 아픈 거예요. 명상에서 보듯이 팔에서 마음을 분리시켜야 몸과 마음이 분리되어 여전히 아프지만 나는 아프지 않다는 거죠. 요가에서는 이것을 주의를 회수한다고 합니다. 이때 암시를 하는데, "팔이 고통스럽지만 그 고통은 내가 아니다. 고통은 내가 창조한 것"이라고 말합니다. 이 고통은 내가 아프다고 해서 아픈 거지 내가 아픈 것은 아니라는 겁니다. 우리가 팔이 아프면 팔에 집착하고, 배가 아프면 배에 매달리는데, 아바타 과정을 공부하면서 몸과 마음이 나라고 하는 한 존재가 있지만 나라고 하는 존재를 편의상 몸과 마음으로 나누어 놓고 하나이면서도 둘이고 둘이면서도 하나인 것으로 경험을 하게 하는 거죠.

박태수 자신과 타인에게 이로운 것을 성실하게 수행하라

그 경험을 하면서 우리가 사념처를 바라보면 일어난 것은 사라진다. 진리잖아요. 나한테 일어난 모든 것은 사라진다. 바로 거기서 그걸 하고 있더라는 거죠. 나는 그때만 해도 이것이 진리라는 생각을 못했어요. 사념처하고 관계 짓지도 못했고요. 몸과 마음을 얼마든지 분리할 수 있는데. 우리는 내 몸이 아프면 내가 아픈 걸로 생각하고 거기서 벗어나지 못하는 거죠.

이렇게 공부를 하다가 위파사나 명상의 대가인 붓다락키타[8] 스님을 만납니다. 붓다락키타 스님은 서울 강남에서 보리수 선원을 할 때 만났어요. 그때부터 지금까지 계속 모셨어요.

질문자   그때는 언제쯤입니까?

박태수   그때가 2000년도 초여름이죠. 스님이 미얀마에서 10여 년 수행하시고 돌아오셨는데 그때 보리수 선원엘 갔죠. 청담동 보리수 선원에 계시다는 소식을 듣고 찾아갔어요. 그때는 약간 명상 맛을 좀 들여서 공부를 하러 간 거죠. 찾아가서 스님을 만나고 수행을 했어요. 가서 보니까 또 새로운 경험입니다. 그때 위파사나,[9] 사마타[10] 얘기를 들은 거죠. 그래서 제주에 그분을 몇 차례 초청을 해서 주로 3박 4일 또는 4박 5일 집중 연수를 하면서 마음속에 마음 공부, 명상 공부 이런 것이 자리를 잡기 시작했습니다. 말하자면, 지금 하고 있는 위파사나, 사티, 마인드풀니스는 붓다락키타 스님 만나면서 공부를 한 겁니다. 그전에는 마음 공부, 요가 공부, 아바타 공부 이렇게 했는데, 붓다락키타 스님을 모시면서 수행을 많이 한 것이 바로 위파사나하고 사마타입니다. 일 년에 한두 번은 꼭 만납니다.

저는 하루 종일 앉아 있거나 걷습니다. 제 하루의 생활이 어떠냐면 하루 6천에서 7천 보 정도는 꼭 걸어요. 언제 걷느냐 하면 아침에 출근을 하면 우선 천 보를 걸어요. 수련실 안에서 왔다 갔다 하거나. 이 복도에서 왔다 갔다 하죠. 이렇게 한 데는 제가 미얀마에 갔더니 미얀마 스님들이 걷기명상을 하는데, 바로 사무실 옆에 긴 복도가 있는데, 그게 걷기명상 코스였어요. 제가 그곳에 갔다 온 다음, 그때는 제주대학 교수 시절이니까 3층 긴 복도를 주로 걸었어요. 그리고 여기 와서는 수련실에서 걷거나, 복도를 걸었죠. 한 10분에서 15분 정도입니다. 앉아서 책을 보면 사오십 분. 그리고 또 일어나서 걷습니다. 하루에 대개 천 번씩 여섯 번 하면 6천 보잖아요. 그러면 이제 오전에 3천 보 오후에 3천 보, 그리고 퇴근하고, 이게 제 일과예요.

미얀마에서 크게 알려진 마하시 수행센터에서 9일간 수행만 했습니다. 아주 호되게 했지요. 그러면서 이게 바로 명상 수련이로구나 했습니다. 붓다락키타 스님에게 배울 때처럼 좌선과 걷기명상이 전부였어요. 걸을 때는 걷기만 하고, 좌선할 때는 반듯하게 앉아서 하는 것이 수행의 전부입니다. 중요한 것은 자신이 그렇게 하는 동안 어떠한 경험을 하느냐이지요. 한번은 같은 일행하고 점심 먹고 오다가 잠깐 가게에 들렀어요. 그런데 그것을 스님이 보시고 혼을 내신 겁니다. 그러니까 점심을 먹으러 다니는 동안에도 옆을 봐서는 안 되고 오로지 묵언으로 걷기명상만 하는 거예요.

수행의 내용은 아주 단순해요. 걷거나 앉거나. Walking meditation 하고 Sitting meditation 딱 두 가지. 그런데 이제 걸으면서 온전히 의식을 발에다 두는 거죠. 그렇게 했을 때 내 마음에서 일어나는 느낌들, 이게 경험이에요. 하나의 대상에 온전히 머물렀더니 모든 잡념이 다 사라지고 마음이 굉장히 편안해졌어요. 몸은 지쳐도 마음은 이런저런 걱정이니 뭐니 전부 다 없어지고 아주 편안한 그런 상태가 오더라는 거죠. 거기에 있는 동안에는 온전히 명상상태에 있다 보니까 세상에 대한 것, 이를테면 한국에 대한 생각도 없

박태수 자신과 타인에게 이로운 것을 성실하게 수행하라

고, 가족에 대한 생각도 없고. 오로지 수행만 하게 되죠. 우리나라에서 스님들이 하는 집중 수행, 간화선[11]이라고 하잖아요. 90일간 온전히 그것만 하잖아요. 그런데 거기서 견딜 수 있는 힘이 도대체 어디에 있을까? 우리가 뭔가 싫증이 나거나 힘들거나 이러면 자꾸 일어나게 되고 다른 일을 하게 되는데 집중력이 생기면 그런 잡념이 없으니까 그냥 계속 앉아 있어도 문제가 없는 겁니다. 앉아 있으면 기운이 떨어질 것 같은데 떨어지지 않는 그런 경험을 하고 어느 정도 몸에 익숙해지니까 그 상태를 계속 유지할 수 있게 되고 또 하나는 그래도 모처럼 왔으니까 수행을 제대로 하고 가자 그런 오기들이 있으니까 유지할 수가 있고 거기서의 경험은 그런 거예요.

거기에서 진짜 수행을 제대로 했죠. 그곳에서 특히 인상에 남는 것은 오늘 경험한 것을 그다음날 오전 10시에서 11시 사이에 인터뷰를 해요. 그 스님들은 전문가니까 내가 뭘 했다 그러면 다 아시는 겁니다. 그러니까 제가 경험을 먼저 이야기하면 들으시고 뭘 경험했느냐고 물으시고 대답에 따라서 그다음 질문을 하십니다. 이러한 인터뷰가 크게 도움이 되었죠. 제가 정직하게 대답을 하지 않거나 대답을 못하면 어떻게 하라고 지시를 합니다. 그리고 다음날 확인을 하죠.

문진희 선생님을 통해서 인도의 요가대학을 방학 때마다 갈 수 있었어요. 비하르 요가대학에 1999년 처음 방문하고 이후 4회를 다녀왔어요. 한편으로는 붓다락키타 스님을 만나서 명상 공부를 하면서 초월영성상담학회에서 요가 명상 발표를 하게 됩니다. 그때 인도에서 요가를 공부한 사람들이 하타 요가[12]를 배우고 와서 우리나라에 한참 알릴 때죠. 요가명상 쪽으로 알리는 게 아니고 하타 요가 쪽으로 알린 겁니다. 요가명상은 라자 요가[13]의 명상 8단계 중에서 1~4단계를 거쳐 5~8단계까지라고 봐야죠.

비하르 요가대학에 다니면서 니란자난다지 총장을 만납니다. 정말 공부를 할 때가 돼서 그런지 제가 그때 마음속에 계속 확연치 않은 개념 하나가 있었는데 그게 바로 의식을 확대한다는 겁니다. 요즘에는 의식 확장이라는 말로 쓰고 있는데 그때는 의식 확대라고 사용했죠. 당시에는 의식도 마음인데 마음 안에 의식이 어떻게 확대되는가? 책으로 공부하면서 얻은 지식에는 한계가 있었어요. 오쇼 라즈니쉬 책에서 인간의 마음에는 네 가지 요소, 즉 생각, 느낌, 의지, 그리고 의식이 있다고 했습니다. 그런데 생각과 느낌, 의지는 행동하는 마음이어서 끊임없이 변하지만 의식은 본질적인 것이어서 변하지 않는다는 것입니다. 그리고 변하는 마음을 계속 관찰한다는 것이죠. 이 의식이 확대되면 확대될수록 내 자신의 마음을 잘 다스릴 수 있다는 거죠. 그래서 의식이 깨어 있어야 내 마음의 주인이 된다는 것입니다.

말하자면 내 마음을 관찰하는 의식이 나의 주인인데 의식이 깨어 있지 않으면 내가 어떤 행동을 하더라도 잘 모른다는 거죠. 그런데 의식이 확대된다, 깨어 있다라는 말이 잘 이해가 되지 않는 겁니다. 그래서 1999년과 2000년 방학 때 가서 비하르 요가대학 총장님께 직접 물었지요. '의식 확장'이라는 말의 의미를 듣고 싶다고 하자 잠깐 생각하다가 이렇게 예를 들어 주었습니다. "자, 파이프를 예로 들어 보겠습니다. 작은 파이프로 보면 구멍이 작기 때문에 보이는 것이 작게 보입니다. 구멍만큼 보이지요. 그런데 파이프를 조금 더 크게 늘려 봅시다. 그러면 구멍이 커지니까 더 크게 보입니다. 파이프를 치워 봅시다. 그러면 훨씬 더 크게 보입니다. 이것이 바로 의식이 확대되는 겁니다." 그 말씀을 듣고 가슴이 탁 트였어요. 그래서 그것으로 인해 의식 확대 관련 논문을 썼어요.

〈제주국제명상센터 전경〉

'성자는 아무나 되는 게 아니구나' 하고 감탄을 하게 되었고, 이후 그곳에 자꾸 가게 되었어요. 그리고는 2005년 9월 요가명상 자격증 과정에 등록했습니다. 6개월 요가명상 과정인데, 나이는 많고 정말 고생 많이 했어요. 보기에는 별로인데 공부는 왜 그렇게 벅차게 시키는지. 6개월 뒤 시험을 보고 겨우 합격을 했습니다. 이 경험을 통해 명상센터 운영의 바탕을 마련한 셈이죠.

♠ 나를 내려놓고 남의 나이로 살자고 결심하다

박태수 그해 59세 9월에 인도에 가서 2006년 1월 1일 새해를 맞으면서 60세가 됩니다. 그날 아침도 일어나서 명상을 하는데 가만히 내 자신을 보니까 내 나이가 딱 60이 되는 거예요. '아, 내 나이가 60이로구나' 하면서 떠오르는 생각이 '이제 내 나이는 다 살았네. 어릴 때 어른들한테 자주 듣는 말이 인생은 60까지야. 여기까지 살고 죽어'라는 겁니다. 그러면서 뒤에 따라오는 생각이 '60까지는 나한테 주어진 인생이니까, 명대로 살고, 내가 받은 명이 60인데 이제 다 산 거지' 이어지는 생각이 '이제는 내 나이를 다 살았으니까 앞으로는 남의 나이로 사는구나. 이제부터 남의 나이로 살면서 나를 위해 산다면 그것은 도둑놈이 되는 거지'라는 생각에 이르자 깜짝 놀랐어요. 거기에서 깨우친 게. '그러면 이제부터 남을 위해서 살자'였어요.

그해 2월에 귀국하자 정년 이후를 위해 사 놓은 땅을 남을 위해서 살자고 다짐했습니다. 그동안 같이 명상을 하거나 상담을 하거나 공부했던 사람들을 불러서 '내가 소유한 이 땅을 내놓을 테니 법인을 만들자'고 제안을 했습니다. 이건 엄청난 사건이죠. 제가 개인적으로 돈을 들여서 산 건데 법인 이름으로 땅을 내놔 버린 거죠. 모두들 좋다고 하여 그해 말에 발기인대회를 열었습니다.

물론 그런 것을 결정할 때 아내, 자식들이 전부 모여 회의를 했습니다. 비록 내가 번 돈이라 하더라도 가장이니까 모두의 동의를 얻어야 하는 거죠. 고맙게도 자식들이 모두 동의해 주었습니다. 2007년도에 법인을 설립하고 건물을 지으려니까 엄청난 돈이 필요했어요. 사단법인에 따른 건물을 짓는데 후원을 바란다는 공지를 하니까 정말 많은 분들이 후원을 하여 2010년에 착공하여 2012년 6월에 제주국제명상센터를 완공했습니다. 저는 2013년 2월에 정년퇴직을 하고 그 이후로 제주국제명상센터에 전념하게 됐지요.

제가 보기에 이곳 명상센터는 제주에서 가장 아름다운 공간, 그냥 외적으로만 아름다운 게 아니라 품고 있는 그 기운이 또 굉장히 좋습니다. 그런 면에서 정말 선택을 잘~했는데 이 기운과 제

박태수 자신과 타인에게 이로운 것을 성실하게 수행하라

가 만나는 게 예삿일이 아니죠. (웃음) 이런 기운을 아무나 만날 수는 없겠지만 제가 그 기운을 만날 수 있는 어떤 준비가 됐다고 할수도 있는데 그런 의미에서 굉장히 큰 인연이라고 생각해요. 아직 우리나라에서는 소규모로 이런 독립 공간을 갖고 명상이든 초월 영성이든 공부할 수 있는 공간을 갖는 게 드물 텐데 저는 그런 공간을 하나 갖게 되었습니다.

질문자 불교식으로 말하면 크게 회향을 하신 거네요. 선생님이 40대 때 명상을 접하시게 된 계기가 상담만으로는 부족하다 이런 생각이 있으셨다고 했는데 그렇다 해도 선생님처럼 이런 방식으로 명상을 받아들이고 헌신하는 것은 다른 차원의 문제로 보입니다. 연구하거나 또는 학생들을 가르칠 때 필요하니까 아니면 건강을 위해서 한다 이런 정도가 아니고 지금 선생님께서 하시는 건 수행자라고 할 만큼 명상에 깊이 몰입을 하고 계시단 말이에요. 그래서 그 부분이 궁금합니다. 다른 걸 떠나서 선생님 개인 안에서 명상을 해야겠다는 그런 열망이라고 할까요? 그렇게 깊이 있게 몰입할 수 있었던 건 어떤 마음이었을까요?

박태수 네, 제가 대학원에서 상담심리를 가르쳤어요. 그러니까 1988년도에 시작해서 계속 강의를 해 왔는데 이 분야의 제자들이 전부 다 상담 분야의 제자들이에요. 그렇다고 그 사람들 중에 명상으로 학위한 사람은 하나도 없죠. 지금 제주대학에만 25년인데 한 15년, 20년 하면서 보니까 제자들이 제주도 내에만도 굉장히 많은 거예요.

제주대학교 교수가 600여 명 되는데 그중에 한 300여 명은 육지 사람이에요. 서울, 부산, 대구, 광주, 하여튼 제가 본 바에 따르면 정년 후 8, 90%는 고향으로 돌아가요. 그런데 저는 알다시피 6·25 때 서울에서 경북으로 피난을 가서 영주, 안동, 봉화에서 살다가 다시 서울로 돌아옵니다. 그러니까 저는 정년이 다가와도 돌아갈 특별한 근거지가 없습니다.

내가 뭐 이렇다 할 마음 둘 곳이 없어요. 내가 제주대학에서 정년 하고 나면 어디로 가지? 어디를 가든 정년 이후의 나를 맞아 줄 사람도 공간도 없습니다. 제주에서 상담을 하며 지내는 방법이 있기는 하나, 주변이 모두 상담하는 제자들인데 그들과 경쟁을 하는 것도 내키지 않았습니다. 다행히 저는 상담하면서 명상을 공부했으니까 '명상센터를 만들자'고 마음먹었죠. 그게 명상센터를 만든 가장 현실적인 이유가 되겠네요. 그러면서 내가 좋아하는 공부를 하게 된 셈이죠.

♧ 에고의 집착을 내려놓으면 새로운 길이 열린다

질문자 다른 식으로 질문을 드려 보면, 명상이나 수행의 과정을 통해서 선생님이 찾고 싶었던 혹은 해결하고 싶었던 것이 있으셨는지 선생님 안에서 내가 이걸 해결하기 위해서 명상을 해야 되겠다는. 이렇게 꾸준히 일생을 걸치면서 굉장히 열정적으로 명상의 길을 걸어 오셨는데 그 원동력이 어떤 것일까 궁금합니다.

박태수 그게 무슨 딱 이것이라고 할 것은 없지만 살다 보니까 나를 내려놓는 게 정말 인생을 사는 데 가장 행복하게 사는 거라고 봅니다. 제가 번역한 책, 『깨어 있는 삶을 위한 7가지 가르침』에도 보면 이 '에고'를 내려놓는 것이 정말 생을 가장 자유롭고 행복하게 사는 거라고 말하고 있어요. 사실 저는 인도에서 그 결심 할 때 이 에고의 상당 부분은 내려놨죠.

우리의 삶 자체가 에고 덩어리예요. 내려놓으면 또 생기고 내려놓으면 또 생기고 그게 숨을 쉬고 있는 한은 에고에서 벗어날 수 없

박태수 자신과 타인에게 이로운 것을 성실하게 수행하라

다는 거지요. 자체가 에고 덩어리니까. 다만, 에고는 진짜 나는 아니고 내가 살면서 만들어 놓은 흔히 개념상으로 하면 가짜 나죠. 예를 들어, 좋은 집을 보니까 사고 싶다. 뭔가 욕망이 생긴다. 그 욕망을 갖는 게 에고거든요. 욕망이 없으면 우린 살아갈 수가 없어요. 뭔가 하고자 하는 욕구가 있어야 공부를 하든지 일을 하든지 하게 되죠. 오늘 여러분들이 오니까 내가 이 질문을 잘 익혀서 만나야 되겠다. 이게 욕구잖아요. 이게 있어야 돼요. 그렇다고 이것이 내 삶의 전부가 되면 이래저래 다른 일도 해야 되는데 그거에만 매달릴 수가 없잖아요. 그러니까 나한테 일어나는 그 욕망도 보고 내가 해야 할 일도 보고 그래서 적당한 선에서 그 욕망을 멈추는 게 에고를 버리는 거죠. 에고는 달리 말하면 어떤 대상에 대한 나의 집착이죠.

내가 집착을 내려놓은 경험을 하나 말씀드리면, 명상센터 앞에 밭이 있는데 그 앞밭하고 명상센터 사이에 돌담이 있어요. 제가 여기에 나무를 심어 놨는데 심은 지 15년 되니까 엄청나게 컸어요. 점점 커질수록 나무 그늘로 인해 앞밭 농사에 방해가 되니까 농사 짓는 분이 다른 데로 옮겨 달라는 거예요. 하지만 그 큰 나무를 옮기려니 마땅한 데는 없고 자르려니까 아깝고 하여 그냥 뒀지요. 그러니까 또 얘기를 해요. 그러면서 앞밭 쪽에서 나오는 가지를 자르더라고요. 그래서 나도 가지만 잘라야 되겠다 생각하고 그쪽 밭으로 간 가지를 잘랐어요. 그래도 여전히 그늘을 없애 주지는 못했어요. 그러다가 기어이 일이 터지고 말았습니다. 어느 날 잔디밭에 있는데 그 땅 주인이 저를 보고 막 욕을 하면서 애들한테 야단치듯이 나무라는 겁니다. 나도 나이가 70살이 넘어서 옛날 같으면 노인인데. 이렇게 야단을 맞으니까 무안하기도 하고 창피했지만 사실 앞에서 할 말이 없었습니다. 그래도 욕을 들으니 속상하고 화가 났어요. 욕을 먹고 화가 나면서도 나무는 베고 싶지 않은 겁니다. 이 나무는 사람들한테 그늘도 만들어 주고 그 아래에서 얘기를 나눌 수도 있고, 예쁜 열매도 달아 주니 제 입장만 생각하면 매우 아깝죠. 이게 에고입니다.

그러나 이런 생각은 오래가지 않았어요. 그쪽이 그늘로 인해 계속 농사에 나쁜 영향을 받고 있다는 것을 확연히 깨닫자 바로 톱을 들고 나무를 베기 시작했습니다. 내 욕심, 에고임을 자각하는 순간 탁 내려놓게 되더라고요. 에고가 없어지니까 즐거운 마음으로 베었어요. 그러고 나니까 너무 시원해졌습니다. 수행하는 동안 이런 일이 일어나는 것은 아닙니다. 수행에서 쌓여진 의식의 힘이 평소에 이처럼 나타나는 겁니다.

질문자   아주 이해하기 쉽게 에고를 설명해 주신 거 같습니다. 선생님께서 제일 고민하셨던 선생님의 에고의 문제는 어떤 것이 있었나요?

박태수   그게 뭐 특별하게. 이것이 바로 내 에고다 그렇게 드러낼 만한 게 특별하게 있는 건 아닌데, 내 삶을 살면서 나라고 하는 강한 어떤 아집, 집착에서 벗어나는 경험을 하면 할수록 점점 좋은 일이 생겨요. 어떤 어려움이 있을 때 그 어려움에 부딪히는 게 아니고 내 집착을 내려놓고 거기에 잠시 머물면 새로운 길이 열리더라고요. 예를 들면, 이 명상센터 공간을 구하려고 애를 많이 썼죠. 명상센터라면 적어도 풍수상으로 배산임수라고 하는 기운이 좋은 공간에 있어야 사람들이 와서 명상 공부를 할 때도 그렇고, 왔다 가면 편안해질 수 있는 곳이어야 하죠. 그래서 그런 장소를 찾으려고 애를 썼어요. 그래서 아예 부동산 중개인도 데리고 다니고 좀 괜찮다 싶으면 풍수를 불러서 확인하고, 제주 시내에서 한 30분에서 1시간 거리에는 다 다녔어요. 그런데 없어요. 그렇게 내 마음속에 들어있는 명당자리가 없더라고요. 그러니까 그냥 나도 모르게 아직은 때가 아니구나. 때가 아닌데, 내가 이렇게 노력을 하는구나.

그래서 멈췄어요. 멈췄는데 어느 날 차를 타고 가다가 저 앞의 언덕 너머에 멈췄어요. 나도 모르게. 좀 쉬었다 가야지. 그냥 뭐. 여기에는 누구 아는 사람이 특별히 있는 것도 아니고…… 차에서 내렸어요. 내리니까 이곳으로 들어오는 저 길이, 당시에는 조그마한 농로였는데, 그래서 언덕을 올라서니까 저절로 아! 하고 감탄사가 나왔어요. 명상센터 앞 공간을 보면 타원형입니다. 센터 뒤에는 산이 있고, 좌우양쪽에는 적절하게 막혀 있어서 좌청룡 우백호를 이뤄요. 너무 공간이 좋은 거예요. '아, 이렇게 좋은 데가 있구나.' 그러면서 '이런 데 명상센터를 짓는다면 얼마나 좋을까?' 누구 말마따나 꿈 같은 얘기죠. 그러면서 천천히 걸어가는데 웬 아주머니가 밭에서 검질(김매기)을 하고 있었어요. 무심코 "아주머니 참 좋은 데서 농사짓고 계시네요. 혹시 이 근처에 누가 땅 팔려고 하는 사람 있습니까?"라고 물었죠. 그러니까 "없수다." 무뚝뚝한 제주 사람의 대답이었어요. "아, 그렇겠죠." 그러고는 앞으로 조금 걸어가다가 길이 끝나니까 다시 되돌아서 나가는데 조금 전 그 아주머니께서 "아저씨, 아저씨"라고 부르더군요. "며칠 전에 저쪽 풀밭에 몇 사람이 다녀갔수다"라고 말하는 겁니다. 이 말씀이 가슴에 확 다가오는 겁니다. '며칠 전에 몇 사람 다녀갔수다.' 얼마나 간절하게 듣고 싶었던 말인가. "아 그래요. 아유 감사합니다." 그 길로 바로 부동산 중개인한테 연락을 해서 그 위치가 정말 주인이 팔려고 내놨는지 확인하라고 부탁을 했습니다. 이틀 뒤에 전화가 왔는데 주인이 땅을 내놨다는군요. 그래서 만나게 되었는데, 가격이 만만치 않더라고요. 한 6개월 정도 다니면서 본 땅의 가격은 대개 평당 5만 원에서 10만 원 정도였는데, 이 땅은 30만 원이라는 거예요. 이렇게 비쌀 수가! 그러나 가격은 고사하고 이처럼 좋은 땅은 도시락을 싸들고 다녀도 구할 수 없는 땅이었어요. 흥정을 했으나 더 이상 깎을 수가 없어서 그냥 계약을 했습니다. 바로 이 건물이 앉아 있는 공간입니다. 바로 풍수를 불렀지요. 풍수 왈, 닭이 알을 품은 그런 공간이라는군요. 다만, 기가 너무 세서 개인의 집을 짓기는 어렵고 많은 사람들이 활동하는 그런 집을 지으면 좋다고 하니 제게 딱 맞는 곳이지요.

질문자   참 신기하네요. 여기 공간이 진짜 너무 좋은 것 같아요. 차를 타고 들어오는데 선생님이 타원형이라고 하셨잖아요. 이 공간이 우리를 품어 주고 반겨 주는 것 같더라고요. 어떻게 우연히 길을 가시다가 발견을 하셔서. (웃음)

박태수   그래서 이야기하려고 한 건데 우리가 의식적으로 살지만 초의식이라는 의식을 넘어선 또 다른 세계가 나한테 있어요. 내 의식으로는 이걸 갖고 싶어도 내 의식 너머의 세계가 이를 거부하면 만날 수가 없지요. 그런데 이제 그걸 만나게 된 거지요. 그게 영성입니다.

4. 초월영성상담 그리고 초월영성상담자

♠ 나를 넘어서 다른 존재, 다른 세계와 만나는 것이 초월이자 영성이다

질문자   선생님께서는 상담을 하시는 전문가이면서 또 한편으로는 명상이나 요가를 공부하고 수행하시는 분이라서 이 두 영역을 통합하는 과제가 있으셨을 것 같아요. 선생님의 삶의 여정을 들어 보면서 이 과제가 초월영상상담으로 모아졌을 것 같다는 생각이 듭니다. 우선은 선생님께서 생각하시는 초월 혹은 영성이라고 하는 것이

박태수   자신과 타인에게 이로운 것을 성실하게 수행하라

어떤 것일까요? 또 초월이나 영성이 상담하고 어떻게 연결될 수 있다고 생각하시는지 이어서 말씀을 해 주시면 좋을 것 같습니다.

박태수   초월이란 말을 가지고 참 많은 논의를 했습니다. 초월영성이란 말은 김병채 선생님이 만들었어요. 초월영성이란 용어가 처음에는 걸리더니 쓰다 보니 차츰차츰 초월도 편하게 다가오고 영성도 편하게 다가오더라고요. 그러나 여전히 한국상담학회 15개 분과의 다른 분과 사람들에게는 초월영성이 낯설게 느껴질 겁니다.

저는 켄 윌버가 말한 인간의 의식 발달 단계[14]인 전의식-개인의식-초의식에서 초의식을 중요한 단계로 봅니다. 전의식은 의식의 전 단계, 개인의식은 지금 현재 일어나는 생각, 감정, 의지라고 할 수 있는데, 나라고 하는 개인이 존재한다, 살아 있다는 느낌을 주는 의식이라고 볼 수 있습니다. 그리고 초의식은 바로 이러한 나를 넘어서서 다른 세계와 만날 수 있는 의식, 즉 의식의 한계를 넘어서서 작용하는 의식으로 아까 제가 말한 떨어져서 바라볼 수 있는 힘이죠. 초월은 초의식을 줄인 말이라고 할 수 있죠.

나라고 하는 개인을 넘어서서 다른 세계와 만날 수 있는 힘, 많은 분들이 이것과 관련된 글을 쓰기도 하고 이야기도 하는데 한 개인의 존재는 몸, 마음, 그리고 영성 이렇게 얘기를 하잖아요. 어떤 경우는 마음 안에 영성도 포함이 돼 있어요. 왜냐하면 초월의식도 마음의 하나이니까요.

마음은 주로 자기와 관련된 것들에 초점이 주어져 있고 영성은 나를 넘어선 다른 세계, 다른 세상과의 연결에 초점이 주어져 있어요. 초월이라는 것은 떨어져서 바라볼 수 있는 힘이 나한테 있는가의 문제죠.

그런데 크게는 초월하고 영성을 같은 의미로 봐요. 영성이라는 말을 대신해 초월을 쓸 수도 있고 초월이라는 말을 대신해서 영성을 쓸 수 있다는 거죠. 떨어져서 바라볼 수 있는 초월은 의식하고 관련이 돼요. 의식은 마음을 바라보는 또 다른 마음이잖아요. 영성은 나와 다른 사람을 연결시켜 주는 어떤 에너지, 힘이라고 보는데 이때 나라고 하는 것에 중심이 되는 정신적인 에너지를 우리가 영혼이라고 해요. 내가 그것을 해석을 할 때 나의 주인 의식이 바로 영혼이다. 영성은 바로 내 영혼이 갖고 있는 품성이라고 할 수 있죠.

질문자 초월을 떨어져서 바라볼 수 있는 의식이라고 하셨고, 영성을 나를 넘어서 다른 세계와 만날 수 있는 힘이라고 표현을 하셨는데 여기서 다른 세계라고 하는 것은 어떤 의미로 말씀하시는지요?

박태수 나라고 하는 존재가 있지만, 이 우주 안에는 나와 유사한 존재들이 얼마나 많이 있습니까? 우리는 나라고 하는 한 존재만으로 살 수는 없고 수없이 많은 다른 존재들과 만나죠. 이렇게 다른 존재와 만나는 어떤 능력을 우리는 영혼이 만난다고 표현합니다. 즉, 나라고 하는 것을 넘어서서 다른 존재와 만나게 하는 것을 바로 영성 또는 영혼이라 합니다.

제주에서는 가끔씩 무당이 하는 굿을 볼 수 있어요. 무당을 우리가 영매라고 그래요. 어떤 환자가 몸과 마음의 병 같으면 병원에 가면 되는데 병원에 가도 안 낫는 겁니다. 이 환자는 어디에 병이 있느냐 하면 다른 영적인 세계의 혼하고 연결이 돼서 병이 생긴 거죠. 영매인 무당은 다른 영혼을 불러 가지고 이 환자하고 만나게 해 주는데 바로 우리한테 그런 영혼이 있다는 거지요.

영혼이 있어서 나 자신뿐만 아니라 나보다 더 큰 다른 어떤 세계하고 연결시켜 주는 그 어떤 에너지. 크게 보면 모두 다 마음에 속한다고 볼 수도 있어요. 그러나 보통 말하는 마음은 우리가 의식하는 세계와 관련된 것이고 영혼이나 영성은 그런 걸 넘어섭니다. 그러나 넘어선다고 해서 분리해서는 안 되니까 나라고 하는 한 존재를 바라볼 때 영혼이 바로 내 마음의 주인 의식이라고 할 수 있죠.

인도에서 달마대사가 중국으로 오다가 어느 곳에 오니까 자연 풍경이 너무 아름다워서 영혼이 잠시 자기 몸에서 빠져나가서 구경하고 있었답니다. 그때 어떤 도적놈인가 험상궂은 놈이 이렇게 보니까 아주 잘생긴 게 몸만 있고 영혼이 없으니까 이 기회에 나는 내 몸을 저 몸과 바꿔야 되겠다고 해서 자기 몸을 놔두고 그 영혼이 달마의 몸으로 들어와서 딴 데로 가 버렸어요. 그러니까 달마대사에게는 영혼이 없는 험상궂은 몸뚱이만 있는 거죠. 달마대사가 구경을 다 하고 와 보니까 자기 몸은 없어지고 험상궂은 놈이 하나 있는데 어쩔 수 없이 그 몸으로 들어가서 중국으로 넘어왔다는 겁니다. 그래서 달마대사가 원래는 잘생겼는데 다른 몸으로 들어가는 바람에 못생겨졌다는 이야기예요. (웃음) 그러듯이 우리 몸에는 그런 영혼이 있는 거죠. 다른 존재, 다른 세계와 만날 수 있는 영혼의 에너지, 힘을 영성이라고 합니다.

질문자 　영혼을 참나, 진정한 나라고도 이해할 수 있을까요?

박태수 　네. 우리가 공부할 때는 그런 말을 썼지만 참나,[15] 진아,[16] 영혼, 영성 이렇게 하니까 거리감이 생겨서 잘 받아들이기가 어려워요. 칼 융의 분석심리학 쪽에서는 에고는 의식되는 마음의 영역 안에 있고, 진짜 나, 진짜 셀프(Self)는 무의식 안에 있는데 이 무의식 안에 있는 셀프가 우리의 영혼이라고 할 때 영혼은 의식과 무의식의 세계를 넘나들 수 있는 거라고 볼 수도 있죠.

질문자 　한편으로는 내가 고립된 존재가 아니고 그래서 자기중심적인 욕망에 의해서만 살아가는 것이 진정한 내가 아니고, 우리는 다른 세계 혹은 타인들과 연결된 존재라고 하는 우리 존재의 본질 이것을 영성이라고 표현하셨거든요?

박태수 　이 세상은 수없이 많은 몸과 마음을 가진 개체들이 함께 사니까,

함께 살면서 서로 관계를 잘하려면 나 개인만이 갖고 있는 능력이나 에너지만으로는 한계가 있죠. 이걸 연결시켜 줄 수 있는 더 큰 힘이 있어야 되는데 그 큰 힘이 바로 초월이고 영성이라고 보는 겁니다.

내 자신만을 볼 때는 초월이라고 말을 쓰기가 어렵죠. 나만을 위할 때 나라고 하는 에고 덩어리는 내 안에 갇혀 있는 거예요. 남을 의식하고 남하고 함께 살려면 초월해야만 함께 살 수가 있어요.

제가 다른 예를 하나 들어 볼게요. 제가 아침에 일어나면 산에 가요. 돌아올 때는 좁은 길로 걸어오는데 한번은 그 좁은 길에서 아주머니가 체조를 하고 있는 거예요.

열심히 체조하는데 비키라 하려니 좀 무안해할 것 같기도 하고 해서, 그 사람을 피해서 도랑을 건너서 밭으로 갔다가 다시 길로 와서 걸었죠. 그러니 불편하죠. 불편하더라도 그렇게 해서 원래 길로 와서 내 뒤를 보니까 내 뒤에 오는 사람들도 다 나처럼 그렇게 오는 겁니다. 그 순간 저 사람의 의식은 어디까지 한계 지어져 있을까. 그 생각이 들면서 '저 사람의 의식은 자기한테 한계 지어져 있구나.' 그 사람의 눈은 육안으로는 사람들이 도랑을 건너서 밭으로 가는 게 다 보여요. 그러나 눈으로는 봐도 의식이 자기한테만 매여 있는 거죠. 그러니까 계속 체조를 하고 있어요. 저 의식이 깨어나서 더 확장되어야 다른 사람이 들어오는 거죠.

질문자   의식이 자기 욕망에 갇혀 있을 때는 다른 세계와 연결될 수 없다는 말씀이시죠.

박태수   그렇죠. 바로 다른 사람하고 연결되려면 자기 한계가 무너지고 건너가야 초월이 되는 겁니다. 내 의식, 내 영혼이 자유롭고 한계가 없는 근원적인 것임에도 불구하고 내 의식 자체는 한계 지어져 있을 수가 있어요.

박태수   자신과 타인에게 이로운 것을 성실하게 수행하라

질문자   관계 안에서 발생하는 갈등이나 고통이 내 안에 갇혀 있는 것을 넘어서야 비로소 극복될 수 있다는 말씀으로 들립니다.

♤ 내담자를 이론처럼 보지 말고, 매 순간 일어나는 경험으로 만나라

질문자   지금 선생님이 이야기하신 초월과 영성의 개념이 상담에 있어서는 어떤 의미를 갖게 되는 건가요?

박태수   상담을 영성 또는 명상 쪽에서 볼 때 제가 가끔 쓰는 말이 있어요. '내가 하는 모든 행동은, 지금까지 살아온 모든 인생의 총합이다' 라고요. 그거는 다 누구나 인정하잖아요. 어릴 때부터 지금까지 살아온 삶의 총합이 그 사람의 영혼에 각인되어 있기 때문입니다. 예를 들어, 좋은 일을 했어요. 그러면 좋은 일 했던 것이 영혼에 각인되고 또 누군가를 때리고 나쁜 짓을 했으면 그것이 또 영혼에 각인되고, 영혼은 모든 것을 각인하고 있기 때문에 영혼은 다 알죠. 영혼은 모든 걸 다 아우를 수 있는 그런 능력이 있어요. 내담자가 어떤 문제나 갈등이 있어서 온다고 합시다. 그러면 저는 '그렇게 살아오셨네요, 그렇게 갈등할 수밖에 없는. 힘들어할 수밖에 없게 살아오셨네요'라고 합니다. 그러면 어떤 사람은 그 말만 듣고도 자각을 해요

제가 일반 상담과 명상과의 만남이라는 주제로 글을 여러 번 썼어요. 명상이 상담과 만나려면 만나야 되는 어떤 당위가 있어야 하는데 왜 만날까. 물론 딱 그것만으로 만난다고 한정 짓지는 못하지만 대개 상담은 아까 잠깐 얘기했듯이 내담자의 문제를 상담 이론이라든가 기술로 만나요. 그렇다면 어떻게 하면 내담자를 보다 잘 도울 수 있을까?

우선, 명상이 무엇인지를 확실하게 규정지을 필요가 있어요. 명상

은 위파사나 쪽에서 얘기를 하면 지금 이 순간 몸과 마음에서 일어나는 현상을 관찰하고 알아차리는 거죠. 알아차리는 것 자체가 깨어 있는 거죠. 내가 이렇게 하고 있구나, 저렇게 하고 있구나.

상담자가 내담자를 도울 때 머릿속에 상담 이론이라든가 테크닉이 들어 있는데, 명상을 하는 사람이 내담자를 도울 때는 이론을 가져오는 게 아니고 이 순간의 알아차림에 온전히 가 있어요. 명상하는 사람은 이 순간 내담자가 꺼내는 말을 알아듣고, 알아차리고, 관찰하고 또 자신한테서 일어나는 감정, 생각도 관찰하고 알아차리면서 상담을 한다는 겁니다.

질문자   가장 근본적인 차이점이네요.

박태수   네, 그게 가장 근본적인 차이점이죠. 내담자의 경험을 이론을 가지고 틀을 지어 버리는 경우가 굉장히 많아요. 슈퍼비전할 때 보면 상담자가 어떤 이론에 나오는 무슨 개념을 갖고 내담자를 해석하려고만 하지 지금 내담자의 마음이라든가 상담자의 마음 상태가 개념에 걸려서 마음을 못 보고 있는 겁니다. 이론에 걸려 있는 저 마음 상태를 보게 되면 저 문제가 해결될 텐데 개념에 매달려 있는 걸 보면서 매우 안타깝죠.

저는 이렇게 설명을 해 줍니다. 그 이론이나 기법에 대해 공부는 하되 상담 과정에서는 그걸 내려놓고 그 순간 내담자한테 일어나는 현상에 온전히 머물러야 한다고요. 사실 그 공부를 내려놔도 상담자에게는 학습된 거니까, 녹아 있으니까 어떤 형태든 간에 당신한테서 나온다고 말합니다. 그렇게 도와주려고 하죠.

질문자   이론이나 기술이 내담자의 현재 상황이나 경험에 일치되는 방식으로 쓰여지기 어렵다는 거군요.

박태수   그렇죠. 이론이 들어가 버리면 순간을 놓쳐 버려요. 진짜 한 순간도 놓치지 않아야 합니다. 상담을 하다 보면 자꾸 머릿속에 어떤 이론을 적용하는 것이 좋을까, 펄스[17]의 어떤 이론을 적용할까? 칼 융의 무의식의 어떤 부분이 여기에 적용될까? 이렇게 자꾸 상담 이론과 관련한 이론적 배경이나 기술을 적용하려고 하다 보면 내담자를 만나면서도 눈앞의 내담자를 온전히 만나는 게 아니라 머릿속의 지식이나 기술을 만나게 되는 거죠. 내담자가 어떤 얘기를 꺼내면 그 얘기에 어떤 이론이나 기술을 내가 대비시켜서 도와줄 수 있을까? 그래서 문제가 해결되면 내담자가 그 이후에도 행복하게 살아야 하잖아요. 그런데 나중에 보면 그게 아니더라는 거죠. 나중에 또 찾아오거나 또 다른 데 가서 상담을 받아야 하거나 뭔가 내담자의 문제 해결이 삶 속에서 지속이 되지 않습니다.

그럼 도대체 왜 이럴까? 그 원인은 지금 이야기했던 것처럼 지식이나 기술이 전달돼서 문제를 지식이나 기술로 해결을 한 거죠. 지식은 말 그대로 잊어버리잖아요. 내 삶이 안 되고. 지식과 기술로는 남아 있지만 시간이 흘러가면 다 잊어버립니다. 그렇다면 잊어버리지 않고 내담자의 문제 해결이 내담자의 삶과 함께 지속적으로 가려면 어떻게 해야 할까? 명상 공부를 하다 보니까 명상이 바로 그 답이더라는 겁니다. 명상은 매 순간순간을 만나면서 살아가는 거잖아요. 문제가 일어나더라도 바로 문제가 일어나는 순간 내가 그 문제를 관찰하고 알아차리고 또 그다음에 새로운 어떤 상황이 오면 또 관찰하고 알아차리고 계속 순간순간을 만나는 게 명상이라는 겁니다.

내담자를 만날 때도 매 순간을 알아차리면서 문제를 만나게 하고 그것이 우리가 흔히 말하는 과제로 연결되어 상담 장면에서 경험하는 과정이 현실 장면에서도 가능하도록 유지되거나 연결될 수 있게 하는 겁니다. 우리가 소위 호흡 명상과 사념처를 끊임없이 하는 이유가 내 삶에서 문제가 해결된 것처럼 보여도 그 문제는 여전히 삶의 한 부분으로 남아 있으니까 그 문제를 계속 보면서 살아가야 한다는 겁니다. 그것이 상담에서 명상을 함께하는 상담과 명상의 통합적인 과제입니다.

☖ 상담관계에서 일어나는 마음의 흐름을 객관적으로 관찰하는 능력을 키우라

질문자　일반 상담과 초월영성상담의 인간관은 어떤 차이가 있을까요?

박태수　어떤 상담이든 어떠한 이론이든 간에 기본은 자기를 존중하는 거, 자기를 소중히 여긴다는 말을 저는 잘 써요. 배가 고플 때는 음식을 먹어서 배가 부르게 하는 것이 바로 자기를 소중하게 여기는 것이죠. 너무 힘들면 그 순간 내가 힘들구나를 알아차리고 쉬어주는 것이 바로 자기를 소중히 여기는 것이구요.

그러려면, 자신의 상태를 알아차려서 행위가 따라가도록 해야 합니다. 지금 일어나는 것을 알아차리는 순간 현명한 행위로 연결됩니다. 제가 자주 드는 예가, 저기 여자가 온다. 명상에서는 있는 그대로 보라고 하잖아요. 그런데 그 여자가 너무 아름답다, 손이라도 한번 잡아 봤으면, 데이트하자고 말을 건네 봤으면 하는 욕망이 일어나는 거죠. 이럴 때 그 욕망에 휩싸여 끄달리지 않고 알아차리게 되면 그 순간 가장 지혜로운 행동을 선택할 수 있는 거죠.

질문자　상담자가 내담자를 볼 때 내담자의 경험 하나하나를 소중하게 여겨야 한다는 의미로도 이해가 됩니다.

유사한 질문이긴 합니다만, 선생님께서는 초월영성상담자를 일반상담자와 구분할 수 있는 특징을 어떤 것으로 보고 계신지 그리고 초월영성상담자가 되기 위해서 꼭 필요한 훈련은 어떤 것이 있다고 생각하시는지요?

박태수　초월영성상담에서도 당연히 상담자가 있고 대상인 내담자가 있는데 상담 과정에서 내담자와의 만남이 계속 일어나죠. 그 과정에서 내담자의 변화도 놓치지 말아야 되고 그 내담자의 변화를 보는 상담자 자신의 변화도 놓치지 말아야 한다는 겁니다.

초월영성상담이든 일반 상담이든 역전이 현상이라는 게 있잖아요. 역전이가 뭐냐 하면 내담자의 문제 상황이 마치 상담자의 문제 상황처럼 여겨져서 딱 걸려 버리는 거죠. 객관적인 입장이 되지 못하고 자기 문제라고 보니까 자기의 주관적인 생각이 반영되어서 그 순간 내담자를 제대로 못 도와주는 현상이 역전이입니다. 역전이를 해결하려면 초월영성상담자의 초월적인 자세, 그러니까 내담자를 객관적으로 보되 동시에 상담자 자신도 객관적으로 볼 수 있어야 한다는 겁니다. 이게 굉장히 어렵지만 그렇게 봐야만 역전이 같은 현상에서 벗어날 수 있는데 그것을 볼 수 있는 것은 초월영성상담자가 제일 잘할 수 있죠.

질문자 네, 정말 어려운 일인 것 같습니다. 초월영성상담자라면 내담자 마음의 흐름뿐 아니라 자신에게 일어나는 역전이 현상에 휩싸이지 않고 떨어져서 객관적으로 볼 수 있어야 한다는 말씀을 해 주셨습니다. 이런 자질을 키우려면 일반적인 상담 훈련에 더해 어떤 훈련이 필요하다고 생각을 하십니까?

박태수 초월영성상담자의 훈련은 말로 하면 굉장히 단순해요. 명상을 해야 합니다. 명상을 해야 되는데 책을 수십 권을 읽어도 명상 경험이 안 되면 도움이 안 된다는 겁니다. 명상은 스스로 경험해야 해요. 내가 미얀마에서 하루 종일 걷거나 앉아서 명상을 했는데 이튿날 지도 스님이 "어제 어떤 경험을 하셨습니까?"라고 물어요. 근데 내가 걷거나 앉아 있으면서 딴 생각에 빠져 있거나 했다면 경험이 제대로 안 된 거죠. 그 스님들은 기가 막히게 족집게처럼 지적합니다. 바로 그 자리에서 "경험을 제대로 못하셨네요." 말하자면 경험이 아니라 걷기만 한 거죠. 말이 걷기지 걷기 명상을 한 건 아니라는 겁니다.

♤ 알아차림을 생활화하는 것이 초월영성상담의 역할이다

질문자 말씀하시니까 저도 처음에 붓다락키타 스님을 천안 호두 마을에서 뵈었거든요. 제가 앉았던 방석을 방석 쌓아 두는 곳에 가져다 놓을 때까지의 과정을 관찰해서 보고하라고 했는데 너무 막막했던 그 기억이 납니다.

이제 전체 이야기를 마무리하는 질문인데요. 초월영성상담이 우리 사회에서 갖는 의미는 무엇이라고 생각하십니까?

박태수 제가 명상 공부를 해 보니까 명상 공부 하지 않고 마음을 맑고 아름답게 한다는 것은 말 자체가 안 된다고 생각해요. 한국 사람들이 나를 포함해서 좀 충동적이에요. 감정에 휩쓸려서, 마치 물건 살 때 충동구매 하듯이 충동적이고 급해요. 내가 이걸 사고 싶다는 마음이 일어나면 그 마음을 보고 바로 알아차려야 돼요. 급하게 뭘 하려고 하는지 알아차리는 거죠. 급하면 옷이 손이나 팔에 들어가지 않고 다른 데로 막 들어갑니다. 그런 것을 바라보면 그 급한 마음이 좀 멈추어지잖아요. 내가 하고 있는 행동을 알아차리면 그 행동을 안 하게 되죠.

제가 학회 강의할 때마다 자주 예를 드는 것이 '도벽 청년' 얘기입니다. 습관적으로 남의 물건을 훔쳐 온 도벽 청년이 23세의 나이가 되면서 '내가 이 나이가 됐는데 아직도 이러고 있구나. 이걸 고쳐야지' 생각합니다. 생각은 고쳐야지 하는데 밖에 나가 보면 손은 벌써 남의 물건을 가져오는 겁니다. 머리에서는 하지 말아야지. 그런데 손은 여기 것도 가져오고 저기 것도 가져옵니다. 청년은 '이걸 어떻게 고치지?'라고 고민합니다. 이게 석가모니 수행 시절입니다. 그 청년은 부처님은 알 것이다 그래서 찾아갔어요. "제가 도벽 습관을 고치고자 하나 바꾸지 못하는데 어떻게 하면 좋겠습니까?" 그러니까 부처님 말씀이. "훔쳐라. 훔치되 알고 훔쳐라"라고 합니다. 알고 훔쳐라가 바로 마인드풀니스고 사티입니다. 청년은 당황스럽습니다. 자신은 안 훔치겠다고 하는데 훔치라고 하고, 훔치는 것도 알고 훔치라고 하니 무슨 말인지 몰랐습니다. 그러나 부처님의 말씀이니 분명 의미가 있을 거라고 생각하고 그때부터 화두로 삼습니다. '훔쳐라, 훔치되 알고 훔쳐라.' 그런데 어느 날 자기 손이 물건 쪽으로 가는 걸 본 거죠. '손이 물건을 훔치려고 하는구나' 하고 알아차린 것입니다. 손을 딱 멈춥니다. 그 순간 아 이게 바로 '알고 훔쳐라'라고 하는구나. 완전히 역설적이잖아요. 알고는 못 훔친다는 거지요. 그러니까 초월영상상담이 우리 사회나 국가에 크게 기여를 하려면 사람들이 자신의 행동을 알고 행하도록, 본인이 하는 행동을 끊임없이 알아차리는 훈련이 생활화되도록 역할을 해야 한다는 것이지요. 그것이 안 되고는 어떻게 내담자를 도와주며 사회에 도움을 주겠습니까?

질문자 감정적인 충동, 급해지고 욕망에 끄달리면서 우리 사회에 문제들이 생기는 건데 그걸 알아차리고 멈출 수 있는 훈련이 필요하다는 말씀이시죠?

박태수 저는 그러기 위해서는 '걷기 명상'을 하라고 합니다. 그런데 걷기 명상은 안 하고 사람들이 걷기만 해요. 참 신기한 게 내가 뭘 하다가 마음이 바쁜데도 온전히 걷기 명상을 하면 수련실을 한 바퀴만 돌아도 진짜 마음이 평정 상태가 되요. 이게 너무 신기한 겁니다. 그런데 걸으면서 이 생각 저 생각을 하면 열 바퀴를 돌아도 아무 소용이 없습니다. 그래서 저는 명상 공부하는 사람이 수련하지 않고 책만 읽고서 명상한다는 말을 해서는 안 된다고 말합니다.

질문자 오늘 인터뷰를 하면서 선생님에 대해 참 성실한 분이시구나라는 것을 느꼈습니다. 명상의 좋은 점을 아신 이후 예전의 습관으로 돌아가지 않고 우보천리처럼 그 길을 차근차근 한 걸음씩 쭉 걸어오셨구나, 그런 생각이 들었습니다. 많은 사람들이 명상이 좋다는 것은 알지만 조금 해 보고 중간에 포기를 하지 않습니까?

박태수 이 과정이 멈추지 않아야 돼요. 제일 어려운 게 멈추지 않는 거죠. 그 도벽 청년도 멈췄으면 거기에서 벗어나지 못했겠죠. 멈추지 않고 숨을 쉬는 매 순간을 알아차리는 것이 생활이 되어야 수행자라는 말을 하죠. 수행자는 멈추지 않아요. 저는 이제 어찌 보면 수행자로 들어와 앉아 있는 셈이죠.

질문자 아마 선생님의 성실성과도 연관이 되는 것 같은데, 선생님께서 늦은 나이에도 거리낌 없이 계속해서 배움의 자세를 가지고 수행하고 계시는 그런 태도에서 큰 감명을 받았습니다.

앞으로 상담을 하면서 어떤 자세로 임해야 할 것인가에 대해 본질적이고 가장 중요한 부분을 느끼고 확인하는 자리였던 거 같습니다. 또 오늘 말씀을 들으면서 '수행을 해야겠다' 이런 생각이 들기도 하고 또 하나는 '좋은 스승을 만나는 거 그게 또 참 크겠구나' 이런 마음이 있어요. 감사합니다.

박태수 곳곳에 스승이 있었죠. 저는 평생을 스승을 옆에서 모시진 않았지만 마음으로는 가까이 모시면서 살았어요. 스승이 있다는 거는 정말 대단한 거예요. 아마 내가 아버지나 할아버지가 없어서 더 그랬을지도 모르죠. 그래서 그런지 스승들께서 제가 필요할 때 나타나고 이분이 가시고 나면 저분이 나타나고 그렇더라고요.

질문자 오랜 시간 동안 귀한 이야기 나눠 주셔서 감사합니다. 인터뷰를 마쳤는데 선생님께서는 어떠셨어요?

박태수 자신과 타인에게 이로운 것을 성실하게 수행하라

박태수　일단 명상센터에 오신 게 너무 감사하고, 인터뷰를 위해 이렇게 여러분이 오시다니 '내가 대단한 사람이구나'라는 생각이 드네요. (웃음) 내 생각을 한번 정리를 할 수 있다는 게 좋고 나중에 책으로 나오면 더 좋고 그래서 감사합니다.

📝 인상노트

　차도 옆에 슬그머니 나 있는 길로 2분 남짓 걸어 들어가면 고즈넉한 느낌을 더해 주는 작은 절(안국사)과 텃밭을 지나 안세미 오름에 살포시 기대어 있는 제주국제명상센터를 만나게 된다. 마치 센터 건물과 산이 서로의 일부이자 연장선인 양 한 몸처럼 느껴지면서 등 뒤의 작은 산에 감싸 안긴 포근함을 준다. 사방이 온통 풀과 나무로 가득해 햇살을 받아 반짝이는 잎사귀들과 맑은 공기, 청명하게 울려 퍼지는 새소리 가운데서 거니는 산책은 그 자체가 명상이 되는 듯하다. 도로와 살짝 떨어져 있어 교통이 편리하면서도 충분히 한적하고 고요한 센터의 모습은 바쁘게 돌아가는 삶 속에서 한 발자국 물러나 조용히 자신을 바라보는 명상과도 닮아 있었다.

　현관 안으로 발을 들이자 창밖의 자연경관과 어우러지는 목재로 된 정갈한 실내가 우리를 맞이해 주었다. 곳곳의 창들은 햇빛을 온몸으로 받아들이려는 듯 정면을 향해 큼지막하게 나 있고, 건물 한쪽 끝에 이어져 넓게 자리한 명상실의 둥근 천장은 산이 건물을 품고 있듯 방문객들을 아늑하게 품어 준다. 화려하게 치장하지 않은 검소하고 자연스러운 내부는 이곳에 머무는 이들의 들뜬 마음을 차분하게 가라앉혀 주는 고요함을 머금고 있었다.

　센터가 주는 이러한 분위기는 건물의 설립자이자 운영자인 박태수 선생님의 성품을 고스란히 반영하고 있다는 것을, 우리를 반기러 나오신 선생님을 만나고 나서 알 수 있었다. 웃을 때 하회탈같이 휘어지는 선한 눈매와 인자한 미소, 어디 불편한 곳은 없는지 우리의 편의를 세심하게 살펴 주시는 따뜻함, 인터뷰

를 시작할 때 한명 한명 눈을 지긋이 맞추며 인사하시는 모습에서 인품이 자연
스레 묻어 나왔다. 명상센터로 찾아온 우리들에게 감사를 전한 후 인생의 중턱
에서 시작한 명상 공부 이야기로 입을 떼신 선생님은 오랜 세월 명상을 해 온 분
답게 이야기를 듣는 사람까지 마음이 조용하고 차분해져 알아차림의 상태로 유
도하는 듯한 고요함을 지니고 계셨다. 젊지 않은 나이에도 끊임없이 배우려는
마음으로 여러 스승을 만나셨던 여정을 들으며 배움에 있어서 조급함을 느끼곤
했던 자신에 대해 반성하는 마음이 올라왔다. 겸손함과 순수한 호기심만 있다
면 배움에 늦음이란 없구나. 특히나 그것이 자신을 비우는 공부라면 더더욱 그
럴 것이다. 부단한 수행으로 많은 것을 비워 낸 선생님은 60세에 이르자 이제
나의 명으로는 다 살았고 앞으로는 남의 나이로 사는 것이니 남을 위해 살자는
비범한 결심을 하시고는 개인 소유의 땅을 내놓아 이 명상센터를 만드셨다. 다
른 사람들을 위해 자신의 것을 기꺼이 포기하신 선생님을 보니 명상에 뿌리를
단단히 내린 커다란 나무가 떠올랐다. 자신의 마음에 지친 이들이 쉬어 갈 수 있
는 시원한 그늘을 내어 주고 있는.

　선생님께서는 마치 '다 괜찮다'고 말하는 듯한, 그토록 편안한 느낌을 우리들
에게 주셨다. 선생님이 자신의 것을 가지지 않은 허심의 마음으로 내담자들을
있는 그대로 만나고 무조건적으로 수용하는 것처럼 평소 상대방을 대하기 때
문이 아닐까 싶다. 그 앞에서는 판단받지 않는 기분이 든다. 자신의 것을 가지
지 않은 마음이란 에고로부터 한발 물러서 있는 마음일 것이다. 갈등 상황에서
집착을 놓아 보았더니 마음이 즐겁고 가벼웠다 말씀하시는 선생님의 아이 같
은 웃음을 보며 에고를 놓았을 때의 자유롭고 행복한 삶의 모습은 바로 저런 모
습이 아닐까 생각되었다. 내려놓으려면 먼저 내가 그것을 들고 있음을 알아차
려야 한다. 내가 들고 있는 그것이 아니라 들고 있는 것의 주인임을 알아차리는
것, 그것이 명상이 아닐까?

박태수　자신과 타인에게 이로운 것을 성실하게 수행하라

미주

1) 남로당: 남조선노동당(南朝鮮勞動黨)의 약칭으로, 1946년 11월 서울에서 결성된 공산주의 정당.

2) 동사섭: 불교의 근본 가르침과 선불교를 바탕으로 용타 스님이 개발한 프로그램. 행복의 조건으로 삶의 오대원리를 이야기함.

3) 쌍카라난다지(Adi Shankara): 불이일원론(不二一元論)을 주장한 인도 철학자. 모든 것의 바탕에는 절대자인 브라만이 있으며 각각의 개별성들은 본질에 있어서 브라만과 동일하다고 봄.

4) 소암 이동식: 동양사상과 도(道)를 현대 정신치료와 융합한 도정신치료의 창시자. 한국정신치료학회 명예회장이자 대한신경정신의학회의 창립회원이며 회장을 역임함. 가슴에 거리끼고 집착되어 있는 것[애응지물(碍膺之物)]이 콤플렉스이며, 애응지물에서 벗어나는 것이 정신건강으로 가는 길임을 제시.

5) 허심(虛心): 장자는 불변적인 고정성이 없는 세계의 연속성을 단절시키고 고정시킨 개념으로 이해하는 것은 온갖 문제를 야기하며, 이를 해결하기 위해 허심의 상태가 필요하다고 봄. 마음으로 짓는 일, 구분하는 것을 멈추고 존재의 실상인 변화를 수용하고 차이를 인정하여 문제가 해소된 마음을 허심이라고 함.

6) 아바타 프로그램(Avatar Course): 해리 팔머(Harry Palmer)에 의해 개발된 의식 개발 훈련 프로그램.

7) 해리 팔머(Harry Palmer): 인도 구루와의 인연으로 구도의 길에 나선 뒤 큰 스승과의 만남을 통해 깨달음의 소원을 이루고 아바타 프로그램을 개발함.

8) 붓다락키타: 미얀마, 라오스, 태국에서 두팅 수행(숲속에서의 금욕적 수행법)에 전념하였으며 귀국하여 보리수 선원을 만듦.

9) 위파사나: 관(觀)이라고 해석되는 불교 용어로 세간의 진실한 모습을 본다는 의미로, 끊임없이 변화, 생성, 소멸하는 대상을 있는 그대로 관찰하는 수행법.

10) 사마타(奢摩他): 지관(止觀)에서 '지(止)'를 의미함. 선정(禪定)을 의미. 외부 대상에 대해 감각기관을 다스려 마음이 동요되지 않고 고요하게 하는 것을 의미하는 불교 교리. 고요함을 개발하는 불교 명상법. 위파사나가 관조, 관찰을 중심으로 한다면 사마타는 고요함, 적멸, 삼매를 목표로 함.

11) 간화선(看話禪): 불교에서의 선 수행방법 중 화두를 들고 수행하는 참선법. 화두를 본다(看)는 의미로 화두선과 동일한 수행법을 의미함.

12) 하타 요가(hatha yoga): 음과 양의 조화를 통해 심신을 통제하여 삼매에 이르는 것을 목표로 하는 요가의 한 종류로 15세기 인도의 요기 스와트마나라가 창시함. 몸과 호흡을 다스리며 본래적 생명력을 회복하는 요가.

13) 라자 요가(raga yoga): '요가의 왕'이라는 의미, 요가의 종류 중 하나로 명상을 통해 마음의 평온과 지혜를 얻고자 하는 요가. 정신을 통일하여 차크라를 개발시키는 심신훈련법으로 고대 4대 요가 중 하나.

14) 켄 윌버의 인간 의식 발달 단계(전의식−의식−초의식): 인간 의식의 각 발달 단계는 저마다 다른 조직화 수준과 복잡성 수준을 보임.

15) 참나(the Self): 개인적 차원의 자기와 구별하여, 우주적 존재로서의 자기.

16) 진아(眞我): 본래의 참 본성을 회복한 일원의 체성에 합한 자기 자신.

17) 프리츠 펄스(Fritz Perls): 게슈탈트 치료, 형태주의 상담 이론의 창시자.

박희석

인생의 무대에서
주인공으로 연기하라

약력

1962년	전북 장수에서 1년 4남 중 다섯째로 태어남
1965년	만 3세 때 부친이 병환으로 돌아가심
1975년	전북 전주에서 전주동초등학교 졸업
1978년	전북 전주에서 해성중학교 졸업
1981년	전북 전주에서 전라고등학교 졸업. 초등학교 2학년 때부터 모친에 이끌려 기독교와 인연을 맺게 되었고, 고등학교 때 신앙에 깊게 심취하면서 현실의 삶보다 종교적 삶에 몰입하게 됨
1981년	재수를 하게 되면서 고등학교 재학 때 종교에 강하게 심취한 것이 현실을 도피하려는 시도였음을 인식하게 되면서 종교 활동을 그만둠

1982년 전북대학교 심리학과 입학. 당시 삶의 혼란에서 벗어나기 위해 심리학과 철학에 관심을 가졌고 현실과 가장 맞닿아 있을 것으로 여겨 심리학을 선택함. 대학 입학 후 매우 적극적이고 주체적인 삶을 살게 되면서 학문에 대한 관심, 삶에 대한 열정, 존재의 정체성을 갖기 시작함. 이때 심리학과 학생회장으로 심리극 동아리를 구성하면서 심리극과 처음 인연을 맺게 됨

1989년 대학원에서 임상심리학 전공. 관심 영역은 상담이었으나 현실을 고려하여 임상을 선택함. 대학원 입학 후 다시 종교적인 삶을 추구하면서 원불교에 입교. 이때 일 년간 화엄불교대학에 다니면서 불교에 관심을 갖게 됨

1991년 원광대학교 병원 신경정신과에서 일 년간 임상심리 기초수련과정을 이수

1992년 심리학과 조교를 하면서 결혼을 함

1993년 법무부 치료감호소(현 법무병원) 임상심리사로 취업하여 5년간 근무. 환자들을 대상으로 매주 금요일 심리극을 진행, 알코올 및 약물중독 환자를 대상으로 집단상담을, 병동을 순회하면서 환자들에게 이완요법을 실시

1994년 대전을지병원 정신과 의사 최헌진 선생님을 만나 심리극 지도자 1기로 참여. 이후 한국사이코드라마·소시오드라마학회를 창립하면서 심리극에 깊게 몰입함. 심리극 전문가가 되기까지 7~8년간 최헌진 선생님(심리극 지도자 과정)과 Zerka Moreno, Ann Hale, Marcia Karp, Zuretti Monica, Rory Remer, Emaine Camerota, Peter Kellermann, S. Chang, A. Garcia 등 외국 심리극 전문가들에게 약 1,000여 시간 공부함

1997년 동사섭 일반과정과 중급과정에 참여하면서 영성에 대해 관심을 갖기 시작함. 장길섭 목사님의 하비람, 이종헌 목사님의 아리랑풀이 집단상담, 일본 상지대학교 구즈마노 신부님의 선-치료(Zen-therapy), 경북대학교 조현춘 선생님의 행복훈련에 참여

1998년 광주청소년상담복지센터로 근무지를 바꾸면서 상담영역에서 본격적으로 일을 시작함

1999년 김정희 선생님의 아바타 코스 참여

2001년 SBS 〈터닝포인트〉를 시작으로, 심리극을 통해 여러 방송활동에 참여함. 가장 두드러진 방송활동은 EBS의 〈부부가 달라졌어요〉(2012~2017)

2003년 한울심리극연극치료연구소를 개소하면서 본격적으로 상담 업무를 시작. 현재까지 심리극 전문가를 양성, 심리극을 다양한 상담 이론과 통합하는 시도를 하고 있음. 같은 해 ASGPP(미국 집단치료 및 심리극학회) 콘퍼런스에 참석. 이후 2008년부터 마음숲심리상담센터로 이름을 개정하면서 상담 업무를 확장함

2003년 원광대학교 동서보완의학대학원 예술치료학과 초빙교수(2003. 3.~2012. 2.)로 연극치료 전공 후학들에게 심리극을 가르침. 이후 여러 대학교에서 후학들에게 상담과 심리극을 가르치고 있음

2005년 남부대학교 오세덕 선생님과 인연을 맺게 되면서 드멜로 영성 수련을 통해 일반 상담과 다른 초월영성상담 영역에 관심을 갖게 됨

2006년 한국심리극연극치료학회(현, 한국심리극역할극상담학회)를 창립하고 초대회장 역임

2007년   (사)한국상담학회 전문상담사(초월영성상담학회) 수련감독급 자격 취득
2008년   마음숲심리상담센터 부설 '심리극단 엔카운터'를 조직. 이후 현재까지 월요심리극장
          '굿판'을 진행 중. '심리극단 엔카운터'는 2013년부터 2018년까지 '광주국제평화연극
          제'에 참여하여 심리극을 공연화하면서 대중들에게 치유의 기회를 제공함
2008년   마음숲심리상담센터에서 명상(Meditation), 예술(Arts), 심리극(Psychodrama)을 통합
          한 '힐링 MAP 수련'을 개발하여 진행. 이후 달마와 풀라가 운영하는 '가족세우기'에
          2년간 참여하면서 가족세우기의 영성과 심리극의 통합 가능성을 확인함
2009년   명상과 심리극을 통합하는 Zen-Psychodrama 프로그램 개발. 이후 '심리극과 마음
          챙김의 통합' '심리극과 가족세우기의 통합' '심리극과 내면가족체계(IFS)의 통합' '심
          리극과 심리도식치료의 통합' 등 심리극과 상담. 영성의 영역을 통합하는 일에 관심
          을 갖고 다양하게 시도하고 있음
2019년   원불교상담학회 제 2대 회장 역임. 원불교의 교리와 상담의 원리를 통합하는 시도를
          하고 있음
          숲과 나무, 흙을 통한 생태영성에 관심을 갖게 되면서 정원을 활용한 영성적 삶을 살
          기 위한 토대를 만들어 가고 있으며 2022년에 힐링 정원을 완성할 계획

저서 및 역서

싸이코드라마의 토대(공역, 중앙문화사, 1997), 심리극의 세계(공역, 학지사, 2006), 심리극으로
의 초대(공역, 시그마프레스, 2007), 심리극과 경험치료를 활용한 집단상담(공역, 학지사, 2008),
창조적 예술치료 기법(공역, 학지사, 2011), 청소년교육론(공저, 공동체, 2013), 평생교육방법론
(공저, 공동체, 2013), 평화로운 학교 만들기(공저, 도서출판 마음숲, 2014), 마음의 감옥에서 벗
어나기(공저, 도서출판 마음숲, 2014), 아동 · 청소년을 위한 예술치료의 이론과 실제(공저, 학지
사, 2017), 자발성 극장(학지사, 2021)

대표 논문

대학생 우울집단에 대한 인지 · 행동치료와 사이코드라마의 치료 효과(전북대학교 대학원 박사
    학위청구논문, 2002)
우울집단을 위한 심리극의 주인공 경험 분석(상담학연구, 2005)
교정시설 재소자의 심리극 프로그램 경험에 대한 현상학적 분석(상담학연구, 2007)
선-심리극(Zen-Psychodrama)의 개발: 십우도를 중심으로(명상치료연구, 2009)
가정폭력 가해자와 피해자를 위한 심리극과 사회극 접근(심리극역할극상담연구, 2014)

인터뷰

1. 성장과정

♤ 결핍에서의 시작

질문자   인터뷰에 응해 주셔서 감사드립니다. 우선, 선생님의 개인적인 삶과 관련하여 상담에 입문하게 된 과정을 이야기해 주셨으면 합니다.

박희석   저도 요즘 강의나 프로그램을 진행하면서 제 소개를 많이 하고 있는데요. 심리학 공부를 하게 된 동기에는 여러 가지 이유가 있는 것 같아요. 제가 5남매 중에 막내인데, 만으로 세 살 때 아버지가 돌아가셨어요. 막내라 제일 취약했죠. 어머니는 생존에 대한 책임을 지셔야 돼서 늘 제 곁에 안 계셨고, 그런 경험들이 제 삶에 많은 영향을 끼쳤던 거 같아요. 전형적인 애정 결핍의 주제가 있다는 걸 나중에 알았죠.

초등학교 2학년 때 어머니에 의해서 기독교 신앙에 몸담았던 기억이 있어요. 저의 결핍들이 신앙에 계속 몰입하게 만드는 시작점이었는데 그때는 몰랐죠. 고등학교 때까지 종교에 깊게 심취했어요. 그게 중독인지는 잘 모르지만, 그 정도로 삶을 전적으로 종교에 의지하고 살았는데, 나중에 보니까 삶이 좀 이상한 거예요. 고등학교 졸업 후 재수를 하게 되면서 '이건 아닌 것 같다!' 싶어서 제 삶에 대한 고민을 많이 하게 되었어요.

질문자   종교(기독교)가 선생님의 결핍감을 위로해 주었던 거군요?

박희석　그렇죠. 일종의 소속감이랄까? 신앙 안에서 사람들을 자연스럽게 만나게 되는데, 목표가 신앙이라는 것은 같지만 그 안에 있는 사람들과 연결되고 소속감을 가지면서 가족 내에서의 채우지 못한 결핍을 그곳에서 채웠던 거 같아요. 그러다 보니 종교에 지나치게 의존하지 않았나 생각해요.

♤ 심리학과의 만남, 주체적인 삶의 가능성을 발견하다

박희석　그러다가 재수를 하고 심리학과에 갔어요. 재수를 하게 되면서 진로에 대해 훨씬 더 많은 고민을 하게 되었어요. 그래도 종교에 대한 미련이 있어 '신학을 할까? 철학을 해야 하나?' 신학을 하기에는 정말 확신이 없고, '이과를 나왔으니까 남들이 다 가는 이과계열을 선택해야 하나?' 이런저런 고민을 했는데, 심리학과가 있다는 것을 알게 되면서 뭔가 끌림이 오더라고요. 심리학이라는 게 철학이랑 비슷한 학문인 것 같으면서도 뭔가 달라 보였어요. 그래서 심리학을 선택했던 거죠.

그때는 잘 몰랐지만 제가 심리학을 선택하게 된 배경에는 '왜 이렇게 사는 게 힘들까?' 경제적으로도 힘들고, 정서적으로도 힘들고, 그 당시는 정서적으로 안정감을 갖지 못하는 불안정한 삶을 살아가는 때였어요. 내가 무엇이 되어 돈을 많이 벌어야 되겠다는 물질을 추구하는 방향보다는 삶과 관련된 분야를 선택하게 되었던 것 같아요. 궁극적으로 삶에 대한 갈망, 삶이 무엇일까 하는 궁금함이 있었는데, 심리학을 공부하면서 그런 부분들이 채워지는 것 같았어요.

그래서 심리학을 선택했는데, 공부를 하다 보니 꽤 재미있는 거예요. 세상에 이렇게 재미있는 학문이 있다는 것을 처음 경험한 거예요. 대학에 올라와서 인생의 전환기를 맞이했다고 할까요. 대학에 입학하기 전까지 제 삶은 참 수동적이었어요. 주도적으로 삶을 살기보다는 늘 주변인의 삶을 살아가는 느낌이라고 할까요. 대학에 들어오니까 전혀 다른 거예요. 그래서 학생회장도 하고, 반 대표도 하고, '내 삶의 주인은 나야!' 이런 생각을 하면서 여러 가지 활동들을 주도적으로 하게 되었어요.

질문자　선생님이 사람에 대한 관심을 심리학에서 충족할 수 있었다고 하셨는데, 그 부분을 조금 더 자세히 말씀해 주시면 좋을 것 같아요.

박희석　아마도 정서적인 결핍이 문제였던 것 같아요. 제 양육과정을 보면 정서적인 친밀감이나 안정감을 채워 줄 수 있는 환경이 아니었어요. 대학에 들어와 많은 친구들을 만나고 선후배들과 어울리게 되면서 사는 것이 신나고 재미있고, 삶을 주체적으로 사는 것 같았어요. 1학년 때는 반 대표를 하고, 3학년 때는 학생회장을 하고, 동기와 후배들을 모아 심리학과 학습 동아리를 만들고, 뭐든 앞서서 일을 하다 보니 저의 존재감을 스스로 확인하게 되고, 그게 큰 도움이 되었던 거 같아요.

질문자　대학 입학 후 종교생활은 어떻게 하셨어요?

박희석　고등학교 때까지는 신앙생활을 계속하다가 재수하면서부터 회의감을 가졌어요. '아 이제 이건 아니다.'라는 생각을 했지요. 그동안 신앙에 너무 의존했다는 것을 인식하게 된 거예요. 기독교 신앙이 유일신을 믿잖아요. 절대적으로 신에 의존하고, 다른 종교에 대해 배타적이고 부정하는 경향이 너무 강해서 회의감이 좀 들었어요. 제 신앙이 건강한 방식이 아닌 것 같아서 그때 마음 정리를 했죠. '내 삶에 더 이상 종교는 없어!' 그런 생각을 했었어요.

그전까지 신앙이라는 공동체 안에서 저의 존재감을 형성해 가면서 나름 인정을 받아 왔는데, 대학에 와서 이것저것 주도적으로 살다 보니 종교에 의존했던 부분들이 정리가 되고, 그래서 종교를 확실히 놓을 수 있었어요. '이건 아니지, 이렇게 삶이 즐거운데……' 제 안에 내재된 정서적 결핍을 종교가 아닌 대학이라는 공간에서 사람들과의 관계에서 채우기 시작했던 거죠. 그때를 돌이켜보면 친구를 참 잘 만났던 것 같아요. 물론 심리학이 제 적성에도 잘 맞은 것도 한몫했고요. 저는 오리엔테이션 때부터 '나는 심리학과 학생이야!'라는 생각을 했어요. 당시 세 과가 모인 학부로 선발되었기 때문에 1학년 때는 아직 학과가 나눠지지는 않았어요. 그럼에도 저는 이미 심리학과 학생이라는 생각을 하고 학교를 다녔어요. 아무튼 공부가 정말 재미있었고, 그래서 공부도 열심히 했죠. 평소에 그리 열심히 하지 않았던 제가 대학에 와서 열심히 하니까 갑자기 과 수석을 하게 되고, 인생이 막 바뀌는 느낌이 들었어요. 이런 즐거움, 행복이 종교생활을 완전히 놓을 수 있게 해주었어요.

질문자   심리학이 선생님 개인의 정서적인 결핍에 어떻게, 어떤 방식으로 도움이 되었을까요?

박희석   음, 물론 궁극적으로 공부라는 것 자체를 좋아하는 사람은 없을 거 같아요. 당시 제가 공부에 매진했던 것은 저의 유능성의 발견이라고 할까요? 저의 유능성을 발견하게 되면서 저에 대한 존재감을 더 분명하게 인식하게 되는 계기가 되었어요. 그래서 더 열심히 공부하게 되고, 또 공부를 하면서 알게 된 것은 저의 시각이 굉장히 협소하다는 것을 알게 됐어요. 심리학은 인간의 깊은 내면의 측면들, 인간의 근원적인 속성들을 설명하는데, 그 과정에서 나는 누구인가에 대한 물음을 갖게 되었고, 그러면서 심리학에 더욱 흥미를 갖게 된 것 같아요.

2. 상담자의 길

♤ 사람을 변화시키는 상담자의 자리를 찾아서

질문자   학부 때 선생님께서 임상 쪽으로 관심을 갖고 공부하게 된 이유가 궁금합니다.

박희석   하…… 마음은 상담 쪽으로 가고 싶었어요. 사람에 대해 평가하기보다 사람을 변화시키는 학문에 더 관심이 있었거든요. 1982년도에 학부 입학을 하고 군대 다녀온 후 1989년도에 대학원에 들어갔죠. 석사를 무엇으로 할지 선택해야 되는데, 상담은 그 당시만 해도 진로가 뚜렷하지 않았어요. 그런데 병원에 근무하는 임상심리사는 수입이 보장되는 것 같더라고요. 임상 전공을 정말 안 하고 싶었지만 할 수밖에 없었죠. 먹고 사는 고민을 하다 보니까…… 상담과 임상이 비슷하다고 하면 그냥 한번 임상을 해 보자 하고 안전을 선택한 거죠. (웃음) 석사 졸업하고 원광대학교 병원으로 현장 실습을 갔는데, 정말 고통스럽더라고요.

그 당시에도 제 마음속에는 주체적인 삶을 살고 싶은 열망이 좀 강했던가 봐요. 그런데 남 밑에서 서포트 해 주고 도움을 줘야 하는 이 일이 너무 흥미가 없고, 재미가 없는 거예요. 현장에서 누군가를 위해서 보조하는 삶을 살아야 되는 것에 대한 불편함이 자꾸 올라오더라고요. 일 년 동안 정말 죽어라 고생하면서 배워 임상심리사라는 자격을 갖췄지만, 이건 아닌 것 같고…… 병원은 제가 살아야 될 현장이 아닌 것 같았어요. 그래도 먹고 살아야 되니까 바로 취업은 안 하고 모교 심리학과에서 조교 생활을 했죠. 그런데 조교는 딱 일 년밖에 안 주어지니까, 먹고 살아야 되는 건 늘 저의 삶의 주제였죠. 조교를 마치면 뭐 할 거냐 하는데 할 게 없는 거예요. 1992년도에 대학병원 수료하고, 일 년간 조교를 하면서 그해 결혼을 했는데…… 결혼을 하고 나니 먹고 살 일이 막막하고 답답하더라고요. 그래서 시간강사도 했어요. 한 학기 정도 버텼는데 다행히 1993년 9월에 지금은 법무병원으로 이름이 바뀌었는데, 당시 치료감호소에서 임상심리사를 특채한다고 해서 갔죠. 거기서 임상심리사로 근무하면서 주로 심리평가를 했어요. 그런데 거기에 근무하면서 제 삶의 길을 찾아야 되겠더라고요. 주체적이지 않은 일은 재미가 없었어요. 근무를 하면 할수록 그런 생각이 더 강했어요. 공무원 6급은 그 나이에 비교적 높은 직급이었기 때문에 제가 그만두고 싶어 하는 것을 이해할 수 없었죠.

그러는 도중에 저의 메시아인 최헌진 선생님이 제 마음에 오신 거예요. 늘 마음에서는 상담, 심리치료를 하고 싶었고, 언젠가는 그 일을 할 거라고 생각했는데 다행히 1994년에 최헌진 선생님이 대전에 심리극[1] 지도자 과정을 정식으로 개설하신 거예요.

질문자   주체적인 삶을 살고 싶은 선생님의 바람과 임상심리사 역할 간의 갈등을 말씀해 주셨는데요. 또 다르게 고민되는 부분이 있었을까요?

박희석   스스로 주체적인 삶을 살지 못하는 부분도 있지만, 사람을 평가하는 것만을 업으로 삼기에는 너무 답답했어요. 대학원을 입학할 때, 심리검사를 실시하고 평가하는 업무보다는 내담자를 대상으로 그들이 고통을 극복하도록 도움을 주는 일을 하고 싶었죠. 그게 궁극적인 목표인데, 내가 가야 될 길이라고 보는데, 결국은 먹고 사는 문제 해결을 위해 임상을 선택할 수밖에 없으니 늘 마음에서는 '이건 아니다' 하는 해결되지 않는 갈등이 있었어요. 아무래도 임상심리사는 임상 현장에서 주체적으로 역할을 하기 어려운 직업이거든요.

그래도 치료감호소에서 즐거운 일이 뭘까 했는데 마침 매주 금요일마다 심리극을 운영하는 거예요. 제가 대학교 학생회장을 하면서 심리극 공연을 기획한 적이 있어요. 심리극 팀을 만들어서 대본을 짜고, 연극처럼 공연을 했지요. 그때 심리극과 인연이 되었는데, 마침 치료감호소에서 심리극을 매주 한다고 하니까 '아, 이건 정말 나한테 흥미로운 분야야. 대학 때 경험이 있지?' 이렇게 생각하니 돌파구가 생기는 거예요. 마침 1994년에 최헌진 선생님이 대전에서 심리극지도자 과정을 처음으로 만드셨고 그때 심리극을 정식으로 시작한 거예요.

♨ 심리극과의 만남, 내 안의 놀이를 발견하다

질문자　최헌진 선생님하고의 만남이 선생님에게 중요한 전환기가 되는 거네요. 선생님께서 언제부터 초월영성적인 상담에 대한 지향을 가지게 되셨는지 궁금합니다. 최헌진 선생님을 만나셨을 때부터일까요?

박희석　최헌진 선생님을 만날 그 당시에 저는 초월영성을 잘 모를 때예요. 그런데 제 안에는 항상 초월영성적인 삶을 추구하고 있었던 것 같아요. 최헌진 선생님이 진행했던 특별 프로그램에서 제 별칭이 동자였어요. 제가 전생에 수행자로 출가했다가 중간에 포기하고 나왔던 건 아닌가 하는 생각을 종종 했었거든요. 그때는 초월영성에 대한 개념이 안 잡힐 때인데도 늘 삶이 힘들다 보니 현실의 고통에서 벗어나고자 했던 거 같아요. 그런데 치료감호소에서 취업을 했을 때 매주 심리극을 진행한다고 하고, 1994년도에 대전에서 심리극지도자 과정을 운영한다고 하니 다소 현실의 갈등에서 벗어날 수 있었던 거예요. 치료감호소에서 살아남을 수 있는, 의미를 찾을 수 있는 기회가 생긴 거죠. 최헌진 선생님과의 만남은 저에게 특별하죠. 제가 그분의 1기 제자였거든요. 정식으로 초급, 중급, 고급, 이어서 심화 과정까지 정식으로 한 3~4년 정도 공부를 한 거 같아요. 이후 여러 외국 전문가들을 초대하여 심리극을 약 4~5년 정도 더 공부를 했어요.

제가 대학에서 매우 주체적인 삶을 살아왔다 해도 제 내면에는 저에 대한 존재감이 크지 않은 것 같았어요. '이 장이 내 장이다, 내가 서도 될 공간이다'라는 확신이 들면 분명히 존재감을 드러내는데, 그렇지 않을 때는 항상 뭔가 좀 어정쩡한, 어딘가에 있는 듯 없는 듯한…… 그런 삶을 살았죠. 그런데 심리극을 처음 배울 때 제가 있어야 할 공간이 아니더라고요. 늘 주도적이고 앞에서 나서는 것을 좋아했지만, 막상 낯선 무대에서는 그게 정말 어려웠어요. 무대에 나와서 뭔가를 표현해야 되고, 누군가의 역할을 대신 해야 되는 건 제 성향과 잘 맞지 않아 아주 힘들었어요. 그럼에도 거기에서 생존할 수 있었던 것은 제 안에 '놀이성'이 있는 거예요. 놀이성, 즐거움…… 즐거우면 어떤 상황이든 크게 의식을 안 해요. 즐겁지 않을 때는 항상 좀 살피게 되고 긴장하게 되는데, 즐거운 놀이 속에 들어가면 그게 사라져 버리는 거예요. 즐겁다는 것은 동기도 강화되지만, 두려움 없이 새로운 것을 해 보고 싶은 열망, 욕구…… 이런 걸 자극하는데 그게 저와 아주 잘 맞는 거예요. 제 안에는 살아오는 동안 어둡고 불안하고 안전하지 못한 경험 때문에 항상 두려움이 있었는데 놀이라는 즐거운 상황에 들어가니 그런 두려움이 사라지는 거예요.

심리극을 성인의 놀이치료라고 하는데 제가 이 놀이의 장에 들어가면 저의 존재감이 빛을 발하면서 심리극에서 중요한 키워드인 자발성과 창조성이 발휘되어 나오는 거예요. 자발성이라는 것은 기존의 상황에 새롭게 반응하고, 새로운 상황에 적절히 반응하는 것이라고 하고, 자발성이 극대화될 때 창조성이 발현된다고 해요. 최헌진 선생님이 추구하는 놀이성과 저의 놀이성이 잘 맞았던 거 같아요. 그때도 '이건 내가 가야 될 길이구나'라는 생각을 하게 되었고 치료감호소에 근무하면서도 상담 영역에 집중하게 된 거죠. 다행스러운 건 치료감호소에서는 매주 심리극을 진행하니까 배워서 늘 적용할 수 있었어요. 실천할 만한 장이 없으면 그게 그대로 묻힐 수 있었을 텐데, 배운 대로 계속 실천하니까 즐겁고 성장하는 느낌이 들었어요. 그래서 더 확신이 들었죠. '이건 내가 정말 평생 할 수 있는 일이고 평생 하고 싶은 일이다.'

박희석 인생의 무대에서 주인공으로 연기하라

박희석   심리극을 공부하는 중에 의무적으로 주인공 경험을 해야 돼서 저도 주인공을 네 번 정도 한 것 같은데, 늘 좀 부족했다는 느낌이 들었어요. '왜 이렇게 잘 안 풀리지?' 제가 심리극을 하면 잘 안 풀리는 느낌이 들었어요. 그런데 어느 날 최헌진 선생님께서 특별히 시간을 내주셨죠. 저한테 "미친 짓 한번 해 봐라" 하시더라고요. 미친 짓이라는 건 어떤 일탈된 행위, 일종의 메타포, 은유죠. 새벽 2시부터 5시까지? 한 3시간 정도 밤새 심리극을 진행했는데 평소와 다르게 질서정연한 심리극이 아니라 은유적인 장면을 만들어서 일탈된 방식의 여러 행위들을 해 봤어요. 선생님이 맥주를 제 몸에 붓기도 하고, 베개를 뜯고, 바타카[2]로 실컷 벽을 치고, 소리도 질러 보면서 광기를 발산해 보는 거였죠. 최헌진 선생님은 가끔 그런 시도를 하셨어요. 그동안 고정화된 삶의 패턴들을 깨 보고, 일탈해 보는 경험들을 시도해 보도록 한 것인데 끝나고 나서도 '이게 뭐지?' 하는 기분이 들었어요. 저하고는 잘 맞지 않은 극이었어요. 물론 선생님은 저를 위해 최선을 다해 주셨죠. 그런 경험을 하고 난 이후 '나의 심리극은 어떤 방향으로 가야 하는가?' 그런 고민을 하게 되었어요.

그 이후에 제가 동자라는 별칭을 가지고 참여했던 특별 프로그램 안에서 색다른 경험이 있었어요. 심리극과 함께 놀이성을 확장하면서 내면을 성찰하는 프로그램이었는데 '아버지'라는 주제가 튀어나와 두 시간 정도 정말로 뜨거운 경험을 하게 됐어요. 지금 생각해 보면, 일생을 살면서 가장 뜨겁게, 가장 길게 울었던 시간이었어요. 제 안에 있었던 서러움과 슬픔이 전혀 다른 형태의 프로그램에서 터져 나온 거죠. 만 세 살 때 아버지가 돌아가셨으니까 기억 속의 아버지는 전혀 중요한 사람이 아니었는데…… 제 몸과 감정으로 연결돼 있는 아버지의 주제가 터져 나왔어요. 기억도 없는 아버지의 존재가 제 곁을 떠나면서 겪게 된 상실로 두 시간 내내 울었던 기억이 생생해요. 그 이후 어떤 변화가 있었는지 지금은 잘 기억나지는 않지만 그때의 경험이 굉장히 강렬한 것으로 남아 있어요.

♤ 정화와 통찰, 나만의 관점을 찾다.

박희석　심리극을 공부할 때 미국 심리극 전문가들을 초청해서 워크숍도 많이 진행했는데 일레인 카메로타(E. Camerota)라는 분과 작업을 할 때, 어릴 때 기억의 한 장면이 포착되었어요. 아버지가 돌아가시고 얼마 후, 어머니가 할아버지한테 오해를 받아 혼이 나는 상황에서 어린 저를 데리고 어딘가로 피신하는 한 장면이 떠올랐어요. 어두운 밤에 어린 저를 데리고 밭고랑을 지나서 도망가는 기억이 올라왔죠. 이 기억의 핵심은 버림받는 것에 대한 두려움과 자주 찾아왔던 슬픔과 외로움이었어요. 심리극을 해 줄 수 있는 사람이 있다면 이 장면을 해 주면 참 좋겠다고 생각했는데 그 당시에는 누군가가 해 줄 수 있는 상황이 아니었어요. 너무 아쉬운 기억이지만……. 그래서 제가 심리극을 학생들에게 가르칠 때, 결국 인간의 근원적인 부분에서 오는 결핍들, 특히 초기 양육 경험이 얼마나 중요한지를 자주 이야기해요. 제 경험을 통해 알게 되었고, 심리극에서 많은 내담자들에게 초기 양육 경험에 대한 주제를 탐색하고 이끌어 가면서 알게 됐죠. 이것을 요즘에는 발달 트라우마라고 하죠. 그래서 최헌진 선생님하고 제가 추구하는 것이 좀 다른 것 같았어요. 제 경험으로 최헌진 선생님은 온전히 감정을 밖으로 풀어내는 카타르시스 중심인데 이러한 방식을 코스믹 드라마, 우주적 드라마라고 생각하시는 것 같았어요. 그런데 저는 감정만 드러내면 생각은 어떻게 하지, 생각은 안 바뀌는데 감정만 표출하면 변화가 있을까 하는 물음이 계속 생기는 거죠. 바타카로 의자를 내리치면서 감정을 발산한다고 정말로 모든 게 해결될까? 이런 의문이 들었고 알게 모르게 방법론에서 갈등이 있었어요.

질문자 굉장히 아이러니하네요. 심리극 하시면서 양육과정의 트라우마에서 오는 결핍감, 상실에 대한 두려움, 근본적으로 우리 존재를 감싸고 있는 불안을 다뤄야 된다고 이해하셨는데 이것이 최헌진 선생님과의 차이를 발견하게 되는 지점이기도 하네요.

박희석 맞아요. 선생님은 심리학의 이론에 대한 거부감, 특히 프로이트 정신분석에 대한 거부감을 아주 많이 갖고 계셨어요. 모레노주의[3]의 중요한 원천은 창조의 개념이에요. 모레노가 프로이트에게 수업을 받으면서 했던 한마디가 있어요. "선생님은 사람들을 딱딱한 의자에 눕혀서 그들의 꿈을 분석하지만, 저는 사람들이 길거리에 있든 예배당에 있든 그 어디에 있든 그들로 하여금 꿈을 꾸도록 하겠습니다"라고 했어요. 아마 이 말에 깊게 동의를 하시는 것 같아요. 꿈을 꾼다는 것은 결핍을 해결하는 문제가 아닌 비전을 갖게 하는 측면이 있기 때문에 프로이트의 정신분석에 대해 거부감을 갖게 되죠. 물론 저도 모레노의 철학에 동의하는 면도 있지만 제 삶의 경험도 그렇고 제가 심리극이나 상담을 통해 만나는 사람들과 작업을 할 때 양육과정의 주제가 다뤄지지 않으면 쉽게 변화가 되지 않는다는 것을 경험하면서 모레노나 최헌진 선생님과는 다른 관점을 갖게 된 거죠.

그 당시 심리극을 공부할 때 모레노의 제자였던 마샤 카프(M. Karp)[4]의 워크숍에 참여했는데 한 교육생이 "마샤 카프의 심리극이 왜 최헌진 선생님의 심리극하고 다르지?" 이 말은 최헌진 선생님 스타일이 맞는데 이분은 왜 다르게 하지? 이런 의미였어요. 뭔가 좀 이상하죠. 우리가 알고 있는 심리극은 최헌진 선생님의 심리극이 전부였어요. 그래서 이게 정답이라고 생각하는 거였죠. '다른 분의 심리극은 좀 싱겁고 재미없고, 아닌 것 같아' 이러면서…… 우리가 평가하고 판단하면서 좋네 나쁘네 하는 분위기가 있었어요. 우리를 처음 가르치셨던 분의 심리극이 가장 이상적이고 그분이 우상이 되어 버린 듯한 느낌이었어요.

결국 최헌진 선생님은 우리에게 모레노의 방식으로 심리극을 안내해 주셨지만, 더 나아가 심리극을 한풀이, 굿마당으로 생각하셨던 거 같아요. 신명나게 우리 안의 모든 고통과 응어리진 감정을 쏟아 내는, 그런 한마당 놀이라는 느낌이 들었어요. 나중에는 생명굿이라고 이름을 바꾸신 것 같아요. 당시에 저는 선생님의 스타일이 절대적이다, 똑같이 해야겠다는 생각을 하지 않았어요. 이후 어떤 계기로 선생님과 이별을 했는데…… 선생님의 오해로 비롯된 것일지라도 저는 마음이 많이 아팠어요. 마음속에서 거리감도 생겼고요……. 그렇지만 지금도 그분을 저의 스승님으로 생각하지 않은 적이 없어요. 여전히 저한테 너무 중요한, 제 삶을 변화시켜 주셨고, 저를 심리극 세계로 이끌어 주셨던 분이기 때문에 어쩌면 제 인생에서 가장 중요한 인물이라고 볼 수 있죠. 여전히 제가 책을 번역하거나 책을 쓸 때 서문에 꼭 그분에 대한 감사를 전하고 있어요. 오랫동안 거리를 두고 살아왔지만 언젠가는 찾아뵈려고 해요.

질문자 최헌진 선생님하고 공부하시면서 선생님 나름의 심리극에 대해 새롭게 생각하고 정립하게 된 굉장히 중요한 시점이 있으셨던 거네요?

박희석   네, 그렇죠. 저의 경험도 한몫했지만, 저는 심리학, 특히 상담과 임상심리학을 배경으로 심리극을 공부했기 때문에 심리극을 이해할 때 좀 다른 관점으로 봤어요. 예컨대, 인지행동치료에서 아론 벡(A. Beck)이 자동적 사고, 중간신념 그리고 마지막에 핵심신념을 이야기하잖아요. 이 관점으로 주인공의 심리극을 진행하다 보니까 좀 주제가 쉽게 보이기 시작하는 거죠. '저 주제 밑에 숨어있는 건 뭘까?' 다른 사람의 심리극을 볼 때도 '표면적인 갈등 주제 이면에는 저런 주제가 있을 텐데 왜 저걸 안 다루지?' 그러면서 제가 배운 심리극의 관점에서 빠져나와 저의 관점으로 심리극의 흐름을 구성하게 되었어요. 초기 양육을 통해 심리도식이 만들어지는데 이 핵심적인 주제를 왜 안 다룰까? 그렇게 보다 보니 자연스럽게 정신역동과 연결되는 심리극을 지향하게 되었어요. 심리극에서 감정의 정화가 아주 중요하지만 통찰을 통해서 세상을 바라보는 관점이 바뀌어야지 진정한 변화가 일어날 수 있다고 믿었어요.

심리극에서 실컷 울고불고 마음껏 한풀이를 할 때 감정적으로 풀어질지 모르지만 통찰이 없으면 그것은 완성된 심리극이 아니라는 생각을 했죠. 제 방식의 심리극은 정화와 통찰이 같이 가야 한다고 정리를 했어요. 양육과정에서 발달 트라우마까지 다루는 것, 거기까지 가는 것이 가장 적절하고 이상적인 방법이라는 생각을 합니다. 그래서 저는 심리극을 상담의 한 영역으로 보고 있고, 심리극에서 발달과정의 근원적인 문제를 다뤄야 통찰과 정화가 일어날 때 진정한 변화가 있다고 보는 거예요. 발달과정이 정말 중요하다는 경험을 하게 되면서 심리극 수련생들을 지도할 때 항상 역동적인 측면을 심리극에서 다룰 수 있도록 지도하고 있어요.

3. 초월영성상담자의 길

♧ 삶을 관통하는 종교와 영성에 대한 목마름

질문자 말씀 들어 보면 선생님의 초기 양육의 트라우마와 어머니 손에 이
끌려 가던 장면에서의 두려움 같은 개인적인 체험이 심리극 요소
에 같이 접목이 되어야 된다는 통합적인 안목이 생기신 거 같아
요. 박희석류의 심리극이 정립되어 가는 과정인데 선생님의 상담
에 대한 관점의 변화가 초월영성적인 접근하고 어떻게 연결이 되
는 걸까요?

박희석 치료감호소에서 근무하던 1997년도에 동사섭을 접하게 된 것도
초월영성적 접근과 연결되는 지점도 있지만 저의 신앙이 중요한
역할을 한 것 같아요. 대학원 다닐 때 원불교에 입교를 했는데 이
게 제 삶의 초월영성적 접근에 토대가 되었다고 봐요. 기독교 신
앙은 고등학교 졸업하면서 끝났고, 대학에 입학해서 졸업할 때까
지는 저에게 신앙의 공백기였죠. 대학을 마치고 친척 중에 교무님
들이 많아서 익산에 있는 원불교총부로 놀러 가게 되었는데 원불
교 성지에 데려가더라고요. 그때 원불교 대종사님 성탑에 가서 사
배를 올렸는데 그게 인연이 될 줄은 몰랐죠. 종교의 공백기가 있
었을 때도 늘 제 마음속에는 종교에 대한 갈망이 있었어요.

질문자 원불교가 기독교와 다른 맥락에서 선생님께 어떤 영향을 줬을까요?

박희석 원불교에 입교한 후에도 전주에서 화엄불교대학을 일 년 다닌 적
이 있었는데 그때 용타 스님을 처음 뵈었어요. 기독교 신앙에 심
취해 있다가 원불교를 만나니 자유로움이 있더라고요. 원불교의
마음 공부가 제가 공부한 심리학하고도 잘 맞고 신앙적으로 연결
돼서 흥미가 더 가더라고요. 항상 제 마음속에서 뭔가 종교와 연

결해서 삶을 살고 싶은 마음이 간절히 있었어요. 그런데 원불교에 마음의 밭을 가꾸는 '심전법'이 있다고 하니까 정말 흥미롭다는 생각을 하게 되었고, 이러면서 계속 원불교 마음 공부에 관심이 가는 거예요. 원불교 마음 공부를 접하다 보니까, 심리학하고 잘 연결해서 공부를 더 깊게 해야겠다는 생각을 했어요. 어쩌면 원불교는 신앙이라기보다 마음 공부를 삶에서 실천하게 하는 데 큰 도움이 되는 종교라는 생각을 하게 되었어요.

그래서 한때는 제가 재가 교도로 성직자 생활을 하는 '도무'가 되려고 했어요. 치료감호소에서 5년 동안 근무를 했는데요, 한 2년 근무하다 보니까 너무 힘들고, 이제는 도저히 못하겠다 이런 생각을 하고 있었을 때 원불교에서 도무 제도를 처음 만들었다는 소식을 듣고 바로 사표를 썼어요. 아무 대안이 없이⋯⋯ 늘 내면에 현실을 벗어나 초월적인 삶을 살고자 했던 바가 있었기 때문이었는지 사표를 바로 내고 곧바로 도무 훈련을 받았어요. 한 이틀 받다 보니까 정신이 바짝 드는 거예요. 희한하죠. 지금 생각해 보면 뭔지 잘 모르지만 하여튼 제 삶이 평탄하고 정상적인 삶은 아니었다고 봐요. (웃음) 한 이틀 훈련을 받다 보니 현실감이 생기더라고요. 이건 아닌데, 뭐 먹고 살지? 대책도 없이 왜 사표를 썼지? 그런 후회를 하게 되면서 갑자기 어떻게 해야 할지 막막했어요. 그래서 다시 돌아가야 되겠다고 마음먹고 다시 치료감호소 담당 과장님께 전화해서 서류를 취소시키고 다시 들어갔죠. 다시 들어가서 3년 동안 악착같이 견디고 5년을 채우고 나왔어요. 제 안에 하고 싶지 않은 일을 하는 현실을 도피하고 싶은 마음도 있었지만 이면에는 현실에 안주하지 않고 다른 삶, 초월적인 삶을 살고 싶은 마음이 깊숙이 있었던 것 같아요.

그래서 그 당시 백장암에서 동사섭을 운영하시는 용타 스님과 지금은 LCSI[5]로 유명하신 임승환 선생님이 동사섭에서 활동하신다는 소식을 듣고 되게 부러웠어요. 그리고 원불교에서 심전법을 운영하시는 교무님도 부러웠죠. 드디어 1997년에 삼동원에서 용타 스님의 동사섭을 만났어요. 그때 참여하고 난 이후 이렇게 살면 정말 좋겠다, 행복하겠다는 생각을 강하게 하게 되었어요. 항상 마음속에서 그런 바람을 가지고 있었기 때문에 경험을 하고 나니 더욱 간절한 거예요. 그런데 전환기가 있었죠.

마침 1999년 여름에 전북대 김정희 선생님께서 아바타를 시작할 때였어요. 제가 그분 아바타 코스 1기예요. 8박 9일 동안 힘든 과정에 참여하면서, 신념이 경험을 창조한다는 것, 이 모든 현실은 내가 만들고 있구나 하는 생각을 하게 되었고, 내가 다른 삶을 원한다면 내가 선택할 수 있겠다는 생각을 했어요. 물론 힘겨운 수행이었고 어렵기도 했어요. 결국 만 5년을 채우고 치료감호소를 그만두고 제가 꿈꿔왔던 상담 현장으로 방향을 돌리게 되었어요. 그때부터 임상이 아닌 상담 분야에서 일을 하게 되었어요.

그러다가 정식으로 초월영성 쪽으로 발을 내딛게 된 것은 예전에 초월영성학회장이자 남부대학교 선생님이셨던 오세덕 선생님을 만나면서 이루어졌어요. 그분이 "이쪽으로 한번 공부해 볼래?" 하셔서 그때 사다나 명상[6] 공부에 참여했어요. 제 마음속에는 늘 종교적인 초월적 삶에 대한 갈망이 있었기 때문에, 이 분야에 더욱 깊은 관심을 갖게 되었죠. 오세덕 선생님은 제가 영성적 삶을 살도록 방향을 이끌어 주신 특별한 분이죠. 그러다가 달마와 폴라가 운영하는 가족세우기 교육과정도 2년 정도 참여했고, 그런 다음 가족세우기와 심리극을 통합해서 운영도 하고 있어요. 목우선원의 인경 스님을 만나 고집멸도 프로그램에 초대되어 심리극을 진행하면서 인경 스님의 염지관 명상[7]을 조금 공부하기도 했죠. 오세덕 선생님이 이끌어 주셔서 초월영성 쪽 공부를 하다 보니까, 그동안 여기저기에서 공부한 내용을 심리극과 통합도 해 보면서 심리극을 영성의 영역으로 확대하고 싶은 생각을 많이 하게 되었어요.

♣ 심리극과 예술과 명상의 통합

질문자 선생님께서 어린 시절부터 종교성, 영성에 대한 이끌림이 있으셨고, 심리극을 통해서는 상담자로서 자기의 관점을 정립하는 과정에서 용타 스님과의 만남, 가족세우기 등의 여러 초월영성적인 상담 접근을 같이 하신 거네요. 그렇게 공부하시면서 선생님한테 새로운 통합의 단계가 있었을 것 같아요.

박희석 계속 이 분야에 대한 목마름을 가지고 있었는데 상담과 초월영성을 연결시켜 보니까 두 개가 같이 가야 되겠구나 하는 생각을 하

게 되었어요. 인간의 욕망, 상처, 트라우마가 해결되지 않으면 우리가 추구하는 초월영성적인 삶을 살아가는 것은 참 어렵겠다는 생각을 했죠. 내적 평화를 유지하기 위해 잠재돼 있는 상처들을 회복하는 것이 궁극적으로는 영성적인 삶의 시작인데, 그래서 제가 2008년도에 Meditation, Arts, 그리고 Psychodrama 세 가지를 통합해 보자 해서 명상, 예술, 심리극을 모두 아우르는 '힐링 맵(MAP) 수련' 프로그램을 개발하였어요.

질문자 전통적인 심리극하고 어떤 요소가 다른 건가요?

박희석 심리극은 인간적인 욕망, 갈등, 트라우마를 해소하는 데 매우 탁월하다고 생각해요. 거기에 깊은 무의식을 통찰하는 데 유리한 예술(Arts)을 결합하고, 그다음에 명상(Meditation)을 도입해서 고통을 탈동일시하는…… 음악이나 춤, 심상을 통해서 고통스러운 현재와 연결되어 있는 깊은 무의식의 주제와 트라우마를 의식화하면서 그림으로 표현해 보는 거죠. 예술작업과 심상을 통해 무의식을 선명하게 의식화하고 나면 그 다음에 심리극으로 모든 집단원들의 문제를 풀어 가는 거예요. 심리극은 개개인의 삶의 주제를 풀어 가는 것이 가능해요.

MAP 수련에서 진행하는 심리극은 압축해서 진행해야 하기 때문에 집단원들의 주제를 빨리 통찰하게 해서 풀어 가야 해요. 집단원들이 예술작업을 통해 그린 '인생그림'이나 내면의 그림을 보고 그 사람의 주제를 압축해서 확인하고 무엇을 다뤄야 할지가 선명해져요. 다시 말해, 예술(Arts)이라는 방법으로 내담자들의 무의식적 주제를 더욱 선명하게 의식화하고 심리극으로 빠르고 강하게 풀어 나가는 거죠. 작업을 하는 과정에서 무브먼트로 더 확장해서 풀기도 하고, 모두가 공동으로 풀어 나가기도 해요. 집단원들이 심리극으로 각자의 이슈를 다루고 나면 명상을 통해 그때 그것으로부터 지금 이것으로 분리시켜 알아차리고 지켜보도록 합니다. 과거의 삶이 아니라 현재의 삶을 살도록, 지금 이 순간 깨어 있는 삶을 살도록 하는 프로그램이 들어 있지요.

대개는 집단원들의 심리극이 모두 끝나고 나면 원 중앙에 큰 만다라를 만들어 자신의 삶의 주제를 물건으로 형상화하여 바라보게 하는 탈동일시 작업을 하게 해요. 어떤 경우에는 심리극 안에서 자신의 문제를 무대 밖으로 나와 바라보게 하는, 의도적으로 장면에서 빠져 나와 자신의 삶을 바라보게 하는 기회를 갖게 하죠. 다행히 심리극은 미러링(mirroring)[8]이라는 기법이 있기 때문에 이 기법을 특히 더 많이 활용합니다. 다시 말해, 심리극 안에서 명상적인 방법을 활용할 때에는 고통에 대해 충분히 작업을 하고 난 이후, 그 고통에 머물러 있기보다 밖으로 나와 바라보면서 현재에 머물도록 안내합니다.

심리극은 사람들의 일상적인 삶의 주제와 깊게 내재되어 있는 그림자를 다루는 데 매우 효과적인 것으로 알려져 있지만, 저는 심리극을 공부하면서 저 나름대로 doing과 being을 어떻게 통합할 것인가에 대해 관심을 가져왔어요. doing이라는 것은 인간적인 삶의 주제로, 변화가 필요한 건 변화를 시켜야 한다는 거죠. 깨어 있는 현재의 삶을 살려고 하는데 인간적 욕망이나 그림자의 문제가 해결되지 않는다면 우리가 현재의 삶을 살아가는 데 방해가 될 거라 생각해요. 심리극의 doing 작업을 통해 삶의 주제를 우선 다루어야 비로소 현재의 삶에 being 하게 된다고 봅니다. doing의 문제를 건드리지 않고 being을 추구한다면 그것은 영적 우회의 삶을 산다고 봐야겠죠. 그건 현실과 분리되어 붕 떠 있는 삶이 될 거라 생각해요.

질문자 지금 말씀 듣고 보니까 선생님께서 생각하시는 초월영성상담의 그림이 조금 더 잘 이해되는 것 같아요. 초월적 의식을 개발하는 것에만 초점을 둬서는 오히려 자신의 무의식의 그림자를 다루지 않게 되고 이 부분이 일종의 방어나 회피가 될 수 있기 때문에 이것을 통합적으로 다뤄야 된다는 관점이신 거죠?

박희석   네, 그렇습니다. 켄 윌버(K. Wilber)의 ILP(Integral Life Practice)[9]에 그림자 얘기가 나오는데 너무 반가웠어요. 이 책을 보면서 그림자 공부를 좀 더 하게 되었어요. 결국 내가 가지고 있는 1인칭의 문제를 다른 대상에게 투사하다가 그것이 2인칭으로, 3인칭으로 확대된다는 거죠. 그 문제를 해결하려면 그 그림자를 다시 내 것으로 가져와서 내 주제로 인정하고 풀어내라는 것인데, 마음의 그림자를 다루는 것이 고통의 근원을 풀어 가는 전략이라고 보는 거죠. 그림자가 참 중요하다고 생각해요. 그림자를 다뤄야 몸도 마음도 영성도 제대로 다룰 수 있다는 것이 켄 윌버의 생각인 거 같아요. 몸과 마음, 영성을 다루었지만 그림자를 다루지 않으니까 마지막 영성적 삶을 살기가 참 어렵다는 의미였다고 봐요. 그렇게 그림자인 doing의 주제를 다루는 것이 아주 중요하다고 생각했어요.

4. 초월영성상담 그리고 초월영성상담자

♤ doing과 being, 함께 다루기

질문자   이제 다음 질문인데요. 선생님께서 생각하시는 초월 또는 영성은 무엇입니까?

박희석   이 분야를 설명하는 건 너무 어려워요. (웃음) 초월영성상담학회에 몸담고 있으면서도 학문적으로 초월영성에 대해 조작적 정의를 내

리기가 참 어려웠어요. 제가 그동안 어떻게 하면 인지, 정서, 행동을 변화시킬 것이냐 하는, doing의 작업에 오랫동안 비중을 두고 일을 해 왔기 때문에 초월영성의 의미를 정리할 기회를 많이 갖지 못했어요. 가끔 수업에서 영성에 대한 이야기를 할 때 '마음이 주인이 아니라, 마음의 주인이 되어야 한다'는 이야기를 자주 해요. 심리학에서 마음이라는 것은 생각, 감정, 몸을 의미하기 때문에 생각에, 감정에, 몸에 끌리지 말고 생각과 감정과 몸을 잘 지켜보라는 의미라고 봐요. 영성이란 마음의 주인이 되는 것을 말하는 것이 아닌가 해요. 물론 얽혀 있는 마음을 잘 풀어야 마음이 주인행세를 하지 않고 마음에 끌려 다니지 않을 거라고 생각해요. 마음의 주인이 된다는 것은 무엇을 바꾼다, 변화시킨다기보다는 주의를 기울여 지금 이 순간 마음의 현상을 알아차리고 머물러 지켜보는, 현존의 경험을 지속하는 것이죠. 마음의 현상이 일어나는 것을 지켜볼 때는 판단하지 않고 수용적인 태도를 갖는 것이라고 봅니다.

결국 영성이란 과거나 미래에 묶여 있지 않고 지금 이 순간 온전히 깨어 있는 마음의 상태, 마음의 주인이 되는 상태, 그것이 우리의 본성이자 영성의 모습이 아닐까 합니다. 대개 우리 마음의 고통은 과거의 기억 속에 연결되어 있는 후회, 아직 오지 않는 미래에 대한 염려에서 오는 거라고 보는데, 초월영성상담은 과거나 미래와의 연결된 마음으로부터 자유로워져, 온전히 현재의 삶을 살도록 마음의 주인이 되도록 하는 것이 아닌가 생각해요. 자꾸 내용이 반복되네요.

질문자   선생님께서 초월과 관련해서 현존과 수용 그리고 현재에 깨어 있음에 대한 이야기를 하셨는데 흔히 초월하면은 무엇으로부터의 초월 이렇게 생각하기가 쉽지 않습니까?

박희석   초월이라는 것은 현재에 깨어 있는 삶을 통해서, 내 안에 잠재되어 있는 그림자, 즉 고통이나 갈망, 여러 가지 해결되지 못했던 미해결과제들로부터 자유롭고 평화로운 상태가 되는 것이라고 생각해요. 그리고 현존이라는 경험은 내가 마음의 주인이 된 상태로, 흔히 참나, 불성, 본성, 자성으로 불리는 참자아가 의식의 전면에 등장해서 삶의 경험을 마음과 동일시하지 않고 살아가는 것을 말하는 것 같아요. 다르게 비유하자면 그물에 걸리지 않는 바람처럼, 바위에 걸리지 않는 물처럼 우리가 겪고 있는 삶의 고통에 걸리지 않고 순간순간 현존하는 삶이 초월이지 않을까 생각합니다. 물론 전제는 그물과 바위를 만날 때 그것을 피하는 것이 아니라, 그물과 바위가 갖고 있는 삶의 주제도 잘 다루어 그것으로부터 걸려 넘어지지 않는 삶, 즉 doing과 being이 함께 공존하는 것, 이렇게 살아가는 삶이 진정으로 초월적 삶이 아닐까요? 그래서 '평상심이 도'라는 말이 떠오르네요.

질문자   현존 또는 현재에 깨어 있는 삶을 말씀하셨는데, 현재에 깨어 있다는 것이 어떤 의미이고 어떻게 산다는 거죠?

박희석   요즘 상담 영역에서 확대되고 있는 핵심 키워드인 마인드풀니스 (mindfulness), 마음챙김으로 연결해 본다면 순간순간의 경험에 대해서 감정이 올라오든, 생각이 떠오르든, 몸의 감각이 느껴지든, 이것들에 대해서 판단하지 않고 수용적인 태도로 주의를 기울여 알아차리는 것을 현존한다고 하죠. 현재의 경험에 대해 동일시하지 않고 따뜻하게 바라보는 것, 다시 말해서 우리가 경험하는 감각, 감정, 생각 등을 판단하지 않고 있는 그대로 알아차리고 수용하면서 삶을 사는 것, 이 경험들이 현존하는 것이고 깨어 있는 것이 아닐까 해요. 흔히 에고, 자아라는 것이 상담에서 얘기하는 근본적인 인간의 고통이라고 하면, 자아초월, 자기초월이라는 것은 그 고통에 휩쓸리기보다 고통을 현상으로 보고 괴로움으로 넘어가지 않는 상태인 거죠.

질문자   선생님의 작업과는 어떤 연관이 있을까요?

박희석   상담에는 대부분 고통을 겪고 있는 사람들이 오는데, 이들은 그 고통이 해결되길 바라거든요. 자기 내면에 있는 고통을 경험적 방식이든, 통찰의 방식이든 어떤 식으로든 간에 풀어내고 싶어 하는데, 이걸 풀어낸다고 하더라도 인간은 또다시 문제가 있는 곳으로 돌아갈 수 있는 충분한 여지가 있다고 봐요. 상담할 때는 좋으나 상담 끝나면 다시 예전으로 돌아가려는 경향이 강해서 결국은 행동 변화를 유지하도록 과제를 제시해 주기도 하죠. 내담자가 진정으로 원하는 삶을 살도록 안내하는 것이 상담의 목표인데, 문제가 해결되더라도 내담자는 원래대로 돌아가려는 자동조종 상태에 빠지게 되죠.

상담자가 doing의 과정을 통해 삶을 변화시키려는 많은 노력을 기울이지만 내담자를 온전히 변화시킨다는 것이 얼마나 어려운 일인지 자주 경험하게 돼요. 초월영성적 상담이 아닌, 일반 상담 영역에서 작업을 하다 보니까 내담자의 문제가 어느 정도 해결되었을 거라고 기대하지만 그렇지 않은 경우가 종종 있어요. 예를 들어, 어떤 내담자가 심리극에 참여하여 심하게 억압된 감정을 풀어내고 깊은 통찰을 통해 왜곡된 사고를 바꾸는 특별한 경험을 했지만 현실로 돌아갔을 때 이 경험이 얼마나 지속적이고 효과적일 것인가에 대해서는 확신을 갖지 못할 때가 있어요. 이럴 때는 초월영성 분야가 상담 과정에 같이 맞물려 가는 것이 좋겠다는 생각을 했죠. 순간순간 내담자에게 왜곡된 생각이나 불편한 감정이 다시 올라올 때 그 생각과 감정을 마음챙김하는 노력을 기울이면 좋겠다는 의미예요. 흔히 초월영성 접근을 종교적 수행이라고 이해하지만 상담에서 마음챙김 명상, 3분 호흡 공간 명상, 호흡통찰 명상과 같은 수행법을 안내해서 내담자가 생각과 감정에 휩쓸리지 않도록 상담의 행동 실천 단계에 포함시키면 좋겠다는 거죠.

질문자   선생님 작업하시는 모습을 몇 차례 봤는데, 내담자들이 끔찍하게 만나기 싫어하는 장면을 굉장히 안전하고 공감적인 분위기 속에서 펼쳐 재구성하도록 하시잖아요. 내담자 입장에서는 끔찍한 경험을 제거하고 싶은데 이 경험을 다시 재구성하면서 그 경험을 수용하게 되고 경험에 대한 태도가 바뀌는 걸 봤어요. 선생님께서 그것을 being으로 표현하신 것 같다는 생각이 들거든요.

박희석   물론 상담 과정 안에서 그런 여지를 만들죠. 작업 이후 현실로 돌아왔을 때 내담자들이 '받아들일 수 있어요' '이제는 저 사람 볼 수 있어요' 하는 수용적인 방식으로 변하지만 다시 예전의 삶으로 돌아갈 수 있는 여지가 전혀 없는 게 아니에요. 상담 안에서 내담자가 being의 수준으로 가도록 여러 시도를 해 보지만 이것은 내담자 스스로가 해야 될 수행 과정이지 상담자가 할 수 있는 영역은 아닌 것 같더라고요. 내담자 스스로 할 수 있는 과정까지 안내하는 것이 초월영성상담이 해야 될 역할인 것 같아요.

♤ 마음의 진짜 주인, 참자아를 일깨우라

질문자 이제 영성에 대해 이야기를 해 본다면, 선생님의 작업에서 영성적인 부분은 어떤 면이 있을까요?

박희석 최근에 제가 좋아하게 된 분야가 있는데, 리처드 슈워츠(R. Schwartz)가 개발한 IFS(Internal Family System)[10]에서는 우리 마음 안에 있는 의식의 저장소에 파트(part)라는 그림자가 있고, 이 그림자가 어떤 상황이나 자극을 받으면 의식의 거실로 올라와서 우리의 마음 상태를 지배한다는 거죠. 그래서 참자아가 깨어 있지 않으면 감정이나 생각 등의 그림자들이 계속해서 우리 마음의 의식을 지배하게 된다는 이론이죠. Internal Family System에서는 참자아 혹은 참나라고 하는 Self가 주체적으로 마음의 리더가 되어야 한다는 거예요.

마음의 주인이 된다는 것은 감정이나 생각이 올라올 때, 내 마음 안에 분노나 너무 완벽하려고 애쓰는 부분이 올라오고 있을 때 이것을 자비로운 마음으로 알아차리고 지켜보는 것을 말합니다. 다시 말해, 마음의 현상을 수용적인 태도로 알아차리는 주체를 참자아, Self라고 말하는 거죠. 저는 앞으로 이 참자아를 인식하는 상담이 모든 상담 영역에 필수적으로 들어가야 된다고 생각해요. 기존의 상담이 당면한 감정이나 트라우마의 상처를 다루면서 왜곡된 인지를 수정하거나 억압된 감정을 정화시키는 doing의 작업으로 진행된다면, 이제는 being의 작업도 병행했으면 해요. 초월영성상담과 일반적인 상담의 차이점이 이런 것인데 이 부분에서 우리가 잘 준비해서 일반 상담에서도 그걸 수용할 수 있도록 해야 되지 않을까 싶습니다. 저도 심리극을 진행하거나 개인상담을 실시할 때 마음의 문제를 다양한 방식으로 다루지만 마지막에는 영성적인 접근, 마음챙김을 포함시키려 노력하고 있답니다.

질문자 우리의 몸, 마음에서 일어나는 현상에 휩쓸리지 않고 깨어 있는 의식 자체가 우리 존재의 영성이라고 볼 수가 있겠네요?

박희석 예. 그것이 참자아고 영성이라 봐요. 앞에서 언급한 것처럼, 마음이 나의 주인이 될 것인가, 내가 마음의 주인이 될 것인가?
루미의 시 〈여인숙〉에 이런 원리가 잘 나와 있더라고요. 잠시 외워 볼게요.

인간이라는 존재는 여인숙과 같다 / 매일 아침 새로운 손님이 찾아온다 / 기쁨, 절망, 슬픔 / 그리고 약간의 깨달음 등이 / 예기치 않은 방문객처럼 찾아온다 / 그 모두를 환영하고 맞아들이라 / 설령 그들이 슬픔의 군중이거나 / 그대의 집을 난폭하게 쓸어가 버리고 / 가구들을 몽땅 내가더라도 / 그렇다 해도 각각의 손님들을 존중하라 / 그들은 어떤 새로운 기쁨을 주기 위해 / 그대를 청소하는 것인지도 모르니까 / 어두운 생각, 부끄러움, 후회 / 그들을 문에서 웃으며 맞으라 / 그리고 그들을 집 안으로 초대하라 / 누가 들어오든 감사하게 여기라 / 모든 손님은 저 멀리서 보낸 / 안내자들이니까……

마음의 여인숙에 가구를 몽땅 내가고 소리를 지르는 손님이 왔더라도 그들을 주인이 되게 하지 마라. 당신이 주인이기 때문에 그런 손님을 기꺼이 맞이하고 지켜보라는 것이죠. 여인숙에 찾아온 마음의 손님들은 순간순간 올라오는 감정이나 생각, 행동들인데…… 그걸 지켜보는 당신은 당신 마음의 진짜 주인, 앞서 말한 참자아, 참나이고 그것이 영성인 거죠.

질문자 참나, 깨어 있는 나라고 하는 부분을 강조하시면서 초월영성상담과 전통적인 상담의 차이점을 말씀해 주셨는데요. 조금 다른 맥락에서 초월영성상담과 전통적인 상담의 차이에 대해 더 말씀해 주실 게 있으실까요?

박희석 초월영성상담에는 메소드가 아주 다양하고 많은 거 같아요. 선, 위파사나, 사마타, 기도, 피정 같은 종교적인 방식을 활용하는 경우도 있고, 또 다른 예를 들면 최면, 가족세우기, 아유르베다, 싱잉볼, 심상, 타로카드, 요가, 보석치료, 심지어는 굿과 같은 제의식…… 아주 다양한 방식으로 의식을 변형하고 확장하고, 그 영역이 너무 넓어서 어디까지 어떻게 받아들여야 될지 저는 좀 혼란스럽더라고요. 최근에는 인지행동치료의 제3동향이라고 해서 마음챙김을 기반으로 한 다양한 상담전략이 소개되고 있죠. 마음챙김명상(MBSR), 수용전념치료(ACT), 변증법적 행동치료(DBT), 마음챙김 기반 인지치료(MBCT) 등 마음챙김 명상을 기반으로 한 이론들이 소개되면서 관찰적 자아, 참자아, 마음챙김 등이 초월영성상담의 핵심방법으로 인식되고 있다고 봅니다. 그럼에도 아직 초월영성의 메소드를 어디까지 인정해야 할지 잘 모르겠어요.

질문자 사실 그런 혼란을 정리해 보자는 게 이 연구의 취지이기도 합니다.

박희석 일반상담자들이 보기에 '초월영성' 하면 좀 이상한 사람들이 하는 것 같고, 좀 특별한 제의식과 같은 것이 초월영성의 영역인 것처럼 이해를 해서, 과학적이지 않은 영역으로 오해를 불러일으키는 것도 있는 것 같아요. 다행히 최근에는 그 영역을 잘 설명을 해 놓은 게 마인드풀니스, 마음챙김의 개념이 아닌가 해요. 초월영성상담 영역으로 수용할 수 있는 매우 합리적이고 과학적인 접근이라고 생각해요. 아주 다양한 방식이 있겠지만 사주명리나 굿, 신비한 체험현상을 초월영성의 영역으로 포함시키는 것은 좀 지양을 해야 하지 않을까 해요. 보통 상담자들은 심리학적 근거가 없는 신비주의를 상담의 영역으로 들여오는 것에 매우 예민한 거 같아요. 예를 들어, 타로카드로 상담을 하는 것에 대해 대체로 전통적인 상담자들은 아주 부정적으로 보고 있어요. 어떤 상담자들은 초월영성상담이 매우 위험하고 어떤 제의식을 포함하는 영역으로 이해하고 있어 이런 점들은 염려가 되기도 해요.

☼ 늘 깨어 평상심에 머무는 상담자

질문자　네. 말씀하신 그 부분이 해결해 나가야 되고 정리가 돼야 될 중요한 부분인 것 같습니다. 초월영성상담의 특성을 확보하는 데 있어서 마인드풀니스로 표현하신 깨어 있는 의식으로서의 참나, 이 부분을 강조하는 게 중요하다고 보시는 거 같아요. 다음 질문입니다. 초월영성상담자라고 이야기하려면 삶에서든 전문적인 영역에서든 일반상담자와 구분할 수 있는 어떤 게 있을까요?

박희석　정말 어렵네요. (웃음) 초월영성상담자와 일반상담자를 구별할 수 있는 특징은 무엇일까요? 저도 그렇게 초월영성적인 삶을 사는 것이 아니라서요. 뭐라고 설명할까요? 상담하는 사람들은 대체로 자기 삶에 대한 검열이 좀 심하잖아요. 왜냐면 내담자를 만나서 내담자의 삶의 방식과 경험에 대해 소통하면서 무엇이 바른 삶인지를 늘 다루기 때문에 상담자로서 자신의 삶에 대해 기준이 엄격할 수밖에 없는 거죠. 일반상담자나 초월영성상담자 모두 다 그렇죠. 저도 늘 제 삶을 순간순간 점검하고 있거든요. 우리의 감정이라는 것은 너무나 자연스러운 것이라 울컥 분노가 올라오기도 하고, 때로는 슬퍼질 때가 있죠. 그런 감정들을 잘 접촉하는 게 건강한 것이긴 하지만, 아까 말씀드린 대로 그런 감정에 계속 끌려 다니기보다는 매 순간 자각하면서, 그 감정을 느끼지만 감정에 휘둘리지 않는 것이 초월영성상담자에게는 더욱 필요한 것 같아요. 다시 말해, 마음의 현상이나 감정에 잘 접촉하면서 자기 삶을 분명하고 냉철하게 성찰하는 것이 좀 더 필요하지 않을까요?

모든 상담자가 대동소이하겠지만 아무래도 초월영성상담자는 삶의 방식에 있어서 늘 깨어 있고 스스로 성찰하면서 평상심을 가지고 살아가는 게 더 필요할 거 같아요. 초월영성상담이 being이라고 하는 현존에 대해 큰 비중을 두고 있기 때문에 일반상담자보다는 더욱 깨어 있는 삶을 살아야겠죠. 초월영성상담을 추구하는 분들이 자신이 추구하는 접근에 따라 밖으로 표현하는 삶의 방식이나 태도가 다르겠지만, 일반인들과 너무 다른 방식의 삶을 살아갈 때 내담자가 다소 불편할 수 있겠다는 생각을 해 봤습니다.

평소에 제가 초월영성상담자라는 의식을 거의 하지 않고 살아가고 있지만, 아무래도 스스로 깨어 있는 삶을 살아야겠다는 생각은 늘 평소에 하고 있었어요. 오래전부터 수행자로서의 삶, 상담자이지만 좀 더 초월적인 삶을 추구했기 때문에 MAP 수련도 만들었고 언젠가는 자연으로 돌아가 흙과 나무와 꽃들과 함께 살아가고 싶은 꿈을 꾸고 살았어요. 하여 최근 몇 년 전에 땅을 파서 농사를 짓고 꽃을 가꾸고, 나무를 심고 가꾸는 일에 전념하면서 이런 삶이 저에게 수행자로서의 삶이라는 생각을 하게 되었어요.

질문자 그런 역량을 키우기 위해서 해야 될 훈련이나 수행을 선생님의 경험 속에서 추천해 주신다면 어떤 것들이 있을까요?

박희석 제 경험으로는 동사섭이 저한테 아주 잘 맞는 훈련이었어요. 우리가 일상의 삶에서 마음 공부를 할 수 있는 아주 간결한 명상법인데, 예를 들어 '나지사' 명상의 경우, '~구나, ~겠지, ~감사'가 현존의 경험을 유도하는 거죠. 현상을 그대로 보고 감사하게 생활하는, 아주 간결하고 명료한 수행법이 굉장히 큰 도움이 되었어요. 사람들에게 스트레스에 대처하도록 인지행동치료를 열심히 강의하는 것도 중요하지만 때로는 판단 없이 '~구나' 하는 현상을 보게하는 경험들이 훨씬 더 크게 와 닿았던 적이 있어요. 이 간단한 '~구나'가 현재의 경험에 대해 판단 없이 주의를 기울여 알아차리는 것이죠. 이 외에 행복한 삶을 사는 다양한 명상법을 소개하기 때문에 현실에 적용하는 데 큰 도움이 되었어요. 그리고 하비람도 참 좋았던 것 같아요. 하비람은 수련을 공개하지 않도록 되어 있기 때문에 설명할 수는 없지만 특별한 퍼포먼스와 계속되는 물음을 통해 순수의식을 발견하도록 안내하는 경험이었어요. 여러 가지 프로그램들이 지루하지 않게 잘 기획되어 있는 것 같았어요. 그 외에도 아바타 코스, 가족세우기, 행복훈련…… 여러 가지가 있네요.

질문자 전체적으로 초월영성상담자의 깨어 있음과 깨어 있음을 배양하는 훈련이 필요하다는 말씀을 하신 것 같아요. 이런 작업들이 내담자에게도 잘 적용될 수 있는지 선생님의 경험을 듣고 싶습니다.

박희석 저는 상담 현장에 있기 때문에 개인상담, 부모교육, 교사교육, 특강, 집단 프로그램, 대학 강의…… 사실 하는 일이 너무 많아요. 그런데 초월영성이라는 접근방법으로 뭔가를 요구하는 강의나 프로그램은 별로 없는 거 같아요. 제가 만나는 사람들은 이 분야에 별 관심이 없어 보여요. 엊그제 교사들 대상으로 하는 정신건강 관련 교육이 있어 '마음의 주인되기'라는 주제로 마음챙김과 연결해서, 깨어 있는 삶이 무엇인지, 왜 그래야 되는지에 대해 설명을 했죠. 또 최근 초월영성상담학회와 다른 학회에서 '영적 성장을 위한 사회극'이라는 주제를 발표하면서 IFS와 사회극을 결합해서 프로그램을 진행했어요. 집단원들이 관심 있어 하는 이슈를 찾아 사회극으로 다루고 이것을 단지 바라보게 하는 탈동일시를 극적인 방식으로 진행했죠. 마음챙김이나 참나를 심리극과 연결지어서 설명을 하긴 하지만, 제가 초월영성적인 접근을 하는 초월영성상담자라는 정체성을 언급하면서 활동을 하기에는 현실적으로 어려운 거 같아요.

제가 상담을 아주 오래 해 오고 있지만 상담의 한계를 느낀 적이 참 많았어요. 말로 하는 상담을 할 때 감정적인 문제에 부딪히면 진척이 잘 안 되고, 그러면 잠시 말로 하는 상담을 중단하고 다른 방에 가서 감정을 풀거나 깊은 통찰을 유도하는 심리극을 하게 되죠. 심리극을 통해 내담자의 주제가 좀 풀어지고 나면 상담의 진척이 빨라 종결을 잘하게 됩니다. 일반 상담에 심리극을 통합하듯이, 어떤 때는 내담자가 현존하는 삶을 살도록 마음챙김을 적용하고 싶은데, 내담자의 수준 때문에 적용하기가 어려울 때가 많아요. 너무 힘든 문제를 갖고 있는 내담자는 자신의 힘든 문제만 풀어 주길 바라는데, 여기에 마음챙김과 같은 접근을 시도하면 아주 어려워하는 경우가 있어요. 물론 심상과 명상으로 몸의 감각, 감정, 생각, 행동에 대해 마음챙김을 적용하는 내담자가 드물게 있긴 하나 대부분의 내담자는 초월영성상담을 힘들어 하는 것 같아요.

질문자 　내담자들은 빨리 벗어나고 싶은 데 초점이 있죠.

박희석 　그렇죠. 당장 목마름을 해결해 줘야지 삶의 근본적인 방식들을 바꾸도록 훈련하는 것을 어려워해요. 그게 현실적인 아쉬움이에요. 그럼에도 최근 개인상담에서 IFS의 방식으로 상담을 진행하면서 참자아를 등장시켜 내면의 그림자, 파트들을 수용하고, 추방된 아이를 만나는 시도를 해 보고 있어요. 생각보다 내담자들이 잘하는 편이어서 개인상담에서도 이런 초월영성적인 상담전략을 조금씩 시도해 볼 생각이에요.

질문자 예전부터 종교에 대한 갈망이나 갈증이 있으시다 하셨잖아요. 그렇지만 종교나 영성의 추구가 현실을 회피하기 위한 영적 우회일 수도 있다고 말씀하셨는데, 영적 우회나 현실 회피가 아니라 건강한 초월로 나아가기 위해서는 무엇이 필요할까요?

박희석 예전에는 종교가 저보다 우위에 있었다면 지금은 제가 종교보다 우위에 있다고 봐요. 저의 삶이 우선이죠. 종교는 제가 삶을 잘 살도록 하는 방편이 된 거죠. 종교에 끌려가는 게 아니고 제가 종교를 선택해서 신앙생활을 하다 보니 종교로부터 자유로워요. 제 안에는 이미 부처님도, 하나님도 계시죠. 이렇게 믿으니 종교로 인한 갈등이나 어려움은 없어요. 예전에 기독교 신앙생활을 했을 때는 종교가 가장 우선이었고 절대적이었죠. 종교에 따라 차이가 있긴 하지만 신앙이 자신보다 우위에 있어서는 안 된다고 생각해요. 과거의 저처럼 현실의 외로움, 고통을 외면하고 신앙으로 도피할 때 그것은 진정한 초월이 아니죠. 과거에 이런저런 경험을 하다 보니 지금 저는 종교의 다원주의를 지향해요. 교회나 성당에 가면 기도하고, 절에 가면 3배, 108배 하고, 특정 종교에 대해 굳이 걸리지 않는 그런 점이 참 좋아요. 원불교에 다니면서 좀 더 성숙해졌다고 생각해요. 건강한 초월은 종교가 삶의 고통을 회피하는 수단이 아니라 건강한 삶을 살아가기 위한 방편이 되는 것이라고 믿어요.

♧ 대중과 호흡하며 성장을 지향하는 상담

질문자 마지막 질문은 전망과 관련된 것인데, 초월영성상담이 한국사회나 현대사회에서 어떠한 기능과 의미를 갖는다고 보십니까? 초월영성상담학회가 아직은 소규모인데 우리 사회에 실제로 어떤 기여를 할 수 있을지, 또 앞으로의 전망은 어떻게 보시는지, 선생님의 생각을 듣고 싶습니다.

박희석   그러게요. 너무 어려운 질문이네요. (웃음) 초월영성상담이 너무 생소하고, 대중화되기에는 아직 한계가 있는 영역이라 우리 사회에 어떤 식으로 기여하게 될지 잘 모르겠어요. 미국에서도 아직 초월영성이라는 영역이 종교 분과 안에 있다고 들었어요. 한국에서는 그래도 초월영성 분야를 상담의 영역으로 인정하고 있다는 것은 고무적인 일이지만 대중화가 안 되고 있는 현실은 뭘까 생각해 보면 너무 특별하거나 어렵다는 거 아닐까요? 상담하는 사람들도 초월영성상담이라는 영역을 너무 낯설게 여기고 있는데, 초월영성이 너무 어렵고 종교적인 냄새가 나고, 그야말로 현실과는 좀 동떨어지게 인식되기 때문에 대중화하는 데 한계가 있는 거 아닌가 생각해요.

질문자   그 부분을 해결하려면 어떤 게 필요할까요?

박희석   지금 마음챙김과 관련된 책이 정말 많이 나오고 있잖아요. 상담하는 사람들도 마음챙김, 마인드풀니스에 대한 의미들은 지금 조금씩 이해하고 관심을 갖고 있기 때문에, 마음챙김을 상담에 연결하고 이 부분을 확장하는 것이 중요하다고 생각해요. 마음챙김이 위파사나 명상에서 출발한 건데, 요즘 추세가 명상을 상담의 영역에 매우 적극적으로 도입하고 있는 거 같아요. 기존의 관점으로 명상을 종교의 전유물로 여기면 대중성이 어렵잖아요. 미국에서 건너오긴 했지만 명상을 마음챙김이라는 이름으로 초월영성 쪽으로 가져와서 지속적으로 보편적인 상담의 용어로 사용한다면 좀 더 대중화되지 않을까 생각해요. 그렇게 하려면 저부터 앞으로 마음챙김을 기반으로 한 집단상담, 마음챙김 기반 부모교육, 마음챙김 기반 인성교육, 마음챙김 기반 부부상담 등 여러 방식으로 프로그램을 만들고 보급하는 일이 필요할 거 같아요. 일부는 이미 진행하고 있기도 해요. 제가 몇 년 전에 모 학회에서 '마음챙김 기반 심리극'으로 워크숍을 한 적이 있어요. 이런 식으로 마음챙김을 통해 초월영성 분야를 대중화할 수 있으면 좋겠어요. 마음챙김을 기반으로 한 접근 외에도 자비 명상, 사마타 명상, 다양한 명상을 초월영성상담의 중요한 전략으로 활용하면 좋을 거 같아요.

질문자   초월영성이 과학적이고 현대인들의 상식과 이성에 부합하는 방식으로 전달될 필요가 있다는 말씀으로 이해됩니다. 또 다른 측면에서 선생님께서 말씀하셨던 참나 혹은 깨어 있는 의식이라고 하는 것은 굉장히 높은 수준의 의식이라고 할 수가 있는데요. 여기에 초점을 두는 상담 접근이 앞으로 우리 현대인들에게 중요한 의미를 갖게 될 수 있을 거라고 생각하십니까?

박희석   전통적인 상담이라는 것은 결국 결핍의 주제를 갖고 있는 사람들, 고통을 겪고 있는 사람들을 대상으로 하는 거죠. 그러나 초월영성상담은 결핍의 주제를 메타인지, 탈동일시를 통해 문제로부터 분리시키고, 또 우리의 본성을 찾아 마음의 주인이 되는, 현존하는 삶을 추구하도록 안내하는 거라고 생각해요. 그래서 의식의 확장이든, 영적 성장이든 현대인의 삶의 질을 향상시킬 수 있는 초월영성 프로그램을 개발하고 보급한다면 그것은 사람들의 의식을 개혁하고 이 사회를 성숙하게 만드는 데 큰 기여를 할 수 있을 거예요. 특히 상식과 이성에 부합한 마음챙김을 기반으로 한 프로그램을 다양하게 개발하여 그것을 우리 사회의 현대인들에게 보급한다면 사회를 개혁하는 데 일조를 하지 않을까 생각해요.

사실 용타 스님이 운영하시는 동사섭 같은 프로그램은 정말 많은 사람들에게 행복의 원리를 안내하고 행복한 삶을 실천하도록 하는 문화를 만들어 가고 있다고 봐요. 아직 미비하긴 하지만 저도 약 10여 년간 MAP 수련 프로그램을 운영하면서 사람들의 의식 수준을 높이려는 노력을 하고 있다고 자부합니다.

상담실에 찾아오는 많은 내담자들은 호킨스[11] 박사의 의식 지수로 보면, 용기(200) 아래쪽의 수준이 많아요. 가장 낮은 수치심에서 죄의식, 무기력, 슬픔, 두려움, 욕망, 분노, 자존심, 용기 등으로 올라갑니다. 정서적인 측면에서 본다면 억압된 감정, 해결되지 못한 감정을 갖고 있는 사람들은 수치심, 죄의식, 두려움, 슬픔, 분노 등의 감정을 갖고 있는 경우가 많지요. 물론 그들이 초월영성상담을 통해 더 높은 차원의 의식 수준을 갖도록 용기를 주고 자발성을 발휘하게 하는 건 정말 중요하다고 봅니다. 초월영성 분야는 사람들이 현재보다 더욱 성숙한 삶을 살아가도록 기여할 수 있을 거예요. 이 분야의 일을 하고 있는 사람들이 성숙한 상담문화를 만드는 것에 대해 고민을 많이 해 봐야 할 거 같아요. 주제와 방향은 분명하고 중요한데 구체적인 방법을 언급하기가 어렵네요.

질문자   초월영성적인 접근이 결핍된 상태를 건강한 상태로 만드는 것보다는 건강한 상태를 더 성숙한 차원으로 높이는 측면에서 더 기여할 수 있다는 말씀으로 이해가 되는데요. 선생님께서는 우리 사회가 초월영성적인 이러한 방향을 향해 가고 있다고 보시는지요?

박희석   벌써 가고 있다고 봐요. 우리의 의식 수준이 높으니까 정치를 바라보는 것도 다르게 보는 거죠. 초월영성상담자들도 현실 참여와 유관하다고 보거든요. 스스로만 내적 평화를 만드는 게 아니고 세상을 평화롭게 만드는 것이 우리 역할이 아닌가 싶어요. 결국은 현실의 삶에도 참여해야 된다고 봐요. 스스로의 의식을 확장하기 위한 노력도 기울여야 하지만 현실 참여도 하고, 목소리도 내야 해요. 우리가 현실에 참여하지 않고 혼자 앉아서 수행만 하고 혼자 평화로우면 그것이 세상으로 이어지진 않겠죠.

저의 개인적인 소망은 괜찮은 치유정원을 하나 만들어 사람들이 그곳에 방문하여 자신을 성찰하고, 어떻게 삶을 살아갈 것인지를 숙고하고, 현실로 돌아갔을 때는 전보다 다른 행복한 삶을 살도록 하는 거랍니다. 최근 캐나다에서는 한인들이 토론토에 가서 지구 살리기 프로젝트를 하고 있는데 거기에 줌(zoom)으로 초대돼서 심리극을 진행했어요. 당장 저의 현실은 제 앞에 있는 내담자와 만나는 일을 하고 있지만, 조금 더 넓게 보면 세상 사람들을 어떻게 하면 더 행복하게 살아가게 할 것인가를 생각하면서 우리가 좀 큰 포부를 갖고 준비를 해야겠다는 생각을 하게 되네요.

질문자　초월영성적인 상담의 사회적인 역할에 대해 말씀해 주셨는데요. 초월영성적인 접근이 실제 삶에 참여해서 우리 사회를 가꾸고 변화시키고 전반적인 의식을 성장시키는 역할을 해야 한다는 것으로 이해가 됩니다. 한편으로는 초월영성상담이 현대를 사는 사람들이 목말라 하고 있는 초월영성적인 욕구에 대해 해결책을 제시할 수 있어야 한다는 생각도 들고요.

이제 마무리를 해야 될 것 같은데요. 지금까지 대화를 나누면서 선생님에 대해 느낀 점은 선생님이 젊은 시절부터 원하셨던 대로 삶의 주인이 되는 삶을 살아오셨구나, 이런 생각이 듭니다.

박희석　다행이네요. (웃음)

질문자　종교, 심리학, 심리극 여러 과정들을 거치면서 살아오셨지만 그 안에서 주체적인 삶을 살기 위해서, 그 열망을 실현하기 위해서 많은 노력을 하셨고, 또 그걸 실현하고 계시다는 것에 굉장히 감동을 받았고, 많이 배웠던 것 같아요.

박희석　저도 나름 꽃을 피우고 있다고 봐요. (웃음)

질문자　그리고 또 하나는 초월영성적인 상담에 대해서 굉장히 현실적이고, 냉철한 기준과 인식을 가지고 계셔서 그런 면들도 참 많이 공감이 됐습니다. 너무너무 좋은 시간이었습니다.

박희석　많이 부족한데 이렇게 이야기할 수 있는 기회를 주셔서 감사드리고, 또 제 삶을 한 번 회고할 수 있는 고마운 기회가 됐습니다.

📒 인상노트

박희석 선생님의 상담센터에는 마음숲심리상담센터라는 이름에 걸맞게 곳곳에 다양한 식물이 자라고 있었다. 빛의 도시 광주이기 때문인지, 식물을 사랑하는 선생님이 키우시기 때문인지, 작은 화분에서 자란 식물들이 긴 줄기를 내어 벽과 천장을 타고 자라는 모습이 생명력이 넘친다. 갖가지 꽃과 식물들의 아름다운 자태에 눈길이 가는 우리들에게 선생님은 식물들의 이름과 꽃의 이름을 반갑게 설명해 주셨다. 최근에 시골에 있는 땅을 '치유의 숲'으로 꾸미고 있다고 눈을 반짝이며 말씀하시는 선생님의 표정에서 자연과 치유에 대한 선생님의 깊은 관심이 느껴졌다.

인터뷰를 하면서 만나 온 선생님들이 주는 공통점이 있었는데, 그것은 '자연스러움'이었다. 선생님들의 색깔과 분위기는 모두 달랐지만, 내 몸에 딱 맞는 옷을 입은 듯이, 모든 선생님들이 자연스럽게 자신의 색깔과 개성을 나타내고 계셨던 것 같다. 박희석 선생님께는 편안하고 자연스러운, 고요하면서 부드러운, 깊으면서 반짝이는 느낌을 느꼈다. 직접 로스팅한 원두로 커피를 내려 주시고, 마시는 사람의 취향에 맞게 물을 덜거나 더 넣어 주셨다.

인터뷰 내내 겸손하고 심사숙고하시는 모습을 볼 수 있었다. 조용하고 편안한 개성이라고 표현하면 어떨까. 이런 분께서 사이코드라마 작업에서는 어떤 에너지를 분출하실지 그래서 더 궁금해졌다.

자율성이라는 가치가 선생님의 삶에서 중요했던 것처럼 들렸다. 대학 입학 후부터, '네가 이런 사람이었냐'는 질문을 들을 정도로 선생님은 많이 달라졌다고 했다. 이제서야 자신에게 딱 맞는 날개옷을 찾아 입은 것 마냥, 대학교 과 반

대표와 사이코드라마 동아리 회장 등 물 만난 고기처럼 활동하고 성장하고 자라기 시작하셨던 듯하다. 스스로는 극히 내향적인 사람이라고 하셨는데, 내면에 깊게 축적되는 에너지를 발산할 방법과 도구를 상담과 사이코드라마에서 찾으셨던 것 같다.

선생님을 처음 만나면서부터 헤어지고 나서 다시 생각하기까지 가장 인상에 남는 것은 '편안함'이다. 넘치지도 부족하지도 않게, 과하지도 억지스럽지도 않게, 마치 나무 모양이 자연스럽게 느껴지듯이 선생님도 선생님으로 그렇게 자연스럽게 느껴졌고 그런 분위기가 나에게도 편안함과 자연스러운 느낌을 주었다. 날이 추워지면 나무들이 잎을 떨구고 겨울을 준비하고, 또 봄이 오면 새순에서 푸릇한 잎을 틔우듯, 그렇게 자연스럽게 하지만 생명력이 넘치게.

몸과 마음이 지칠 때면 선생님이 가꾸는 나무와 숲이 보고 싶다는 마음이 든다. 힘든 것은 힘든 것으로, 기쁜 것을 기쁜 것으로 넘기고 또다시 살아갈 수 있을 것 같은 힘을 조용하지만 믿음직스럽게 느낄 수 있을 것만 같다.

미주

1) 심리극(心理劇): 1921년 오스트리아의 정신건강의학과 의사 모레노에 의해 창시된 사이코드라마(psychodrama)를 일컫는 말. 개인이 자신의 문제를 말 대신 행동으로 표현하는 방법.

2) 바타카: 쿠션을 때리는 용도로 사용하는 긴 막대기.

3) 모레노주의: 제이콥 모레노(Jacob Moreno)를 따르는 사고방식을 의미한다. 모레노는 심리극과 계량사회학의 창시자. 정신과 의사 출신 정신분석가이자 심리치료사. 집단심리치료, 사회측정법, 사이코드라마 등의 기법을 체계화하고 발전시킴. 부인인 제르카 모레노(Zerka Moreno)는 사이코드라마의 실행규칙 15개를 제시하여 사이코드라마의 체계를 세우고 보급함.

4) 마샤 카프(Marcia Karp): 심리극 창시자인 모레노 박사의 직계 제자이자 미국 심리극의 대가.

5) LCSI(Lim's Character Style Inventory): 한국의 심리학자 임승환 박사가 개발한 심리검사. 한국의 사회문화적 배경을 바탕으로 16년간 3만여 명의 통계자료와 1만여 명의 관찰자료를 분석하여 개발됨.

6) 사다나(Sadhana) 명상: 매일의 영적 수행을 뜻하는 산스크리트어로 수행자가 동작, 자세, 호흡, 명상 등의 도구를 사용하여 수행을 실천하는 것.

7) 염지관(念止觀) 명상: 불교에서 사용되는 술어인 염(念)과 지관(止觀)을 인경 스님이 하나의 명상과정으로 통합한 것. 신체의 여섯 가지 감각에서 발생하는 느낌을 포착하는 알아차림(念, sati), 다른 요소를 배제하고 대상(느낌)에 집중하는 머물기(止, samatha), 그 느낌의 변화와 소멸 등 움직임을 호흡과 함께 관찰하는 지켜보기(觀, vipassana)의 세 단계 과정으로 이루어짐.

8) 미러링(Mirroring): '무의식적인 모방행위'를 일컫는 심리학 용어로, 타인의 가벼운 행동부터 표정·말투 등의 행위를 무의식중에 모방하는 것을 이르는 말. 심리극에서 미러링은 보조자아가 주인공의 역할을 하여 주인공에게 다른 사람의 눈에 비친 모습을 보여 주는 기법.

9) 켄 윌버의 ILP(Integral Life Practice): 켄 윌버의 통합 이론을 일상의 삶 속에서 실천하는 것을 염두에 둔 통합 이론의 실천 방법. 몸, 마음, 영이라는 전통적인 의식 발달 영역에 그림자라는 심리치료 모듈을 더해 네 개의 핵심 모듈을 설정하고, 윤리, 일, 관계, 창조성, 혼 등의 보조 수련 모듈을 보완하여 일상생활 속에서 삶과 수련을 통합하는 지도를 제시함.

10) IFS(Internal Family System): 리처드 슈워츠 박사가 개발한 내면가족치료. IFS 치료모델은 내면에서 일어나는 마음의 갈등과 전쟁하는 부분들을 하나의 독립된 인격체로 보고, 각각의 부분들이 서로 어떻게 작용하는지, 그리고 이들의 작용기능과 갈등, 동맹 등의 구조적인 역동을 세밀하게 이해하고 치유하는 방안을 제시함.

11) 데이비드 호킨스(David R. Hawkins): 정신과 의사이자 세계적인 영적 스승. 영적으로 진화한 상태와 의식 연구, 참나로서의 신의 현존에 대한 각성을 주제로 오랫동안 연구함. 인간의 의식 수준을 1부터 1,000까지의 척도로 수치화하여 '의식 지도(의식 지수)'를 제작함[데이비드 호킨스(2011)의 『의식혁명』].

이선화

나를 넘어선 곳에
새로운 들판이 있다

약력

1966년   경기도에서 2남 2녀의 넷째로 태어남
1981년   서울 한샘여자중학교 졸업. 기독교재단 학교에서 성경 공부에 몰입
1984년   서울 휘경여자고등학교 졸업. 원불교재단 학교에서 안전한 시절을 보냄
1989년   계명대학교 심리학과를 졸업하고 상담심리학 전공으로 석사과정 진학. 이형득 선생
              님으로부터 사사
1990년   LG전자 영상디스플레스 사업부 취업. 사내상담실에서 기업상담자로 활동
1992년   사이코드라마 논문으로 석사학위 취득. 이형득 목사님의 만남의 교회에서 기독교 세
              례를 받음

1995년	창원대학교 학생생활연구 상담전임연구원으로 재직. 김병채 선생님의 삿상 참여 이후 20여 년간 참나 탐구에 몰입
1995년	사이코드라마를 최헌진 선생님으로부터 사사. I-God에 대해 탐구함
1998년	창원대학교에서 박사과정 진학 후 타로에 대해 연구. 이후 2002년 뉴욕 타로 페스티발에 참가하여 신학자인 존 길버트, 제임스 웰리스를 비롯한 여러 영역의 교육과 2006년 레이첼 폴착, 메리 그리어 워크숍 참가
1998년	창원대학교 대학원에서 17년간 상담 분야 강의
1999년	참나 탐구를 위한 인도 여정의 시작. 바라나시의 성자 모니바바를 친견하고 삶과 죽음에 대한 의문 및 내가 누구이며 무엇을 위해 살아야 하는지 답을 찾음. 럭나우의 성자 라지바바의 삿상에서 두려움을 떠나보냄. Ramanasramam에서 수행. 이후 아루나찰라는 주요 수행처가 됨
2001년	한국상담심리학회 1급 상담심리사 자격취득. Siddha Yoga에서 Gurumayi 친견. 사리를 입고 Arati 의식을 함. 이후 두 번의 특별한 Darshan을 통해 신성한 사랑을 알게 됨
2003년	한국상담학회 1급 전문상담사 자격취득. 상담 장면에서 타로의 적용 가능성 논문으로 창원대학교 대학원 교육학과 상담심리학전공 박사학위 취득. 오쇼리조트 방문. Ganda의 Intutive Tarot 이수
2006년	한국타로학회 창립. 이후 타로마스터 스쿨, 카발라 스쿨에서 내적 성장을 안내함
2007년	타라심리상담센터 창립. 현)우리들심리상담센터 운영
2008년	인도 오로빌에서 달라이 라마 친견. 인도 첸나이와 일본 고베에서 암마의 포옹을 받음. 인도에서 Theta Healing을 공부하며 힐러의 삶을 시작
2010년	Mooji의 삿상에서 "너는 ego를 깨뜨리기 위한 Tapas가 필요하지 않다"고 들은 이후 고행 없이 참나로 삶
2015년	사)한국초월상담교육협회 창립. 상담자 양성 및 기업상담기관 운영
2016년	서울불교대학원대학교 초빙교수, 강사로 2년간 가르침
2016년	잉고 야제츠, 쥬디스 밀러의 트랜스퍼스널 브레스워크 참가. 이후 지도자과정 이수 중. 영적 경험과 통찰의 탁월한 길 안에 있음
2017년	한국상담학회 한국초월영성상담학회 회장 역임
2021년	IFS 레벨1, 2 이수. 이후 EMDR, PTSD, 해리 등에 관심을 가지고 공부
2021년	Psychoanalystic Association of New York의 Clinical Training 과정 수학

저서 및 역서

타로의 지혜(역, 슈리크리슈나다스아쉬람, 2005), 타로카드 100배 즐기기(역, 물병자리, 2006),
변형(역, 슈리크리슈나다스아쉬람, 2008), 타로와 심리학(역, 학지사, 2010), 상담자와 심리치료
사를 위한 직관(공역, 학지사, 2015), 타로상담의 이론과 실제(공저, 양서원, 2017), 자아초월심리
학 핸드북(공역, 학지사, 2020)

대표 논문

상담장면에서 타로의 적용 가능성: 심리적 성장을 위한 타로 프로그램의 개발(국립창원대학교
　　대학원 박사학위논문, 2003)
타로에 대한 심리학적 이해와 상담자의 역할(상담학연구, 2010)
직관 프로그램이 초보상담자의 자기효능감과 영적안녕감에 미치는 효과(상담학연구, 2011)
컬러가 인간의 생리 · 정서적 반응에 미치는 효과: 컬러자극 유형에 따른 뇌파분석을 중심으로
　　(공저, 상담학연구, 2012)
레이키 자기힐링이 중년여성의 갱년기 증상에 미치는 효과(공저, 한국심리학회지: 여성, 2012)

인터뷰

1. 성장과정

질문자   인터뷰에 응해 주셔서 감사드립니다. 우선, 선생님께서 어떻게 상
담자로서의 길을 걷게 되셨는지, 그리고 거기에 중요한 영향을 미
친 사건이나 관계, 사회문화적 맥락이 무엇이었는지 말씀해 주시
겠어요? 선생님의 어린 시절부터 선생님의 성장과정에서 중요한
경험을 포함해서 상담 공부를 하시기까지의 과정이 궁금합니다.

이선화   어렸을 때, 강원도 아주 추운 곳에 살 때예요. 어머니가 겨울에 밖
에 나가지 못하게 하셨는데 옛날에는 감기 들어서 죽는 아이들도
있으니까 그랬던 것 같아요. 오빠들은 나가서 노는데 나는 못 나
가고 혼자 방바닥에 앉아서 노는데 너무 지루하고 심심한 거예요.
그래서 어머니한테 불만스러웠던 일이 최근 내면 작업을 하다가
올라온 의미 있는 어릴 적 기억이에요. 그렇게 재미없어하는 아이
가 있었다는 걸 발견하게 됐죠. 오빠들은 각각 세 살, 다섯 살 위였
는데 둘 다 너무 훌륭하고 천재라는 소리를 들었어요. 맨 위에 언
니도 한 명 있는데 언니는 할머니 댁에서 커서 제 어렸을 때 기억
엔 오빠 둘이랑 저 셋이 아주 친하게 지냈어요. 아버지는 군인이
셨는데 경북에서 군수사대 CID에서 수사관 역할을 하셨어요.
여섯 살 때 오빠들을 따라 서울로 유학을 가게 됐어요. 아버지는
군인이니까 경북에 계셨고 어머니도 함께 계셔야 해서 저희들끼

리 갔어요. 경찰이셨던 작은 아버지 집 가까이에 어머니가 집을 사서 저희를 지내게 하시고 친척들이 번갈아 와서 함께 사셨어요. 그냥 씩씩하게 지냈던 것 같아요 저는. 여덟 살은 씩씩하고 열한 살, 열세 살은 울고. (웃음) 제가 뭘 몰랐던 거죠. 그냥 가야 된다고 생각했고. 저는 거기서 일 년 정도 살다가 집으로 와서 5학년을 마치고 다시 갔어요. 부모님이 어쨌든 저도 서울로 보내야 된다고 생각하셨거든요. 그래서 서울에서 생활하는데 그때 예전보다 좀 더 진지해졌던 것 같아요. 그리고 그때 저의 첫 번째 허무감을 경험해요. 지금까지는 그게 우울증으로만 기억됐는데 사실 그게 허무였어요, 허무. 어느 날 일상적으로 TV에서 하는 〈인어공주〉 만화영화를 봤는데 너무 몰입이 됐던 거예요. 인어공주가 물거품이 돼서 사라지죠. 그게 저에게는 엄청 큰 허무감을 안겨 줬어요. 삶에 대해서 조금 다른 눈을 가지게 됐고. 그게 굉장히 중요한 나의 추방자 경험이라는 걸 최근에 알게 됐어요. 제가 좀 철이 일찍 든 것 같아요. 그래서 '세상이 허무하구나' 하는 걸 그때 처음으로 경험을 했던 거죠.

♦ 실패와 상실의 아픔이 상담으로 이끌다

이선화   그러고 나서 중학교를 너무 좋은 곳으로 다녔어요. 지금 생각해 봐도 '우와, 학교가 나를 살렸구나'라고 할 정도였죠. 한샘여중이었는데, 기독교 학교였어요. 그 학교가 참 좋은 바탕을 제게 주었어요. 교육이 너무 좋았고 선생님들이 정말 훌륭했어요. 성경 선생님이 좋아서 성경을 많이 외우기도 했고요. 매일 아침 예배를 보고 일주일에 한 번씩 강당에서 대예배를 보는 것도 좋았어요. 사실 저희 집은 불교였어요. 어머니가 절의 총무셨는데 그 절의 일을 도맡아서 하시는 열성적인 훌륭한 신자셨죠. 중학교는 그냥 추첨으로 간 거였고요. 그리고 고등학교를 휘경여고로 가요. 휘경여고는 원불교예요. 학교에 종교 행사는 없었는데 우리 이사장님이 훌륭하셨어요. 따뜻하셨고, 그분이 어떤 삶을 살았는지가 가슴으로 들어오더라고요. 고등학교도 친구들이랑 굉장히 재밌게 잘 다녔어요.

그리고 대학을 떨어져서 재수를 하게 됐는데 그때 다녔던 재수학원에서 심리검사를 해 줬어요. 고려대학교 행동과학연구소에서 나와서 MMPI 검사도 하고 적성검사도 하고 그리고 개인상담을 한 번 받았죠. 그런데 그때 놀라운 경험을 해요. 제가 예상하기로는 제가 고민을 이야기하면 상담자가 듣고 해결책을 제시해 줄 거라고 생각했는데, 상담에서 제가 혼자 다 말하고 대답하고 그리고 '감사합니다'한 거죠. 상담해 주시는 분은 그냥 '그래서?' '음?' '그런데?' '어떡하면 좋을까?' 이런 정도의 얘기만 하셨는데. (웃음) 그전에도 상담 관련 경험이 있긴 했어요. 제가 중학생 때 처음으로 사랑의 전화가 생겼는데, 2~3학년 즈음 밤에 '힘들다, 상담 받고 싶다' 하고 전화했더니 '기다리세요' 하고는 음악만 계속 들려주고 아무도 전화를 안 받아요. 그러니까 화가 조금 났죠. 한 2, 30분 기다렸던 것 같아요. 그게 저의 첫 번째 상담 전화라니까요. (웃음) 아무튼 그때 학원에서 상담 받고 나서부터 '정신을 딱 차려야지' 이렇게 다짐했는데 여전히 제 마음속에 번민이 많았어요. 제가 심리적 위기를 경험했던 시절이었던 것 같아요.

그 후에 결국 재수도 실패하고 갈 곳이 없어지자 아버지가 '고향으로 내려와라' 해서 대구에 가게 됐어요. 어머니는 부끄럽다고. 오빠들은 다 좋은 대학을 갔는데 저는 실패한 자식이었죠. 그리고 계명대학교 심리학과에 가게 돼요. 옛날에는 심리학과는 인기가 없는 전공이었지요. "무슨 과를 가고 싶니?" 하고 물었을 때 "나

심리학을 하고 싶다" 이렇게 얘기했어요. '나는 이제 심리학 아니면 안 하겠다' 그런 마음이 들었어요. 제가 재수할 때 상담을 해 주셨던 그분이 굉장히 신기했었고 '저렇게 몇 마디 안 하고 누군가를 도와줄 수 있으면 좋겠다' 이렇게 생각을 했던 거죠. 그래서 심리학과를 갔는데 제가 학교를 가서도 연극 동아리에 빠져서 한동안을 보냈죠. (웃음) 이상심리학 같은 수업은 너무 재밌으니까 푹 빠져서 들었죠. 심리검사 수업 때 제가 약간 상태가 안 좋은 걸 알게 됐어요. MMPI에서 너무 안 좋은 프로파일이 나와서 수업 끝나고 검사지를 들고 교문 밖까지 "어떡하지 어떡하지" 하면서 선생님을 따라 나갔어요. 교문 밖에 다 와서 "제가 이런데요" 하고 프로파일을 보여 드렸더니 슥 보시고는 "응, 정상~" (웃음) 그래서 안심을 했었죠. 대학 때 일이 많았어요. 암이라고 오진도 받고. 그래서 '삶이 뭐지' 하고 또다시 허무에 빠지고 그랬죠.

그러다가 결정적인 건 대학교 4학년 때 바로 위에 오빠가 교통사고로 사망을 하게 된 거예요. 오빠 둘이 다 의대를 다니고 있었는데 큰오빠가 공중보건의로 있던 작은오빠에게 늘 얘기를 했었어요. 사고를 많이 내는 어떤 사람이 있는데 '걔를 조심해라, 절대 어울리지 마라'라고. 그런데 그날 작은오빠가 그 사람이 운전하는 차를 탄 거예요. 그리고 사고가 나서 차 안에서 사망을 하게 되죠. 제 인생이 완전 무너져 버린 그런 상황이었어요. 인생이 의미가 없어져 버리고. 대학교 4학년 때, 이수용 선생님이 상담 이론 수업에서 실존주의적 상담 이론을 강의하셨는데 완전히 뒤집어졌어요. '아, 내가 인생을 다시 봐야 되겠다.' 그리고 내 인생을 어떻게 살아야 될까 해서 상담을 받으러 학생생활연구소를 가요. 잘 찾아갔죠. 그때 선생님이 "그냥 상담을 공부해라" 하시더라고요. "상담을 하면 네가 하는 고민이나 이 모든 것에 많은 도움이 될 수 있다"

고. 그래서 그분이 제안하는 대로 대학원을 가게 된 거죠. 그게 상
담을 공부하게 된 계기예요.

질문자　선생님의 문제에 부딪혀서 상담을 만난 게 이쪽 길을 선택하시는
　　　　　계기가 됐네요. 오빠의 급작스러운 죽음에 대한 충격으로 상담실
　　　　　을 찾았던 것이 계기가 돼서 대학원 진학을 하시게 됐고…….

이선화　살려고. 생존하고 관계가 있는 거였죠. 대학원에 들어갔더니 다
　　　　른 세상이에요. '이런 데가 있나' 했어요. 집단상담은 매 학기 중,
　　　　학기 말마다 있었어요. 학기 중에는 위클리로 하는 집단, 학기 말
　　　　에는 집중 과정에 참여해서 도움을 많이 받았어요. 당시 상담사로
　　　　취업이 돼서 LG에서 일을 하면서 대학원에 다녔었고요.

2. 상담자의 길

♤ 초월영성상담으로 나를 이끈 안내자들

이선화　상담을 공부하게 된 계기는 그러했고요, 그다음에 초월영성상담
　　　　을 지향하게 한 주요 전환기는 이형득 선생님이 목사님이시고 제
　　　　가 그분한테서 세례를 받게 돼요. 만남의 교회라고 개척교회를 하
　　　　셨는데, 정통 예배와는 조금 다른 형식이었어요. 예배가 끝나고
　　　　나서 빵을 나눠 먹는 성찬식 같은 걸 했어요. 그리고 설교 말씀에
　　　　대해서 집단상담처럼 얘기를 나눴어요. 설교 말씀에 대한 질문과
　　　　자기 이야기를 충분히 나누는 교회였죠. 그런 예배 형태가 이상하
　　　　다고 말하는 사람도 있었지만 이형득 선생님은 그런 건 중요하지
　　　　않다고 말씀하셨어요.

질문자　그분과의 관계를 조금 더 여쭙고 싶은데요. 이형득 선생님이 하시

는 게 전통적인 상담하고는 색깔이나 맛이 다르잖아요. 그런 말까지 들으면서 그런 방식의 예배를 하셨다는 건 그분의 삶 안에서 상담하고 영성적인 접근이 통합되었던 것이라고 저희들은 기억을 하고 있는데요, 그것이 또 선생님한테 중요한 영향을 미쳤을 것 같아요.

이선화 제가 그분의 두 번째 세례교인이었죠. 이형득 선생님이 상담자의 모습이나 상담의 방향으로 제 첫 번째 모델이셨어요. 저희에게는 완전한 인본주의 상담자로서 다가왔죠. 어떻게 보면 이형득 선생님이 상담에서 초월영성상담 쪽으로 저를 인도해 주신 역할을 하신 분이라고 볼 수 있는데, 초월영성적인 접근 부분을 그분께 배웠다거나 그런 건 아니었어요. 이리로 공부를 해야 된다고 안내를 해 주셨는데 본인은 그런 거 잘 모른다 하셨어요. 목사님인데 "나는 기도하는 것도 잘 모른데이." 평소에도 "나는 그거 잘 모른다, 니 배워서 내 알키도." 이런 식이시고. (웃음) 지금 생각해 보면 정말 훌륭한 분이셨어요. 저희는 그냥 로저리안이다 생각하고 그쪽에 초점을 맞췄지만 그분의 삶은 전반적으로 초월영성상담자의 완벽한 모델인 것 같아요. 제가 나중에 타로를 하게 되었을 때도 다른 분들은 전부 반대하셨는데, 이분은 저를 만나면 "니 도사 다 됐나? 언제 될 끼고?" (웃음) "네가 뭘 좋아하는지에서 시작해라, 그리고 너의 이론을 만들어라." 이렇게 가르치셨죠.

아무튼 제가 처음 대학원에 갔을 때 이형득 선생님께서 물어보시더라고요. "니는 뭐 좋아하노?" 그래서 "저는 연극을 했어요" 하니까 "그럼, 니 좋아하는 그 연극하고 같이 공부할 수 있는 게 뭐가 있드노?" 물어보셨죠. "네? 연극하고 공부하고 같이 할 수 있는 게…… 아, 사이코드라마![1] 들어 본 적 있어요" 했더니 그럼 그걸 공부하라고 하시더라고요. 그 길로 저는 혼자서 사이코드라마 공부를 했어요.

책으로만 공부하다가 영남대 병원에서 사이코드라마를 한다고 해서 찾아가서 뛰어들었죠. 그리고 석사 논문을 사이코드라마로 썼어요. 나중에 제가 입사 동기와 결혼해서 퇴사를 하고 창원에 와 있을 때 최헌진 선생님을 만났고 선생님과 한 십 년간 사이코드라마 공부를 하게 되었어요. 그 사이코드라마의 핵심은 결국 I-God, 모레노[2]가 얘기한 '나-신'이에요. am도 없어요. 그 방법에서는 창조성을 중요하게 보죠. 자발성, 창조성. 그것이 바로 신성에 가까운 순간이라는 걸 알게 됐어요. 그리고 많은 사람들이 좋아지는 것도 보게 되고, 저도 역시 많이 좋아졌어요. 최헌진 선생님이 참 헌신적이셨어요. 선생님이 어떤 분인가를 아주 잘 알았고 무조건적인 사제의 관계였죠. 저는 특별했다고 생각을 해요. 지금 생각해도 너무 감사한 분이죠. 최헌진 선생님은 표현이 직접적이세요. 그래도 그 시절의 저에게는 필요한 스승이었고, 필요한 치료자셨어요. 제 내면의 이상한 경험이나 사고 같은 것들을 다 그대로 봐 주시고, 들어 주시고, 걸리지 않고 표현할 수 있게 해 주셨어요. 그 과정이 너무 힘들긴 했지만 어쨌든 제가 자유로워지는 데 많은 도움을 주신 거죠.

질문자　I-God이라고 하면 굉장히 영성적인 접근인데 선생님이 그 공부를 하시면서 어떠셨는지를 좀 더 이야기해 주세요. 어떻게 보면 이미 초월영성적인 접근으로 입문을 하신 거나 마찬가지인데요.

이선화　그 I-God을 실현하는 것, 그것을 중요한 목표로 그렇게 추구를 했는데 거기서 결정적 허무를 또 경험하게 돼요. 제가 '뭐든지 굉장히 열심히 하다가 결국 뒤에는 허무를 만난다'는 그 패턴도 이제 알게 됐죠. 내가 하는 집단, 어디 가서 하는 활동들 모두 열정적으로 했고 어떤 때는 정말 일주일 내내 사이코드라마만 했어요. 그러다가 모레노가 "나는 I-God을 실현하려 했으나 실패했다"고 고백했다는 걸 알고 '아, 이 길이 아닌가 보다' 하게 됐어요. 모레노가 말년에 영적인 접촉이 많았다고 하지만, 본인은 영적인 궁극에 이르지 못했다는 아쉬움을 남기고 숨을 거두셨다고 해요. 그게 저에겐 결정적이었던 것 같아요. 그래도 쥐고 있었어요. 쥐고 있다가, 김병채 선생님을 만나게 돼요.

예전부터 이형득 선생님이 늘 "느그는 명상을 해야 된다"고 얘기하셨어요. 그래서 "가르쳐 주세요" 하면 "나 명상할 줄 몰라. 난 안 배웠어" "가르쳐 주는 사람 있을 거니까 어디 가서 배워라" 하시고. 그랬는데 제가 창원에 와 있을 때 창원대학교 학생생활연구소에서 이형득 선생님께 상담자 추천을 의뢰했고 제가 추천돼서 창원대학교에서 상담을 하게 됐어요. 그렇게 해서 창원대와의 인연이 시작됐는데, 와 보니까 명상하는 분이 있는 거예요. 이형득 선생님께 "여기 명상하는 분이 있습니다" 그랬더니 "그래, 명상 배워라" 해서 기웃거리게 된 게 김병채 선생님이었던 거죠.

3. 초월영성상담자의 길

♧ 가슴의 빛을 따라가다 만난 타로

이선화 그렇게 김병채 선생님께 박사과정을 시작했는데 일단 일을 모두 그만두게 하셨어요. 제가 학생생활연구소에서 일하는 것도 그만두게 하고 외부와도 못 만나게 하고 그냥 공부에만 몰두하게 했죠. 이 공부를 하려면 그렇게 해야 된다고 하셔서 이전 관계들을 정리했죠. 그분의 연구실 문간에 책상 두 개를 두고 석사 한 명하고 저하고 두 명이 그 자리에 앉았어요. 우리는 매일 거기 가서 공부하고 선생님이 드나드시다가 정해진 시간이 되면 독대해서 공부를 했어요. 수업시간 외에 여러 가지 주제를 공부했어요. 예를 들면, 기적수업,[3] 의식호흡,[4] 그리고 참나 탐구[5]에 대한 라마나[6]님의 책, 차크라[7]에 대한 책 같은 것들. 많이 알려지지 않은 내용들을 공부했어요.

그렇게 공부하던 중에 어느 날 서점에서 우연히 타로 책을 봤는데, 상징이 너무 많은 거예요. "헉" 하고 도로 넣어 놨는데 일주일 뒤에 다시 가서 그 책을 사 왔어요. 그리고 그 얘기를 제가 일주일 동안 계속 했나 봐요. 무슨 공부하다가 "그 책 보니까 이런 상징이 있던데요." 이렇게. 상징 얘기를 많이 하게 된 거죠. 그랬더니 책을 하나 주시면서 "이거 번역하세요" 하시는데, 타로 원서를 갖고 계셨더라고요. 그래서 그때부터 타로 책을 공부하게 된 거죠. 그때 연구소를 만드셨는데, 배우려는 선생님들이 있으니 가르치라고 해서 바로 98년부터 가르쳤어요.

사실 타로를 공부하고 가르치는 동안에도 저는 그걸 할 생각이 없었어요. 저는 저를 사이코드라마 하는 사람이라고 생각했거든요. 10년을 했고, 그래서인지 그걸 해야 된다고 믿었죠. 사이코드라마에 열정을 많이 가지고 있었고, 도움도 많이 받아서 이 방법이 치유적이라고 생각했어요. 하지만 막상 논문으로 쓸 내용을 봤더니 깊이가 타로만 못하다고 여겨지는 거예요. 뭔가 그 너머 그 너머의 깊이를 찾으려고 해도 찾기가 어려웠던 거죠. 사이코드라마로 현실의 문제를 다루는 건 가능하지만 그것 너머 나의 본질을 보는 건 안 내받기가 어려웠어요. 그래서 결국 타로로 박사논문을 쓰게 됐죠.

질문자 타로를 통해서 사이코드라마에서 채워 주지 못했던 더 본질적인 영역에 다가갈 수 있다는 가능성을 보신 거네요? 어떤 면이 그런 거예요?

이선화 타로는 저에게는 도구 같은 거예요. 타로를 하면서 직관에 더 주의하게 되고, 직관적이 되기도 하죠. 그리고 내담자와 접촉해서 어떤 메시지들을 볼 때 거기에서 내가 통로가 되는 경험을 하면서 이 방법에 대한 신뢰를 더하게 되었어요. 보통 타로를 하나로만 생각하지만 사실 그것 안에는 굉장히 많은 게 있거든요. 카발라[8]가 그중 하나죠. 타로는 일종의 책이에요. 그림책. 그걸 통해서 하는 공부가 너무 깊이 있고 풍부하고 그래서 이런 방법이 좋겠다고 생각을 하게 된 거죠.

질문자 타로가 선생님께 방법론을 제공해 주는 도구가 됐군요. 그런데 선생님 말씀을 들어 보니까 사이코드라마를 포함해서 전통적인 상담에 현실적인 고통을 치료하는 것을 넘어서는 어떤 부분에 대한 선생님의 지향 혹은 열망 같은 것이 있었다고 느껴지는데요.
김병채 선생님께 박사과정을 간다고 하면 너무나 이례적인 선택을 한 거잖아요. (웃음) 이형득 선생님이 추천했다고 해서 다 하는 것도 아니고요. 선생님이 박사로 그런 선택을 하셨을 때는 단순하게 상담보다는 좀 더 명상이나 수행 쪽 공부를 해야 되겠다는 마음이 있으셨던 거예요?
이형득 선생님, 그다음에 최헌진 선생님, 그리고 김병채 선생님과 공부하시면서 선생님 마음 안에서 초월영성적인 상담에 대한 동기나 열망이 있으셨던 건가요?

이선화 뭣도 모르고 한 거예요. 이형득 선생님이 이쪽으로 공부를 해야 된다고 알려 주셨고 그걸 찾던 중에 김병채 선생님을 만났고, 거기에는 뭔가가 있을 거라고 믿고 그 공부를 하게 됐어요. 내면에서는 영적 추구가 굉장히 강렬했는데 공부는 그냥 그렇게 흘러 왔어요. 김병채 선생님께 공부를 하면서 그 지향이 본격적으로 확장됐죠. 그러니까 저는 계획하고 머리 쓰고 이런 삶을 살지 않았던

것 같아요. '그냥'이라고 얘기해야 될 것 같아요. (웃음)
제가 그때도 기도를 한다든가 이런 건 거의 일상이었거든요. 그러니까 나는 좀 훌륭하게 살고 싶다는 나만의 기준이 있었던 것 같아요. 그래서 결정적인 시기에 남들이 우르르 가는 걸 선택하지 않았던 것 같아요. 그냥 여기 가슴에서 빛이 안 일어나요. 저는 가슴에서 오는 사인이 있거든요. 여기에서 이렇게…… 뭔가가 연결이 되는 것 같아요. 그리고 공부를 하면서 인도를 다니고 성자들을 만나게 됐는데, 상담자로든 무엇으로든 이렇게 살면 좋겠다는 생각을 하게 됐어요.

♠ 구도의 길에서 인생의 답을 찾다

이선화   처음에 제가 박사과정에 입학하려고 했을 때 김병채 선생님이 정

이선화 나를 넘어선 곳에 새로운 들판이 있다

확하게 "네가 이 길을 가게 되면" 하고 알려 주셨어요. 그래서 '아, 이 공부를 하면 뭔가 답을 찾겠구나' 했죠. 사람은 왜 태어나는지, 왜 죽는지, 내가 왜 존재하는지. 이런 인생에 대한 의문을 늘 가지고 있었거든요. 앞에 이야기했던 그 어렸을 때부터 느꼈던 허무감하고도 연결되는 거죠. 그러다 인도에 처음 갔을 때 모니바바[9]라는 성자를 만났죠.

바라나시[10]에서 저희를 안내해 주시던 분이 자기 스승이 성자라고 하더라고요. 그분을 만나러 가기로 했는데, 그분이 18년을 묵언만 하시는 분인데 한 번도 아픈 적이 없었는데 병이 나셨대요. 그래서 만나지 말라길래 어디서 명상을 하시는지 좀 가 보기만 하자 하고 그분이 계시는 곳을 구경하고 있었어요. 그러다가 구멍이 뿅뿅 난 거적때기 같은 게 걸려 있는 데를 들여다봤죠. 그 안에 어떤 분이 긴 머리를 똘똘 말고 앉아 있고 그 앞에 사람들이 앉아 있는데 와, 엄청난 고요를 본 거예요. 그래서 제가 한참을 보고 있는데 구멍으로 제 눈이 이만큼 보였겠지요. 그분이 저를 보고 웃으시는 거예요. 놀래 가지고 '아, 이분이 그분인가보다, 보지 말아야 했는데. 혼나겠다' 싶어서 얼른 나가려고 했어요. 그때 어떤 여자아이가 나와서 저를 그 안으로 데리고 들어갔어요.

저는 절을 하고 시장에서 사 온 꽃과 선물을 드렸어요. 그리고 나서 결정적인 질문을 했죠. "나는 누구입니까?" "내가 왜 태어났습니까?" "사람은 왜 죽습니까?" "내가 살아야 될 목적이 무엇입니까?" 그걸 물어볼 때 정말 눈물 콧물을 쏟으면서 울었어요. 그분이 해 주셨던 말들, 그 모든 것들이 저에게 새겨진 것 같아요. 그분이 필답으로 제게 말씀해 주셨죠. "너는 순수의식이다." "너의 열정 때문에 네가 태어났다. 네가 남겨 놓은 열정 때문에 너는 태어난다. 그리고 사람들이 죽는 건 숙제가 끝나서다. 숙제를 다 하면 죽는다." 저는 그 당시에 오빠의 죽음에 대한 고통 안에 있을 때였어요. 제 주변에 괜찮은 사람들이 일찍 죽는 거예요, 천사 같은 사람들이. 기독교에서는 그걸 죄 때문에 죽는다고 얘기해요. 전 기독교의 그 죽음에 대한 관점이 정말 납득이 되지 않았죠. 그런데 '아아…… 숙제를 다 하면 누구나 자연스럽게 죽게 되는구나.' 하게 됐어요. 그 삶이 필요하기 때문에 그만큼이라도 왔다가 가는 거다. 그래서 왜 태어나는지, 왜 죽는지를 알게 되었고 그리고 내가 무엇인지도…… 그런데 "저에 대한 신의 계획이 무엇입니까?"라는 질문에 "너는 요가를 공부해라" 하시더라고요. (웃음) 그게 첫 번째 성자와의 접촉이었죠.

이제 인도를 가는 건 그냥 제 삶의 자연스러운 계획처럼 되었어요. 그 외에도 또 여러 성자들을 만났는데, 구루마이[11]는 두 번 뵈었어요. 구루마이는 미국에 계시는데 시다 요가[12]의 묵타난다[13]의 계보를 잇는 분이에요. 거기서 하는 건 옴나마쉬바야,[14] 만트라 챈팅[15]이고요. 그리고 랑고리.[16] 보통 꼴람[17]이라고 하죠, 새벽에 색깔 모래로 만다라를 만들어요. 미국에 처음 가게 된 건 김병채 선생님이 가지고 계신 다르샨[18] 책을 봤어요. 책에서 구루마이를 보는데 그분이 가슴으로 들어왔어요. 묵타난다의 책을 보고는 묵타난다가 이 안에 들어와 버렸고요. 사랑에 빠졌어요. 정말 엄청난 사랑이었어요. 그래서 어느날 "여기 가겠습니다" 하고 간 거예요. 거기에서 영적 체험이 있었죠. 눈에 보이는 것도 이상하고요. 보통 보이는 것과 다르게 색깔이 너무 선명하고 계속 어질어질한 상태였죠. 그때가 2001년이었어요. 시다 요가는 너무나 아름답고 행복하고 좋은 경험이었어요. 사랑을 하게 된 것 같았죠. 뭔지 모르겠지만 굉장한 사랑을 경험했어요. 3년을 울고 다녔어요. 저는 저의 상황이 이해가 안 돼서 김병채 선생님께 간접적으로 물어봤어요. 그럴 때마다 김병채 선생님은 "네 내면에 집중해라." 그리고 눈을 감고 명상을 할 때, 그때는 명상을 하면 드라마를 보고 하니까, 그런 현상을 쫓거나 일어나는 감정을 쫓거나 아니면 전생에 잡혀 있거나 하는 것을 질타하셨어요. "인도에서 성자들한테 그걸 물어보면 넌 그 자리에서 뺨을 맞을 거다" 하면서. "감정대로 사는 걸 선택하는 것은 너의 내면의 참나에 집중하는 걸 놓치게 된다." 그래서 그런 큰 사랑을 가지고 내가 있는 삶에 그라운딩하면서 조금 더 내면에, 참나에 집중하도록 해 주셨죠.

질문자   가장 깊은, 가장 중요한 의문을 풀고 싶은 열망을 가지고 답을 찾으셨군요. 완전히 내 삶을 바쳐서 그런 영성적인 삶을 살아야겠다 결심하실 정도로 수행에 깊이 몰입하던 시절이셨네요.

♠ 내담자 안의 참나와 영적인 안내자에 대한 믿음

질문자   김병채 선생님을 만나면서 영적인 세계 혹은 영적인 삶에 대해서 확장되고 깊이 몰입하게 되셨는데, 이것을 상담하고 통합하는 과정, 그러면서 선생님화된 상담을 만드는 과정은 어떻게 진행되었나요?

이선화   참나 탐구가 제일 기본이었던 것 같아요. 인도에 가면서 내가 누군지를 확인하는 그런 과정이었죠. 그다음에 타로로 박사 논문을 쓰고 가르쳤고 사람들이 그걸 삶의 도구로 살아가는 모습을 보기도 했죠. 그게 계획을 한 게 아니라 시간이 지나면서 자연스럽게 되어 간 거죠. 인본주의 상담을 공부했고 사이코드라마를 했고 그리고 그것들의 근간에는 초월영성상담이 베이스였고, 그다음에 제가 배운 건 surrender인 것 같아요. 제일 중요한 것이 내가 이 흐름에 얼마나 복종할 수 있는가, 얼마나 받아들일 수 있는가, 그런 게 제가 훈련이 된 것 같아요. 이런 거죠. 해리 내담자가 왔는데 내가 지금까지 공부한 것만 가지고는 해리를 다루기가 어렵다는 마음이 들잖아요? 그럼 어디에선가 해리 교육을 들으라는 메일이 와요. 그리고 자살, 자해가 너무 심해서 지금까지 내가 알고 있는 방법으로 잘 컨트롤되지 않는다 하면 자살 자해 교육을 들으라는 얘기가 또 들리고. 그래서 그걸 받아들이고 따라가고 하면서 지금까지도 새로운 방법들을 공부하고 있어요. 저는 '나는 이 방법을 써. 나는 이것을 지향하는 사람이야' 하는 그런 게 없어요. 지금 저 보고 "옛날에 사이코드라마 하던 이선화 아니냐?" 또는 "타로 하는 이선화 아니냐?"라고 얘기하면 그냥 "네에" 해요. (웃음) 저를 무엇을 하는 사람이다라고 명명하려고 하면 저는 또 달라지는 것 같아요. 지금은 상담을 하고, 타로와 카발라를 가르치고, 정신분석을 하는 사람으로 있는 거죠.

그리고 초월영성적인 방법과 기존의 전통적인 방법을 제 상담 안에서 어떻게 통합하느냐 하면, 겉모양은 일반 상담처럼 경청하고 공감하고 분석도 하고 꿈도 보아요. 그 사람한테 맞는 방식으로 접근해요. 그 사람이 심상화하는 게 가능하고 도움이 되면 그 방향으로 가고 DBT(Dialectical Behavior Therapy)[19]하는 게 훨씬 나으면 또 그리로 가요. 그 사람에게 더 나은 방법을 선택하며 상담하죠.

저의 초점은, 이게 제가 보는 일반상담자와 초월영성상담자의 차이이기도 한데요, 저의 참나가 있듯이 내담자에게도 참나가 있다고 믿어요. 그리고 거기에 한 가지를 더 가지고 있어요. 저에게 영적인 가이드가 있는 것처럼 누구나 다 자신의 영적인 안내자가 있다고 생각해요. 그게 어떤 영적 전통에 있든지 간에 그를 안내하는 영적인 어떤 존재들이 있다고 생각을 해요. 그래서 그 내담자의 영적 안내자에게 부탁을 해요. 저의 어떤 기도의 방식이죠. 그러면 상담 중에 예기치 않은 변화들이 일어나기도 하죠. 나도 모르는 변화, 내담자도 모르는 변화가. 그냥 일반적인 상담의 기법을 쓰더라도 그런 기도는 해요. 그러니까 내담자들이 이해하고 받아들일 수 있는 정도의 상담 방법으로 접근하면서 그분들의 영적 안내자에게 요청을 하는 거죠.

♤ 타로, 무의식과 영적 탐구의 도구

질문자 아까 선생님께서 참나를 탐구하는 하나의 방법론으로서 타로를 선택하셨다고 말씀하셨는데 그것이 어떻게 연결되는 건가요? 선생님의 상담 장면에서 타로를 어떤 식으로 활용하는지를 말씀해 주신다면요?

이선화 삶의 여러 가지 문제들이 있잖아요, 살아가다가 경험하게 되는 일들. 그런 일들을 관리하지 않고 참나에 집중하라는 건 모래 위에 집을 짓는 것 같은 느낌이었어요. 그래서 어쨌든 심리적인 작업을 해야 된다고 본 거죠. 그 작업을 하는 조금 재밌는 방법으로 타로를 선택하는 거였어요. 타로가 여러 종류인데 영적인 메시지를 듣는 데 쓰이는 것들도 있어요. 그런 도구를 가지고 내면에 더 집중하게 하는 게 훨씬 쉽다고 생각을 한 거죠.

타로를 읽는 건 동시성 현상이에요. 내담자의 상황을 생각하면서 같이 카드를 보는데 그 그림이 어떻게 보이는지 내담자가 얘기하는 걸 보면 그의 무의식 안에 무엇이 있는지 알 수 있어요. 일종의 투사적인 방식이죠. 그 사람이 가지고 있는 무의식이 그가 문제를 풀어 나갈 방향과 관련이 있기 때문에 그런 무의식이 있다는 걸 알려 줘요. 그리고 상담자가 그 내담자의 상황을 생각하면서 카드를 뽑죠. 그 사람하고 잘 연결이 되어 있으면 그의 상태를 읽을 수가 있어요. 느낌으로 읽을 수도 있고 카드로도 정확하게 확인하게 되죠. 내가 그 사람과 연결돼 있는 미묘한 몸의 층 안으로 들어가서 그 사람을 읽고 그다음에 카드의 그림을 통해 설명을 해 줘요. 그러면 내담자가 쉽게 받아들이죠.

저는 여러 카드 중에 영적인 안내를 위한 카드들을 따로 놓고 사용해요. 그 카드들을 가지고 내면의 메시지를 알아차리게 하죠. 그런 오라클 카드들은 위협적이지 않아서 그림을 보고 내담자가 스스로 알아차리는 편이죠. 신뢰할 수 있는 단계까지 상담이 진행되었다면 그림을 해석하는 것이 의존적인 게 아니라 자기가 보는 눈이 생기는, 스스로 알아차리고 통합할 수 있는 눈을 가진 그런 단계인 거예요. 예를 들면, "이 문제를 어떻게 해결해야 될까요?" 라고 질문하고 카드를 뽑았을 때 그 그림에서 그 사람이 알아차릴 수 있는 것들이 있어요. 이게 어떤 '특별한 영적 차원의 메시지다' 이런 게 아니라 그냥 사소한 현실적인 이슈에서도 답을 찾을 수가 있죠. 그림이 다양하게 투사를 하게 하니까요.

타로를 주로 집단상담에서 사용해요. 개인상담의 경우에는 몇 가지 조건들이 있어요. 심각한 정신증이 아니고, 전이를 쉽게 일으키지 않고, 발달과정에서 안정적 애착을 형성한 내담자가 그 조건인데요. 내담자가 상담자에 대한 의존성을 키우는 것을 조심하는 편이에요. 그리고 타로를 상담자가 어떻게 쓰는지 알고 있는 내담자에게 사용하죠.

질문자   타로가 심리적인 그림자나 무의식의 이슈뿐 아니라 영적인 안내도 할 수 있는, 그러니까 심리적·영적으로 통합된 작업을 할 수 있게 해 주는 도구라는 거로군요.

이선화 나를 넘어선 곳에 새로운 들판이 있다

4. 초월영성상담 그리고 초월영성상담자

♤ 에고의 고통 너머에 참나가 있다

질문자 선생님께서 생각하시는 초월과 영성이 상담에서 갖는 의미는 무
엇인지, 상담과 어떻게 관련된다고 생각하시는지 말씀해 주세요.

이선화 처음에는 학회 이름이 초월상담학회였어요. 제4세력 심리학[20]을
이론적 기반으로 한 학회를 김병채 선생님이 중심이 되어 만든 거
죠. 명상을 비롯한 초월적 방법들을 상담에 사용하는 것을 주제로
한 학술단체였어요. 아마 융의 관점도 그랬을 것이고 매슬로우도
그랬을 것이에요. 그분들은 구체적인 방법에 대해서 충분히 설명
하지 않았지만 우리가 이후에 사용하고 있는 이 방법들이 초월상
담의 방법이 된다고 생각을 했고 그것이 초월상담학회가 만들어
진 계기죠. 그래서 초월, 즉 트랜스퍼스널이라고 하는 그 말은 '너

머' '그 너머'라는 더 중요한 의미가 있다고 생각을 해요. 그 너머로 가 본다. 그 너머로 간다는 말은 '지금까지 경험 속에서 가지 않고 있었던 그 너머가 있고 그 너머를 본다.' 그런 의미에서 저는 내담자에게도 그 너머를 가 본다는 마음이 초월의 여러 가지 방법으로 가능하다고 제시하고 안내를 하죠.

내담자가 괴롭다고 생각하는 것, 그것 안에 들어 있으면 그 괴로움 상태에 머물게 돼요. 그런데 그 너머로 가서, 내담자가 생각하는 그 세계 너머에서 그것을 바라본다고 하면 객관화되거든요. 그럴 땐 그것을 다룰 수가 있는 것 같아요. 내담자가 그 안에서 고통과 자기를 동일시하는 동안에는 그것을 다루는 게 참 어려워요. 힘들어도 꼼짝 안 하거든요. 그러니까 초월이란 에고로 만들어진 나로부터의 넘어섬, 쉽게 말하자면 괴로움으로부터의 초월이고요. 그 너머에 있는 것이란 바로, 찾으러 멀리도 다니는 그 '참나'죠. (웃음) 성자들을 여러 분 뵀어요. 무지(Mooji)[21]를 친견했을 때 저는 "고행이 무엇입니까?" 질문을 했어요. 내가 고행을 해야 된다고 생각하면서도 의문이 들어서 물음표를 던지고 있던 때였죠. 그분이 고행은 에고가 많은 사람이 에고를 깨트릴 필요가 있을 때 해야 되는 것이라고 말씀하셨어요. 사람들은 고행을 통해서 나의 에고가 뭔지를 보게 돼요. 스님들은 손가락을 태우기도 하잖아요. 그리고 "제가 고행을 해야 되겠습니까?" 하고 질문했더니 무지께서 "너처럼 그 너머로 가 있는 사람은 고행 안 해도 돼"라고 얘기해 주시더라고요. 제가 그때 이후로 달라졌죠. 오쇼[22]는 "스승은 우리가 강을 건너야 할 때 강을 건너게 해 주는 뗏목이다"라고 했어요. 보통 우리는 강을 건너게 해 준 이 뗏목을 지고 가다가 또 다른 강을 만나면 또 그 뗏목으로 건너려고 해요. 그런데 내가 건너야 할 강이 넓다면 더 큰 뗏목이 필요한 거예요. 스승 스스로가 더 큰 뗏목이 되기 위해 노력해야 하는데 그렇지 못하면 제자가 그 큰 강을 건너게 해 주지 못하는 거예요.

질문자 그 강을 어떻게 보면 에고라고도 표현할 수가 있겠네요. 고통에 빠져 있는 것이 아니라 고통을 객관화해서 외부에서 바라볼 수 있는 관점을 갖게 하는 것, 그리고 나라고 생각하는 에고 너머에 진정한 나, 본질의 나가 있다는 관점이 초월이 갖는 의미라고 이해가 됩니다. 영성에 대해서는 어떻게 설명해 주시겠어요?

이선화 교과서대로 이야기를 하자면 우리에게 몸이 있고 mind가 있고 emotion이 있죠. 그것을 다루는 방법이 과학, 철학, 심리학과 같은 관점이죠. 그다음에 soul은 신학의 관점이죠. 영성은 spirituality, 종교에서 얘기하죠. 영성 안에 신앙심이 들어가지만, 영성 안에는 신앙심만 있는 건 아니에요. 어떤 에너지들이 거기 있죠. 그래서 신비주의적 관점도 있는 거죠. 그 사람의 심리적 차원이 아닌 어떤 에너지들이 모여 있는 그것이 영성이에요. 몸은 여기에 제한되어 있고 생각도 mind도 이 안에 있지만 영성은 훨씬 더 확장된 차원이죠.

저는 시어머니가 돌아가실 때 임종을 지켰는데 마지막 호흡 다음에 어머니의 영혼이 쏙 하고 나가는 걸 느꼈어요. 영혼이 빠져나가면서 그분이 껍질만 남게 되는 것을, 몸에서 영혼이 빠져나가는 너무나 경건한 장면을, 그 순간을 보여 주셨어요. 저에게는 정말 감사했죠. 영혼이 있다는 것을 제가 경험할 수 있었으니까요. 브레스워크(트숨, breathwork)[23] 중 영혼이 우주로 향하는 경험을 했어요. 몸과 그 사람이 가졌던 스토리들은 무덤으로 가고 그 사람의 영혼과 열정이 들어 있는 카르마는 다른 차원으로 가죠. 그들의 여행이 무겁거나 괴롭지가 않아요. 쏙 나와서 가볍게 날아올라가요. 그리고 그곳으로 가서 그들이 가지고 있던 그 열정이 다시 선택을 하게 되죠. '어느 부모를 골라 갈까?' 이렇게……

질문자 느낌으로는 영혼이 우리 존재의 더 본질적인 부분처럼 들리기도 하네요. 각자의 본질을 찾기 위해 여행하는 여행자 같은 느낌도 들구요. 그런 영혼이 우리 존재 안에 있다면 이 영혼과 초월은 어떤 관련성이 있나요?

이선화 영혼은 개인적인 것이며, 초월이라고 하는 건 학문적인 관점에서 우리가 합의한 개념이라고 생각해요. '그것 너머의 것을 우리가 뭐라고 할까?'해서 초월이라는 용어를 선택했고, 초월이라고 하는 영역은 미지의 것들을 포함하는 것 같아요.

우리 학회 초창기에 회의를 하던 중 '초월심리학이라고 했을 때는 영적·종교적 활동들을 배제한 학문적인 것으로만 생각할 수 있을 것 같으니 영성을 넣어서 종교적인 신념 같은 것들을 포함하는 것이 더 맞을 것 같다'고 하여 학회 이름에 '영성'을 넣게 된 것으로 기억해요. 영적 전통들과 분리된 게 아니라는 것을 강조하기 위해 spirituality를 넣었죠.

질문자 종교성을 포함하는 영성을 인간 존재의 보다 근본적인 성향으로 간주한다고 했을 때 이것이 상담에서 갖는 의미는 무엇입니까?

이선화 모든 것이 만족스럽더라도 영적으로 부재하면 결코 풍요롭다고 느끼기 어려워요. 만들어진 에고인 나로만 있는 게 아니라 신과의 관계이든 내면의 참나와의 관계이든 내가 다른 차원과 연결되어 있는 존재라는 것을 알게 될 때 더 견고해지는 거죠. 영적으로 빈곤함을 느끼게 되면 사람은 휘청해요. 마치 내가 어디에서 왔는지 모르는 것하고 똑같은 거죠. 부모가 누군지 모르고 내가 어디에서 태어난 건지 모른 채 세상을 살아가는 것과 같은 그런 공허함이 있을 거예요. 만약 영적인 것에 뿌리가 견고해지면 내가 어디 출신이라는 걸 알아요. 내가 어디 출신인지를 알면 훨씬 자신에 대해서 견고해지고 자부심을 느끼게 되겠죠.

♠ 참나가 고통과 대화하기

질문자   뭔가 돌아갈 고향이 있는 것 같은 느낌이네요. 초월이라고 하는 것은 방금 이야기하신 그 영적 풍요로움, 우리 존재의 근원, 돌아갈 그곳으로 넘어가는 것이라고도 표현할 수가 있겠군요. 이 에고의 제한된 세계에서 더 근원적인 자기를 발견하는 것, 자기 안에 있는 영적 본성을 발견하는 것이요.

그러면 이제 다음 질문을 드려 볼까요? 초월영성상담과 전통적인 상담의 차이점은 무엇이라고 생각하시는지 말씀해 주세요.

이선화   여러 상담 이론 간에 차이가 생기는 기본적인 이유는 인간관에 있다고 생각해요. 인간을 어떻게 보는가? 초월영성상담의 핵심은 누구나 다 그 내면에 아트만[24]이 있다고 보는 거예요. 신성이, 성령이, 불성이, 참나가 있다고. 그게 제일 큰 차이인 것 같아요. 내담자를 볼 때요. 심각한 상태의 내담자, 회복이 불가능할 것 같은 내담자, 아니면 타고난 장애나 문제를 가진 내담자를 볼 때 초월영성상담의 관점은 그 안에 신성이 있는데 지금은 이런 캐릭터가 밖으로 보여지기를 선택한 것이라고 보는 거죠. 그래서 병리적인 내담자를 볼 때, 일반상담자들은 병리적인 상태에 더 집중해서 본다면 우리는 병리적인 상태는 표면으로 드러난 것이고 이 내담자가 내면의 본성에 가까이 있는지를 보는 거죠. 상담자만 그 참나를 가지고 있는 게 아니라 내담자도 참나죠. '이번 생은 이런 선택을 했군.' 하고 보면 우선 여유를 가지게 되죠. 뜯어고치려고 애쓰는 것보다는 '아, 그런 선택을 했구나'에서부터 시작을 하는 그게 차이인 것 같아요. 그리고 그 선택, 그 고통의 의미를 알아차리게 해 주는 것이 초월영성상담의 방법이죠. 처음에는 일반 상담처럼 '힘들겠구나' '그랬구나' 이렇게 공감해요. 그런데 어찌해서 그런 것이 계속 반복될까? 그 대답을 내담자가 탐색하게 하는 거죠. 그 뒤에 내가 바라보는 내담자의 본질이 무엇인지를 말해 주죠. 어떨 때는 "얼마나 그전에 지루했었으면 이번 생에는 이렇게 드라마를 선택하고 왔을까요?" 이렇게 물어보기도 하고. 그러면 내담자가 "그게 무슨 말이냐, 내가 이 드라마를 선택했다고?" 하고 우선은 반문하지만 초월심리학에서 보는 관점을, '내가 경험하는 이것이 나라고 동일시하지 말자. 나는 이것을 경험하고 지나가는 사람이고 나의 본질은 그 어떤 것으로부터도 흔들림이 없다'는 것을 내담자가 알게 되면 다음에 똑같은 어려움에 직면하게 되더라도 조금 여유를 가지게 되고 무력감에서 벗어날 수 있게 되겠죠.

질문자 이것이 내가 내 삶에서 선택한 것이고 내가 풀어야 될 숙제다. 자기 고통을 단지 없애고 빠져나와야겠다 하는 게 아니라 더 큰 맥락, 더 큰 관점에서 그것을 바라보고 그것의 깊은 의미를 파악하게 한다는 의미인가요?

이선화 네. 내담자가 알코올 중독이라고 하면 그걸 고치려고 덤비지는 않아요. 집에 가는 길에 늘 술을 마셔야 하는 패턴이 있다면 그렇게 하고 싶어 하는 나의 부분을 떨어뜨려 놓고 '그걸 바라보는 네 마음이 어떠니?' 하고 참나의 눈으로 바라보게 해요. 그럼, 연민이 일어나요. 그리고 그 눈으로 그 부분이 일어나는 걸 지켜보고 소통을 하게 해요. '너 또 술 마시고 싶은 거지? 그런데 오늘 나는 지금 여기에서 온전히 이 길만 갈 거야'라고. 그렇게 진짜 자기와 만난 채로, 본질인 채로 양발이 하나 둘 하나 둘 땅에서 떨어졌다 닿는 것을 관찰하면서 집까지 가는 성공 경험을 하기도 하죠. 그리고 그 예외의 경험을 몇 번씩 더 하게 하죠. 부정적으로 일어나는 것과 자기를 동일시하는 동안에는 그걸 스스로 조절하기 어렵지요. 그런데 그것을 대상으로 분리시켜 놓고 내면의 참나의 상태로 그걸 지켜보고 호흡하는 것을 늘리면 늘릴수록 그 사람은 그 나쁜 패턴에서 벗어날 수도 있죠.

또 다른 예로 발달장애 진단을 받은 딸 아이의 엄마가 있었어요. 그 아이는 엄마와 대화가 안 되는 아이였어요. 그 아이는 언제나 자기가 해야 하는 놀이가 있었어요. 그걸 그냥 지나가지를 못하는 아이였어요. 그런데 그렇게 하도록 허용할 수 없을 만큼 다급한 어느 날 엄마는 그동안은 그 놀이를 허용했지만 그리고 마음속으로 '너 또 저거 해야 하지'라고 생각하면서 견뎠지만, 그날은 아이의 내면의 신성에게 말한다고 생각하고 이렇게 얘기를 해요. '너는 저기 가고 싶은 마음이 또 들 거야. 그런데 오늘은 엄마가 빨리 가야 해서 집으로 바로 갔으면 하는데 넌 어떠니?' 그랬는데 예외가 한 번 일어나요. 아이는 엄마 눈도 보지 않았기에 엄마는 이 아이하고 소통이 안 될 거라 믿었었지요. 그런데 엄마가 그 아이에게도 참나가 있다는 것을 이해하고 나서부터는 그런 예외의 대화를 나누고 예외의 경험을 하게 되는 그런 일들이 생겼어요. 그 엄마가 "우리 애한테 기적이 일어났어요" 하는데 저는 "엄마한테 기적이 일어났네요. 애 보는 눈이 바뀌었어요"라고 했죠. 그 애는 그럴 수도 있는 아이였어요. 그 아이가 장애를 가지고 있으나 그 내면에 신성한 그것이 있다는 걸 엄마가 알게 되면서 변화가 일어난 거죠.

♤ 신성과 연결되어 있기

질문자 조건화된 패턴이 바뀌고 시야가 확장되는 거로군요. 핵심은 내담자 안에 있는 참나를 자각하게 한다, 그래서 그 참나의 눈을 통해서 자신의 고통을 보고 그 의미를 발견할 수 있게 한다. 초월영성적 접근의 인간관과 고통에 대한 관점이 보통 상담하고 가장 큰 차이라고 보시는 거로군요.

연관된 질문이라고도 할 수가 있는데요, 초월영성상담자를 일반 상담자와 구분할 수 있는 특징은 무엇이라고 생각하십니까?

이선화   인본주의 상담에서 상담자의 인격적 성숙에 대한 기대가 높지요. 초월영성상담자도 역시 그런 것 같아요. 초월영성에 대해서 얘기하는 상담자라면 최소한 자기 안에 참나의 견고한 뿌리를 내리고 있는지, 자기 안에 영성이 있다는 것을 이해하고 있는지, 아니면 신성한 존재, 신성에 대한 신뢰가 있는지 그런 것들이 중요한 특징이라고 생각해요.

질문자   앞에 말씀하신 것과 다 연결은 되지만, 유능한 상담자가 되기 위해서 보통 하는 공부, 자기 분석, 슈퍼비전 이런 것들에 더해서 초월영성상담자로서 해야 될 훈련은 뭐가 있을까요?

이선화   저도 여러 생각을 해 봤어요. 일반 상담과 심리학에 대한 이해는 분명히 있어야 하죠. 명상이 무엇이고 어떤 방법인지도 알아야 되고, 내적 탐구도 해야 되고, 그것보다 더 중요한 것은 에고에서 벗어나는 거라고 생각해요. 에고에서 벗어나기 위해 surrender하고, 매일 똑같은 걸 반복하는 것보다는 그냥 무작위로 주어지는 것을 따라가 보고, 그러면 좋을 것 같다는 생각이 들어요. 일반 상담에 대한 공부에 더해서 그런 영적 수련 같은 것들이 더해진다면 좋겠지요. 바가바드 기타[25]에서 최고의 요가라고 언급하는 것을 저는 갸나 요가[26]라 생각해요. 영적 수행에서도 참나 탐구가 핵심이겠죠.

그리고 그런 수행들 중 일부를 상담에 가지고 오는 거죠. 명상이나 고행을 통해 자기 점검을 할 뿐만 아니라 그중에 도움이 되었던 체계적인 방법들을 내담자에게 안내해 줄 수 있다면 좋겠죠. 초월이라는 개념이 사실은 조금 모호하잖아요. 그래서 체계화시켜서 구체적으로 내담자에게 적용한다면 좋을 것 같다는 생각이에요. "자, 오늘부터 명상해 보세요."보다는 "눈을 감고 이걸 들어 보세요." "체크리스트를 만들어서 이걸 적어 보세요." 이런 식으로 한다면 더 잘 전달되겠지요. 그렇게 해 주었을 때 내담자들은 좀 더 안정감을 느끼는 것 같아요.

♤ 우리 사회의 의식은 초월영성상담을 요구하고 있다

질문자 영적 수행을 통해서 자신의 에고를 넘어서려는, 자신의 참 존재를 발견하려는 노력을 하고 또 한편으로는 그 영적 수련을 상담에 접목하는 과정에서 구체적인 방법론을 가지고 있어야 한다는 것이군요.

이제 마지막 질문인데요, 초월영성상담이 한국사회, 현대사회에서 어떠한 기능과 의미를 갖는다고 보십니까? 선생님께서 초월영성상담의 현재 상황에 대한 진단도 하고 계실 거고 초월영성상담이 앞으로 의미 있는 방향으로 나아갈 수 있으려면 어떻게 해야 할까 이런 고민을 하셨을 것 같은데, 그걸 좀 듣고 싶어요.

이선화 초월영성상담이 그렇게 위상이 높지 않다는 생각을 할 수도 있겠지만 제 주변의 다른 분야의 원로 상담자들이 "결국 마지막에는 초월영성상담을 하는 것이 가장 통합된 흐름인 것 같더라." "내가 좀 더 공부를 한다면 이쪽이다." 이런 얘기들을 하시거든요. 사람들이 살아가다 보면 삶에 대해서 지혜로워져요. 인생의 경험을 통해서 점점 통합해 가는 사람들이 많아지고요. 우선, 성취하고자 하는 일반적인 삶의 목표를 추구하다가도 나이가 들고 그 사회가 더 성숙해지면 성숙해질수록 영적인 것에 대한 관심과 그것을 좀 더 가까이에서 경험하고자 하는 열망이 더해지죠.

그럴 때 학문적으로 견고한 중심에서 그 안내를 해 줄 수 있는 것이 초월영성상담인 것 같아요. 우리가, 이 시대가 그런 요구를 하고 있는 거죠. 진화심리학자 클레어 그레이브스(Clare Graves)[27]가 인간은 매 단계마다 삶의 방식을 찾기 위한 탐사를 하고, 존재에 대한 해답을 찾으려 한다고 했어요. 크리스 코완(Chris Cowan)과 돈 벡(Don Beck)은 스파이럴 다이내믹(Spiral Dynamic) 모형[28]을 제시했는데 성장의 과정에 대한 상세한 지도와 같아요. 이 모형을 인간 발달의 홀라키 모델[29]이라고 하는데요. 우리의 의식 수준에서 개인적 성장은 집단의 성장과 같은 흐름이라고 하죠. 성장된 개인들이 집단을 이루니까요. 생존이 중요했던 본능적 단계, 주술적 단계, 힘을 쓰려는 단계, 성공을 추구하는 단계 등이 첫번째 층의 모습이라면 두 번째 층은 통합을 이루려하고, 신성을 자각하고, 깊은 고요 속에 머무는 단계라고 해요. 결국 개인이 성장하고 사회가 성장하면 이런 과정으로 발달하게 된다는 이론이죠. 또 켄 윌버가 소개하는 통합 명상에서도 사회적인 발달이나 개인적인 성장의 과정을 얘기하잖아요. 우리 사회가, 이 지구가 지금 상당히 높은 단계까지 성장해 있어요. 그래서 환경도 생각하고 우리라는 의식도 가지고 있고. 그런 사회적인 흐름에 와 있을 때 심리학의 흐름도 맞물려서 같이 발전하거든요. 그래서 초월영성심리학이 견고하게 뿌리가 내려져 있어서 그런 사회적 요구를 받아들일 수 있는 조직이 되어 가는 게 이상적이고 바람직하다 이런 생각이 드는 거죠. 그게 자연스러운 흐름인 것 같아요.

초월심리학을 한다고 하면 흔히 '비현실적인 세계 쪽으로 가 있다' '너무 자유로운 영혼이다' 이런 얘기들을 하잖아요. 그것은 우리가 그라운딩 해야 하는 숙제인 거죠. 그리고 외부에서 바라보았을 때 이 초월영성심리학을 하는 사람들이 인격적으로 훌륭하기를 바라요. 지금은 보는 눈들이 굉장히 정확하잖아요. 그러니까 내면에 좀 더 집중하여 우리가 서로 같이 인격적 · 영적 추구의 면에서도 훌륭해지는 게 요구되는 것 아닌가 하는 생각이 들어요. 나아가 우리의 경험을 바탕으로 한 방법들을 우리 안에서만 나누는 것이 아니라 누구에게나 기꺼이 우리의 것을 보여 주는 개방적인 관계를 이루는 것이 좋겠지요.

질문자 　정말로 초월영성적인 인격을 갖추는 훈련을 하고 초월영성다운 초월영성학회의 구성원들이 되는 것. 가장 본질적인 말씀이신 것 같아요.

자, 이제 인터뷰가 마무리되었는데요, 저는 오늘 주욱 이야기를 들으면서 선생님이 이 생에서 그 열정을 다 쏟아 버리고 가려고 하시는 것 같다는 느낌이 들었어요. (웃음) 그렇게 끊임없이 공부하시는 그런 열정이 어디서 나올까, 정말로 깊이 몰두해서 열정적으로 공부하고 삶을 살아가시는 분이구나, 이런 걸 새삼스럽게 느꼈던 것 같아요. 많이 배우고 갑니다. 선생님께서는 인터뷰 하시고 지금 기분이 좀 어떠세요?

이선화 　큰 숙제 하나 한 것 같아요. 뭐 잘 모르는데 자꾸 물어보셔서 말은 하긴 했는데…… (웃음) 정말 먼 데서들 오셔 가지고, 아이고 참. 처음에 "그냥 전화로 하시면 될 텐데" 이랬거든요 제가. 그런데 여기까지 나오시고 감사합니다.

　도심의 세련된 오피스텔 건물에 자리 잡은 상담소에 들어서니 시원스럽게 높은 천장, 그리고 모던한 내부와 묘한 조화를 이루고 있는 갖가지 신기한 물건들이 눈을 사로잡았다. 알록달록한 자수정들, 다양한 크기의 싱잉볼들, 곳곳에 걸려 있는 드림 캐처를 비롯해서 초심자의 눈에는 그 쓰임새를 가늠하기 어려워 단순한 장식품처럼 보이는 물건들이 즐비했다. 이선화 선생님은 정갈한 도시락으로 우리를 맞이해 주셨다. 타로 마스터라는 사전 정보를 듣고 어딘가 신비로운 분위기를 지닌 상담자를 상상했던 내게 이선화 선생님은 평범한데다가 다소 무뚝뚝하게 보였는데, 본격적으로 인터뷰가 시작되고 나서는 첫인상이라는 것이 흔히 그렇듯 극히 일부의 정보만을 가지고 섣부르게 내려진 판단이었다는 것이 분명해졌다. 담담하게 이야기를 풀어내는 선생님의 부드러운 표정과 아이처럼 활짝 웃는 모습에서는 처음에 받았던 딱딱한 인상의 흔적조차 찾아볼 수 없었다. 연극 동아리 활동과 이후 사이코드라마를 오래 하셨던 경력의 영향일까, 연극 대사를 하듯 대화 투로 직접 인용하여 말씀하시는 두드러진 경향 덕에 이야기가 훨씬 재밌고 생동감을 띠었다. 정신없이 이야기에 빨려 들어가 듣다 보니 어느새 인터뷰가 끝날 시간이 훌쩍 다가와 있었다.

　지금의 자리에 오기까지 선생님이 걸어오신 길에는 여러 큰 만남이 있었다. 어린 시절에는 허무를 만났고, 모든 것이 무너져가는 위기 속에서는 상담을 만났고, 세 명의 스승들을 만났고, 서점의 책장에서 우연히 타로를, 인도에서는 성자를, 그럼으로써 마침내 오랜 의문에 대한 답을 만났다. 만남 없는 인생이란 없다 할 수 있겠지만 선생님의 만남들은 마치 길목 길목에서 선생님을 기다리고 있었던 듯, 우연인 듯 운명처럼 찾아왔다. 그 길을 큰 고민이나 계획 없이, 선생님의 표현을 빌리면 '그냥' 당연한 것처럼 걸어오셨지만, 선생님의 마음속 깊은 곳에서는 삶에 대한 답을 향해 부단히 노를 젓고 있었던 것이 아닐까? 그 결정적인 만남들은 그렇게 자기 내면에서 오는 소리에 귀를 기울이며 가슴의 빛을 따라 흘러오는 여정에서 어쩌면 필연적으로 마주쳤던 것일 테다.

이선화 　나를 넘어선 곳에 새로운 들판이 있다

선생님을 초월영성상담자로 정의하게 하는 것은 상담의 방법이라기보다는 내담자와 고통을 보는 관점에 있었다. 우리 안에는 우리의 근본과도 같은 참나가 존재한다는 신념을 바탕으로 특정한 기법에 구애되지 않고 내담자가 에고 너머에 있는 참나의 시각에서 고통을 바라보도록 돕는 상담은 어떤 특별한 초월영성적인 기법을 사용하는 것보다 더 본질적으로 초월영성적인 것 같다. 무엇보다 그러한 인간관이 단순히 이론적인 것이 아니라 선생님 자신이 끊임없이 삶에 대한 답을 찾아 나가며 체득한 공부와 수행의 결과라는 점, 그리고 그 과정에서 형성된 인격과 가치관과 지식이 상담에 자연스럽게 녹아들었다는 점에서 선생님을 정말로 '초월영성상담자'라고 부를 수 있는 것이 아닐까?

어린 시절 일찍이 마주친 허무는 선생님을 벼랑으로 내몰았지만 그 벼랑 너머에는 새로운 들판이 펼쳐지고 있었다. 이제 선생님은 그 들판에서 많은 만남들을 뒤로 하고 자신 안에서 상담과 참나를 만나게 함으로써 풍성한 열매를 맺고 있다. 지금까지 그래 왔듯 그저 가슴이 이끄는 대로 자유롭게 거닐 선생님이 자신의 숙제를 마치러 또 어디로 흘러가실지, 열정이 낳은 삶이 선생님을 또 어디로 이끌지 궁금해진다.

▣ 주

1) 사이코드라마(psychodrama): 연극의 틀과 기법을 이용하여 즉흥성과 자발성을 활용하여 갈등과 문제를 해결하고 자기 이해를 증진시키고자 하는 심리치료 방법.

2) 모레노(Jacob Levy Moreno): 사이코드라마를 창시한 정신과 의사 출신 정신분석가이자 심리치료사. 집단심리치료, 사회측정법, 사이코드라마 등의 기법을 체계화하고 발전시킴.

3) 기적수업(A Course in miracles): 미국 임상심리학자인 헬렌 슈크만(Helen Schucman)에 의해 개발된 교육과정으로 위대한 기적이란 개인의 삶에서 사랑의

현존에 대한 온전한 인식을 획득하는 것이라고 주장함.

4) 의식호흡: 호흡과 의식을 함께 묶어 호흡하는 명상법.

5) 참나 탐구: 마음의 세계를 벗어나 참나를 찾기 위해 라마나 마하리쉬가 제안한 두 가지 방법 중 하나. 나는 누구인가라는 질문에 대해 부정을 통하여 나를 찾는 수행법으로 내가 아닌 것을 털어 냄으로써 참나를 드러내도록 함. 다른 하나는 헌신의 길.

6) 라마나 마하리쉬(Ramana Maharshi): 인도의 성자. 삶에는 의미와 목적이 있으며, 모든 존재에는 파괴할 수 없는 실재와 아름다움, 평화과 기쁨이 있다는 것을 보여주기 위한 가르침을 전함.

7) 차크라(chakra): 인도 신비적 신체론에서 척추를 따라서 있는 생명 에너지의 중추.

8) 카발라(kabbalah): 중세 유대교의 신비주의.

9) 모니바바(Moni Baba): '고요한 성인'으로 알려진 인도의 영성가.

10) 바라나시(Varanasi): 인도 북부 우타르프라데시주 남동부의 종교 도시.

11) 구루마이(Gurumaui Chidvilasasanda): 시다 요가의 창시자인 묵타난다의 계보를 이은 시다 요가의 영적 교사이자 스승.

12) 시다 요가(Siddha yoga): 인간 존재 내면에 있는 신성한 에너지를 일깨움으로써 신과의 합일의 경험, 참나의 깨달음을 목적으로 하는 요가 수행.

13) 묵타난다(Muktananda): 시다 요가의 창시자.

14) 옴나마쉬바야(Om Namah Shivaya): 시바 신에 대한 경배를 의미하는 인도의 유명한 만트라 중 하나.

15) 만트라 챈팅(mantra chanting): 산스크리트어로 '참된 말' '진리의 말'을 의미하는 만트라(mantra)를 외우는 것.

16) 랑고리(rangoli): 쌀가루, 석회가루, 색모래, 꽃잎 등을 사용하여 바닥에 전통 문양과 그림으로 장식하는 인도 전통 미술.

17) 꼴람(kolam): 무구(muggu), 타라이(tharai), 알랑가람(aalangaram) 등의 이름으로도 불리며 랑고리와 같은 의미.

18) 다르샨(darshan): 성인의 모습을 눈으로 직접 보는 것을 의미하는 인도 전통.

19) DBT(dialectical behavior therapy): 경계선 성격장애 치료를 위해 리네한(Linehan)이 개발한 심리치료. 마음챙김 기술, 정서 조절, 고통 인내 기술, 대인관계 기술을 포함함.

20) 4세력 심리학: 정신분석, 행동주의, 인본주의 이후의 심리학 세력을 일컬음. 개인 차원의 성장과 발달에만 초점을 두는 것에 한계를 제기하며 개인 차월을 초월하는 자기실현과 의식 성장을 다룸.

21) 무지(Mooji): 자메이카 출신의 영성가.

22) 오쇼 라즈니쉬(Osho Rajneesh): 인도의 신비가, 구루 및 철학자. 삶의 허구와 진리의 세계, 존재의 본질을 꿰뚫는 통찰력을 바탕으로 새로운 의식 혁명과 깨달음의 세계를 열어 보임. '다이내믹 명상법'을 개발하였으며 종교적 경전과 신비가 및 철학자들의 글을 재해석함.

23) 브레스워크(Breathwork): 그로프가 개발한 홀로트로픽 숨 치료를 의미함.

24) 아트만(atman): 인도 우파니샤드 철학에서 변치 않는 내면의 '초월적 자아'를 의미하는 용어.

25) 바가바드 기타(Bhagavad Gītā): 산스크리트어로 '거룩한 자의 노래'라는 뜻이며, 힌두교 3개 경전 중 하나로 아르주나가 크리슈나와 나눈 대화를 묶은 것.

26) 갸나 요가(jnana yoga): 철학적 지식과 사색을 통해 나에 대한 깨달음을 얻고자 하는 요가 수행법.

27) 클레어 그레이브스(Clare Graves): 나선형 역동성 이론으로 인간 의식 발달 단계를 연구한 발달심리학자.

28) 스파이럴 다이내믹(Spiral dynamic) 모형: 인간 의식 발달 단계를 문화적 특성을 규정하는 정보를 전달하는 밈(meme)과 가치 시스템을 결합하여 설명한 이론.

29) 홀라키 모델(holachic model): 전체의 일부가 되는 전체로 구성되어 있는 홀론(holon)은 더 큰 홀론에 포섭되면서 겹쳐진 계층구조를 이루며 이를 홀라키라고 함. 상위 단계로 올라갈수록 이전 단계를 포함하고 초월하면서 질서, 통일성, 기능적 통합이 증가함.

이정기　실존에서 영성을 만나라

1966년	신학대학에 가는 길이 좌절되어 고민 끝에 일반대학(철학과)을 먼저 가는 것으로 결단함 "예수의 제자가 되는데, 학교가 무슨 문제며, 교단이 무슨 문제냐?"
1967년	감리교신학대학 학장이신 윤성범 박사님의 추천서를 받아 서울신학대학교에 입학
1969년	서울신학대학교 총학생회장, 전국 신학생연합회 부회장. 개교 70년 기념 제1회 축제 '성화제(聖化祭, Santification Festival)' 시도. 학생 서클로 '성맥문학동인회'를 구성하고 대학 내 시문학 활동을 시작함
1971년	서울신학대학교 졸업
1971~1973년	서울신학대학교 대학원 입학, 졸업, 신학석사 1호 취득. 논문「만남과 기독교 교육」
1973~1976년	공군 군목으로 3년간 봉직. 공군대위로 전역
1976~1981년	서울신학대학교 교수 재직
1981년	여름 도미 유학(필라델피아, Eastern Baptist Theological Seminary). 헨리 나우웬의 책을 읽고 영성에 깊은 관심을 갖기 시작함. 지인으로부터 Bhagwan Shree Rajneesh의 Mustard Seed를 소개받음. 라즈니쉬 사상과의 만남을 통하여 사상의 지각변동을 경험하고 초월과 영성에 대한 관심이 심화됨
1983년	시카고로 이주하여 풀타임 교육 담당으로 시카고 성결교회에 부임. Chicago Theological Seminary Ph.D. 과정 입학(Theology & Psychology 전공). 곽노순 목사와 만남. 라즈니쉬 및 영성에의 관심이 심화됨. 시카고 남부지역 한인교회 담임(4년 반). 칼 융의 심리학과 라즈니쉬의 아시안적 사고에 깊은 관심을 가짐. 곽노순 박사와 더불어 미주 한국 민주화 운동 그룹에서 활동(회장/문동환 박사)
1985년	일리노이 대학교 Graduate School of Education 입학(심리학 & 교육학) 미주 한인 문학회 주관 신춘문예 시 부분 입상, 시 〈들꽃처럼〉으로 등단
1987년	일리노이 대학교 대학원 졸업(M. Ed.) 심리학과 교육학 전공
1989년	Dallas, TX, 소망 UMC로 파송 받음. The United Methodist Church, Elder로 인준
1990년	Southern Methodist University, School of Theology, 수학(신학과 상담학)
1993년	Youngstown, OH, Younstown UMC 파송 받음
1994년	영스타운 문우회 창립(고문), 마종기 시인 초청 시문학회
1998년	Chicago Theological Seminary Ph.D.학위취득 (지도교수/ Dr. William R. Myers) Lansing, Michigan, 랜싱 UMC 파송 받음. 유학생교회에서 5년간 목회
2000년	American Association of Christian Counselling, (Charter member) Lansing Korean Counseling Center 창립, 교육 및 상담활동
2003년	서울신학대학교 상담대학원 교수로 임용. 상담대학원장 역임
2004년	한국상담신학연구소, 한국 성결교 상담센터 개설. 부천시 건강가정지원센터 초대 소장
2005년	서울 가정법원 협의 이혼 상담사로 봉사(10여 년 봉사). 한국정신역동치료학회 창립, 초대회장 역임. 학회지『정신역동치료』출간
2010년	한국실존치료 연구소 개소(소장)

2011년	제1회 국제학술대회 주관(주제: 영성과 심리치료)
	논문 「영성과 심리치료: 통합적 관점」 발표
2013년	서울신학대학교 교수 퇴임
2014년	한국 초월영성상담학회 논문 발표
	발제 강연 '영성과 기독교'
2015년	World Congress for Existential Therapy 참석(London, UK.)
2016년	Fourth International Conference on Existential Psychology
	주제 Authenticity and Human Potential
	(Hong Kong University) 참석, 발제 논문 발표
	제목 'Poong-ryu-do and Meta-Existential Therapy[풍류도(風流道)와 메타실존치료]'
2018년	원광대학교 마음인문학연구소 주최 국제학술대회 발표
	제목 '"나는 나다"의 의미와 실제'-메타실존치료적 관점에서

저서 및 역서

젊음, 예수, 만남(보이스사, 1978), 성서 대 개관(역, 보이스사, 1989), 존재는 넉넉하다(한누리미디어, 1990), 견고한 고독(한누리미디어, 1992), 주여, 오시옵소서(한누리미디어, 1992), 진흙이로소이다(한누리미디어, 1995), 전략적 목회상담(역, 예영미디어, 2001), 상담신학(역, 도서출판 실존, 2002, 2012), 그리스도 요법(역, 예영 B & P, 2003, 상담신학연구소, 2010), 성직자를 위한 건강한 영성(역, 도서출판 실존, 2003, 2017), 돌봄(공역, 한국상담신학연구소, 2006, 2009), 그리스도 요법 입문(도서출판 실존, 2007, 2013), 맑은 魂으로 꿈꾸기(도서출판 실존, 2007, 2014), 실존주의상담학(공역, 상담신학연구소, 2009), 목회상담 이론 입문(공저, 학지사, 2009), 실존주의 상담과 심리치료의 실제(공역, 상담신학연구소, 2010), 목회상담 매뉴얼(공저, 상담신학연구소, 2010), 영성과 심리치료(공역, 도서출판 실존, 2011년), 존재의 바다에 던진 그물(도서출판 실존, 2012), 정신통합(공역, 씨아이알, 2016), 기독(목회)상담과 영성(공저, 학지사, 2018), 메타실존치료(공역, 학지사, 2019), 실존주의 상담 및 심리치료의 기술(공역, 학지사, 2020), 도마가 만난 예수(도서출판 실존, 2021)

1. 성장과정

질문자 인터뷰에 이렇게 응해 주셔서 감사드립니다. 우선, 선생님께서 상
        담자의 길을 걷기까지 개인적인 삶이 어떠셨는지 궁금합니다. 또
        선생님께서는 목사님이기도 하신데 신학을 공부하는 중에 어떻
        게 상담을 만나게 되셨을까 그 과정도 말씀해 주시면 좋겠습니다.
        이런 과정에서 선생님께 중요한 영향을 미쳤던 사건이나 관계, 경
        험, 시대적인 계기 이런 것들이 있었을 텐데요?

이정기 저희 집안은 황해도예요. 아버지도 황해도 사리원에서 태어나셨
        고요. 할아버지가 젊어서 황해도에서 서울로 유학을 오셨어요. 그
        당시에 보성전문 법과를 나오시고 서울에 있었을 때 법조계에서
        근무하시다가, 무슨 일이신지, 강원도 인제로 낙향을 하셨어요.

질문자 법관을 그만두시고요?

이정기 그렇죠. 할아버지가 낙향해서 사는 동안, 아버지가 강원도 분인
        어머니랑 결혼하게 되었지요. 아버지는 강원도에서 공무원을 하
        셨는데 그 후에 6·25전쟁이 발발했지요. 6·25가 내가 서너 살
        때 났으니까, 그 상황은 모르는데, 피난 속에서 할아버지가 공산
        당들한테 무참히 돌아가셨다고 해요. 할아버지가 그 당시에 강원
        도 인제에서는 인텔리셨고, 경제적으로 상당히 여유가 있었던 탓
        에 공산당의 칼날을 피하기가 힘들었지요. 무참히 돌아가신 할아
        버지의 모습을 목도한 할머니가 충격을 받아서 스스로 절에 들어
        가서 중이 되셨어요. 아버지가 공무원이란 사실이 공산당들한테
        처벌의 대상이 될 수 있기 때문에 자격증 같은 걸 다 찢어 버리셨
        다고 하더라구요. 피난 가서, 우리 어머니 표현을 그대로 빌리면,

'먹물 먹은 놈들'은 딱 붓대를 놓고 나니까 할 게 아무것도 없더라는 거예요. 마산으로 피난을 가서 마산 창포동 수용소라고 하는 데서 초등학교를 다녔어요.

초등학교를 다닐 때, 내가 정신적으로 이런 삶의 상황을 극복할 수 있는 것은 그 수용소 한복판에 있는 교회였어요. 딱 하나의 교회. 그게 성결교회였어요. 그땐 목사님도 없이 장로님이 설교하셨어요. "사막이 아름다운 건 사막에 우물이 있어서 그래"라고 하는 어린왕자 얘기. 그 얘기와 수용소에 있었던 교회가 나의 영혼을 맑고 뜨겁게 만들어 줬다고 생각해요. 그걸 지금도 잊지 못해요. 나에게 상당히 중요한 계기가 됐지요.

그런데 이제 6학년 때 김포공항 쪽으로 이사를 와서, 그 근방에 있는 교회의 중고등부를 열심히 나갔는데, 그때 어린이 회장, 중등부 회장, 고등부 회장을 하면서 교회를 열심히 다녔지요. 이게 삶의 의미이고 유일한 희망이었어요. 그때는 뭐 '신앙' 이거보다 교회 나가는 것이 삶의 기쁨이었죠.

질문자 어린 시절과 청소년기 동안 교회가 선생님의 오아시스 같은 곳이었군요.

⛪ This is my life: 실존의 씨앗이 싹트다

이정기 사실 목사님하고 몇 번 다툰 적이 있어요. 그때 그 교회 교단이 합동 측 교단, 지금 총신 교단인데 합동 측 이외에는 구원이 없다 이렇게 가르치는 거예요. 내가 "다른 교회 교단도 있는데 왜 여기만 구원받는다고 그러느냐? 다른 데도 다 구원받지 않느냐?" 그런데 아니라는 거예요.

그 당시 세계교회 동향 가운데 세계교회협의회라는 데가 있고, 세계 보수주의연맹이라는 게 있는데 합동 측이 그 보수주의연맹 쪽 소속이 돼 있는 거예요. 세계교회협의회는 진보적이죠.

목사님에게 내가 따지면서 얘기했더니, 목사님이 화가 나 가지고 '신신학의 대변자'니, '자유주의 신학 옹호자'라느니 막 이래 가면서 난리를 쳤어요. 그 당시에 나는 열심히 교회 나가고 공부 잘하는 매사를 열심히 하는 스타일이었죠. 중고등부 시절에 열심히 교회에 헌신하는 Good guy로 자랐는데도 아마 내면에 꿈틀거리는 게 있었던 것 같아요.

당시에 읽었던 나에게 충격을 줬던 책이 있다면 이주홍이라는 작가가 쓴 『날개 없는 천사』였어요. 날개 없는 천사라는 게 여자는 간호사고 남자는 등대지기로 일생을 보내는 삶인데, 아주 아름답게 묘사됐더라고요. 그래서 나도 이렇게 살아야겠다, 그런 생각이 있었고 그다음에 중학교 때쯤 교과서에 슈바이처의 『물과 원시림 사이에서』라는 글이 나와요. 그래서 '아, 이런 삶을 살아야겠구나, 의사가 되는 것도 좋겠구나' 고등학교 마칠 때쯤 갈등을 했죠. 의사가 되어서 슈바이처처럼 사는 것이 중학교 때부터 꿈이었는데 '인간의 몸을 치료하는 거보다 영혼을 치료하는 것이 더 귀하다' 이런 결론을 나름대로 내려 가지고 신학을 해야겠다, 목사가 되어야 하겠다, 그런 생각을 가졌던 것 같아요.

질문자 중·고등학교 때 굉장히 보수주의적인 목사님 밑에서 교회를 다녔음에도 불구하고 어떻게 선생님한테는 그렇게 다른 의미의 종교관이 형성되었을까요? 종교에 대한 열정과 동시에 실존의 씨앗 같은 것들이 이미 청소년기 때 선생님 안에 싹텄던 것 같은데 그 부분과 관련해서 선생님에게 중요한 영향을 미쳤던 것에 대해 듣고 싶습니다.

이정기 어떻게 그렇게 형성됐는가를 스스로도 물어보게 되는데, 일단은 타고난 것도 있을 수 있다, 이런 생각이 들어요. 그다음에 중·고등학교 시절에 어떤 책들을 보느냐 이것도 굉장히 중요한 것 같아요. 책을 읽는 것이 나에게 상당한 감동을 줬어요. 내가 읽는 책들이. 심훈의 『상록수』, 슈바이처의 『물과 원시림 사이에서』, 나다니엘 호손의 『큰 바위 얼굴』 그리고 리처드 바크의 『갈매기의 꿈』에도 영향을 많이 받았어요. "높이 나는 갈매기가 멀리 본다." 그리고 『어린 왕자』에 나오는 "들판에 꽃이 많은데 사람들이 왜 꽃을 못 보지?" "그것은 육안으로 보는 게 아니야. 마음의 눈으로 볼 때 보이는 거야." 이런 것들이 나를 형성해 가는 데 도움을 많이 줬어요. 어떤 의미에서 나의 가슴에 꽂힌 영성의 원형이라고 할까요. 그 당시에 이런 책들을 읽으면, 그냥 'This is my life' 이런 생각이 들었거든요. 이게 내가 가야 할 길이다. 그래서 이쪽은 나의 정체성 형성 또는 삶의 의미 추구 이런 거하고 연결이 돼요. '내가 그 길로 가는 것이 나의 삶의 의미 추구다' 이런 생각을 가지고 살아왔고…… 이것이 전통적인 보수적 신앙생활하고 좀 괴리가 있었죠.

질문자 보통의 복음주의적인 신앙에서는 '나를 온전히 주님께 맡긴다. 주님이 인도하시는 데로 간다' 이런 식인데요.

이정기 나를 삐딱하게 볼 수도 있을 텐데, 나는 나에게 주어진 삶의 의미를 추구해 가는 길이 곧 하나님께 나를 바치는 길이다, 이렇게 생각해요. 그 길로 가라고 나를 부르셨다, 이렇게요.

실존치료 강의하다 보면 "실존적으로 사는 것이 무엇이냐?"는 질문을 받는데 "실존적으로 사는 것은 현재 내가 이루어 가야 할 어떤 것을 위해서 나의 온몸을 던져 그걸 실현해 가는 것이다"라고 말하죠. 그러니까 내가 가야 할 길, My way라는 게 있는데 나의 온몸을 던져서 그것을 실현해 가는 것이죠. 사르트르[1] 표현을 빌리면 Life Project, '삶의 과제' 삶의 과제라는 것이 누구에게나 주어지는데 신앙적으로 말하면 소명, Calling이고 그것을 일반적인 애기로 하면 삶의 과제라고 할 수 있죠. '나의 주어진 삶의 과제를 성취하는 것이 나의 소명을 이루는 것이다.' 나는 이렇게 정리를 하기 때문에 소위 보수주의적 신앙을 하는 사람들로부터 소외되는 경향이 있었죠.

♤ 예수의 길과 실존의 길

질문자 　신학대학 생활이 만만치 않으셨겠네요.

이정기 　힘들었어요. 나를 괴롭힌 애들이 많았죠. '신학교 왜 왔어?' '신학교 올 사람 아닌데' 이런 애들도 있었으니까요. 그 당시 나는 '신학교 올 사람이 따로 있어?'라는 생각으로 나름대로 교회 생활을 열심히 했어요. 'This is my way'라고 결정하고 온 건데 걔네가 생각하는 길하고 내가 가는 게 달랐을 뿐 올라가는 건 같지 않나라고 생각했죠.

나도 중·고등학교 시절에 어떤 의미에서 예수에 미쳐서 산 사람 중에 하나인데 내가 예수에 미쳤다는 거하고 다른 사람이 미쳤다는 게 좀 다르더라구요.

내가 최근에 『도마[2]가 만난 예수』라는 책을 썼는데 처음에는 책 제목을 '젊은 예수'로 하려다가 쓰다가 보니 내가 가지고 있는 신앙의 유형이 여기에 자꾸 적용이 되었어요. 도마는 성경에 보면 '의심 많은 제자'지요. 긍정적으로 얘기하면 학문적인 제자라고도 볼 수 있지요. 누가 말하는 것을 그냥 받아들이는 사람이 아니고 의심한다는 얘기는 스승으로 예수를 모시고 있으면서도 긴가민가한 게 많은 거죠. 좀 더 깊게 들어가고 싶고 뭔가를 더 알고 싶고. 그거를 초월영성이라고 하는 거하고 연결을 시키면 영성, 초월 쪽

이정기 　실존에서 영성을 만나라

에 대한 관심을 많이 가진 사람이 도마라고 할 수 있어요. 책을 쓰면서 보니까 내가 도마 같다는 생각이 많이 들더라고요. (웃음) 내가 가끔 그런 비유를 하는데 산꼭대기 정상을 올라가는데 걸어갈 수도 있고, 비행기 타고 갈 수도 있고, 차를 타고 갈 수도 있고. 다른 방법일 뿐, 올라가는 건 똑같지 않은가 말이에요. 각자가 자신의 삶의 의미를 추구해 간다고 하는 면에서요. 그런 점에서 나는 신학생 때, 빅터 프랭클의 『죽음의 수용소에서』라는 '의미치료'를 감동 깊게 읽었던 것을 기억해요. 나의 생애에 커다란 영향을 끼친 사상이라고 할까요? 돌이켜보면, 그 후에 내가 메타실존상담사로 변모되어 가는 과정은 빅터 프랭클[3]의 영향이 크다고 보지요. 앞서 말한 『죽음의 수용소에서』는 부제가 Man's Search for Meaning이지요. 그의 인간론은 '의미를 지향하는 인간(Will to Meaning)', 곧 '의미 지향적 존재'지요. 의미라는 낱말이 오랫동안 나를 사로잡았어요. 그리고 보니, 젊어서, 나를 사로잡은 몇 가지 낱말이 있었는데, '예수, 실존, 의미, 만남' 등이었어요. 성서를 통해서 예수를, 틸리히[4]를 통해서 실존(Existence)을, 프랭클을 통해서 의미(Meaning)를, 그리고 부버[5]를 통해서 만남(Encounter)을 배웠다고 할까요.

질문자   그런 책들이 신학교 커리큘럼 안에 들어 있는 것은 아니죠?

이정기   없어요. 전혀 없는데, 나의 삶의 의미를 추구하는 길, 실존적으로 사는 길이 무엇인가에 대한 관심을 갖고 책을 읽었고 그래서 그런 책들이 나에게 영향을 많이 줬다고 볼 수 있겠죠.

질문자   대학에 들어와서 실존적인 삶에 대한 지향이 더 분명해지신 거로군요?

이정기   다른 애들은 자기 나름의 길, 그러니까 말씀을 듣고 가서 복음을 전하는 소위 말하면 보수주의적인 신앙의 길을 따랐겠지요. 그런데 복음이라는 게 입으로 떠들어야 되는 건 아니잖아요.

신학생의 학생 프로그램 중에 가장 중요한 게 입산 기도회라는 게 있는데 내가 학생회장 할 때 그걸 바꿔 버렸어요. 서울신학대학교의 첫 번째 대학 축제를 만든 게 내가 학생회장 때예요. 성화제(Santification Festival) 성결교단은 웨슬리의 신학을 따르는데 웨슬리 신학의 핵심이 Santification, 성화(聖化)예요. 기도만 하지 말고 대학다운 프로그램을 만들자는 생각이었는데 그런 프로그램을 시작하는 것을 좋게 보는 사람도 있지만 이게 길을 딴 데로 간다고 보는 사람도 있는 거예요. '입산 기도회를 빼고 왜 그런 거를 하느냐, 안 된다' 막 이런. 그래서 미움도 받고 따돌림도 받았다고 할까요?

2. 상담자의 길

♨ 영성과 상담의 안내자들

질문자   서울신학대교 학부 졸업하시고 바로 대학원을 가신건가요?

이정기   마침 내가 졸업할 때 대한민국의 4개 신과대학에서 석사학위가 생겼어요. 장신, 감신, 서울신, 한신. 내가 서울신학대학교 1번이에요. 석사학위를 마치고 공군 군목 3년을 하고 나올 때쯤에 유학 갈 준비를 하고 있었는데, 대학에서 연락이 와서 5년간 전임강사로 있었어요.

학교 전임강사로 있으면서 학교 채플 설교 때문에 학장한테 몇 번 불려 가기도 했어요. 하나는 '공범자'라는 제목으로 설교를 했거든요. 그러니까 우리 모두가 군사독재 치하의 공범자다 이런 설교

였죠. 또 그때 감명 받은 소설이 조세희의 『난쟁이가 쏘아올린 작은 공』이었는데 그 내용을 가지고 '난쟁이의 고뇌' 이런 제목으로 아주 강력하게 사회 비판적인 설교를 했죠. 성경에 나오는 난쟁이 삭개오[6] 있잖아요, '2000년 전에 삭개오 난쟁이는 올라갈 뽕나무가 있었는데 오늘날 난쟁이는 올라갈 뽕나무가 없다' 이런 내용이었죠. 설교 끝나자마자 학장이 '따라와!' 소리를 질러 가지고 학장실에 들어가서 질타를 당했죠.

미국 유학을 준비하고 있었는데 학장 추천서도 못 받고 학장이 알지 못하는 학교로 지원하고 다른 사람이 추천서 써 줘서 겨우 유학을 떠나게 됐어요. 마침 서울신학 선배가 필라델피아에서 목회를 하고 계셨는데 "우리 교회에 부목으로 와서 여기서 공부를 해라. 학교를 소개해 주겠다." 그래서 간 거예요, 그쪽으로.

질문자 　그때 가시게 된 학교가?

이정기 　필라델피아에 근교에 소재한 Eastern Baptist Seminary에서 D. Min. 과정을 했어요. 그 신학교에서 목회학을 가르치는 교수의 소개로 헨리 나우웬[7]을 접하게 됐는데 나를 영성과 상담에 관심을 갖도록 이끌어 준 것은 헨리 나우웬의 책들이라고 해도 과언이 아닙니다. 『Wounded Healer』『Creative Ministry』『Reaching out』과 같은 책들을 읽고 큰 감동을 받았죠. 무리엘 제임스[8]의 『Born to Win』을 읽고 교류분석을 배웠고 버지니아 사티어[9]의 강의를 직접 들으면서, Family Therapy를 접하게 되었죠.

질문자 　원래는 신학을 하러 가셨는데 커리큘럼 안에 그런 과목들이 있었다는 거네요?

이정기 　예, 거기서 상담에 대한 관심을 조금 갖게 됐죠. 그 학교를 다닐 때 어떤 사람이 라즈니쉬[10]의 『Mustard Seed』라는 책을 소개해 줬는데 이게 나에게 상당한 신학의 전환, 종교에 대한 전환을 가져온 사건이 됐습니다.

질문자 　어떤 면에서 그랬습니까?

이정기 　『Mustard Seed』가 우리말로는 '겨자씨'인데 라즈니쉬가 도마가 쓴 『도마복음』을 해설하면서, 그 제목을 'Mustard Seed'라 붙였어요. 그 책을 읽으면서 그냥 눈이 열렸다 그럴까, 전혀 다른 세계를 맛보게 됐어요. '이런 세계가 다 있구나!' 내 생각이 그렇지 않더라도 보수주의 학교를 다니다 보니까, 배우는 게 그거밖에 없잖아요. 그 책을 보니까 보수주의에서 얘기하는 세계가 아닌 전혀 다른 세계가 있는 거예요. 나에게 상당한 영향을, 어떤 전환을 가져온 게, 바로 라즈니쉬의 『Mustard Seed』에요. 그 후에 아주 미치도록 라즈니쉬 책을 봤어요. 아마 내가 라즈니쉬 책을 50권도 넘게 가지고 있을 거예요. Rajneesh Foundation에서 나오는 월간지도 구독

했죠.

질문자 라즈니쉬와의 만남을 통해 선생님의 종교와 영성에 대한 생각에 큰 전환이 있었군요?

이정기 지금 여기서 하는 표현으로 쓰면 초월영성에 대한 전혀 다른 시각을 볼 수 있는 게 라즈니쉬라고 할 수 있겠죠. 기독교 안에서도 영성이란 말도 쓰고 성령이란 말도 쓰고 그랬지만, 나는 별로 그렇게 관심이 없었어요. 성령받고 방언하고 하는 이런 식의 신앙하고 나는 거리를 두었죠. 라즈니쉬는 동서양의 영성과 신비주의를 꿰뚫는 혜안을 갖고 많은 사람의 의식구조를 바꿔 주는 그런 일을 하는구나. 그래서 내가 못 보던 세계가 여기 있구나를 느낀 거죠. 시카고로 이주해서 만난 또 한 사람이 곽노순 목사[11]예요. 이분에게도 '아, 전혀 다른 세계를 사는 사람이로구나' 하는 생각이 들었어요. '내가 지금 라즈니쉬를 통해서 접하고 있는 이런 세계를 이 사람은 실제로 삶으로 살고 있구나.' 곽노순 목사를 만나기 위해서 그 교회를 찾아 갔고 아주 가까워졌어요. 사람들이 나를 곽노순 제자라고 할 정도였죠. 이분은 라즈니쉬를 이미 다 통달했다고 할까? 살아 있는 사람으로는 이분의 영향을 굉장히 많이 받았어요. 그분은 물리학 전공을 했기 때문에 그런 시각에서 우주를 보는 눈이 있어요. 신(神)도 그런 시각에서 해석하고 남들이 못 보는 것을 보는 그런 점이 탁월하죠. 『우주의 파노라마』이런 책도 썼을 거예요. 별명이 곽도사였어요. 살아 있는 한국판 라즈니쉬라고 보면 돼요. 이 사람하고 얘기를 나누면서 '아, 이 사람은 내가 죽었다 깨도 못 넘어서겠구나' 그런 생각을 하게 됐죠. 이분 앞에서는 겸손해질 수밖에 없어요.

질문자 미국 유학을 떠난 이후 헨리 나우웬, 라즈니쉬, 곽노순 목사님 등과의 만남을 이야기해 주셨는데, 상담 공부를 하시게 된 계기는 무엇입니까?

이정기 내가 '상담자가 되겠다' 이런 생각으로 교육받은 바는 없어요. 시카고에 와서 Chicago Theological Seminary에서 박사과정을 시작했는데, Chicago Seminary의 특징이 교차학문적인 연구여서, '신학과 심리학'을 전공하게 됐는데 신학에서는 폴 틸리히, 과정신학,[12] 철학에는 화이트헤드,[13] 심리학에서는 프로이트, 칼 융, 게슈탈트 이런 것들을 공부하게 됐죠.

그런데 이런 공부를 하기에는 내가 너무 준비가 안 되어 있더라고요. 그래서 다른 학교 학부에 가가지고 철학과 심리학을 따로 공부를 했어요. 그런데 그때도 참 고마운, 철학을 가르치시던 교수께서 독특하게 종교학에 관심을 많이 가지셨는데, 그때 영향을 받은 게 정신통합이었죠. 정신통합(Psychosynthesis)의 창시자인 아사지올리(Assagioli)[14]에게 영향을 끼친 사상 중 하나가 신지학인데, 그 선생님이 신지학(Theosophy)[15] 또는 인지학(Anthrosophy)[16] 등의 강의를 많이 해 줬어요. 그분을 통해 종교학의 폭을 넓히는 공부를 할 수 있는 기회가 주어졌지요. 구르지예프(Gurdzhief),[17] 우스펜스키(Ouspensky)[18] 등을 그때 접할 수 있었어요. 아주 고맙죠. 이미 시카고에서 접한 라즈니쉬 때문에 열린, 신학을 넘어선 또 다른 세계가 그 선생님 때문에 더 심화될 수 있었지요. 한편으로는 그때 심리학 공부하느라 고생했고, 심리학을 개론부터 들어갔더니 학부에서 젊은 애들하고 함께 시험을 보는데, 용어가 생소해서 고생을 좀 많이 했던 기억이 나요.

Chicago Seminary에서 신학 외에 심리학 석사학위를 요구해서 박사과정 중에 일리노이 대학교 대학원에 입학해서 교육학과 심리학을 전공하고 교육학 석사(M.Ed) 학위를 취득하고 Southern Methodist University의 Perkins School of Theology에서 일 년간 신학과 목회상담을 공부하기도 했구요.

질문자　Chicago Seminary 에서 상담 훈련은 어떠셨나요?

이정기　Chicago Seminary에서 상담 훈련은 게슈탈트 공부하는 동안 좀 했지요. 융을 가르치는 선생님 밑에서 융을 두 학기인가 들었고. 같은 지역에 있는 Catholic Union Seminary에서 프로이트를, 그리고 Lutheran Seminary에서 목회상담을 따로 공부했어요. 1998년 폴 틸리히와 에릭슨을 통합해서 정체성 형성에 대한 연구로 박사학위를 취득한 이후, 미시간에서 한 5년간 유학생들 대상으로 목회를 했죠. 거기 Samaritan Counseling Center에서 1~2년 간 상담을 했어요. 아내도 상담 공부를 해서 Lansing Korean Counseling Center를 세우고 한 5년간 상담교육도 하고 상담도 하고 그랬죠. 그러다가 2003년에 모교인 서울신학대학교에서 목회상담 교수를 뽑는다고 해서 한국으로 나오게 되었습니다.

3. 초월영성상담자의 길

♤ 영성이 없는 목회상담에 회의를 느끼다

질문자　서울신학대학교에서 목회상담 교수로 한국에서의 생활을 시작하신 거로군요.

이정기　상담대학원은 서울신학대학교가 제일 먼저 생겼다고 하더군요.

상담대학원에 목회상담 교수로 들어와서 학생들 훈련도 하고 그러는데 먼저 나와 있던 후배들이 목회상담협회와 기독교상담심리학회 둘만 하면 된다 그래요. 한국상담학회도 가입하려고 했더니, 모두들 할 필요 없다는 분위기였죠.

질문자   한국에서 목회상담 교수의 길을 걷게 되는 시점에서 선생님 나름의 상담의 길이라고 해야 될까요? 계속 관심 가져오셨던 실존이라는 주제를 상담과 통합하는 과정이 있으셨을 것 같습니다.

이정기   삶 전체가 실존적인 관심을 가지고 살아왔고, 심리학과 접목해서 논문도 그쪽으로 썼는데요. 한국에 들어와서 목회상담하는 교수들을 만나 보니 자조적으로 하는 얘기가 '그리스도로 시작해서 프로이트로 끝났다' 그런 자조적인 멘트를 하는 거예요.

질문자   어떤 의미죠?

이정기 실존에서 영성을 만나라

이정기 　'예수로 시작해서 프로이트로 끝났다' '믿음으로 시작해서 상담으로 끝났다' 이런 자조적인 것인데 그것을 못 벗어나요. 그래서 내가 오자마자 얼마 안 있어서, 목회상담의 방향 설정을 위해서 영성의 길을 찾아야겠다는 마음을 먹게 됐어요. 목회상담 하는 사람들이 영성 쪽에 관심은 있어도 그것을 상담과 연결하는 훈련이 안 돼 있어서 못하고 있어요. 그래서 내가 영성 쪽에 접목을 해야겠다는 생각에서 만든 게 '영성과 심리치료 학회'예요.

질문자 　외부에서 보기에 목회상담이라고 하면 그 안에 영성이 포함됐을 것처럼 생각이 되는데 선생님이 보셨을 때 목회상담과 영성상담은 어떤 차이가 있는 겁니까?

이정기 　한국에 돌아와 보니 넓게는 종교가, 좁게는 기독교가 영성이라고 하는 차원에서 도덕이라는 차원으로 내려온 거 아닌가 하는 생각이 들었어요. 그러니까 한국기독교회가 영성이 아니라 도덕을 설교하고 있는 거 아닌가. 그들이 영성이라고 말하는 것은 방언을 한다든지 하는 다른 상태를 영성으로 강조하고 있는 거 아닌가 하는 우려가 있었지요.

　　외국 나가서 신학을 공부하겠다고 하는 사람들이 그런 영성을 거부하다 보니까 목회상담을 하는 사람들이 정신분석을 공부해 가지고 오지만, 거기에 예수는 없고, 다른 말로 영성은 없고 상담만 남은 거죠.

질문자 　목회상담이 주로는 기독교적인 구원의 문제에 더 초점을 두고 심리적인 문제를 다룬다고 보통 알고 있는데 지금 말씀하신 걸 들어보면 예수는 없고 프로이트만 남았다는 말씀이 선뜻 이해가 가지는 않는군요.

이정기 　객관적으로 말해서 그렇다는 건데, 목회상담을 거슬러 올라가면 제일 위가 고해성사거든요? 그다음에 영성지도, 영성지도 다음으로 목회상담. 목회상담이 도덕을 가르치는 것 같은 수준을 못 넘어서기 때문에, 심하게는 성경상담이라고도 이야기하잖아요. 성경 구절로 하는 상담.

한국에 나와서 처음에 극동방송에 상담을 나간 적이 있어요, 새벽 5시에 하는 전화상담이었는데 여기 있는 사람들이 제가 하는 상담이 못마땅한 거예요. 어떤 고등학교 여학생이 자기는 교회를 열심히 나가는데 언니가 교회를 못 나가게 한다고 하길래 그러면 언니하고 약속을 해서 언니가 못 나가게 하는 날 한 주 안 나가고, 그 다음 주는 언니가 교회를 나오게 하는 식으로 합의를 해 보라 그랬더니 방송국에서 문제가 생긴 거예요. (웃음) "그냥 무조건 교회 나오라 그래야지. 말이 되느냐?" 그러면서 방송국 관계자가 바람직한 상담의 예를 들어 주더군요. 어떤 교회 권사가 "우리 남편이 바람을 피우는데 어떻게 해야 하느냐?"라고 고민을 말했는데, 어떤 목사가 상담해 주길, "그렇다고 남편을 문제 삼지 말고 당신이 남편 앞에 무릎 꿇고 기도해라. 당신이 그동안 뭘 잘못해 가지고 남편이 바람을 피웠지 않았겠느냐?" 이렇게 해야 된다는 거예요. 이런 게 한국의 목회상담의 극단적인 문제점이에요. 결국 난 한 번 나갔다가 잘렸어요. (웃음)

목회상담학회를 가 보면 그래도 전문적인 상담을 공부해 가지고 온 사람들이 하니까 수준이 좀 나아요. 그렇지만 내가 볼 때 '여기서 하는 상담은 일반상담에서도 다 하는 거 아닌가? 그걸 넘어서야 목회상담 아닌가'라는 생각이 들었죠. 심리학적인 용어를 이용하고 인간의 심리를 파악하는 데 심리학을 이용한다는 것뿐이지, 영성하고 아무 상관이 없는 거예요.

이런 문제가 한국에만 있는 건 아니에요. 최근에 미국에서 나온 영성심리치료라는 책을 보니까 거기서도 목회상담, 영성지도, 영성에 근거한 상담을 구분하는데 목회상담은 대개 도덕 차원 그러니까 기독교 윤리를 얘기하고 있다고 그 한계점을 말하고 있어요. 영성을 포함한다고 그럴 경우에 영성이 뭐냐를 정의하는 것이 문제지요. 내가 '소셜 네트워크와 목회상담'이라는 주제로 열린 목회상담협회에서 목회상담은 Social network에 앞서, Spiritual network가 더 중요하다고 주장을 했죠. 영성이 중심이 되지 않은 목회상담은 도덕 훈화밖에 안 되지 않느냐고 한 거죠.

♧ 근원적 실재와의 만남을 통한 자기 존재 실현이 영성이다

질문자   선생님께서 말씀하시는 영성은 어떤 의미로 이해해야 할까요?

이정기   영성이라고 그러면 괜히 거룩한 것 같은 오해를 불러일으킬 가능성이 많은데, 나는 습관처럼 옛날부터 머리를 많이 길렀는데 이러면 은혜롭지 않은 사람으로 평가를 많이 받더라고요. (웃음) 그게 중요한 게 아닌데 말이죠. 외모도 마찬가지죠. 그런데서 영성을 찾으려고 하면 안 되는 거 아닌가요? 미국에서 목회할 때도 어떤 권사님이 오더니 "아, 목사님 머리 때문에 은혜가 안 돼요." 그래요. "아니 예수님도 길렀는데요?" "아, 그거 2000년 전이잖아요." 그래서 내가 "2000년 전에도 길렀는데요." 그렇게 말했지요. (웃음)
메타실존치료[19]의 맥락에서 영성을 말한다면 '근원적인 실재'의 문제라고 할 수 있지요. 근원적인 실재가 기독교에서 말하는 하나님이고, 곧 근원적인 실재와의 접목이 영성이죠. 메타실존치료에서 자기의 존재를 실현한다는 것은 근원적인 실재가 나와 접목됨으로 해서, 나의 소명이든가, 실존주의자 사르트르의 용어로, Life Project, 곧 '삶의 과제'를 깨달아서, 그 길을 가도록 도와주는 것이 기독교가 말하는 영성심리치료라고 할 수 있지요.

다시 말하면, 상담에 철학이 중요한데 영성상담의 철학의 핵심은 '나의 존재 실현'이라고 할 수 있어요. 존재 실현이라는 것은 나를 부른 그분, 그것을 영원한 실재라고 하든지, 하나님이라고 하든지, 내가 이 땅에 태어난 것이 그냥 밥 먹고 살고 그냥 가는 게 아니라, 나를 부른 그 부름을 찾아서 실현해 가는 것, 그러니까 나의 존재 실현이라는 말로 영성을 정리할 수 있단 말이에요. 나의 존재 실현, 나의 존재의 의미, 삶의 의미에 대한 깨달음이 우선이 돼야 되고 그것이 주어진 다음에 내가 어떻게 그것을 실현해 가야 되느냐라는 문제는 심리학, 사회학, 상담학적인 것과 접목을 해서 도우면 되겠죠. 하지만 궁극적인 영성상담의 목표는 근원적인 실재와의 만남, 다른 말로 자기 존재 실현이라는 거죠.

빅터 프랭클의 '의미를 향한 의지(Will to Meaning)' 같은 개념은 자기 존재 실현을 하는 어떤 구체적인 예들을 많이 들어 주고 있는 것 같아요. 빅터 프랭클은 나중에 '의미를 향한 의지'를 '궁극적 의미를 향한 의지'로 바꿨단 말이에요. Ultimate Meaning이라고 해서 초월영성 쪽으로 한 단계 더 나아간 거죠. 죽음을 눈앞에서 보면서 '산다는 게 뭔가, 죽음이라는 게 뭔가?'를 얘기할 때 삶의 의미란 것에 대해 빅터 프랭클도 많은 갈등을 하지 않았을까 싶어요. 그가 처음에 삶의 의미를 얘기할 때는 '내가 나가서 골프를 쳐야 돼' 뭐 이런 작은 의미를 가진 사람도 살아남을 수 있다고 썼지만 그건 Ultimate Meaning, 존재 실현과 관계있는 것은 아니란 말이에요. 니체가 '왜 살아야 하는가 하는 삶의 이유를 갖고 있는 사람은 어떻게 해서든지 살아남는다'고 했는데, 왜 살아야 하는가 하는 삶의 이유를 Ultimate Meaning까지 이끌어 가면 초월이라는 개념, 영성이라는 개념을 이해할 수 있는 좋은 실례가 될 수 있지 않을까요?

질문자 로저스[20] 안에도 유기체적인 자기실현 경향성[21]이라는 개념이 있는데 선생님께서 말씀하신 자기 존재의 실현은 어떤 면에서 차이가 있을까요?

이정기 로저스의 경우 예를 들어, 무조건적 긍정적 관심 이렇게 표현하는 것을, 메타실존치료에서는 초월적 관심(transcendent regard)이라고 이야기하거든요. 석가나 예수와 같은 사람의 그림을 보면 뒤에 오로라가 있는데 오로라 속에 있는 인간, 다른 말로 하면 In the context of God이라고 해요. 신이라고 하는 context 속에 있는 나. 이것이 기독교로 하면 하나님의 형상이라고 하는 것과 연결되잖아요. 신이라고 하는 context 속에 있는 내가 이 땅에 태어나서 어떤 존재로 나를 실현해 갈 수 있겠느냐. 상담자가 이런 관점에서 내담자를 바라볼 때 그것을 초월적 관심이라고 할 수 있죠.

이상한 방언 기도 같은 그런 의미의 영성이 아니라 나의 소명 또는 존재 실현, 그런 의미의 영성. 그러려면 나에게 소명을 준 그 어떤…… 그것을 의식(consciousness)이라고 표현을 하든, 신(神)이라고 표현하든, 그분과의 contact, encounter를 통해서만이 내가 나의 존재를 실현해 갈 수 있기 때문에 그런 의미의 영성상담. 그런 근원적인 실재와의 만남이라고 하는 것을 가장 중요한 과제로 생각하는 상담을 영성상담이라고 할 수 있겠죠.

♤ 메타실존치료: 실존치료와 영성의 접목

질문자 선생님에게 실존치료란 영성상담을 실제로 구현하는 방법이라고 볼 수 있는 건가요?

이정기 내가 목회상담 하는 걸 보고 안 되겠다 생각해서 실존치료를 공부하다 보니까 실존치료에도 한계가 있는 거예요. 대개의 실존치료에는 지금 얘기하는 근원적인 실재에 대한 관념이 없어요. 그래서 이거를 넘어서야겠다고 고민했죠. 그렇지 않으면, 실존치료도 영성하고 관계가 없어요.

실존치료와 영성과의 관계를 모색한 것이 메타실존치료예요. 내가 '메타실존치료는 영성실존치료다'라고 강조를 하는 이유가 이것이죠. 영성이 뭐냐, 근원적 실재가 나에게 위탁한 과제를 만나서, 그것을 이 땅에서 실현해 나가는 것이 나에게 주어진 영성을 구체화하는 길이다. 그것을 기독교적인 냄새를 풍기지 않으면서 상담에서 전달하는 것도 중요한데 미국 사람들이 말하는 God을 우리가 쓰는 신(神)이라고 번역하면 더 적절할 거예요. 메타실존치료를 쓴 토마스 호라[22]는 신을 Love-Intelligence라고 표현을 해요. 기독교가 사랑을 얘기하잖아요. 거기에 지성을 포함시켜서 Cosmic Love-Intelligence, 우주적 사랑 지성. 사랑은 기독교에서 왔고 지성은 철학에서 왔고 cosmic이라는 말을 붙임으로 아시아적 사고와도 연결이 되죠. 한 인간으로서 이 세상에 태어났다는 것은 어떤 존재 이유가 있지 않겠느냐, 삶의 목적이 있지 않겠느냐? 그러면 그 삶의 목적과 존재 이유는 어떻게 발견하느냐? 궁극적인 실재와의 맥락에서 사람을 볼 수 있어야 그것을 찾을 수 있죠. 폴 틸리히의 표현에 의하면 Ultimate Reality, Ground of Being, 또는 Being itself. 그러면 기독교가 말하는 하나님이라는 개념하고 좀 구분이 되면서 더 근원적인 것을 얘기하는 것 같잖아요.

질문자   동양적 사유, 라즈니쉬와 매치가 되는 개념이기도 하네요?

이정기   그래요. 토마스 호라도 실존신학자 폴 틸리히를 읽었더라고요. 철학자 하이데거와 선불교에서 많은 영향을 받았고 자기가 기독교인이라고는 안 하지만 성경 구절을 인용하는 것으로 봐서 성경을 통해서도 많은 영향을 받았다고 보여요. 이분이 견성기도(見性祈

禱), Prayer of Beholding를 이야기하는데, 다른 말로 하면 본성(本性)을 본다는 것이지요. 본성을 본다는 게 존재의 근거를 마주한다는 것인데, 그것을 얘기할 때 욥 얘기를 해요. 욥이 그전에는 친구들하고 너희가 옳으냐, 내가 옳으냐, 내가 왜 틀렸냐 하며 다투죠. 그런데 신 앞에서 자기의 본래 모습을 보고, 신의 모습을 보면서 겸손한 존재로 바뀌는 거죠. 자신이 알고 있다고 믿었던 하나님이 아니라 영의 눈으로 꿰뚫어 보는 전혀 다른 하나님과 마주한 나를 보는 것. 견성은 '본래성(本來性, authenticity)'을 본다는 뜻이지요.

나는 메타실존치료를 영성심리치료의 아주 좋은 방법론이라고 생각을 해요. 내가 보기에 메타실존치료는 실존치료의 영역에 들어있으면서도 존재의 궁극적인 근거라고 하는 개념을 갖고 있지요. 메타실존치료의 방법은 두 가지를 질문하는데 첫째가 현상의 의미가 무엇이냐, 둘째가 실재의 의미가 무엇이냐예요. 현상의 의미란 소위 일반 상담에서 이야기하는 심리적인·심리치료적인 관점에서 보는 거예요. 즉, 나에게 어떤 증상이 나타났다는 것이 현상이죠. 두 번째, 실재가 무엇이냐라는 질문은 너의 '세계 내 존재 양식'이 무엇인가예요. 현상으로 나타난 증상을 통해서 증상의 원인을 보라고 해요. 다른 말로 너의 '세계 내 존재 양식'을 보라고 하는 거죠. Being in the world. 이게 하이데거 용어인데, 너의 '세계 내 존재 양식'이 어떠냐에 따라서 질병이나 심리적인 문제가 온다는 거죠. 그러니까 신이라는 맥락 속에서 증상을 이해하고 나를 보면 전혀 새로운 세계의 삶을 만날 수 있다는 겁니다.

이런 이야기가 있어요. 어떤 생선 장수가 득도했다는 소문이 났어요. 그런 얘기가 자꾸 나오니까 친구가 그 생선 장수를 만났는데 보니까 뭐 다른 게 하나도 없어요. "야, 너 득도했다더니 뭐가 달라졌냐?" "아직도 계속 몸에서 냄새 나고, 가난하게 살고, 입고 있는 옷도 거지같이 입고 다니고, 뭐가 득도했다는 거냐?" 했더니 그 생선 장수 하는 말이 "나는 다른 건 모르겠는데 내가 지나가면 죽었던 나무들이 살아나. 난 다른 건 몰라." 이게 무얼 말하는 걸까요? 진짜 죽은 나무들이 살아나는 건 아니겠죠. 득도한 사람의 시각으로 보면 죽은 사람도 산 사람으로 보이고, 죽은 나무도 산 나무로 보이는 거죠. 이전과는 전혀 다른 시각이 생긴 거죠. "나는 그냥 지금 네가 말한 대로 여전히 냄새 나. 이게 변화된 게 아니야. 내가 세상을 보는, 삶을 보는 시각이 달라진 거야. 그게 득도야."

질문자 　선생님께서 존재의 근원이라고 이야기하신 신과의 관계의 맥락에서 나를 어떻게 규정하느냐, 이것이 내가 경험하는 증상이나 질병의 현상을 바라보는 새로운 관점이 되는 거로군요. 그 부분을 다루어 주는 것이 현상적인 질병을 다루는 것보다 더 근원적인 치유가 된다, 이런 식으로 이해할 수도 있겠네요?

이정기 　예. 그거지요. 그러니까 어떤 의미에서 평상시 하는 말로는 세계관을 바꾸라는 게 되죠. 그 사람의 영성이 전환돼서 신이 나에게 위임한 그런 세계를 살 수 있지 않느냐는 겁니다. 득도했다는 것이 내가 갑자기 존재가 이상해지는 게 아니라 계속 냄새 나는 생선 장수일 수 있지만 그게 문제가 안 되는 거죠.

♨ 궁극적 존재에 자신을 내어 맡기라

질문자 　선생님께서는 청소년기부터 실존적 문제와 종교 모두에 깊은 관심을 가지셨고, 이 두 관점을 통합적으로 실현하는 방법으로 목회상담과 실존치료의 한계를 넘어서는 영성적인 실존치료, 곧 메타실존치료를 예로 설명해 주셨습니다.

이렇게 보면 선생님처럼 목회자로서 상담을 공부하신 경우, 전통적인 상담자 훈련을 받은 다음에 초월영성적인 접근을 하는 과정을 밟기보다는 영성과 상담이라는 두 주제를 통합하는 고민을 시작 단계부터 해 오셨구나 하는 생각이 들었습니다.

영성과 상담의 관련성은 어느 정도 이야기를 해 주셨는데요. 초월이라고 하는 것은 영성하고 떼려야 뗄 순 없지만 개념상으로는 조금 다르기 때문에 선생님께서 생각하시는 초월은 어떤 의미이고 그것이 어떻게 상담하고 관련이 될까요?

이정기 군이 구별하자면 초월이란 존재의 심연이라고 할 수 있을 것이고, 영성이란 그 존재의 심연이 나의 영혼과 맞닥뜨려 형성해 가는 영혼의 상태라고 정리를 해 봤어요.

질문자 현상으로 드러나 있는 것이 아닌 현상의 깊이에 있는 존재의 심연을 초월이라고 본다는 의미이신가요?

이정기 글쎄요, 그걸 어떻게 표현해야…… 기독교에서 하나님을 두 가지로 얘기하거든요. 초월적인 하나님과 내재적인 하나님. 초월적인 하나님을 내재적인 하나님으로 설명해 주는 게 성육신이에요. Incarnation 그 낱말 중에 car가 히브리어로 '살'이라는 뜻이에요. 육체, 살 속으로 들어오다, 그건데 초월해 있는 것이 내재한다는 의미죠. 대개 보수적인 기독교에서는 초월을 많이 강조하고 진보적인 쪽에서는 내재를 강조해요. 내재를 강조하면 신의 초월성이 사라져서 혼동될 수 있고, 초월을 강조하면 종교가 사회 현상과 유리되는 느낌을 주죠. 신의 개념은 그 둘이 함께 있다는 거죠 항상.

언젠가 어떤 분이 저한테 이런 질문을 했어요. "영과 혼이 어떻게 다릅니까?" 마이스터 에크하르트가 무슨 얘길 했냐 하면, "하나님께서 나를 보는 그 눈으로 내가 하나님을 본다." 나는 이 말을 이렇게 해석을 하는데, 어렸을 때 운동장이나 놀이터에 놀러 가면, 쇠 파이프 같은 게 있어서, 이쪽에서 내가 들여다보고 뭐라고 그러면 저쪽에서 들여다보고 소리도 지르고 이랬던 기억이 있어요. (칠판에 파이프 그림을 그림) 만약에 이쪽이 하나님이라고 하면 하나님께서 나를 보고 다른 쪽에서는 내가 하나님을 보게 되죠. 그러면 어느 한 지점에서 하나님과 내가 만나게 되는데 이때 하나님 쪽 부분을 영(靈, Spirit)이라고 하고 나, 인간 쪽 부분을 혼(魂, Soul)이라고 한다면 이걸 합쳐서 영혼이라고 해요. 하나님과 인간이 접목되는 상태를 성육신이라고 그러지요. 예수 그리스도가 바로 성육신의 표현이죠.

질문자 　멋진 해석이네요. 그러니까 초월과 내재라는 것이 동전의 양면과 같은 것이란 말씀이신 거죠?

이정기 　라즈니쉬 표현인데, 달빛이 물 위에 비칠 때 달은 높이 떠 있으니 초월이지만 물에 비친 달은 내재잖아요. 내가 물의 상태가 돼야 그 달빛을 가질 수 있는 거예요. 어쩌면 영성상담은 초월이 내재가 되는, 내가 그거를 받아들일 수 있는 상태를 만들어 주는 것 아닌가? 어떤 의미에서 이런 상태를 만드는 것은 나를 비우는 거예요. 쉽게 얘기하면 나를 비움으로 그것을 채우는 것이죠.

질문자 　존재의 심연이라고 표현하신 거는 우리의 마음이 비워진 어떤 상태를 향하는 것이라고도 할 수 있겠군요. 마음을 비웠을 때 비춰지는 진정한 실재로서의 자기를 발견할 수 있기 때문에…….

이정기 　그렇게 말할 수도 있겠죠, 마음 비움. 하버드에서 역사학으로 박사학위까지 받았는데 다 정리하고 몽골 선교사로 나간 이용규[23]란 분이 『내려놓음』이란 책을 썼어요. 그 책을 보니까 그분이 굉장한 깨달음이 있었다는 생각이 들었어요. 모든 걸 내려놓는다는 걸 조금 더 긍정적으로 얘길 하면 '내려놓음'보다 더 중요한 것은 '내어 맡김'이라고 생각해요. 우주를 움직여 가는, 나의 존재를 움직여 가는 그분에게 그냥 내어 맡기는 거죠.

질문자 초월의 의미를 내려놓음 혹은 내어 맡김. 그러니까 어떤 의미에서 우리가 흔히 에고라고 하는 것을 내려놓거나, 아니면 더 높은 존재에게 의탁하고 내어 맡기는 상태를 초월로 설명할 수 있겠군요.

이정기 종교에서 말하는 신앙이라는 게 따지고 보면 내어 맡기고 내려놓는 거죠. 신께서 인도하는 대로 내가 삶을 살아가겠다는 태도예요. 내어 맡긴다는 건 'It's up to you!' '당신에게 달렸다!'는 의미를 담고 있는데 따지고 보면 우리가 사는 게 내가 뭐 한 것 같은데 한 게 아니더라구요. 그런 의미에서 내어 맡김이라는 것은 내 거를 맡아 줄 누가 존재하고 있다는 걸 전제하는 거죠.

질문자 라즈니쉬 책에 이런 이야기가 있죠. 왜 열차를 타고 있으면서 머리의 짐을 안 내려놓고 있느냐. 이미 당신은 열차를 타고 있는데. (웃음) 선생님 말씀이 이런 이야기와 비슷하다는 생각이 드네요.

이정기 본회퍼[24]라는 아주 훌륭한 신학자가 있어요. 본회퍼는 스물세 살인가 신학 박사가 되고 서른 살에 신학대학 학장이 되고 그런 사람인데 히틀러를 암살하려다가 사전에 발각돼서 사형당한 사람이죠. 그 사람이 히틀러가 망하기 한 달쯤 전에 사형당했어요. 감옥에 있다가 사형당하려고 나가기 전에 친구에게 남겨 놓은 말이 있어요. "자네가 만약에 살아남아서 고향에 돌아가거든 우리 아버지 어머니 형제 친구들에게 이렇게 얘기해 주게. '본회퍼는 지금 죽었지만 영원히 산다고.'" 그런 사람이 어쩌면 내려놓음, 내어 맡김, 이런 것의 구체적인 모습을 보여 준 게 아닌가 생각합니다.

4. 초월영성상담 그리고 초월영성상담자

♤ 현상 너머 실재의 세계를 볼 수 있는가

질문자　선생님께서 생각하시는 초월의 의미를 조금은 이해할 것 같습니다. 다음 질문을 드리자면, 선생님 보시기에 전통적 상담과 초월영성 상담 또는 전통적 상담자와 초월영성을 지향하는 상담자와의 차이점은 어떤 것이라고 생각하시는지요?

이정기　내가 쓴 글 중에 보니 "일반상담자가 의학적 개념으로 정형외과 수술에 해당한다면, 초월영성상담자는 심장외과, 더 나아가 뇌수술을 담당한 의사와 유사할 것이다"라고 썼더군요. 초월영성상담자는 보이는 세계만이 아니라 보이지 않는 세계, 현상만이 아니라 실재의 세계에 대한 이해와 경험이 필요하다는 의미죠.

저는 반 고흐의 그림을 좋아하는데 반 고흐의 그림을 보면 나무들이 꾸불꾸불하고, 막 꿈틀댄다는 게 느껴지지 않아요? 반 고흐가 추구하고 있는 세계는 우리가 생각하고 있는 세계하고는 전혀 다른 세계죠. 그러니까 평범하고 평평한 캔버스 위에서 꿈틀대는 다이내믹을 볼 수 있는 사람이죠. 이 세계에서 다른 사람은 보지 못하는 역동하는 초월적인 존재를 볼 수 있는 사람. 그런 시각을 갖고 사는 것. 보통 사람들이 말하는 Sky하고 반 고흐가 말하는 heaven이 같은 게 아니겠죠. 우리는 과학적인 시각으로 하늘을 볼 수 있지만, 반 고흐는 다른 시각으로 다른 하늘을 본단 말이죠. 영성과 초월은 그런 거 아닌가 싶어요, 전혀 다른 걸 보고 그렇게 사는 거 아닌가? 해바라기를 그리면서, 그 속에서 꿈틀대는 신(神)의 역동 같은 것을 볼 수 있는, 그렇게 보는 사람이 몇 사람이나 될까요?

♤ 초월적 관점으로 내담자를 보라

질문자 초월영성적인 상담자라고 한다면 보이지 않는 세계를 볼 수 있어야 된다는 말씀이신데, 초월영성상담자가 봐야 될 보이지 않는 세계라는 건 어떤 세계일까요?

이정기 아까 얘기한 '초월적 관점'이라고 하는 게 그런 의미예요. In the context of God이기도 하지만은 Transcendent God이라고 표현하기도 하죠. 초월적 관점, 신의 context를 볼 줄 알아야죠. 물고기가 물을 모르듯이 우리가 살고 있는 이 context를 모른단 말이죠. 그러니까 뒤에 오로라처럼 있는 context. 그 오로라를 그려 놓으면 존재가 달라져요. 석가 그림 뒤에 오로라를 놓으면 석가는 성자로 보이잖아요. 예수도 성자로 보이고요. 우리가 사는 삶의 context를 신이라고 하는 context로 바꾸면, 그것을 Love와 Intelligence라는 말로 바꾸면 이 세계가 다르게 보이겠죠. 내 앞에 있는 존재가, 내담자가 다른 존재로 보이는 거죠. 오로라가 있는 존재, 뒤에 신이 있는 존재…… 내 앞에 있는 존재의 전경 뒤에 있는 배경. 그 배경 까닭에 이 존재는 전혀 다른 존재가 될 수 있지요. 그런 시각, 그런 철학을 초월영성상담자가 가지고 있어야 되지 않나 생각합니다.

질문자 내담자가 다른 존재로 보인다는 것을 더 구체적으로 말씀해 주신다면요?

기58 기독교식으로 말하면 나하고 똑같은 하나님의 형상, 기독교가 말하는 정체성의 또 하나의 요소가 뭐냐면 하나님의 자녀, 형제자매. 미국에 있을 때 내가 소속해 있던 교단의 캐치 프레이즈가 있어요. We are brothers and sisters in Christ, 우리는 그리스도 안에서 형제자매다. 이런 context죠. 내담자를 볼 때, 온 우주의 근원에서 볼 때 너와 나는 형제자매다. 내가 내 형제를 보는 눈하고 형제 아닌 사람을 보는 눈이 다르잖아요. 그런 시각의 전환. 그러니까 초월이라는 것을 볼 수 있는 시각. 그런 거죠.

질문자 아까 이야기하신 메타실존치료의 맥락에서 보면 내담자는 병든 존재가 아니고 어떤 소명을 가진 존재 혹은 실현해야 될 의미를 가진 존재, 이렇게 바라보는 것도 또한……

이정기 똑같은 거겠죠? 내 앞에 있는 존재가 그냥 왔다가 사라지는 존재가 아니라 자기라고 하는 존재를 실현해 가야 할 그런 소명을 위탁받은 존재로 보는 거죠. 소명(召命)이라는 한자를 보면 이게 칼(刀)과 입(口)이죠. 소명이라는 말은 임금과 신하의 관계 속에 쓰는 말이에요. 임금이 신하에게 소임을 주는데 싫다고 그러면 칼이죠. 안 하면 죽는 거죠. 이걸 하지 않으면 죽은 거나 다름없는 거예요. 그러니까 나에게 주어진 소명을 나의 삶에서 실현해 가지 않으면 그건 산 게 아니라 죽은 거예요. 그런 의미의 영성이죠.

♧ 상담자 자신의 존재 실현이 먼저다

질문자 그런 새로운 관점의 전환, 내담자를 바라보는 그런 시각을 갖기 위해서 어떤 훈련이 필요하다고 보시나요?

이정기 기독교를 실례로 든다면, 성서를 통한 예배의 참여, 그다음에 교육, 훈련. 그리고 가톨릭이 오래전부터 가지고 있던 영성 지도나 영성 수련 이런 것도 굉장히 중요한 요소겠지요. 기독교 역사 속에서도 보면 '영성 지도(Spiritual Direction)' 가운데 하나가 책 읽는 거에요. 그러니까 거룩한 독서, Lectio Divina.[25] 어떤 책을 읽느냐가 굉장히 중요한 거죠. 내가 만약에 '삶의 의미'라는 주제에 관심을 많이 가지고 있다면 선배들이 쓴 좋은 책들을 읽으면 나의 관심이 좀 더 넓고 깊어지겠지요.

빅터 프랭클 이야기를 했는데, 그의 책 가운데 초월영성상담자가 읽으면 좋은 책이 있어요. 하나가 『무의식의 하나님(The Unconscious God)』이고, 다른 하나가 『인간의 궁극적 의미 탐구(Man's Search for Ultimate Meaning)』예요. 그 두 책에서 강조하는 중요한 개념이 Existentiality와 Spirituality예요. 나는 전자를 '실존성'이라고 번역하고 싶어요. 후자는 '영성'이구요. 빅터 프랭클이 만년에 이르러 깨달은 바는, '실존성은 곧 영성이다'라는 것이지요. 나의 이야기의 결론도 이와 다르지 않아요.

또 나라고 하는 존재가 어떤 소명을 갖고 태어났으며 이것을 어떻게 이루어 갈 것인가를 다루는 훈련 프로그램이 필요하다고 봐요. 제가 한국에 돌아와서 한 10년 가까이 '존재 실현으로의 초대'라는 집단상담을 했어요. 우리는 어떤 의미에서 이 지구상에 자신의 존재를 실현하도록 초대받은 사람들이에요. 집단상담의 형식을 통해서 이런 컨셉을 심어 주고 구체적인 실습도 해 보게 하면서 그걸 실현해 갈 수 있는 동기를 부여해 줄 수 있는 프로그램인 거죠.

질문자　초월영성상담을 지향하는 사람은 우선 자기 존재의 의미를 파악하는 훈련을 통해서 자기 존재 실현의 길을 발견해야 한다는 의미로 이해가 됩니다.

이정기　미국에서도 보면 목사들이 목회하다가 그만두면 상담사를 하는 경우가 많아요. 목회와 상담이 연관성이 있다는 거 아니에요? 인간을 다루는 거고, 인간이 지금보다 선한 모습이 되기를 바라는 거니까요.

내가 학생들을 가르치는 것의 궁극적인 목적이 과목의 content를 전한다는 것은 아니라고 생각해요. content를 통해서 이 사람으로 하여금 자기를 발견해서 자기를 찾아가라, 자기 존재 실현을 해 가는 데 목적이 있는 거죠. 마찬가지로 목사가 되든 상담사가 되든 내담자에게 관심을 갖는 것은 그 사람으로 하여금 신 앞에서 자기를 실현하도록 돕는 것이 궁극적인 목표라고 할 수 있죠. 결국 교수를 하든 목회를 하든 상담을 하든 간에 존재 실현이라는 굵은 목표를 정해 놓고 디테일한 거를 다룬단 말이에요. 너는 너 자신이 돼라. 그래서 궁극적인 목표는 'Be Thyself. 너 자신이 돼라.' 소크라테스가 'Know Thyself, 너 자신을 알라'고 했는데 키에르케고르하고 니체는 너 자신이 되라고 했어요. 나 자신이 무엇인가가 더 중요하고 잘 알아야 돼요. 자기 자신이 되는 것이 나에게 주어진 과제가 아닌가요? 주어진 여건이 사람마다 다 다르지만 나 자신을 알고 나 자신이 되려고 최선을 다해서 그 길을 가는 거죠.

헨리 나우웬이 『상처받은 치유자(Wounded Healer)』에서 하는 얘기가 뭐냐 하면, 마지막 챕터에 그런 얘기가 나와요. 누가 "메시아가 온다고 했는데 메시아가 언제 오느냐?" 하고 문제제기를 하니까, 그분께서 "성 밖에 나가면 가난한 자, 병든 자들이 많이 모여서 살고 있는데 두 종류의 인간을 본다. 한 인간은 자기 몸이 아프니까 자기 몸을 간수하기 바쁘다. 다른 종류의 인간은 한 손으로는 자기 아픈 곳을 만지지만 다른 손으로는 다른 병든 사람을 돌봐준다. 그 사람이 메시아다." 이렇게 대답하지요. 이 사상이 20세기 들이와서 소위 목회자, 사역자, 종교인이 가야 할 길이 뭔가를 말해 주고 있어요. 한 손으로는 자신을 치유하면서 다른 한 손으로는 딴 사람을 돌보려고 한다는 점에서 상담자와도 연결이 돼요. 그런데 우린 남들만 치료하려고 하지 자기 상처는 잘 안 돌아 보죠. 상처받은 치유자라는 사상은 어떤 의미에서 종교가 가야 할 길, 상담자가 가야 할 길이 뭔가를 밝혀 줍니다. 상담자(counselor) 또는 치료사(therapist)는 거슬러 올라가면, 인류 초기의 치유사(healer)

에 해당하죠. 그 역할과 사명이 오늘 날 특히 초월영성상담자에게 있다고 보입니다.

♠ 근원적 실재에 대한 깨달음이 초월영성상담의 역할이다

질문자 이제 마지막 질문을 드려야 될 것 같습니다. 초월영성상담이 말씀하신 것처럼 깊고도 중요한 의미가 있는데 현대를 살아가는 우리 한국인들에게 초월영성적인 접근이 어떤 역할을 할 수 있겠는지 선생님의 의견을 듣고 싶습니다.

이정기 나는 이번에 코로나를 겪으면서 옛날부터 성서를 통해서 얘기된 어떤 세계관에 대한 생각을 다시 해 보게 됐어요. 우주를 움직이는 손은 따로 있지 않나 하는 생각이죠. Invisible Hands를 지금 우리가 얘기하고 있는 초월, 저쪽에 있는 그분. 꼭 인격적인 것으로 표현하지 않는다고 해도, consciousness라는 말로 표현하든, 그런 게 있는 게 아닌가?

내가 미국 가서 처음 강의들을 때 못 알아들은 말 중에 하나가 suchness였어요. 우리 말로 하면 여여(如如)함, 쉽게 얘기하면 '그러함'이죠. '自然'할 때 그러할 '연(然)'자, 자연이 '스스로 그러함'이잖아요? 아시아적 사고는 신(神)을 자연, 스스로 그러함이라고 하죠. nature라는 말은 두 가지 뜻이 있죠. '본성(本性)'과 '자연'이에요. 본성이 자연이고 신이 자연이에요. 초월이 자연이 되는 거예요. 초월이 멀리 있지 않아요. '너의 본성으로 돌아가라' 성서에 보면 모세가 하나님의 이름을 물었을 때 "I am that I am"이라고 대답했어요. "I am that I am"을 우리말로 어떻게 번역했냐면 '나는 스스로 있는 자'라고 했어요. "I am that I am"은 글자 그대로 '나는 나다'예요. '자존자(自存者)', 스스로 있는 자예요.

마이클 에이겐[26]이라는 정신분석가가 쓴 『황홀』이라는 책이 있어요. 이 사람은 "I am that I am"을 '존재(存在)'라고 번역했어요. 존재가 보냈다고 말해라. 여기서 존재란 존재의 근원, 근원적 존재, 근원적 실재, Being Itself, 궁극적 존재, 궁극적 실재를 말하는 거겠죠.

질문자   지금 말씀이 우리 사회와 현대인들이 잃어버리고 망각하고 있는 존재의 근원에 대한 일깨움이 필요하다는 의미로 이야기하시는 것 같아요.

이정기   예, 그렇죠. 초월영성상담이라면 '근원적 실재에 대한 깨달음'을 강조하는 것이 중요하지 않나 싶어요. 기독교에서 인간이 하나님의 형상으로 창조됐다고 하는 것도 기가 막힌 의미를 갖고 있는 거예요. 인간이 하나님과 똑같다는 거예요. nature가 두 가지로 번역되듯이 하나는 하나님으로 번역되는 거고 다른 하나는 '나'로 번역될 수 있다는 거죠. 내가 영성이란 말을 할 때 무슨 방언을 한다든가 그런 거하고는 관계가 없고 근원적인 존재가 나에게 '이렇게 살아가라' 하는 것을 따라서 나의 길을 간다는 것을 강조하고 싶은 거죠. 근원적 존재가 존재한다는 시각이 있으면 사람들의 시각이 달라지지 않을까요?

나의 삶의 표어가 최근에 많이 쓴 걸로는 '그저 사는 거다'였어요. 미국에 있을 때 내가 '그저 사는 거다'라는 제목으로 신문에 칼럼을 쓴 적이 있어요. 내가 텍사스에 있을 땐데 어느 교회에서 집회를 마쳤는데 여자 두 분이 날 만나려고 기다리고 있었어요. 이민 생활하면서 자존심이 바닥에 떨어지고 굉장히 힘들게 자학하고 있었는데 '그저 사는 거다'라는 말이 너무 좋았다는 거예요. '돈 벌어야 되고' '한자리 해야 되고' 그런 게 아니고, 그냥 '그저 사는 거다'라는 것이. '그저 사는 거다'라는 말의 또 다른 의미가 '자연'일

거라고 생각해요. 사실 이전에 내 표어는 '날마다 감격하며 살자!'
였는데 '그저 사는 거다'가 약화된 것 같지만 어쩌면 이게 더 강한
지도 몰라요.

질문자 어느 책에선가 상담은 '개인적 의지와 우주적 의지를 화해시키는
것이다' 이런 표현이 있더라구요. '그저 사는 거다'는 표현이 우주
적 의지가 내 개인적인 의지보다 훨씬 더 많은 것을 알고 있다는
것을 믿고 거기에 맡기는 태도를 말씀하시는 것 같습니다.

이정기 결국은 그거 아닌가 싶어요. 결국에 삶은 내가 뭐 열심히 한 것 같
아도 그냥 위에서 갖고 노는 데 따라 사는 거예요.

질문자 부처님 손바닥 안이로군요. (웃음)

이정기 그런데 자기가 열심히 뛰었다고 그러죠. (웃음)

질문자 오늘 인터뷰 하시고 소감을 말씀해 주신다면요?

이정기 나한테 이런 걸 하라고 해서 내가 무슨 초월영성상담자로서 어떤
얘기를 할 수 있나 그런 생각이 들었어요. 그래도 나는 나름대로
'나의 존재를 실현한다'는 각도에서 나의 주어진 여건에서 최선을
다해서 노력했다는 것에서 만족을 느끼고 있어요. I did my best.
내가 어떻게 더 잘하겠어요?

질문자 선생님의 메일 네임이 '떠도는 바람'인데 선생님을 만나면서 단순
한 자유분방함이 아닌 열려 있고 자유로운 분이란 인상을 받았어
요. 그리고 보통 우리가 가지고 있는 목사님에 대한 인상하고는
굉장히 다른, 실존을 살아가는 한 인간. 가장 인간적인 모습을 한
목회자라는 느낌이 참 많이 들었습니다. 실존치료가 선생님의 가
장 중요한 방법론인데 너무 잘 어울리고, 실존적인 삶을 실제로
살아내고 계시고 또 새로운 것에 대한 끊임없는 관심과 호기심을
갖고 계시고. 정말로 젊으시다 이런 생각이 참 많이 듭니다.

이정기 '떠도는 바람'을 처음에 생각한 것은 사실 숫타니파타[27]에 나오는

"그물에 걸리지 않는 바람처럼"이란 구절에서 따온 거예요. '떠도는 바람'도 따지고 보면 내가 내 맘대로 하는 것 같은데 결국은 어떤 다른 존재의 힘에 의해서 떠돌고 있는 게 아닌가 하는 생각을 담고 있죠. 어떤 의미에서 영성은 '바람'이에요.

메타실존치료에서 '하늘 바람' 이야기가 나오는데 독수리 얘기예요. 독수리가 다른 새하고 두 가지가 다르다 그래요. 하나가 독수리는 태양을 향해서 그냥 바라보고 올라갈 수 있데요. 또 하나가 '하늘 바람'을 이용할 줄 안다는 군요. '하늘 바람'을 이용한다는 것은 하늘 바람에 자기를 온전히 내어 맡길 줄 안다는 거죠. 하늘 바람이 메타실존치료로 얘기하면 context of God이죠. 내가 할 수 있는 것은 "I do my best. 나는 최선을 다한다." 그거 밖에 없어요. 최선을 다하고 나머지는 거기다 맡기는 거죠.

이정기 선생님을 만나기 위해서 부천에 위치한 한국실존치료연구소를 방문했다. 연구소 앞에는 두 날개를 활짝 펼치고 날아가는 갈매기 사진의 연구소 홍보물이 있었다. 높고 자유롭게 나는 것이 '실존'의 적절한 비유가 될 수 있겠다는 생각이 들었다. 연구소에 들어가자 밝은 미소로 선생님께서 우리를 반기셨다. 자유롭게 기른 백발의 긴 머리가 청바지와 검은색 셔츠와 묘하게 어울렸다. 자유롭고 신선한 바람이 부는 듯한 분위기다. 지금도 다시 이정기 선생님을 기억하면 가장 먼저 떠오르는 모습은 호탕하게 웃으시는 모습이다. 삶이나 실존을 다루는 것이 무겁고 진지한 것만은 아닐 수 있겠다는 생각이 든다. 오히려 핵심을 뚫고 지나왔기에 혼란스러움이 없으며, 얽매이지 않을 수 있기에 어떤 것에도 자유로울 수 있는 것일 수도 있겠다.

본격적인 인터뷰가 진행되기 전에 상담실 안에 걸려 있는 학위, 자격증들과 관련된 당신의 역사와 경험들을 이야기하시는데, 이미 자연스럽게 인터뷰가 진행되고 있는 듯했다. 과거의 일상적인 작은 이야기에도 당신의 삶의 철학과 태도가 묻어나지 않은 내용이 없었다. 자아초월상담자 연구라는 목적을 위해서 만났던 것이 아니었다 하더라도, 이정기 선생님과 함께 밥도 먹고 술도 한잔하며 이런저런 이야기를 나눌 수 있다면, 삶의 깊고 넓은 영역들에 대한 이야기를 충분히 자연스럽게 들을 수 있을 것만 같았다. 인터뷰를 하는 동안에 선생님은 몇 번이고 자리에서 일어나 말씀하시던 개념들을 설명하기 위해 상담실 안에 있는 화이트 보드에 판서를 하며 설명을 하셨다. 갑자기 강의 모드로 바뀌신 것 같았다. 인터뷰 시간이 제한되지 않았다면 선생님께서 설명하실 수 있을 내용들은 끝이 없는 것 같다.

단순하지만 심오한 질문. '나는 이 세상에 무엇을 하기 위해서 태어났는가?' 자신이 왜 사는지 아는 사람은 어떠한 어려움에도 불구하고 무너지지 않는다고 했던가. 열정적이면서 자연스럽고, 편안하면서 진지함이 느껴졌던 이정기 선생님의 모습은 쉽지 않은 이 질문에 대한 답을 찾기 위한 삶을 살아오면서 갖게 된 태도이지 않을까 하는 생각이 든다.

미주

1) 장 폴 사르트르(Jean Paul Sartre): 무신론적 실존주의를 대표하는 프랑스의 작가이자 철학자. 인간 자신의 존재와 사명의 수행에 대한 선택과 책임을 강조함.

2) 사도 도마: 성경에 나오는 예수 그리스도의 열두 사도 가운데 한 사람. 갈릴레아 출신의 어부로 일하다가 예수의 제자가 되었음.

3) 빅터 프랭클(Viktor Frankl): 오스트리아 출신의 유대계 정신과 의사이자 심리학

자. 아우슈비츠 수용소에서 살아남은 경험을 바탕으로 로고테라피(의미치료)를 창시함.

4) 폴 틸리히(Paul Tillich): 독일의 신학자, 종교적 사회주의의 이론적 지도자로 존재론적 신학을 전개하고 신학과 철학을 문답 관계로 보았음.

5) 마르틴 부버(Martin M. Buber): 오스트리아 출신의 유대인 사상가이자 유대교 종교 철학자. '만남'이라는 용어를 철학적으로 처음 사용하여 나와 너의 관계를 설정하고 삶을 만남으로 보았음.

6) 난쟁이 삭개오: 성서 속의 인물. 부정직한 세리인 키 작은 삭개오가 예수를 만난 뒤 인생이 바뀌어 백성들에게서 갈취한 돈을 돌려준다는 이야기의 주인공.

7) 헨리 나우웬(Henri J. M. Nouwen): 네덜란드 출신의 로마 가톨릭 사제이자 신학자이자 그리스도교 영성가. 심리학, 종교학, 정신의학을 통합하는 공부를 하였으며 심리학을 바탕으로한 활발한 강연 활동을 펼쳤으며 다양한 저술을 남겼음.

8) 뮤리엘 제임스(Muriel James): 미국의 저명한 교육학 박사이자 국제적으로 활동하는 심리치료사. 상호교류작용 이론의 활용을 위해 상담치료사들을 훈련하고 있음.

9) 버지니아 사티어(Virginia Satir): 미국의 심리학자. 가족치료의 창시자이자 선구자로 경험적 가족치료모델을 발전시킴.

10) 오쇼 라즈니쉬(Osho Rajneesh): 인도의 신비가, 구루 및 철학자. 삶의 허구와 진리의 세계, 존재의 본질을 꿰뚫는 통찰력을 바탕으로 새로운 의식 혁명과 깨달음의 세계를 열어 보임. '다이내믹 명상법'을 개발하였으며 종교적 경전과 신비가 및 철학자들의 글을 재해석함.

11) 곽노순 목사: 후기기독교신학연구실을 운영하고 있는 한국의 목사. 한국 신구교 공동번역성서를 집필함.

12) 과정신학(過程神學): 1960년대 미국의 신학 사조. 인간과 세계의 진화적 성격을 강조하며 신이 변화해 가는 세계와의 영적 교류를 통한 발전과정에 있다고 주장하는 사조.

13) 알프레드 노스 화이트헤드(Alfred Whitehead): 영국의 철학자, 수학자. 처음에 수학적 논리학(기호논리학) 연구에 종사하였고, B. 러셀과의 공저 『수학원리』를 저술하여 수학의 논리적 기초를 확립하려 함.

14) 로베르토 아사지올리(Roberto Assagioli): 정신과 의사이자 인본주의 심리학과 자

아초월심리학의 선구자. 정신통합(psychosynthesis) 운동의 설립자.

15) 신지학(Theosophy): 신학 및 종교철학상으로 합리주의에 반하여 인간적인 모든 지식과 인식능력을 초월하여 신비적인 계시와 직관에 의해서 신(神)과 직접 교제하면서 그 같은 신비를 다지려는 학문.

16) 인지학(Anthrosophy): 독일 철학자 슈타이너(Steiner)에 의해 시작된 인지학회를 중심으로 일어난 정신운동. 초감각적인 힘에 의해서 파악될 수 있는 초물질적 실존의 존재를 주장하여 계몽주의적 인간관, 유물론적 인간관에 반대함.

17) 게오르기 이바노비치 구르지예프(Georgii lvanovich Gurdzhiev): 아르메니아 출신의 영성가. 뉴에이지 운동의 원조로 불리며 유물론적 오컬트 교의를 창시하여 20세기 초의 신비 사상과 1960년대 히피 문화에 큰 영향을 미침.

18) 페테르 우스펜스키(P. D. Ouspensky): 러시아의 대표적인 영적 교사이자 작가. 영적 스승 게오르기 구르지예프의 제자로 고대의 지혜와 진정한 앎을 추구함.

19) 메타실존치료: 유신론적 실존철학에 근거한 심리치료. 원문은 'Existential Metapsychiatry'으로, 직역하면 '실존주의 초정신의학.'

20) 칼 로저스(Carl Rogers): 미국의 심리학자. 인본주의 상담의 창시자. 치료적 변화를 위하여 중요한 치료자의 태도로 치료자 자신의 일치성, 무조건적 긍정적 관심, 공감적 이해를 강조함.

21) 유기체적인 자기실현 경향성(actualization tendency): 칼 로저스에 따르면 모든 유기체는 자신의 잠재력을 발현하여 더욱 가치 있는 존재로 성장하려는 선천적인 성향을 갖고 있으며, 인간 유기체의 유일한 추동은 '자기실현 경향성'이라고 보았음.

22) 토마스 호라(Thomas Hora): 실존주의 심리치료사. 메타심리치료를 주창.

23) 이용규: 『내려놓음: 내 인생의 가장 행복한 결심』의 저자. 온 가족이 몽골의 선교지로 떠나 선교사로 헌신함. 현재 인도네시아 자카르타 국제대학을 설립하여 사역하고 있음.

24) 디트리히 본회퍼(Dietrich Bonhoeffer): 독일 고백교회의 목사이자 신학자. 바르트의 제자로 히틀러의 교회 공격에 대하여 투쟁하고 반나치스 운동을 펼침.

25) 거룩한 독서(Lectio Divina): 하나님의 말씀인 성경을 읽고 묵상하는 수행.

26) 마이클 에이겐(Michael Eigen): 미국의 정신분석학자. 종교적, 신화적, 임상적 등

다양한 측면의 정신분석을 연구함.

27) 숫타니파타(Sutta Nipāta): 가장 오래된 불교 경전. 부처님의 가르침이 하나의 경
전으로 체계화되기 이전의 거의 원형에 가까운 부처님의 시 모음집.

이정은 세계는 리듬이다

약력

1965년   경상북도 경주에서 1남 2녀 중 둘째로 태어남

1983년   창원대학교 교육학과에 입학했으나 교육학에 흥미를 가지지 못함

1985년   음악으로 전공을 바꾸려고 휴학함. 레슨 첫째 날 할머님께서 중환자실에 입원하여
          일 년간 할머니를 돌보며 오쇼 라즈니쉬, 라마나 마하리쉬 등의 영적 서적을 보기 시
          작함. 이 모든 책들이 그냥 읽혔고 마치 내가 이미 경험한 듯한 느낌을 받음. 복학을
          앞두고 갑자기 할머니가 돌아가시자 극도의 허무함을 경험하고, 나의 죽음은 두려워
          하지 않는다는 사실을 깨닫게 됨

1986년   복학. 삶에 대한 허무함으로 혼자 많은 시간을 보냄

1988년   졸업. 모교의 학생생활연구소에서 또래집단상담원으로 활동

1989년	한일전산여고 교사로 임용. 어려운 학생들과 가슴으로 만나 가슴 벅찬 시간을 보냄
1991년	갑자기 해고되어 정신적으로 어려움을 겪고 정신분석을 받기 시작함. 상담을 전공해야겠다는 결심을 하게 됨
1992년	창원대학교 교육학과 석사과정 입학. 김병채 선생님을 스승으로 영적 여정이 시작됨. 선생님이 이끄는 명상모임에 참석하기 시작. 위파사나 9박 10일 집중 수행에서 '생각 없음' '노력 없이 깨어 있음' '지복감'을 경험함. 이 수행 이후 정신적 괴로움의 원인이 내게 있다는 깊은 통찰이 옴. 상담과 더불어 영적 수행, 명상으로 관심이 더 기울어진 계기가 됨
1998년	인도로 떠남. 라마나 마하리쉬가 수행했던 아루나찰라산의 스칸다아쉬람에서 깊은 명상의 상태에 듦. 명료한 각성 상태, 지복감을 경험하고 '이제 더 이상 가야 할 곳이 없다. 집으로 가자'라는 내면의 메시지가 올라옴.
	창원대학교 학생생활연구소 상담전임연구원 재직(2004 퇴직)
	Synchronicity Music Meditation 지도자 과정 시작
1999년	크리슈나다스아쉬람 건립됨. '삿상'과 경전 공부. 만트라 명상. 본격적인 영적 여정 시작
2000년	창원대학교 교육학과 상담심리학 박사과정 입학
2002년	창원대학교 지도선생님을 필두로 박사과정 선후배와 함께 초월영성학회 설립
2003년	한국상담학회 수련감독자 취득(초월영성상담학회 S147호)
	Synchronicity Music Meditation 지도자 자격 취득
	음악명상심리치유연구소 설립. 프로그램 실시 및 지도자 양성 시작
2004년	창원대학교 대학원 교육학과 박사학위 취득
2006년	원광디지털대학교, 한남대학교에서 음악명상, 초월심리학 강의 시작
2008년	삼성그룹 상담원 대상 음악명상 프로그램 시작
2009년	Yoga of the Voice Teacher Trainer 과정 수료(USA)
2012년	위파사나 집중 수행 시작. 개념과 실제의 차이를 깨달음. 선정 경험. 수행의 전환점이 됨. 이후 보리수 선원, 붓다 선원, 담마코리아에서 지속적으로 집중 수행을 이어 감. 명료하게 깨어 있음, 반응하지 않음, 연결감, 자비심이 확장, 일상에서 드러남을 자각함
2013년	섬성인력개발원 명상교육 TF팀에 합류하여 임직원들을 위한 명상프로그램 개발 시작
2016년	기업명상 교육기관 Project in Meditation을 설립
2017년	삼성인력개발원 영덕연수원에서 명상프로그램 Director 역할 시작
	미산 스님 공개 강의에서 순간적으로 가슴 열림과 의식의 확장을 경험함. 이후 하트스마일 집중 과정을 통해 수행에 대한 강박을 내려놓음
2018년	담마코리아 집중 수행에서 외부 대상에 반응하지 않음, 무상함, 있는 그대로의 현존을 체험함. 일상에서 선명한 알아차림과 지복감이 일정 기간 지속됨
2019년	초월영성상담학회장 역임
2021년	기업명상학회 설립. 학회장 역임
2022년	한남대학교 대학원 겸임교수

역서

소리치료(공역, 학지사, 2005), 음악과 소리의 신비(공역, 슈리크리슈나다스 아쉬람, 2012)

대표 논문

신크로니스티 음악명상 프로그램이 뇌파와 심리적 변화에 미치는 효과(창원대학교 대학원 박
사학위논문, 2004)

인터뷰

1. 성장과정

♤ 외로움과 허무함 속에서 떠오른 질문

질문자   인터뷰에 응해 주셔서 감사드립니다. 우선, 선생님 개인의 삶과 전문가로서의 삶이 어떻게 연결되었는지 궁금합니다. 어린 시절의 선생님은 어떠셨나요?

이정은   어렸을 때 부모님이 교직에 계시고 이동이 많으니까 할머니가 양육에서 많은 부분을 차지하셨어요. 오빠랑 여동생이 있었는데 오빠는 삼대 독자였고 동생은 막내인 데다가 아버지가 일찍 돌아가셨기 때문에 할머니에게 특히 마음 아픈 손녀였죠. 그 안에서 내가 살아남기 위해서 내 욕구들을 억제했던 것 같고, 밖에 나가면 더 잘하려고 했었어요.

그 안에서 저의 주된 정서가, 오빠와 동생 사이에서 외로운 섬처럼 느꼈던 것 같아요. 그래서 어린 시절을 되돌아보면 되게 외로웠던 것 같아요. 지금도 이 이야기를 하니까 울컥하네요. 그 당시에는 그런 줄을 몰랐죠. 지나면서 외로움이라고 느꼈던 것 같고, 혼자 생각하는 시간이 많았어요. 생각이 많았던 것 같아요. 어떻게 보면 다른 사람들에게 외로움이나 이런 마음을 표현하지 않으려다 보니 더 그랬던 것 같아요.

질문자   할머니하고는 어떤 관계였어요?

이정은   할머니에 대해서는 사실 양가감정이 있어요. 할머니가 되게 무섭

기도 했거든요. 할머니가 저를 오빠와 여동생이랑 다르게 대한다고 여겼고 외로운 섬처럼 느껴졌던 것 같아요. 제가 어릴 때 기억력이 좋아서 천재라는 얘기를 들었대요. 집안에 초등학교 교장 선생님이 계셔서, 빨리 학교에 입학시켜 달라고 졸라서 여섯 살에 입학을 했었어요. 취학통지서가 아직 안 나왔는데 일 년을 먼저 다닌 거죠. 그래서 1학년을 두 번 다녔어요. 그러면서 천재라는 소리도 듣고 잘난 척도 하고 그랬는데 집안에서는 늘 어중간했어요. 뭔가를 늘 참아야 했어요. 부모님이 멀리 계시니까 혹시 내가 할머니 눈 밖에 나면 안 된다는 생각, 그게 생존과 연결됐던 것을 나중에 알게 됐어요. 이 외로움의 뿌리가 거기에서 왔나 그런 생각도 하게 됐는데, 나중에 수행하고 공부를 하면서 오히려 할머니로 인해서 내가 발달된 부분이 많았음을 깨달았죠. 오히려 어떻게 보면 인간관계 능력들이 그 과정에서 발달했을 거라는 생각도 들고. 할머니가 평생을 수행하셨거든요. 새벽에 늘 우리 머리맡에 앉아서 염불하셨어요. 한 시간 정도 무릎을 꿇고 염불하시는데, 할머니가 염불하며 저희를 위해 기도하는 소리를 들으면서 깼었거든요. 아마 제가 이런 마음 공부를 하게 된 씨앗은 할머니에게 있지 않았나 하는 생각이 들어요. 할머니가 돌아가시면서 저한테 큰 계기를 마련해 주시기도 했고요. 이런 생각을 한 지는 한 십여 년 됐어요. 그전에는 오빠와 동생만 편애하고, 나만 별로 안 예뻐하는 할머니라고 생각했었는데 생각의 전환이 있었죠.

저의 어린 시절을 떠올려 보면, 학교를 자주 옮겨 다녔어요. 부모님이 교사여서 발령지마다 따라다녔어요. 그래서 계속 외로웠던 것 같아요. 제가 초등학교 2학년 때 아버지가 돌아가셨어요. 다른 학교로 전학을 가기로 했는데, 그때 아버지가 돌아가신 거예요. 여름방학 때였어요. 아버지 장례를 치르고 학교로 가는데, 그때는

2부제 수업이라 저는 오후에 학교로 가는데, 뜨거운 햇볕이 쏟아지는 허허벌판을 가로질러 나 혼자서 학교에 가던 그 기억이 떠오르네요. 그때 엄청나게 외로웠던 것 같아요. 마치 이 세상에 나 홀로 남겨진 것 같은 느낌이랄까.

질문자　아버님이 어떻게 돌아가셨는지 여쭤 봐도 될까요?

이정은　아버지도 정말 갑자기 돌아가셨어요. 초등학교 2학년 때, 아버지가 중학교 교감으로 근무하시다가 마산대학의 교수로 임용되셨었대요. 그런데 그 학교의 사정상 한 학기만 더 있어 달라고 부탁해서 머무시다 갑자기 고혈압으로 돌아가셨어요. 우리가 보는 앞에서요. 좀 전까지 깨어 계셨는데, 살아 계셨는데……. 제가 여덟 살 때니까 되게 어릴 때 죽음을 목격했죠. 그래서 그 기억이 너무 생생해요. 학교 옆 사택에 살았었는데, 나는 사택 마루에 동생이랑 앉아 있고, 아주 어린 오빠가 까만 상복을 입고 학교 운동장에서 영결식을 하는 장면. 그 기억이 아직도 생생해요.

질문자　외로움이 선생님을 대변해 주는 느낌이라고 하셨는데, 그 이후의 청소년기는 어떻게 보내셨어요?

이정은　아버지가 돌아가시고 나서 사실 가족의 삶 전체가 흔들렸죠. 비교적 안정적이던 환경에서 이사하면서 더 외로웠던 것 같고, 친구들하고 친밀하게 지내지 못했던 것 같아요. 아주 친했던 한 명의 친구를 제외하고요.

고등학교 올라와서는 되게 냉소적이었다고 해야 하나? 공부도 내가 마음먹으면 할 수 있다는 근거 없는 자신감은 있었는데 왜 해야 하는지를 몰랐어요. 공부 열심히 하는 애들을 봐도 허무하고 공허했죠. 그러면서 혼자만의 시간을 많이 가졌던 것 같아요. 자율학습시간에 혼자 밖으로 나가서 광안리 바닷가를 계속 걷거나 앉아 있고, 버스 타고 혼자 계속 왔다 갔다 하고. 어떨 때는 영화관에 가서 온종일 영화를 보기도 하고. 혼자서 참 많이 돌아다녔어요. 떠올려 보니 제가 계속 그런 외롭고 겉도는 상태의 연속선상에 있었던 것 같긴 하네요.

질문자 『황무지』를 쓴 엘리엇이 그랬대요. 선생님의 얘기를 들으니까 떠오르네요.

이정은 그리고 대학을 가게 되었는데, 교육학과를 오게 된 것 자체도 굉장히 순간적인 선택이었어요. 국어국문학과랑 원서를 두 개 썼는데, 국어국문학과는 교사 자격증이 안 나온다고 해서 아주 순간적으로 선택했죠. 그러면서 막 혼란이 왔던 것 같아요. 이 길이 나한테 맞나 안 맞나. 그래서 휴학도 했었어요. 그 휴학 기간 끝날 무렵에 할머니의 죽음을 갑자기 경험하게 됐어요.

아침에 할머니를 뵙고 학교 도서관에 공부한다고 갔었는데, 학교에 도착하고 몇 분도 안 지나서 전화가 왔어요. 너무 신기했던 건 제가 늘 다니던 학교 도서관이었는데 경비 아저씨가 연락을 받고 도서관에 학생을 찾으러 왔죠. 막 문을 열고 들어오시는데 신기하게도 저하고 눈이 딱 마주친 거예요. 저는 이런 눈에 보이지 않는 영적인 것에 대한 경험을 많이 했기 때문에 그 경험에 대한 신뢰가 있었어요. 그분이 딱 들어오시더니 "혹시 교육학과에……"라고 말하셨고 제가 "전데요." 그러니까 "할머니 돌아가셨다." 그래서 바로 집으로 갔죠.

할머니의 죽음을 경험하고 나서는 '아, 살아 있다고 살아 있는 게 아니다. 우리가 지금 실제라고 하는 것이 너무 허망하다.' 그런 마음들이 있었죠.

그 당시 저의 주된 키워드는 허무함이었어요. 사는 게 재미가 없었고, 한창 연애도 할 나이인데 그런 것이 하나도 재미가 없고, 누가 관심을 표현해 와도 좀 시시하다고 해야 하나? (웃음) 왜냐면 죽

음을 경험했기 때문에 그런 게 너무 허무했어요. 그때를 돌이켜보
면 이게 살아 있다고 해서 살아 있는 게 아니구나 하는 느낌이 강
했던 것 같아요.

질문자　허무함이라는 문제를 어떻게 풀어내셨나요?

이정은　허무함은 사실 지금도 있어요. 지금은 부정적인 느낌의 허무함이
라기보다 이제는 집착하지 않는 허무함이라고 해야 할까요? 수행
을 통해서 모든 것이 순간의 연속일 뿐이라는 것, 내가 쥐고 있던
것들, 어떻게 해야만 한다고 생각했던 것들, 몸과 마음에 대한 것
들을 머리로는 아니라고 하면서 계속 붙들고 있었던 나를 반복해
서 발견하게 돼요. 그러면서 점점 집착하는 마음이 줄어들게 됐어
요. 특히 몸을 관찰하면서 '실체가 없구나, 나라는 것이 없구나'를
실제로 경험하면서 웃음이 터져 나온 경험 이후에는 가벼움이 함
께하는 허무함……

결국에는 순간의 연속이구나. 그저 순간일 뿐이구나. 그 상태가
되는 경험을 반복하면서 오히려 순간 자체를 더 소중하게 여기고
존중하게 되었어요. 그러면서 스트레스가 굉장히 많이 줄었어요.
뭘 하려고 막 준비할 때도 단위를 짧게 쪼개면 그저 한 순간순간
들의 원인과 결과일 뿐이잖아요. 허무함이 이제는 슬프게 느껴지
진 않아요.

2. 상담자의 길

♤ 상처 속에서 나는 누구인가를 묻다

질문자　아버지와 할머니의 급작스러운 죽음이 선생님의 삶에 허무함이라

는 과제를 던졌네요. 이후 어떻게 상담을 공부해야 하겠다는 마음을 먹게 되셨어요?

이정은 　이 질문에 가장 먼저 떠오르는 것은 대학교 3학년 때 참여했던 집단상담이에요. 지도선생님의 첫 강의가 집단상담이었거든요. 자기성장 프로그램을 하셨는데, 7회기쯤에 장점이나 단점을 피드백하는 과정이 있었어요. 그때 내가 장점이라고 생각했던 것을 친구들이 단점으로 얘기하는 거예요. 그러면서 혼란이 왔어요. 나는 다른 사람들에게는 단점을 내보이지 않으려고 엄청 애를 쓰던 타입이었거든요. 어떻게 보면 나를 잘 관리하는 것이 내가 잘 사는 것이라고 생각했던 거죠. 그때 제일 기억에 남는 피드백이 "되게 차갑다." 그다음 결정타가 "찔러도 피 한 방울 안 나올 것 같다." 지금도 안 잊어버려요. (웃음) 그 피드백을 받고 너무 충격적이어서 수업을 하다가 중간에 나가 버렸어요.

그 당시 할머니가 너무 갑자기 돌아가셔서 삶이 너무 허무하게 느껴졌어요. 살아 있다는 것에 대해서요. 우울함인지 허무함인지 잘 모르겠지만 근 일 년 동안 오쇼 라즈니쉬 책이나 원불교에서 나온 책 같은 정신적이고 영적인 서적들을 막 읽고 있더라고요. 허무하니까 뭔가를 좀 채워 보려고 그랬던 것 같아요. 그런 과정을 거치고 복학을 하자마자 그런 피드백을 받은 거예요. 이게 뭐지? 되게 혼란스러웠어요.

그러면서 자신에 대해서 되돌아보게 됐는데, 상담을 해야겠다는 생각까지는 아니었는데 자신에 대한 고민이 시작된 거죠. 지도선생님이 저한테 또래상담을 맡기셨어요. 제가 피드백을 잘하기도 했던 모양이에요. 집단상담할 때 어시스트로 참가하기도 하면서 상담을 접했는데 어떻게 보면 상담을 시작한 계기가 저에 대한 혼란이었던 거죠. 사실은 대학교 때의 경험은 사람에 대해서 관심을 갖고, 특히 나 자신에 대해 관심을 갖게 되는 계기가 된 것 같아요. 좀 더 결정적이었던 것은 그다음의 일인데, 제가 대학을 졸업한 뒤 산업체 여자고등학교에 소개를 받아서 우연히 교사로 가게 되었어요. 한 5년을 정말로 치열하게 재미도 느끼고 아이들과 동고동락하면서 보람을 느끼면서 지내고 있었는데 갑자기 해고를 당한 거예요. 그때가 제 삶에서의 세 번째 충격이었어요. 저는 퇴직하는지도 몰랐고, 당장 내일이 개학인데 오늘 얘기를 들은 거예요. 나중에 알게 된 사실이지만 기부를 받거나 해서 다른 사람을 채용하고 그런 과정이었던 것 같아요. 저는 몰랐죠. 그때 제가 굉장히 무너졌어요. 이게 뭔가 싶었고, 사람에 대한 신뢰가 확 깨지면서 몸이 막 아프더라고요. 갑자기 해고당한 것보다, 동료 선생님들이 그 사실을 알면서도 몇 주간 나에게 아무도 말하지 않았다는 것이 더 충격이었어요. 미안하니까 말을 못하다가, 하루 전날에 "내일부터 나오지 마." 그렇게 된 거예요.

내가 상담을 받게 된 결정적인 계기가 그때였던 것 같아요. 그때부터 분석을 받기 시작했어요. 도저히 힘들어서 상담을 받지 않을 수가 없더라고요. 그런데 제가 그때 느꼈던 것이 나는 분석을 받는다고 해서 충분하게 그 충격이 줄어들거나 상처가 줄어들지 않는다는 것을 경험했어요. 어릴 때의 기억들, 내가 그랬었어, 이런 경험이 있었어, 그런데 분석을 받으면서도 실제 사건과 나에 대한 이해가 연결이 잘 되지 않았어요. 뭔가 나아진다는 느낌이 들지 않고 한 6개월 정도를 거의 매주 받았는데 오히려 더 힘든 거예요. 그래서 분석이 나의 현재 감정과 상태에 대해 어느 정도는 이해도 되고 도움도 되지만 나는 여기까지인가 보다 하고 그냥 그만뒀어요. 그래서 상담 공부를 더 해야겠다는 생각으로 대학원에 진학했어요. 시기적으로 보면 원래 대학원을 가려고 하던 차에 학교에서 적절하게 잘라 준 거죠.

돌이켜 생각해 보니 그만둘까 말까를 고민하고 있을 때, 내가 결정하기도 전에 다른 사람이 내 의사와 상관없이 확 잘라 버린 것과 아이들에게 "내일 보자" 그랬는데, 내가 담임이었던 아이들에게 인사할 기회조차 주지 않았던 것에 대한 억울함이 있었어요. 그리고 또 하나는 나중에 명상을 하면서 알게 된 것이 있어요. 저를 그 학교에 소개시켜 준 분께서 석사과정을 할 때 과제부터 논문까지 제가 다 도와 드렸었어요. 학부 지도선생님 중 한 분이 어차피 자네도 해야 하니까 공부하는 셈 치고 도와드리라고 해서 오히려 신나게 했었어요. 저도 곧 할 거라는 생각으로요. 그랬는데 그분이 저를 해고한 거예요. 나중에 숙고해 보니 믿음에 대한 배신감과 내가 너무 어리석었다고 스스로를 폄하해 온 것에 대해 다시 돌아보게 됐어요. 내가 잘한다고 생각했던 것이 아닐 수도 있구나. 그것이 제가 찔러도 피 한 방울 안 나올 것 같다는 피드백을 받았을 때와 다시 연결되는 것 같아요.

그러면서 계속 저에 대해서 탐색하는 과정을 거쳤는데, 그 시기에 지도선생님께서 힌두 경전이나 '나는 누구인가' '참나' 같은 것을 다루는 수업을 대학원 과정으로 하기 시작했어요. 어떻게 보면 제가 그런 고민을 하고 있는 시기에 그 수업이 적절하게 연결이 된 거죠. 그 과정 속에서 내가 나라고 생각했던 것이 맞나? 그런 물음과 함께 힌두 경전을 중심으로 공부하면서 진짜 나에 대한 탐구를 시작하게 됐어요. 그때 이 공부가 분석을 받았을 때 해결하지 못했던 것들에 도움이 될 수 있겠다는 것을 느꼈어요. 그 무렵 지도선생님이 명상모임을 시작하셨는데, 매주 1회씩 모여서 만트라 명상이나 침묵명상을 하면서 말씀을 나누는 과정이었어요. 이 과정이 제가 선택을 한 것인지 자연스럽게 일어난 것인지에 대한 질문이 있긴 했어요. 어쨌든 제가 그런 질문을 던지고 나에 대해서 계속 궁금해하고 정신적인 것에 관심이 많았을 때 이 공부와 매칭이 된 거죠.

질문자   할머니의 죽음, 집단에서의 충격적인 경험, 예고 없이 당한 해고. 이런 충격과 상처들이 선생님이 상담을 공부하게 한 계기가 되었군요. 자신과 세계에 대해 엄청난 혼란을 겪으셨을 것 같아요.

이정은   집단상담을 경험하면서 기존에 당연하다고 생각했던 것들이 확 뒤집혔으니까요. 상담이 굉장히 파워풀하다는 것을 느꼈죠. 그것이 큰 계기가 됐던 것 같아요. 그때부터 이미 씨앗이 있었고, 상담을 공부해야겠다고 했던 것은 학교에서 잘렸을 때였어요. 그 이전에도 막연하게 대학원에 진학해야겠다, 상담을 전공해야겠다는 생각은 갖고는 있었어요. 교육학 안에 여러 학문이 있잖아요. 제가 학부 때 사회학에 관심이 많았어요. 투쟁에 관심이 많아서 시위도 하고, 교육사회학이나 신교육사회학 같은 것들이 너무 매력적이었어요. 그랬는데 저 자신에게 이런 경험이 오니까 "아, 이게 중요한 게 아니라 지금 '내'가 더 중요하구나. 내 문제도 내가 해결을 못 하고 있는데 내가 무슨 사회를 바꾼단 말이야?" 이런 통찰도 있었어요. 학교에서 해고되는 사건이 나의 의지와 상관없이 일어나서 너무나도 상처를 받았죠. 지금까지 살아왔던 삶에 대하여 무엇이 잘못된 거지? 이런 질문을 많이 했는데, 그것이 결정적 계기가 되었던 것 같아요.

질문자   상상하기 참 쉽지 않은 일인 것 같아요. 마음뿐만 아니라 몸도 무너지는 사건이셨네요.

이정은   있을 수 없는 일이라 생각했었죠. 너무 어이가 없어서 한마디도 못하고 자존심이 상했어요. "그래요?"라는 한마디만 하고는 이유를 따지지도 않고 바로 문을 박차고 나와 버렸거든요. 너무 억장

이정은 세계는 리듬이다

이 무너졌어요. 그런데 계속 왜라고 질문하지 못한 것, 내가 화나고 어이없는 나의 감정을 표현하지 못한 것에 대해서 후회하고 되뇌고, 꿈에서도 그 장면을 반복하고, 허리가 아파서 잘 걷지 못할 정도로 신체화가 나타났고 잠도 제대로 못 자는 상태가 오래 지속되었어요.

이 공부를 하면서 내가 겪었던 것들이 그냥 하나의 현상이라는 것을 어렴풋이 알게 됐지만, 정말 머리로든 아니면 몸이든 그 당시에는 그렇게 받아들이지 못했던 것 같고 자유로워지는데 거의 5년 정도 걸렸던 것 같아요.

♤ 자기 자신에 대한 공부를 시작하다

질문자   그 후에 대학원에 진학해서 지도선생님과의 만남이 있으셨는데, 보통의 상담 과정은 아니었네요. 샷상을 하고 만트라를 하고. 전통적인 상담도 공부하셨을 텐데 어떠셨어요? 두 가지가 잘 연결됐을까도 궁금하고, 선생님한테 어떤 영향을 줬을까도 궁금하네요.

이정은   석사과정을 하기 전부터 가족상담, 설기문 선생님, 김명권 선생님의 T-그룹,[1] 이형득 선생님의 집단상담, 게슈탈트와 같은 기본적인 상담 공부를 찾아다니면서 했었죠. 어떻게 보면 상담을 공부해야겠다고 마음먹고 여러 가지를 배우러 다녔는데, 제 자신을 이해하게 되기도 했지만, 때로는 상담에서 하는 직면이 폭력적으로 느껴져서 마음에 걸렸어요. 직면이 폭력적으로 느껴진 경험이 몇 번 있었어요. 게슈탈트 상담이나 집단상담에서 내담자가 준비가 안된 것 같은데 공격하는 것 같고, 어떨 때는 내가 공격을 받는 것 같기도 했고요. 물론 저항이 있기도 하고 전이나 역전이라는 것을 알기도 했지만, 유난히 마음에 걸렸던 것 같아요. 상담을 통해서 좋았던 점이나 나에 대해서 이해한 것은 오래 기억에 남지 않고 그런 것들이 계속 보였어요. 전문가라도 사람을 함부로 하면 안 되지 않나, 더군다나 아직 힘이 없는 사람들에게. 그런 느낌이 있었지만 제 안에서 상담자가 되려면 기본적인 상담에 관한 이론과 실제 공부는 해야 된다고 생각했어요.

그런 와중에 지도선생님의 과정은 처음에는 상담으로 받아들여지지 않았어요. 상담의 과정이라기보다는 '자기 자신에 대한 공부'라고 할까요? 그 당시에는 영성이라는 표현도 쓰지 않았고, 마음 공부나 수행으로 받아들였어요. 지도선생님은 초반부에는 힌두 전통철학에 대해서 소개하셨고, 그런 다음 푼자(Sri Punja)[2] 님을 만나게 되었고, 라마나 마하리쉬의 정신, 참나에 대한 지혜를 함께 공부했어요. 계속 이 공부를 해 나가면서 나의 한계들이 아무것도 아닌 것처럼 느껴졌고, "와! 이런 공부가 있었네!" 했어요. 그 당시에는 이 공부를 상담에 어떻게 적용해야겠다는 생각보다 이 공부를 하는 것만으로도 내게는 물론이고 누구에게나 굉장한 도움이 되겠다는 느낌이 들었어요.

제가 석사과정을 끝내고, 인도에 다녀 온 이후, 99년부터 선생님께서 아쉬람[3]을 만들고 정기적으로 삿상(Satsang)[4]을 하시게 됐거든요. 저는 삿상을 할 때마다 느끼지만 '이게 바로 최고의 상담이다'라고 느꼈어요. 토요일 삿상에 참여한 시간이 10년 정도 됩니다. 삿상의 형태가 자신의 질문을 가지고 스승과 마주 앉아서 대화를 주고받으며 자기 인식의 한계를 깨는 과정이잖아요. 어떻게 보면 인지심리학적인 접근과 유사하다고 봐요. 그 과정이 큰 훈련이 되었어요.

질문자 갑자기 해고되는 충격적인 경험 때문에 정신분석을 받으셨고, 이후 다양한 상담 공부를 하셨습니다. 대학원에서는 지도선생님으로부터 마음 공부나 삿상과 같은 일종의 영적 수행도 경험하셨는데요. 이 두 가지가 선생님의 어려움을 넘어가는 데 있어서 서로 어떻게 작용을 했나요?

이정은 제가 힘들 때 분석과 상담을 받으면서 제일 도움이 됐던 것은 상담의 과정 자체에서 공감을 받았고, 그럴 수밖에 없었다는 걸 수용하게 됐다는 거예요. '아, 내가 이렇게 느끼는 것이 그럴 수 있는 것이다' 그러면서 감정들을 털어내고 해소하면서, 외로움에 대해서도 많이 상쇄할 수 있었어요. 돌이켜보면 과정 속에서 그럴 수밖에 없었다는 수용, 내가 느끼는 것에 대한 허용 등이 도움이 되었어요. 전문가로서 객관적으로 통찰과 직면을 시켜 주는 부분에서도 많이 도움이 됐고요.

상담이 도움이 됐지만 결정적으로 초월상담적 접근, 즉 영적 수행의 필요성을 확고하게 느낀 것은, 실제 수행을 시작하면서 내게 일어난 변화를 경험하면서였어요. 상담을 통해 '그렇지, 내가 남

〈지리산 음악명상심리치유 연구소 전경〉

에게 정말 내 단점을 잘 안 보이려 하는구나'라는 것을 알았더라도 비슷한 순간이 오면 또다시 이전의 모습을 반복하고 있더군요. 상담이 자각을 돕지만 궁극적인 변화를 위해서는 힘이 필요하구나. 내가 아는 것을 일상에서 실제 변화로 가져오려면 마음의 힘이 필요하다는 것을 수행을 통해서 조금씩 알게 되었어요. 수행을 통해서 필요한 순간에 필요한 것을 행하는 힘, 수행이 함께 가지 않으면 변화를 지속하는 것이 쉽지 않다는 것을 느꼈어요.

3. 초월영성상담자의 길

♤ 수행의 힘을 느끼다

질문자　앞에서 행동으로 변화를 일으키려면 마음의 힘이 필요하다. 수행을 통해서 마음의 힘을 얻었다. 그 부분을 조금 더 구체적으로 설명해 주시겠어요?

이정은　명상 강의를 하면서 종종 사용하는 제 경험이 있어요. 제가 석사 과정 중에 학과 조교를 겸하고 있었는데, 그때 마음이 힘들었었어요. 많이. 논문을 써야 하는데 생각만큼 잘 안 되고, 막 결혼하고 남편과 조율하며 생활하는 게 쉽지 않았어요. 평소에 중요한 것을 미루는 습관이 있어서 해야 할 것은 계속 미루면서 스트레스가 엄청나게 쌓여 있었죠. 사는 게 너무 힘들다는 말을 입에 달고 살던 때였는데, 9박 10일 위파사나[5] 수행을 가게 됐어요. 위파사나 수행이 뭔지도 모르고 지인의 추천을 받아 가게 되었어요. 처음엔 계속 앉아 있는 것도 힘들고, 인터뷰를 할 때는 무슨 말을 해야 될지도 모르겠고 너무 힘들었어요. 생각들은 왜 그렇게 많은지, 다리는 저리고, 허리는 아프고. 너무 힘들어서 수행을 마치고 나오면서 망했다고 느꼈어요. 상념이 없이 고요하며 내면에서 희열이 약간 느껴졌던 짧은 순간들, 그리고 노력 없이 선명하게 깨어 있었던 순간들(나중에 수행을 통해 그런 순간이었음을 알게 됨)은 있었지만 수행 시간의 대부분을 망했다고 느껴서 나는 명상이랑 안 맞나 보다 생각했죠.

그런데 한 2주 정도가 지나서 갑자기 통찰이 확 왔어요. 내가 왜 고통스럽고 힘들다고 했는지, 왜 사는 게 힘들다고 했는지에 대해서 머릿속에 마치 PPT로 정리하듯이 선명하게 떠오르는 거예요. '아, 내 마음대로 안 되는 남편과 여러 상황들을 내 마음대로 안 된다고 계속 불행하다고 했구나' 하나 더 중요한 원인은 '해야 할 것을 계속 미루고 있었구나' 이것들이 선명하게 확 다가왔어요. 머리로는 알고 있었지만, 그때는 좀 다르게, 섬광처럼 메시지가 내 마음에 확 들어왔어요. 그러면서 제가 남편에게 잔소리하려던 순간 그것을 멈추고 책상 정리를 싹 하고 논문을 쓰기 시작하더라고요. 제가 제대로 수행을 못 했다고 생각했는데도, 그 수행의 시간이 가져다주는 힘이 있었던 거죠. 이게 수행이 자리 잡을 수 있게 된 계기였던 것 같아요. 계기는 바로 내가 늘 안 된다고 했던 것들을 가능하게 하는 힘을 느꼈던 것이었어요.

질문자 상담에서 줄 수 없는, 또는 상담과는 매우 다른 맥락에서 주어지는 자신에 대한 자각과 통찰인 것 같네요.

이정은 통찰도 되게 놀라웠지만, 저의 오래된 습관을 끊어 내는 힘, 어떻게 보면 그 순간에 내가 평소대로 하지 않고 끊어 내는 그 힘이 계기가 되었던 것 같아요. 그래서 '나는 왜 안 되는 걸까?' 하면서 끊임없이 나를 힘들게 했던 부분이 조금 가벼워졌다고 해야 할까요?

질문자   상담 공부는 상담 공부대로 수행은 수행대로 하시면서 수행과 상
        담이 병립하는 시기가 있으셨던 것 같습니다. 이후 상담과 수행이
        통합되는 과정이 있으셨을 것 같은데 이 과정의 이야기를 듣고 싶
        습니다.

이정은   병립했던 시점에는 대학교 학생생활 상담실에서 상담전임연구원
        으로 재직하면서 대학생 대상으로 상담을 하던 중이었어요. 기존
        의 상담 이론에 근거하여 심리검사를 활용해서 상담을 했었는데,
        초월영성 공부를 같이 하던 시기여서 상담에서 담아내는 내용이
        달라졌어요. 인지행동적인 접근을 하더라도 결국에는 이 경험이
        영적 접근을 내용 안으로 가져오기 시작하더라고요. 예를 들면,
        계속 반복해서 자기 비난을 하던 내담자가 있었는데 가정환경이
        힘들었어요. 그래서 내담자한테 "나도 그랬던 경험이 있어. 정말
        힘들었는데, 상담이랑 이런 방법을 같이 하니까 도움이 되더라"고
        하면서 영성 관련 책을 권하거나, 우리가 생각하는 나 자신이 전
        부가 아니다, 경험이 내가 아니라는 내용이 자연스럽게 상담 안에
        녹아들기 시작하더라고요. 그러다 보니 약간 딜레마에 빠졌어요.
        상담자로서 있는 그대로 내담자를 비춰 줘야 할 텐데 이것이 상담
        인가? 교육이 아닌가? 두 가지를 접목하면서 제일 많이 했던 고민
        이 바로 그거였어요. 초창기에는 교육처럼 알려 주는 방식을 사용
        하거나 경험을 공유하는 방법을 주로 사용했기 때문에 내담자가
        스스로 자각하도록 도와야 하는데 내가 교육을 하는 것은 아닌지
        고민되었죠. 그런데 시간이 좀 지나서는 스스로 자각할 수 있도록
        질문을 하거나 다른 방식으로 하게 되었어요.

질문자   선생님께서 알려 주시는 핵심 내용이 뭐예요?

이정은 '네가 지금 경험하고 있는 것이 전부인 것처럼 크게 느껴지지만, 이건 너의 아주 작은 일부에 불과하다. 너의 본성은 온전하다. 지금 겪고 있는 문제들은 그 본성을 덮고 있는 덮개이다. 네가 지금 이러고 있다는 사실을 네 스스로 알고 있다.' '그 아는 자'의 자리가 본성의 온전함과 가장 가깝다. 이것을 음악명상에서 의식의 패러다임으로 설명하기도 해요. 주로 상담의 과정에서는 그 순간의 자각을 돕는 질문을 통해 스스로 '문제를 지켜보는 자'의 경험을 하도록 안내했죠.

내담자에게 스스로 자기 마음의 힘을 키우고 점검할 수 있는 훈련이나 종교가 있으면 그것과 연결하기도 하고, 어떨 때는 선생님의 삿상을 추천하기도 했어요. 학생상담센터에서 진행하는 집단상담에서도 조금씩 다른 형태를 시도하기 시작했죠. 이렇게 일반적인 상담을 하면서 내가 수행이나 삿상 경험을 통해서 알게 된 것들을 녹여 내는 방식으로 접목하면서 접근했던 것 같아요.

질문자 예전에 상담이나 집단을 참여하면서 폭력적으로 직면하는 상황들에 대해 저항을 느끼셨다고 했는데, 그런 경험과 선생님께서 초월영성적인 접근을 시도하게 된 것과는 어떤 관련이 있나요?

이정은 초월영성적 접근이 제게 더 잘 맞는다고 여겼던 이유는, 스스로 수행을 통해 자각하고 통찰하는 마음의 힘을 기르는 부분이 저에게 굉장히 매력적이기 때문이었어요. 내담자가 스스로 자신의 문제의 원인과 직면하지 못할 때, 상담자는 내담자의 문제 해결과 성장을 위해 강렬하게 직면을 시켜 줘야 할 순간이 많지요. 그런데 제가 슈퍼비전을 받으면서 가장 많이 받았던 피드백이 직면을 못 시킨다는 거였어요. 어떻게 보면 제가 가졌던 상처나 갈등이나 상황을 피하려는 부분과 연관이 있다고도 보거든요. 직면하는 과정을 통해서 성장하고 거쳐 가야 하는데 제가 그걸 잘 못 해냈을 수도 있어요. 그래서 폭력적으로 느껴졌을 수도 있고요.

하지만 초월영성적 방법에서는 직면하지 못하는 그 상태도 있는 그대로 수용하는데, 현재의 존재 자체로 존중받고, 상처가 있든 부족하든 모든 존재는 다 온전하다는 것이 저에게 가장 크게 와 닿았던 것 같아요. 그 방법 자체가 '네 스스로 가능해.'라는 것도 요. 초월영성적 방법은 내 성향과 매칭이 잘 됐던 것 같고 안전하게 여겨졌어요. 많은 세션을 하면서 제가 확인한 것은 내담자가 준비가 되었을 때, 가장 안전하고 적절한 장이 마련되면서 스스로 그것과 직면하게 되면서 수용한다는 것, 그리고 그 수위 조절 또한 자신의 내면 의식이 스스로 한다는 것이었어요. 그런 경험들이 초월영성적 접근에 대한 확신을 가지게 한 것 같아요.

질문자 내담자를 존재 자체로 존중해 주고 잠재력을 일깨워 주면 내담자 가 스스로 해낼 수 있다는 관점이었군요. 선생님이 상담과 수행을 통해 겪으신 경험이 자연스럽게 통합되어 가는 과정이었던 것 같 습니다.

♪ 현대 음악명상과의 만남

질문자 선생님께서는 음악명상 전문가로 유명한데, 어떻게 음악명상을 접하게 되셨는지, 또 음악명상과 초월영성적 접근이 어떻게 관련 되는지도 궁금합니다.

이정은 음악명상 지도자 과정을 했던 것이 저에게는 굉장한 전환점이었 어요. 그 이전에는 영적인 방법들을 배울 때 우선은 나를 성장시 키는 것에 더 집중이 되어 있었기 때문에 경험을 하는 것 자체에 더 집중했어요. 그러면서 경험한 내용이 자연스럽게 상담에 묻어 나는 과정이었죠.

이정은 세계는 리듬이다

그러면서 구체적으로 영적인 방법을 어떻게 상담의 영역에 적용해서 내담자의 성장을 돕도록 하는가라는 질문이 있었어요. 지도 선생님이 하시던 삿상의 방법도 하나의 상담의 방법이지만 그때 당시만 하더라도 "우리는 선생님처럼 하려고 하면 아직 멀었어. 공부도 수행도 많이 해야 되고, 우리는 아직 선생님처럼은 못할 거야." 그런 벽이 있어서 다른 여러 가지 방법들을 모색하기 위해 여러 영적인 방법들을 배우고 사용해 보려고 했어요.

박사과정 중에, 선생님께서도 자기만의 툴(tool), 체계화되고 구조화된 자신만의 툴이 있어야 된다고 하시면서 여러 가지 방법들을 소개해 주셨어요. 그 방법들을 배워 아쉬람에서 워크숍을 열고 개인이나 그룹 작업을 직접 해 볼 수 있는 기회도 주셨어요. 그러던 중 신크로니스티 현대 음악명상(Synchronicity Contemporary Music Meditation)을 접하게 된 거죠. 이 명상법은 제가 관심을 가지고 있던 음악을 매개로 하고, 구조화가 잘 되어 있는 방법이라 확 끌렸어요. 먼저, 우리 존재나 현상에 대한 이해를 돕는 패러다임이 있어 명상이 필요한 이유를 체계적으로 설명할 수 있고, 명상의 과정에서 나타나는 신체적이고 심리적인 다양한 현상들에 대한 설명 체계가 있고, 의식의 성장을 위한 음악을 활용한 체계적인 명상 방법이 있더라고요.

신크로니스티 음악명상은 음악이라는 진동의 원리와 명상을 활용한 의식의 성장을 돕는 시스템을 체계화하고, 뇌과학과 파동공학, 신경생리학, 인지심리학 등의 과학적 연구결과들을 반영하여 현대인들에게 적합하도록 제작되었고, 실제 각 뇌파들을 활성화 할 수 있도록 고안되었다는 점이 흥미로웠어요. 특히 명상의 과정에서 각 뇌파들이 활성화되고 자각의 힘이 길러지면서 나타나는 다양한 심리적·신체적 반응에 대한 체계적인 설명은 상담의 과정에서 일어날 수 있는 현상과 다르지 않았어요. 특히 무의식의 의식화 과정, 통찰, 통합의 과정 등은 상담의 과정에서 일어나고 있는 현상이라 더 관심을 가지게 되었어요. 신크로니스티 음악명상에서는 이러한 현상들은 '명상의 과정에서 의식이 확장되고 스스로 치유하는 과정이다. 이를 그저 분리해서 바라보라'는 메시지와 함께 각자의 영역으로 남겨 두는 부분이에요. 지도자 과정에 오는 사람들 중 상담자도 있고 정신과 의사도 있고 요가 지도자도 있고 다양하거든요. 신크로니스티 과정에서 일어나는 현상 중에 상담이 필요할 때가 있는데, 저에게는 상담자로서 그것들을 다룰 수 있는 훈련이 되어 있어서 참 다행이라는 생각을 하게 되었어요. 실제로 그 과정을 통해 내담자의 통찰과 자각을 돕고 수용하고 흘려보내는 작업을 음악명상 프로그램의 안에서 경험할 수 있었어요.

질문자 선생님께서 원래 음악을 하셨는지 궁금하네요. 신크로니스티, 현대 음악명상을 어떻게 받아들이고 공부하게 되셨어요?

이정은　지도선생님과 초반부터 해 왔던 수행 방법이 만트라 수행이었어요. 반복적인 문구를 반복하기도 하지만, 노래나 챈트처럼 음악적인 것들이 같이 있었죠. 그보다 조금 더 거슬러 가면 사실 음악을 전공하고 싶었던 마음이 있었어요. 그래서 음악이 저에게 낯설지도 않았고, 어떻게 보면 저의 꿈에서 밀쳐 놓았던 부분이기도 했죠. 중학교 2학년 때까지 5년 정도 피아노를 배웠어요. 가정환경이 힘들어지면서 스스로 더 이상 안 되겠다고 생각해서 멈췄어요. 휴학을 했던 이유도, 교육학이 너무 안 맞아서 음악을 다시 해야겠다고 생각했기 때문이에요. 서울에서 유명한 레슨 선생님을 소개받고 레슨비 마련을 위해 아르바이트도 구했죠. 그런데 레슨 첫날 건반을 한 번 눌러 보지도 못하고 돌아왔어요. 할머니가 위독하시다는 연락이 온 거예요. 휴학생이었던 제가 할머니 간호를 할 수밖에 없는 상황이었고, 그러면서 마음을 접었어요. '이건 내 길이 아니다. 피아노가 내 길이었다면 건반이라도 한 번 눌러 보게 했을 텐데'라는 생각이 들었어요. 이 때가 영적인 책들을 처음 접하게 된 계기가 된 거죠. 일 년의 휴학 기간이 끝날 무렵 할머니가 돌아가셨고, 허무함과 함께 음악에 대한 제 꿈을 접었었어요. 그래서 음악은 나에게 '하고 싶었지만 접었던 꿈'으로 남아 있었죠. 그래서 음악을 활용한 명상이 굉장히 확 와 닿았어요. 신크로니스티 음악명상을 접하기 훨씬 전에, 지도선생님께서 구루마이 치드빌라사난다(Gurumayi Chidvilasananda)[6]라는 인도 구루(Guru)의 챈팅 테이프를 주시며 CD로 만들어 달라고 부탁하셨어요. 그녀는 시다 요가(Siddha Yoga)[7] 전통으로 챈트와 만트라 수행을 주로 하는 묵타난다[8]의 제자예요. 재미있는 것이 묵타난다의 또 다른 제자가 지금의 신크로니스티 파운데이션을 설립하고 명상법을 체계화한, 저의 스승이기도 한 찰스 캐논(Charles Canon)이라는 점입니다. 그 테이프를 반복해서 들으면서 신비 체험을 여러 번 했어요.

질문자 한 가지만 이야기해 주실 수 있나요?

이정은 테이프가 60분 분량인데 중간에 살짝 깨진 부분이 있어서 그 부분을 잘라 내고 녹음을 하려고 차를 타고 가면서 계속 들었거든요. 그때 학교에 강의하러 가는 길이었는데 운전을 하는 30여 분 동안 트랜스 상태였나 봐요. 학교가 아니라 아쉬람 근처에 도착해 있더라구요. 차에서 내려 아쉬람으로 걸어가는 동안에도 그 상태가 계속 유지된 것 같았어요. 의식은 명료한데 감각들이 다르게 느껴졌어요. 마치 구름 위를 걷는 것 같고, 주변의 사물들이 평소와는 다르게 멀리 있는 것처럼 인식되었어요. 아쉬람 홀에 앉았는데 파파지(Sri H. W. L Poonja)가 마치 실제이듯 내 앞으로 오시더니 저의 아즈나(미간)[9]를 누르는 촉감을 생생하게 느끼는 순간 지복감으로 눈물이 흘러내렸어요. 거의 두 시간 이상 그 의식 상태로 머물렀던 것 같아요.

선생님께 이 말씀을 드렸더니 원서를 한 권 주셨는데, 그 책이 『소리와 음악의 신비』였어요. 그 책을 받아 첫 장을 여는 순간, 온몸에서 전율이 일어났었어요. 선생님께서 제게 음악을 해 보라고, 이 책을 한번 다뤄 보라고 하셨는데 그것이 계기가 되었던 것 같아요.

질문자 어떤 부분에서 전율을 느꼈어요?

이정은 책의 첫 장에 쓰여진 첫 구절이 "All universe is vibration. All universe is music. You are vibration. You are music"이었어요. 지금도 이 이야기를 하면 몸에 막 소름이 돋아요.

제가 예전에 음악을 하고 싶었던 이유가 내가 괜찮은 음악가가 돼서 아름다운 연주로 나를 과시하거나 누군가에게 감동을 주고 싶었던 것이 목적이었다면, 이것과는 비교가 안 되는 거예요. 책을 보면서 이전에 음악에 대해 갖고 있던 생각들을 완전히 바꿨어요.

책에서는 우리가 진동체이고 소리이고 우리가 어떤 의식 상태에 있느냐에 따라서 서로 영향을 주고받는다고 말해요. 그래서 처음에는 만트라 수행을 주로 하면서 워크숍을 열어 봤는데 반응이 별로 안 좋았어요. 옴나마쉬바야,[10] 가야트리 만트라 같은 것을 하니까 주문 외우는 것도 아니고 이게 뭐냐는 식의 반응도 있었죠. 그러던 와중에 요가 저널에 신크로니스티 프로그램에 대한 안내문이 왔어요. 선생님한테 여기를 가 보고 싶다고 했더니, 가 보라고 하시면서 소정의 여비도 챙겨 주셨어요. 그래서 서른네 살 때부터 거의 6년 동안 과정에 참여하게 됐고 지도자 자격을 취득했어요.

질문자 교육이 인도에서 있었나요?

이정은 미국의 버지니아주에 있었어요. 묵타난다의 제자가 인도에서 수행을 하다가 묵타난다가 돌아가시고 나서 미국으로 돌아와 파운데이션을 꾸려서 현대적으로 음악이나 소리를 재해석해서 진행했어요. 중립적인 용어로 패러다임을 안내하고 필요성을 소개한 뒤 명상을 하는 과정으로 구성되어 있었어요. 그 과정에 참여하면서 무의식적 내용이나 자기가 회피하고 있던 내용들이 자발적으로 올라왔어요.

질문자 선생님께서 이전에 배웠던 음악이 아니라 우주적이고 근원적인 의미에서 음악의 의미에 대해 새롭게 이해하고 신크로니스티 공부를 하게 되셨는데, 그 접근이 어떻게 초월영성적인 상담과 연결되는지 원리를 좀 더 설명해 주세요.

그리고 그것이 선생님의 초월영성상담자로서의 수련과 어떻게 결합되고 통합되어서 선생님만의 상담을 하고 계시는지도 설명해 주세요.

이정은 신크로니스티의 정식 명칭은 신크로니스티 현대 음악명상이라고 해요. 신크로니스티는 '동시성(同時性)'[11]이라는 용어로, 현대인들의 균형 증진과 영적 성장을 위한 현대적 명상의 방법이에요. 저는 심리적 · 신체적 · 영적 균형을 확장시키는 방법으로 안내하고 있어요.

신크로니스티의 방법은 나는 누구인지, 존재하고 있는 이 실재에 대해 먼저 이해하도록 합니다. 우리가 '나'라고 생각하고 있는 몸, 마음, 정신을 가장 바깥쪽에 있는 표면적인 의식의 단계로 보고, 이 안에 4개의 단계가 더 있다고 보는 의식의 패러다임이 있어요. 우리의 원래 존재의 바탕을 근원(Source)이라고도 하고, 공(emptiness)이라고 하기도 하고, 참 하나(The One)라고도 표현합니다. 지금 우리가 존재하고 있는 이 의식의 층들의 재료가 되는 의식의 바탕이 있고, 우리의 속성은 이것(One)이고, 그것이 마치 스펙트럼처럼 펼쳐진 구조라고 봐요. 예를 들면, 우리가 지금 겪고 있는 어려움은 이것(One)과의 연결이 희미하거나 단절되어 있을 때 나타난다고 봅니다. 몸과 마음과 정신의 문제는 의식의 가장 표면에 있고, 그것(몸, 마음 정신)의 균형이 맞아야 이것(One)이 있다는 사실을 안다고 말합니다. 이 세 단계는 양극성이 두드러져서 균형을 위한 의도적인 노력이 없이는 균형이 깨질 수밖에 없다. 그래서 신체적 · 심리적 · 정신적 문제는 양극성의 균형이 깨져 있는 상태로 봐요. 실제로 밸런스가 깨어진 상태죠.

명상을 하는 목적은 균형을 증진시켜서 실제 자기 내면에 있는 원래 속성들을 드러나게 하는 거예요. 균형이 깨지면 그것이 덮개가 되어 나의 본성적 내용이 흘러나올 수 없게 돼요. 그래서 자꾸만 자신을 한계가 있다고 보거나, 부정적인 극으로 주의가 편향되어 현상을 부정적 대상으로 보는 거죠. 그래서 어려움을 겪거나 심리적 문제가 있는 사람들을 양극성에서 균형이 부정적 극으로 편향

된 경우라고 보는 거예요.

여기서 균형을 잡는 방법 중 하나를 명상으로 소개해요. 명상만으로 가능하다고 말하진 않아요. 몸의 균형을 잡기 위해서 많이 움직이고, 정신적 균형을 잡기 위해 더 긍정적인 생각을 하거나 공부를 하기도 하고요. 그러면서 명상을 통해 뇌의 밸런스를 맞출 수 있도록 돕는거죠. 명상과 함께 이런 일상에서의 균형을 맞추는 행위들을 통해 호르몬이나 여러 가지 신경전달물질의 균형을 맞추도록 도와줄 수 있는 거예요.

거기에 소리 자극을 줄 때 음악의 진동은 일정한 리듬과 소리로 균형을 회복하도록 하고, 음악은 명상을 돕는 도구로 활용됩니다. 음악을 활용하여 명상을 하는 과정에서 심신의 균형은 증가되고, 일어나는 모든 느낌, 감정, 생각들을 '분리하여 바라봄' '알아차림' 할 수 있는 힘을 기르게 되죠. 이렇게 심신의 균형이 회복되었을 때, 비로소 '내가 이런 존재구나.'라는 사실을 머리로 알기만 하는 것이 아니라 '알아차리고' 받아들일 수 있는 경험들이 일어나게 되는 것이죠.

신크로니스티 현대 음악명상은 이 '몸, 감정, 정신'의 세 차원의 균형을 강조해요. 심리적인 부분과 정신적인 부분의 균형과 조화는 상담이나 심리치료의 주된 목적이기도 합니다. 신크로니스티 패러다임에서는 일상에서 균형을 회복하도록 '깨어서 알아차리도록' 하고, 음악과 명상 훈련을 통해 나타나는 뇌의 변화, 뇌파의 변화를 통해 균형을 회복하도록 도와요.

대부분의 사람들이 문제를 해결하는 방법과 이 명상의 방법을 이렇게 비유할 수 있습니다. 방을 밝힐 때 여러 개의 촛불을 하나씩 켜서 밝히려면 많은 양초와 노력을 필요로 하겠죠. 문제에 지나치게 초점을 두는 것은 초 하나하나에 불을 켜는 것과 같아요. 그 대신 중앙에 있는 메인 샹들리에를 켜면 방 전체를 밝힐 수 있는 것처럼, 소리 진동과 명상을 통해 균형을 회복하는 것은 이와 같다고 볼 수 있어요. 균형을 회복하면 이미 내면에 있는 본래의 속성이 흘러나오게 되어 있습니다. 따라서 문제 하나하나에 초점을 두고 해결하기보다는 일상에서는 '명료하게 깨어 알아차림'하고 명상 훈련을 통해 몸, 마음, 정신의 균형을 증진시키라고 말합니다. 명상만이 아니라 일상의 깨어 있음과 양동 작전을 해야 한다고 강조해요.

♤ 근원의식의 치유력

질문자 신크로니스티 음악명상이 선생님께서 그동안 공부하신 상담 공부와 삿상이나 수행을 통해 체험했던 것들을 이론적·방법론적으로 통합해서 구현할 수 있는 체계가 된 것 같습니다.

이정은 그렇죠. 신크로니스티 패러다임을 기반으로 이해하도록 돕고 실제로 그룹 형태로 주로 진행했고, 개인 세션으로도 진행하면서 사람들에게 내가 생각했던 변화들이 자발적으로 나타나는 것을 많이 목격했어요. 명상을 하면 뇌파에 변화가 일어나는데, 음악을 활용하면 변화가 더 빨리 일어나요. 언어적으로는 의식이 저항할 수 있겠지만, 뇌의 세타파 상태가 활성화되고 깨어 있는 상태에서는 무의식의 창을 굉장히 쉽게 열 수 있어요. 그때의 수위 조절은 각 개인의 의식이 하게 되고요. 이럴 땐 저항이 없어요.
앞에서 이야기했던 것처럼 준비되지 않은 상태에서의 직면이 아니라, 자연스럽게 정말 생각지도 못했던 무의식과 접촉하고 그것을 목격하고 경험하면서 스스로 해결하는 것이 가능하게 되는 거죠. 필요한 경우 그룹에서 경험을 공유하거나 개인상담으로 연결해서 중요한 이슈를 해결해 가는 경험이 자연스럽게 일어났어요. 저는 신크로니스티 현대 음악명상과 같은 초월영성적 방법이 사람을 굉장히 존중한다고 봐요. 내담자가 수용할 수 있는 정도를 무의식보다 더 깊은 근원의식이 스스로 조절한다고 믿고 존중하는 거죠. 그래서 이 방법이 안전하게 직면하고 통찰할 수 있도록 하고, 목격자로서 보게 하는 방법론이라고 느꼈고, 내가 하고자 했던 '안전하면서도 존중하며 스스로 하도록 하는' 최고의 방법론이라고 생각합니다.

질문자 음악명상의 작업이 근원적인 의식과 접촉하면서 자신의 균형을 조절해 줌으로써 안전하게 스스로 자신을 변화시킬 수 있도록 한다는 말씀이네요.

두 가지 궁금한 점이 있어요. 하나는 소위 무의식, 그림자 부분을 음악명상이 어떻게 접촉할 수 있게 하는지 궁금하고, 초월영성적인 프로그램은 대체로 근원의식과의 접촉을 강조하는데 음악명상에서는 어떤 프로세스로 자신의 근원의식과 접촉하게 되는지 궁금합니다.

이정은 과정을 경험해 보기 전에는 저도 바로 근원의식에 접근할 수 있도록 하는 데 관심이 많았어요. 근원의식이 굉장히 중요하고 접촉만 제대로 하게 되면 만사형통이라고 생각했어요. 그런데 실제로 과정을 진행하면서 느낀 점은 의식의 표면에 있는 상처나 문제가 되었던 것들이 조금씩 가벼워지면서 점점 더 깊이 있는 근원과 접촉하게 되더라고요.

질문자 덮개라는 표현이 그 말씀이네요. 덮개가 우선 다루어져야 한다.

이정은 실제 명상을 하면 덮개들이 먼저 일어나면서 반응이 나타나요. 내면의 근원의식과 바로 접촉이 일어나는 것이 아니라(종종 그런 경우가 있기는 합니다만), 가장 표면적이고 최근에 경험했던 덮개의 밸런스를 바로잡는 작업이 먼저 일어나는 거죠. 반드시 순서대로 일어나는 것은 아니지만요. 그러다가 아주 깊은 무의식, 그림자와 만나게 되고, 경우에 따라서는 현생의 경험이 아닌 것 같은 그림자와 만나기도 해요. 어떻게 보면 정화의 과정이기도 하고 자각하고 흘려보내는 과정이 어느 정도 지나가야 덮개가 조금씩 가벼워지면서 머물기도 하고 인식하기도 하면서 수용이 일어나더라고요. 원래 신크로니스티에서 무의식과 그림자와 관련된 이야기는 상담이나 심리학 쪽으로 깊게 들어가야 하기 때문에 가볍게 다루는 편이에요.

제가 지도자 과정을 모두 끝냈을 때, 마스터가 이렇게 이야기하더군요. "기본적인 것은 다 배웠으니, 당신이 지금까지 공부했던 상담이나 심리학에서 쌓아 온 노하우를 같이 접목해서 너에게 맞는 프로그램으로 재구성해서 사용해라." 그래서 저의 경험에 따라 표면적인 것을 먼저 다뤄야겠다고 느꼈고, 신크로니스티 작업 앞에 감정을 정화하는 과정을 추가로 개설했어요.

감정 정화 과정에서도 물론 신크로니스티 패러다임을 활용하지만, 표면적인 덮개를 먼저 다루는 과정을 만들고 그다음에 신크로니스티 과정 안에서도 초반부에는 무의식이나 그림자와 접촉하는 것을 긴 시간을 통해 다루었어요. 이 과정이 사실 집단상담이나 개인상담의 과정이기도 해요. 필요한 순간에 바로 개인상담 세션을 하기도 하거든요. 그러면서 본인 스스로가 놀랄 정도로 많은 변화들이 일어나게 되죠. 이러한 과정을 떠올리면서 내가 초월영성상담자라고 자신 있게 말할 수 있는 부분은 바로 이 부분이겠다는 생각이 들었어요.

예를 들어 보면, 두려움이 아주 많은 참가자가 있었어요. 어둠에 대한 두려움, 혼자 있는 것에 대한 두려움, 뭔가 새롭게 시작하는 것에 대한 두려움 등등 굉장히 많았어요. 그래서 계속 공부만 하는 거예요. 석사를 하고 박사도 했는데, 상담이나 명상을 안내하는 뭔가를 시작하려고 해도 스스로 부족하고 준비되지 않았다고 느끼고, 내담자에게 피해를 주거나 비난 받을 것이 두려워 또 다른 박사과정에 지원한 상태였어요. 본인은 늘 지금까지 배운 것을 통해 뭔가 해내고 싶고 괜찮은 상담자가 되고 싶은데 첫발을 못 떼고 있는 거죠.

그래서 음악명상을 통해 성장기에 만들어진 자기신념으로 인해 쌓아 둔 감정을 정화하는 과정을 반복했어요. 그 과정에서 자기 스스로의 이미지를 스스로 재구성하며 일 년 반 정도의 기간이 지났어요. 그 기간 동안에도 "선생님, 이제 할 수 있을 것 같아요"라는 말을 여러 번 하고 갔는데도 불구하고 또 여전히 두려움에 걸려 다시 슈퍼비전을 해 달라고 하는 패턴을 반복했어요.

그러던 중 마지막으로 했던 세션에서, 3일 동안 명상을 하면서 정말로 자신의 두려움과 맞닥뜨리는 순간이 온 거예요. 자신의 이슈였기 때문에 의식이 고요해지면 계속 두려움과 맞닥뜨리게 되죠. 여러 가지 형태로 경험을 하는데 그날은 심상을 경험했어요. 바람이 막 휘몰아치고 더 이상 내딛을 곳이 없는 절벽에 서 있었대요. 평소에 늘 느끼는 그 두려움과 함께요. 그런데 그 절벽에서 뛰어내렸대요. 바닥으로 떨어질 것만 같은 엄청난 두려움이 있었음에도 불구하고 그냥 뛰어내린 거예요. 그랬더니 날개가 확 펼쳐지면서 그 공간에서 자신이 안정적으로 있는 경험을 한 거예요. 두려움의 뿌리는 아주 어린 시절부터 있었던 거였어요. 그런데 결국에는 두려움을 잡고 있던 것이 자기 자신임을 자각하게 되면서 과거의 두려움으로부터 벗어난 거죠. 그분이 그 경험을 하고 난 다음에 두려워하던 것에 지원하고, 센터를 개원할 수 있었다고 연락이 오더라고요. 어떻게 보면 굉장히 내적인 곳에서의 작업이었던 것 같아요.

질문자 아주 감동적이네요. 언어적인 상담에서는 그런 방식의 작업이 이루어지기가 어렵죠.

이정은 저는 초월영성상담이 이러한 명상이나 영적인 방법과 접목함으로써 자신이 필요한 순간, 필요한 만큼, 필요한 수위로 스스로 작업하는 것이 너무 놀라웠어요. 저는 오히려 신크로니스티 현대 음악 명상을 하면서 사람에 대한 신뢰와 존중이 깊어졌어요. 누구나 다 내면에 힘이 있고, 그것을 원하고 있다는 것을 경험하면서 매력을 많이 느꼈어요. 이 작업을 하면서 엄청 감동하고 많이 울기도 했거든요.

이러한 과정을 통해 특히 상담자로서 중요한 것을 발견했어요. 그것은 바로 내담자 스스로 작업하고 자각하도록 '기다려 주는 것'입니다. 때에 따라 촉진을 해야 할 경우도 있지만, '기다림'이 가장 큰 힘이라고 생각해요.

질문자 그 이전에도 사람들에게는 자기 내면의 잠재력이 충분히 있다는 것에 대한 선생님의 신뢰가 있으셨던 것 같은데, 직접 작업을 하시면서 더욱 확신을 얻으셨던 것 같네요.

4. 초월영성상담 그리고 초월영성상담자

✿ 에고의 덮개를 걷어 내면 영성이 드러난다

질문자 선생님께서 초월과 영성을 어떻게 생각하고 있는지, 선생님의 상담 안에서 초월과 영성이 어떻게 적용되는지를 말씀해 주시면 좋겠습니다.

이정은 세계는 리듬이다

이정은   굉장히 고민이 되는 부분이기도 하고, 내가 바르게 알고 생각하고 있는지 내 스스로에게 질문을 던지게 하는 것 같아요. 초월영성상담자들 모두에게 해야 할 질문이라는 생각도 들었어요.

우선, 초월은 보통 어떤 상태가 있고 그것을 넘어선다는 의미잖아요? 저는 사실 초월을 어떤 상태나 한계를 넘어선다는 의미보다, 궁극적 실재를 덮고 있는 덮개들이 걷히고 자신의 본래 상태, 본성이 드러나는 것을 초월이라고 봤어요. 부족한 점이나 한계를 넘어서는 개념이 아니라 내가 한계라고 생각하는 그 생각 자체를 걷어 내는 것이죠. 그리고 '나'라고 하는 개념, 에고를 걷어 내는 것, 그런 덮개들을 얇게 하는 것이 초월이라고 봐요. 그것들이 걷히고 나서 드러나는 것이 '영성'이라고 생각하고요.

의식의 상태가 확장되었을 때, 개인적 차원의 본래 상태뿐만 아니라 모든 존재들과 세상의 본래 상태에 대한 지혜로까지 확장될 수 있다고 봅니다.

영성은 드러났건 드러나지 않건, 내가 인정하든 안 하든 간에 이미 우리의 한 부분이에요. 영성이라는 표현에 사실 거리감이 좀 있잖아요. 현실과 조금 떨어져 있는 느낌이요. 그런데 저는 영성이 분리된 개념이 아니라 우리와 늘 함께하고 있고, 우리가 한 번도 떠난 적이 없는 것이라고 봐요. 우리를 움직이게 하고 존재하게 하는 그것이 바로 영성이다. 초월과 영성이 분리된 개념이 아니라 함께하고 있지만, 때에 따라 초월과 영성 중에 어느 하나가 비중이 더 크거나 작아지기도 한다고 봐요.

질문자　우리의 본성 혹은 영성이란 마치 먹구름을 걷어 내면 이미 맑은 하늘이 있는 것과 같군요. 선생님의 말씀 중에는 그 먹구름조차도 영성과 완전히 구분되는 것이 아니라, 영성의 한 표현이라는 뉘앙스가 있는 것 같은데, 좀 더 설명해 주실 수 있나요?

이정은　우리가 지금 존재하고 있는 형태는 여러 모습이잖아요? 우리의 근원의식과 가장 가까이 있는 경험 속에서는 내가 영적 존재라는 사실이 확연히 드러나겠지만 의식의 바깥층으로 가면 갈수록 그 거리는 멀어지게 되겠죠. 그렇지만 재료는 사실 똑같다고 보거든요. 우리가 보고 듣고 경험하는 모든 것의 속성은 양극성을 가진다고 봐요. 긍정적인 것도 있고 부정적인 것도 있죠. 덮개 또한 의미 없는 덮개는 없다고 봐요. 내담자의 어려움이나 트라우마나 상처가 단지 부정적인 기능만 하는 것은 아니거든요. 상처가 있어야 사실 성장으로 도약하게 하고, 혼란과 부딪힘이 있어야 그다음 의식의 성장으로 나아갈 수 있어요. 그래서 저는 덮개는 영적인 것이 아니고 필요 없는 것으로 없애야 한다는 생각 자체가 오히려 덮개일 수 있다고 봐요. 이러한 관점이 바로 영성이라는 생각이 들고요.

그리고 이런 과정을 다 거쳐야 영적인 무언가가 나타나는 것이 아니라, 이 과정 자체에 영성이 있다고 봐요.

질문자   덮개란 어떻게 보면 자신의 내면에 있었고 단 한 번도 자신에게서 떠난 적이 없는 영성을 발견하기 위해 필수적인 것이네요. 어떤 면에서는 발달적인 면을 설명해 주신 것 같기도 해요. 발달과정에서 우리는 양극성의 세계 속에서 부딪히며 고통을 경험하지만, 양극성으로 인해 고통을 느끼고 경험할 수 있게 되면서 비로소 우리가 그것을 넘어설 수 있게 된다는 거죠. 그런 의미에서 양극적인 세계의 갈등과 고통이라는 것이 어떻게 보면 영성을 향한 관문처럼 느껴지네요.

이정은   그렇죠. 극적인 성장의 관문이죠. 지도선생님이 '픽업(pick up)'이라는 말씀을 하셨어요. 우리의 삶이 너무 좋고 행복하고 희희낙락하면 나의 내적인 깊이와 영성에 대해 관심이 없다고요. 고통스럽고 갈등이 있을 때 그것을 극복하려는 탐구가 시작된다고 하면서 픽업됐다고 하시더라고요.

질문자   영성의 부르심이라고 할 수 있겠네요.

♧ 삶의 위기를 영적 변형의 과정으로 볼 수 있는가

질문자   우리가 흔히 전통적인 상담이라고 하면 정신분석, 인지행동치료, 인본주의 등을 공부해야 할 필수과목으로 생각하잖아요? 이러한 전통적인 상담과 초월영성상담을 구분한다면 어떤 특징을 내세울 수 있을까요?

이정은   공통점은 '고통을 줄이거나 고통으로부터 자유롭고자 하는 것을 돕는 것'과 '성장'이 목적이라는 것이죠. 일반 상담은 어떻게 보면 문제 자체에 포커스를 두고 문제를 어떻게 해결할 수 있을까에 대한 방법론이잖아요.

초월영성적 상담의 접근은 문제를 보는 시각부터 문제를 문제로 볼 것인가 하는 부분이 다른 것 같아요. 우선, 내담자를 보는 관점이 다르죠. 물론 다른 접근법도 내담자의 내면에 저력이 있다는 것을 많은 부분 인정하지만, 실제 방법론이나 관점을 보면 '누군가의 도움에 의해서' 그것을 '바꿔야 된다'는 것이 대부분의 관점이잖아요. 그런데 초월영성적 관점은 내담자 스스로 내적인 저력이 있다고 보고, 지금 이런 문제를 겪고 있는 그럴 만한 이유가 있다고 봐요. 원인은 여러 가지가 있을 수 있겠지만, 단순히 환경이나 상황으로만 보는 것이 아니라 개인의 전 생애적인 관점에서 삶 전체를 보고 이 사람이 겪고 있는 문제를 통해 어떤 부분에 대한 변화나 성장이 필요한지를 좀 더 거시적으로 봐요.

먼저, 저는 내담자가 자기 스스로 한 선택에 대해서 존중하고 싶더라고요. 초월적인 접근에서는 가령 내담자가 분열을 선택했을지라도 그러지 않고서는 삶을 이어 가기 어렵기 때문에 무의식이 선택한 하나의 과정이라고 보거든요. 내담자의 선택에 대한 인정과 존중을 먼저 하는 거예요.

전통적인 상담과 초월영성적 상담의 가장 큰 차이는 내담자를 보는 관점에 차이가 있다고 볼 수 있어요. 우선은 개인과 우주의 모든 것의 영향으로 이루어진 전생애적으로 보는 거시적인 관점이 있고, 그다음으로 삶의 위기가 영적 측면의 위기일 수도 있다고 보는 관점이죠.

질문자 영적 측면의 위기라고 하는 건 어떤 의미로 쓰시는 말인지요?

이정은 영적 측면의 위기는 어떤 영적 변형의 과정에서도 일어나고, 외부로부터 고통이나 상처를 받아서 일어나거나 그런 것과 무관하게 수행의 과정에서 겪는 사람도 있어요.

사례를 하나 이야기해 보자면, 4년 전에 제가 만났던 내담자는 결혼하기 전후로 요가와 명상 수련을 몇 년간 했어요. 그 후로 일상생활을 하고 아이를 키우면서 요가나 명상을 멀리하게 됐대요. 그런데 그분이 요가 수행을 하던 중에 쿤달리니[12]가 깨워졌던 경험이 있었나 봐요. 갑자기 몸에 기운이 확 돌면서 환영이 보이기도 하고 정상적인 생활을 하기가 어렵다고 하셨어요. 병원에 가도 아무런 특별한 진단도 없고, 정신적으로 이상이 있는 것도 아니지만 그런 경험을 겪는 거죠. 일반적으로 환영이 보인다고 하면 심신이 허약해서 정신질환에서 오는 환영을 떠올리지만, 다른 차원의 경험이 열리고 나서 보이기도 해요.

질문자 그런 증상을 병리적으로 보는 것이 아니고 일종의 영적 성장의 과정에서 발생하는 과정으로 보는 것이네요.

이정은 물론 증상에 따라 병리적인 현상들도 있지만, 모든 증상이 병리적이지만 않다는 관점입니다. 이것이 일반 상담과 큰 차이점 중 하나인 것 같아요. 특히 초월영성상담자는 이런 증상을 가진 내담자를 더 만나게 될 수도 있습니다. 또 하나 초월적 접근에서는 스스로 자각하고 스스로 과정을 거쳐 나갈 수 있도록 조력하는 것에 더 초점을 둔다고 봐요. 물론 전통적 상담에서도 같은 맥락이지만, 방법론에 따라서 때로는 상담자가 끌고 가기도 하죠. 그런 측면이 초월영성적 접근과 차이점인 것 같아요.

저는 전통적 상담과 초월영성상담은 내담자가 문제가 있는 사람이라고 인식하지 않는 관점과 내담자가 호소하는 문제에 대한 접근 방법의 차이를 통해 구분된다고 봅니다.

질문자 전통적 상담과 초월영성적 상담은 인간 존재를 보는 관점에 있어서 차이가 있는 것 같고 그와 관련해서 내담자가 보여 주는, 우리가 흔히 증상이라고 이야기하는 것에 대한 관점도 다른 것이로군요.

이정은 네. 저는 그렇다고 봅니다.

질문자 인간 존재를 좀 더 전체적인 맥락에서 혹은 더 큰 맥락에서 본다, 영성이라고 하는 더 큰 바탕의 측면에서 내담자를 본다, 그리고 내담자가 경험하고 있는 증상 또한 문제로 보지 않는다는 말씀이 군요.

이정은 하나의 과정으로 보는 거죠.

질문자 과정으로, 성장을 향한 하나의 디딤돌, 혹은 자기의 본성을 발견하기 위한 디딤돌로 본다…….

이정은 이런 관점에 대한 비판이 많아요. 너무 낙관적이다, 신비주의적이다, 그러면 그것을 그냥 내버려 두라는 말인가? 여기에 대해 초월영성상담자들은 어떻게 보면 내담자의 삶의 과정이나 여정에 대한 인정과 수용을 우선시하는 것 같아요. 상담적 접근이 필요할 때는 때로는 들어 주기도 하고 직면을 해야 할 때도 있지만 저는 그와 동시에 영적으로 자기를 수련하고 통찰할 수 있도록 돕고, 이를 스스로 행동의 변화로 연결할 수 있도록 마음의 힘을 기를 수 있는 방법론을 함께 제공한다는 것이 가장 큰 차이가 아닐까 싶어요.

질문자 초월영성상담자가 되기 위해서 어떤 훈련이 더 필요한가요?

이정은 제일 중요한 것이 초월영성에 대한 이해와 자기 수행이라고 봅니다. 저도 경험해 보았지만 딱 제 수행의 깊이만큼 할 수 있더라고요. 제가 요만큼밖에 안 했다면 요만큼의 경험이 있고 요만큼의 마음의 힘듦이 있겠지만 그 이상은 할 수 없을 것이라는 생각이 들어요. 우선은 자기 수행을 반복해서 스스로를 점검하고 의식의 성장을 위한 공부를 계속하는 것이 가장 중요하다고 봅니다. 단, 수행을 하더라도 바르게 이해하고 바르게 하는 것도 중요하다고 봅니다.

제가 음악명상 지도자 양성 과정을 운영하고 있지만, 음악명상 지도자가 음악명상 지도자 과정만 일정 시간 했다고 해서 다른 사람을 제대로 지도할 수는 없다고 봅니다. 분명 스스로 수행을 통해 깨어 있지 않으면 한계가 있거든요. 그렇기 때문에 기본적인 심리학에 대한 지식뿐만 아니라 정신역동, 인지행동적 접근 등 상담이론에 대해서도 필수로 배워야 하고, 그런 다음 자기 수행을 통해 자기 경험의 깊이와 의식의 확장이 가장 중요하다는 생각이 들어요. 물론 바른 방법으로 수행하는 것이 중요하겠죠. 수행의 원리도 바르게 알아야 한다는 생각이 있거든요.

질문자 수행 안에서 알아야 될 가장 핵심은 어떤 거로 생각하세요?

이정은 우리가 수행을 통해서 가야 할 방향, 우리가 자각하고 경험하게 될 것이 무엇인지를 알아야 된다고 봐요. 경전 공부를 통해 실제로 이 원리를 다룬 개념에 대해서도 명확히 알아야 되고요. 만약에 불교 수행을 한다면 불교의 기본 원리와 그것을 통해서 궁극적으로 도달하고자 하는 것과 그 과정에 대한 이해가 있어야 된다고 보는 것이죠. 어떤 사람이 수행을 게을리할 때 조금씩 진전이 된다면, 어떤 사람의 경우는 굉장히 깊이 있게 수행하고 굉장히 깊이 있는 경험들을 하는 경우를 봤어요. 그래서 우선은 자기 수행을 깊게 하고, 수행 과정에 대한 이해가 있어야 하고, 과정에서 일어날 수 있는 상황에 대해서도 상담자는 경험해야 한다고 생각해요.

제가 훈련을 할 때 가장 많이 강조하는 것은 '하나를 하더라도 깊이 있게, 바르게 이해하고 하라'는 것입니다. 전체적인 영성과 그에 대한 이해를 기본적으로 가지되, 다양한 방법론을 함께 섭렵해야 할 필요가 있어요.

줄기가 탄탄하지 않을 때 비판받기 참 쉽겠다 싶어요. 무조건 낙관적으로 보거나, 성장의 과정이라고 치부해 버린다든지 그런 것들이죠. 그러면 한계가 있을 수 밖에 없겠죠.

그리고 수행 과정에서 상담자가 여러 가지를 경험하고 알고 있어야 내담자가 경험하게 될 여러 가지 심리적·신체적인 반응들에 대처할 수 있어요. 대처할 수 없다면 수행의 방법론을 제안해서는 안 된다고 생각해요. 그래서 저는 이 두 가지가 가장 중요하다는 생각이 들었어요.

질문자   자기 수행의 깊이를 더하는 것과, 초월영성적인 접근을 할 때의 전문적인 훈련, 이 두 가지가 모두 필요하다는 말씀이시군요.

이정은   네, 물론입니다. 이러면 이제 '초월영성상담 못하겠네'라고 할 수도 있겠는데요? (웃음)

질문자   초월영성상담을 공부하는 후학들에게 권하고 싶은 수행이나 공부에 대한 조언이 있을까요?

이정은   조언을 한다기보단, 이 공부를 하며 초월적 접근을 해야겠다는 의도 자체가 우리를 굉장히 성장하게 한다고 봐요. 제가 해 보니 저의 깊이만큼 되더라고요. 그래서 저는 이런 계기가 생길 때마다 '내가 수행을 통해 더 확장되고 열려 있어야겠구나. 내가 더 바르게 알아야겠구나' 하는 지속적인 자극을 받아요. 새로운 대상이 오거나 어떤 도전이 생길 때면, 부담이 되기도 하지만 "아, 이 정도로는 안 되겠다. 수행과 공부가 더 필요하다" 하며 자극을 받는 거지요. 그래서 이 일을 선택한 것 자체가 가장 행운이라는 생각이 들어요. 기법은 책을 보거나 워크숍을 통해서 배울 수 있지만, 수행의 깊이는 내가 해야만 깊어지잖아요. 그리고 그것이 가장 큰 자산이 되고요. 수행은 투자 대비 절대 손해가 없는 방법인 거예요. 그래서 저는 이 일을 하면서 가장 좋은 점이 제가 수행을 놓지 않게끔 하는 것이에요.

수행이 조금씩 쌓여 가면 뭐가 더 필요한지 스스로 알게 됩니다.

이정은   세계는 리듬이다

어떤 기법이나 방법론은 내가 공부해서 채울 수 있겠지만, 내 스스로 탄탄하게 마음의 힘을 기르는 것, 하나의 맥을 잡고 꾸준히 수행을 쌓아 가는 것이 최고의 상담자가 되는 방법인 것 같아요.

질문자   선생님의 가장 중심적인 수행은 어떤 것인가요?

이정은   지금도 계속 신크로니스티 음악명상과 만트라 수행을 하고 있어요. 9년 전부터 위파사나 수행을 주요 수행 방법으로 잡고 있고요. 내 수행의 깊이만큼 된다는 것을 아니까, 꾸준히 수행을 하고 있어요. 옛날에는 수행할 때 책을 보지 말라는 말도 있었지만, 요즘에는 책이 너무 잘 나와 있어서 책도 많이 도움이 돼요. 수행할 때 보지는 않지만 다른 사람들에게 이해시키거나 적용하려고 할 때는 책이 도움이 많이 됐어요. 최근에는 일반인을 대상으로 주로 명상 방법 등을 안내하는 일을 하고 있는데, 이럴 때 동기부여를 하고 설득력 있는 방법이 바로 그런 과학적 접근을 하는 거예요.

예를 들면, 자비 명상에 대한 연구결과를 인용하거나, 명상을 통한 뇌의 변화나 생물학적인 변화에 대한 근거를 인용하지요. 일반 대중에게는 이런 자료들이 굉장히 유용하기 때문에 책이 많이 도움이 되죠. 이러한 부분을 보완한다면 더 좋은 상담자가 될 수 있을 것 같아요.

질문자   추천해 주실 만한 경전이나 책이 있나요?

이정은   최근에는 불교 경전은 많이 안 봤고, 경전을 해석한 것들을 많이 봤는데, 『아날라요 비구의 마음챙김 확립수행』과 같은 마음챙김 관련 경전이나 초기 경전 니까야의 내용을 종합적으로 검토한 책들을 주로 봤어요. 한동안 베다, 바가바드 기타를 오랫동안 보았는데 도움을 많이 받았어요.

경전은 자신이 하고 있는 수행 체계에서 필요한 것들을 선택해서 보는 것이 좋아요. 경전에 대한 좋은 강연들도 많아서 체계적으로 강연한 것을 찾아보기를 추천합니다.

질문자 수행을 바르게 해야 한다고 강조하셨는데요, 바르지 않게 하는 경우는 어떤 경우인가요?

이정은 수행, 명상, 마음챙김 등을 검색하면 여러 종류가 나와요. 예를 들어, 저의 경우 처음에 지도선생님과 공부할 때는 힌두 전통의 베다, 우파니샤드와 같은 경전을 갖고 공부했고, 그다음에는 경전을 근거로 한 성자의 이야기를 오랫동안 공부했어요. 그런 다음 위파사나와 마음챙김을 만났거든요. 먼저, 배운 기본 체계에 위파사나 경전을 보니 매칭이 안 되는 것도 있지만 기본적인 맥락에서 다르지 않다는 것을 알게 됐죠.

수행의 근본적인 체계가 사람을 돕고자 하는 맥락에서는 같겠지만 전통 체계에서 벗어나 있거나 특정 방법론만 가져와서 다르게 해석을 하기도 하니까 주의해야 해요. 방법론을 왜곡해서 안내하게 되면 다른 현상들이 나타날 수 있기 때문에 그런 부분들을 피하는 것이 좋겠죠.

그래서 저는 신뢰할 만한 전통적인 체계를 따르고 있는가? 이론적 체계, 구조화된 틀, 검증된 방법들이 있는가? 그런 것을 매의 눈으로 보라고 해요. 가능하다면 안전하게 전통적 체계가 있는 곳에서 수행하라고 권하고 싶어요. 일반인의 경우 그렇지 못한 경우가 많고, 내담자로 그런 분들이 올 수도 있다는 것을 염두에 두어야 해요.

♤ 적응을 넘어서는 성장과 건강을 지향하는 상담

질문자 초월영성상담이 미래의 심리학으로 어떻게 더 발전될 수 있을지, 선생님의 생각은 어떠신가요?

이정은 초월영성상담학회가 시작한 지 20여 년 가까이 되었죠. 저도 고민을 많이 하게 되는데, 제가 나름의 방식으로 하고 있듯 각각의 선생님들이 자신의 신념과 자신의 방식으로 하고 있잖아요? 이것이 큰 강점이기도 하지만 한편으로는 보편적이고 통합적인 방법으로 제시하기에는 한계가 있다는 생각이 들어요.

질문자 그렇죠. '정신분석상담'이라고 하면 뭔지 바로 알지만, '초월영성상담' 하면 너무나 다양해서 한눈에 파악하기가 어려운 면이 있지요.

이정은 초월영성상담은 방법론이 굉장히 다양하잖아요. 기존에 상담을 공부한 상태에서 초월영성상담을 공부한 1세대가 있지만, 초월영성상담을 공부하는 사람들 중에는 기존의 상담 영역이 약한 분들이 많아요. 여기서 고민해야 될 부분은 상담의 기본 틀을 단단히 한 사람들이 그렇지 않은 사람들과의 사이를 연결할 수 있는 작업, 그러니까 초월영성상담이 기존 상담과 다른 점이 있지만, 전통적 상담을 배제한 것이 아니라는 작업이 필요할 것 같아요. 전통적 상담의 연결선상에서 초월적 기법과 방법론을 다룰 필요가 있는 거죠. '상담'이라는 공통된 부분이 있으니, 그 부분을 더 강화하기 위해서 자격과정이나 워크숍 등 여러 가지 방법으로 더 녹여 낼 필요가 있겠지요.

질문자 초월영성상담이 자리 잡기 위해서는 초월영성상담의 훈련 안에 전통적인 상담의 토대를 단단하게 하는 것이 과제가 될 수 있겠다는 말씀이군요.

이정은 네. 저는 초월영성상담이 초월적 방법만 사용하는 것은 아니라고 생각해요. 기본적인 인간에 대한 관점과 초월적 접근의 내용을 포함하면서 상담에 대한 방법론을 같이 활용하는 것이 초월영성상담이라고 봐요. 그렇기 때문에 전통적 상담을 따로 분리하는 것이 아니라, 기본이 탄탄해야 초월적 접근도 잘 풀어낼 수 있다는 생각이 들었습니다.

또 한 가지 더, 상담의 기본 전제는 도움을 필요로 하는 사람들인데, 상담의 영역을 좀 더 확장해서 건강한 사람들, 일반인의 성장을 돕고 건강을 유지하는 것에도 영성적 방법이 가장 최고라고 생각해요. 위기에 처하더라도 위기와 함께 갈 수 있는 지혜와 같은 것들이죠. 그래서 초월영성적 영역의 문제를 해결해 주는 것뿐만 아니라 건강한 사람들의 성장을 돕는 부분에 오히려 더욱 두각을 드러낼 수 있겠다고 생각했어요. 이 두 가지가 함께 가야 초월영성적 접근이 훨씬 더 활성화될 수 있겠다는 생각이 들었어요.

질문자 초월영성상담이 꼭 증상이 있는 내담자뿐만 아니라, 성장을 지향하는 사람들을 위해 확산되고 적용되는 좋은 방법이 될 수 있다는 말씀이군요. 현대 한국인의 의식 수준을 고려해 볼 때, 초월영성적인 접근이 갖는 의미에 대해서는 어떻게 생각하시나요?

이정은 외국에서는 한국인들이 굉장히 영성적이라고 얘기를 많이 해요. 그렇지만 아주 일반적인 대부분의 사람들은 우리가 생각하는 것보다 영성에 관심을 두고 있지 않은 것처럼 보입니다. 제가 주로 만나는 직장인을 대상으로 '영성'에 대해 전달하려고 하면, "들어는 봤지만 나랑 좀 거리가 있어"라고 하는 사람들이 많죠. 영성에 대한 부정적인 의식도 많아요. 교회나 사찰에 관련된 부정적인 이슈들이 뉴스에 많이 나왔잖아요. 그런 영향일 수도 있겠죠. 하지만 막상 프로그램을 진행해 보면 우리 모두가 '영적인 존재'임을 쉽게 확인할 수 있습니다. 그렇기 때문에 오히려 종교적 색채들을 좀 걷어 내고 일반 대중에게 정신적인 훈련 또는 삶의 기술과 같은 방식으로 접근해야 되는 게 아닌가 싶어요. 물론 본질을 훼손하지 않으면서 해야겠지만요. 초월이나 영성이라는 단어를 쓰기보다 좀 더 중립적이고 대중적인 단어를 사용하면 어떨지 모색을 해 봐야 할 것 같아요.

일반 대중을 대상으로 작업하면서 접근 장벽이 있다는 것을 피부로 많이 느꼈어요. 경험하게 되면 '너무 좋다. 이런 걸 왜 이제 알았을까?'라고 하면서 많은 관심을 갖게 되지만, 접근하기에 장벽이 높은 거죠. 그래서 저도 그 장벽을 낮추는 작업을 계속해서 하고 있어요. 장벽을 최소화하되, 경험을 통해 자기 성장 또는 자기 이해의 체계로 삼도록 하는 것이 목표예요. 학회 차원에서도 그런 노력을 하면 좋겠다고 생각하고요.

질문자   인터뷰를 마무리하면서 선생님의 소감은 어떠셨는지 궁금합니다.

이정은   이야기하면서 스스로 정리가 많이 되었어요. 조각조각 경험했던 것들이 연결되기도 하고 자신에게 도움이 된 시간이었네요. 제가 '아~ 이런 삶을 살아가게 된 것이 참 행운이구나.'라는 생각을 더 많이 하게 되네요. 이야기를 하면서도 퍼즐의 조각이 맞춰지듯, 한 경험이 또 한 경험을 일어나게 하는 그런 과정을 돌아보니 모든 순간들이 다 연결되어 있더라고요. 그래서 매 순간이 소중하지 않은 순간이 없구나 하고 다시 한 번 느낄 수 있었어요. 위파사나 수행에서 "한 번의 알아차림이 그다음의 알아차림을 가능하게 하는 초석이다"라는 말을 많이 해요. 우리의 매 순간이 그런 순간들이라는 것을 다시 한 번 새기게 되네요. 외로움을 느꼈던 순간과 통곡했던 장면들이 떠오르기도 하고, 이번 생 전체에 대한 관조를 한 것 같은 느낌이네요.

질문자   저도 선생님과 인터뷰하면서 선생님에 대해서 '참 조화로운 분이다.' 이런 느낌이 많이 들었어요. 선생님의 어린 시절의 고통과 그 고통을 넘어서는 것, 현실과 초월, 그리고 삶과 수행, 이런 것들이 잘 균형 잡히고 조화되어 있으신 것 같고요. 심지어는 이 공간과 장면, 전체적인 분위기와 선생님이 참 잘 어울리고 조화롭습니다. 그래서 참 편안함을 주시는 것 같다고 느꼈어요. 감사합니다.

초여름의 초록이 드리운 지리산과 굽이굽이 흐르는 섬진강을 따라 펼쳐지는
길을 한참을 달려 도착한 곳은 그 장소에 있는 것만으로 명상과 치유가 일어날
것처럼 아름다운 '음악명상치유연구소'다. 복잡한 소음에서 벗어나 자연의 소리
가 귀를 편하게 해 주었고 산들바람이 피부를 시원하게 감쌌다. 센터에 도착하
자 마당 앞까지 마중 나오신 선생님은 환한 미소로 우리를 맞이했다. 처음 뵙는
선생님의 인상은 부드럽고 차분하며 이지적인 느낌이었다. 선생님을 뒤따라 입
구로 들어서자 수목 사이로 햇살을 닮은 담갈색의 벽돌집 두 채가 보였다. 지리
산의 유순한 산세를 배경 삼은 벽돌집이 동화 속 풍경 같았다. 실내로 들어서자
높은 층고와 담갈색으로 통일된 센터의 내부는 공간의 주인인 선생님과 하나가
되어 따스하고 안정적으로 방문객들을 품어 주었다. 음악명상이 이루어지는 공
간이니만큼 커다란 오디오가 자리를 잡고 있었고 차례로 싱잉볼과 피아노가 눈
에 띄었다. 선생님이 음악명상 시연을 위해 갈색의 오디오 앞에 자리 잡고 앉으
셨을 때는 선생님의 존재가 공간을 완성하듯 마치 한 폭의 그림처럼 자연스럽
게 어우러져 인터뷰를 마친 지금도 머릿속에 그 모습이 선하게 떠오른다.

과거 시절로부터 현재의 모습에 이르기까지 나눠 주신 삶의 과정을 듣는 동
안 우리는 진지하고 중심이 잡혀 있는 선생님의 목소리와 삶의 조각들을 짜 맞
춰 나가는 스토리텔링에 빠져들 수밖에 없었다. 선생님은 과거를 회상하며 눈
물 짓기도 하고, 어느 순간에는 소녀처럼 맑고 환한 웃음을 보여 주시기도 했다.
일찍이 가족의 죽음을 겪게 되면서 접촉하게 된 유년 시절의 허무함과 외로움
은 인간에 대한 관심으로 이어져 선생님으로 하여금 '진정한 나'에 관한 탐구를
시작하게 하였다고 한다. 준비되지 않은 내담자에게 폭력적일 수 있는 직면을
경험한 선생님은 초월영성적 접근이 내담자의 내면의 힘을 존중하며 스스로 성
장하도록 하는 방법론이라고 믿고, 궁극적인 변화를 가져오는 것이 마음의 힘
이라는 것을 강조한다. 내담자의 문제를 문제로 보는 것이 아니라 성장을 위한
하나의 과정으로서 보는 따스하고 깊은 마음이 선생님에게서 느껴지는 포용력

이정은 세계는 리듬이다

의 근원이라는 생각이 들었다.

이야기가 깊어질수록 진솔하고 생생한 이야기를 통해 밀도 있게 선생님을 만날 수 있었고, 진지하고 이지적인 모습 속에 스며 나오는 따스하고 깊은 내면이 느껴졌다. 선생님의 경험들이 어우러져 음악에 대한 관심이 음악명상 치유의 길로 이끌게 된 과정들은 마치 퍼즐의 조각들이 하나로 어우러져 삶이라는 그림을 완성한 듯했다. 인터뷰를 마치며 '이런 삶을 살아가게 된 것이 행운이다'라는 선생님의 말씀이 귓가에 맴돈다.

인터뷰를 마치고 떠나는 그 순간까지 세심하게 우리의 상태를 살피며 배려해 주신 덕분에 선생님의 공간에 머무는 동안 너무나 편안하고 자연스럽게 선생님과 명상센터가 만들어 내는 정취에 흠뻑 젖을 수 있었다. 선생님과의 만남에서 계속해서 느껴진 안정감은 끊임없이 수련과 공부에 정진하여 점점 깊어진 선생님의 내면의 깊이가 주는 힘이자, 선생님의 삶의 조각들이 어우러져 만들어 낸 조화로움 덕분일 것이다. 상담자의 가장 큰 도구는 상담자 자신이라는 말처럼, 선생님에게서 느껴지는 안전한 안정감이 그 무엇보다 치유적일 것이라는 생각이 든다.

미주

1) T-그룹(training group): 감수성 또는 실험실 훈련 취지로 시작되어, 보다 높은 수준의 자아실현과 대인관계 향상을 목적으로 하는 집단상담의 형태.

2) 푼자(Sri Punja): 인도의 스리 라마나 마하리쉬의 제자 스리 푼자(파파지).

3) 아쉬람: 수행자들의 수도원 역할을 하며 구루가 제자들을 가르치는 학교 역할을 하기도 하는 인도 전통의 영적 또는 종교적 암자 내지 수도원.

4) 삿상(Satsang): '진리와의 교제'를 뜻하며, 스승과의 문답을 통해 스스로가 깨달은 존재, 즉 참나임을 깨닫도록 하는 과정.

5) 위파사나(Vipassanā): 관(觀)이라고 해석되는 불교 용어로 세간의 진실한 모습을 본다는 의미로, 끊임없이 변화, 생성, 소멸하는 대상을 있는 그대로 관찰하는 수행법.

6) 구루마이 치드빌라사난다(Gurumayi Chidvilasananda): 시다 요가 마스터 계보의 수장으로 전 세계의 구도자에게 시다 요가 가르침과 수행을 전하고 있음.

7) 시다 요가(Siddha yoga): 산스크리트어로 시다는 '완성된 자'를 의미하며, 시다 요가는 '완전한 요가'로 알려져 있음.

8) 스와미 묵타난다(Swami Muktananda): 바가완 니티아난다를 스승으로 하는 인도의 수도승이자 구루. 미국 뉴욕의 케츠킬 산에 시다 요가 아쉬람을 세우고 가르침을 전파하였음. 구루마이 치드빌라사난다의 스승이며 그에게 시다 전통을 전수함.

9) 아즈나(ajna): 이마 중앙과 미간에 위치한 차크라. 현실을 변화시키는 실질적인 능력을 가진 에너지이며 요가에서는 제3의 눈이라고 부르며 영적 능력을 높이고 에너지를 보존하며 집중력을 강화한다고 보았음.

10) 옴나마쉬바야(Om Namah Shivaya): 시바 신에 대한 경배를 의미하는 인도의 유명한 만트라 중 하나.

11) 동시성(同時性): 시간적 간격을 초월하여 종교적 실존이나 순환하는 문화 현상이 영원한 곳에서 되풀이되거나 대면하는 일.

12) 쿤달리니(Kuṇḍalinī): 산스크리트어로 '똘똘 감겨진 것'을 의미함. 인간 안에 잠재된 우주의 에너지로, 쿤달리니 요가는 탄트라의 대표적 수행법이며 인간을 하나의 소우주로 여기고 척수 하부에 위치한 쿤달리니 정기를 활성화하여 심신의 강화를 강조함.

저자 소개

박선영(Park Sunyoung)
서울여자대학교 대학원 표현예술치료 석사
창원대학교 대학원 교육학 박사(상담심리전공)
현 치유상담대학원대학교 부교수

〈주요 저 · 역서〉
춤테라피: 이론과 실제(공저, 학지사, 2010)
춤/동작치료와 심층심리학: 융 분석 심리학에 바탕을 둔 동작 상상(역,
    DMT미디어, 2016)

김미례(Kim Mirye)
전남대학교 일반대학원 교육학 석사(상담심리전공)
전남대학교 일반대학원 교육학 박사(상담심리전공)
현 호남대학교 상담심리학과 교수

〈주요 저 · 역서〉
초급상담자를 위한 교류분석상담의 과정과 기법(아카데미아, 2015)
상담전문가를 위한 교류분석 개인상담(공저, 아카데미아, 2017)

신차선(Shin Chasun)
원광대학교 보건환경대학원 예술치료 석사
명지대학교 일반대학원 아동가족심리치료 박사
현 사람들에게 평화를 심리사회지원교육원 디렉터

〈주요 역서〉
트라우마와 몸: 감각운동 심리치료의 이론과 실제(공역, 학지사, 2019)

박성현(Park Sunghyun)
가톨릭대학교 일반대학원 심리학 석사(상담심리전공)
가톨릭대학교 일반대학원 심리학 박사(상담심리전공)
현 서울불교대학원대학교 상담심리학과 부교수

〈주요 역서〉
자아초월심리학 핸드북(공역, 학지사, 2020)
임상가를 위한 자비중심치료 가이드북(공역, 학지사, 2021)

★ 초월영성상담학회 특별위원회 연구원
    이현지(서울불교대학원대학교 자아초월상담학 전공 박사과정)
    주금재(서울불교대학원대학교 자아초월상담학 전공 박사과정)
    김유진(서울불교대학원대학교 자아초월상담학 전공 석사과정)
    이지현(서울불교대학원대학교 자아초월상담학 전공 석사과정)

한국의 초월영성상담가
Transpersonal and Spiritual Counselors in Korea

2022년 7월 25일 1판 1쇄 인쇄
2022년 7월 30일 1판 1쇄 발행

지은이 • 초월영성상담학회 특별위원회
　　　　박선영 · 김미례 · 신차선 · 박성현
펴낸이 • 김진환
펴낸곳 • ㈜ **학지사**
　　　　04031 서울특별시 마포구 양화로 15길 20 마인드월드빌딩
대표전화 • 02-330-5114　　팩스 • 02-324-2345
등록번호 • 제313-2006-000265호

홈페이지 • http://www.hakjisa.co.kr
페이스북 • https://www.facebook.com/hakjisabook

ISBN 978-89-997-2700-9　93180

정가 20,000원

출판미디어기업 학지사
간호보건의학출판 **학지사메디컬** www.hakjisamd.co.kr
심리검사연구소 **인싸이트** www.inpsyt.co.kr
학술논문서비스 **뉴논문** www.newnonmun.com
교육연수원 **카운피아** www.counpia.com